本书荣获第一届国家图书奖

裘锡圭 著

文字学概要

（修订本）

商务印书馆
创于1897 The Commercial Press

图书在版编目(CIP)数据

文字学概要/裘锡圭著.—修订本—北京:商务印书馆,2013(2025.8重印)
ISBN 978-7-100-09370-5

Ⅰ.①文… Ⅱ.①裘… Ⅲ.①汉字—文字学—概论 Ⅳ.①H12

中国版本图书馆CIP数据核字(2012)第200889号

文字学概要
(修订本)
裘锡圭 著

商 务 印 书 馆 出 版
(北京王府井大街36号 邮政编码100710)
商 务 印 书 馆 发 行
北京新华印刷有限公司印刷
ISBN 978-7-100-09370-5

1988年11月第1版　　开本787×1092 1/16
2013年7月修订版　　印张22½
2025年8月北京第36次印刷
定价:59.00元

修订本前言

本书中古文字和楷体怪字很多，20 世纪 80 年代问世时，限于当时的排版水平，是请人清抄书稿后影印的，阅读效果不如好的排印本。校看印出的抄稿清样时，发现了不少内容上的问题和付印前没有校出来的抄写错误，为了避免改版的麻烦，未能改动正文，只是在书末附了《勘误表》和《补正》。1995 年重印时，添了一篇所谓"重印后记"，起的也是补正和勘误的作用。这种处理办法也给读者带来很大的不方便。

现在电子排版技术已很进步，过去感到困难的问题，大都可以比较容易地解决。去年 11 月前后，商务印书馆编辑魏励先生提议将《文字学概要》改排重印，我当然完全同意。

1993 年，我为了准备次年在台湾出《文字学概要》的繁体字版，对全书做过一次小修订。这次重排出版，基本上就以 1993 年的修订稿为依据，只做了很少改动，但在一些需要有所说明的地方加了"校按"。将来如有条件，再对全书做认真、深入的修订。

朱德熙先生为这本书的写作和出版花费了很多心力，给我极大的支持和帮助。直到逝世前不久，先生还关心着这本书。1991 年 12 月，先生从美国来信，指出了此书的缺点，要我对此书行文不够明白晓畅的地方随时加以修改，做好再版的准备。信中还具体修改了多处文字以示范。先生写此信后，只过了半年多就与世长辞了。我多年来终日忙忙碌碌，始终未能按照先生的指示，将全书修订一遍，实在愧对先生的关心和教诲。这次重版，将先生的这封信印在书中，供读者参考，同时也作为对先生的纪念。

1993 年对本书所做的修改，除第三章因第（一）节改动较大而另有清稿外，都是在我常用的初印本上进行的。字数较多的修改文字，一般先拟好底稿，再用小字过录到书页的空白处。这本修改过的书，我经常使用并加批注，已经变得很旧很脏，无法直接用作重排的底本。而我由于患有青光眼病，视力越来越差，现在就是用放大镜也看不清自己写在书上的那些小字了。幸赖同事郭永秉先生，在今年春节假期中，花费了很多宝贵时间，把这本书上的修改文字一一过录到用作重排底本的《文字学概要》上去。郭先生还为我写了四条“校按”（关于栾书缶、关于春秋金文“棄”字、关于楚王酓胐之名和关于“逢”字的四条），并校看了修订重排本清样。编辑魏励先生提出重排建议，并为与修订重排本出版有关的各种工作付出了很多精力。魏先生还提供了他做过校改的《文字学概要》让我参考，得以改正原来很多不规范或错误的字形。我还根据魏先生的校语对本书做了一些删改。没有他们两位的大力支持，这次修订重排根本不可能实现。我对他们十分感激。商务印书馆叶军女士和新接手的本书编辑刘建梅女士也为本书的重版付出了精力，在此一并致谢。

初版本中的不少问题，是友人和读者们指出来的，我向他们也敬致衷心的谢意。

裘锡圭

2012 年 7 月

【2021 年校按：本书所引《辞源》《现代汉语词典》等辞书，用的都是本书写作时一般所用的版次（如《辞源》为第二版，《现代汉语词典》为第二版）。正文中一般不再加校语说明。】

朱德熙先生关于《文字学概要》的信

锡圭兄：

近来翻阅《文字学概要》，随手记下一些意见，本来想通读全书之后，一并寄上，又怕时间拖得太久，不如看到多少算多少，随时奉告的好。此书佳处不必在这里提，要说缺点，主要是行文不够明白晓畅，有些地方真可以说是诘屈聱牙，令人难以卒读，这就把全书的好处都掩盖住了。我觉得最好现在就开始修改，发现一处改一处。作好再版修订时的准备。下边把我看到的先择要列举几处，并附修改意见。

原文（页.行）	修改意见
190.6 被借字跟借它来表示的词在意义上也有联系的现象，应该有很多是无意中造成的。（中略）有意假借一个跟某个词在意义上也有联系的字来表示这个词的情况，应该也是存在的。	就假借字的性质来说，被借字跟它所表示的词之间只有语音上的联系，没有意义上的联系。如果二者之间有某种关联，那只是偶然碰上的。不过有意挑选意义相近的字作为被借字，这种情况也是有的。
190.21 此外还可以看到，由于误认跟某个词同音或音近的一个字为这个词的本字，就用它相（圭按，原书作“来”）代替真正的本字的现象。	另一种情形是把同音字或音近字误认为本字。
200.6 大概连同源词的关系都未必会有。	大概连同源词的关系都说不上。

（续表）

原文（页.行）	修改意见
206.14 在部分异体字里，由用法全同的一字异体变成的字只占很小的比例。绝大多数部分异体字是彼此可以通用的不同的字。	在部分异体字里，用法完全相同的只占很小的比例（圭按：朱先生原文在“用法”之前当写脱了“原来”二字）。绝大部分都是不同的字，只是有时可以通用而已。
223.4 在汉字里，由于语义引申、文字假借等原因……	从历史上看，由于语义的引申、字形的假借等等原因，许多字的表义职能越来越纷繁，为了抗衡这种趋势以保证文字表达语言的明确性，文字的职能也在不断进行分化。这种分化主要通过以下两种途径来实现，一是字形的分化，二是表义职能的重新分配。
223.17 ……B.造跟母字仅有笔画上的细微差别的分化字……D.造跟母字在字形上没有联系的分化字。	B.分化字跟母字仅有笔画上的细微差别， D.分化字跟母字在字形上没有联系。
236.20 以次	原以分三项：（1）文字的分化，（2）分散文字职务的其他方法，（3）用不同的字表示同一个词的不同用法的现象。这三项的界限不分明，而且从标题上看，（1）可以涵盖（2）和（3），而（3）似也可能包括在（2）里，建议把这三项合并成两大项：（1）字形的分化，（2）表义职能的重新分配。这两项的区别在于前者用造新字形的办法来调整文字的职能，后者只是在原有的字形之间重新分配职能。

（续表）

原文(页.行)	修改意见
251.23 在本书所用的晚于《诗》《书》的古书里引来的那些例句里，我们现在写作“于”的那个字原来几乎全都是写作“於”的。（圭按：此句原文“晚于”上有“从”字。此句在修订本中已按朱先生的意见做了修改。）	本书所引晚于《诗》《书》的例句里的“于”字，原来几乎都写作“於”。
256.17 多音义或多义字形所表示的某个词义的死亡、成功的文字分化以及其他分散文字职务的措施，都会（圭按，朱先生函此处原脱去一“使”字）这些字形实际上所表示的词，同时还往往会使多音义字形实际上所表示的字音减少。	多音（义）字的某些词义的死亡，文字的分化以及文字职能的分散，都会使这些字形所代表的词的数目以及它们的不同读音的数目减少。

此外：

* 有的地方举例较多，用文字说明会显得啰嗦拖沓，不如列表，例如 228 页“a.加注意符”下边的例子可以表列如下：

例　字	本　义	假借义	加注意符以表示本义
它	蛇	代词	蛇
孚	虏获	信	俘
韋	背离	皮革	違

* 这部书是以简化字为“基底”来讲汉字的。这样做会引起许多麻烦。我认为还是以繁体字做基底好。要求读者掌握繁体字并不算过分。

* 现在的章节标号办法不好，如[一一(一)1Cc]不容易记住，必须“目治”。建议改用阿拉伯数字加圆点表示，如[11.1.1Cc]之类。

* 一定要编一个引得，除术语之外，应把举例讲过的汉字都列进去。这对读者极有用。

以上说的都是写法问题，不是实质性问题。文字不好读大概是“宁拙而不牺牲准确”这个原则造成的后果。我修改的地方比原文简单，但可能不够准确，所以只供参考。其实有的地方的“准确性”读者也不见得能体会出来。

我在这里心情总不是太好，效率亦低，乏善可陈。小李是否已经恢复健康，见面时问候他和小王。

问全家好

德　熙

十二月廿三日

附注：信中提到的“小李”指李家浩先生，小王是他的夫人。此信写于 1991 年。

初版前言

1963年以来，作者在北京大学中文系讲过好几次汉字课，本书是在这几次课的讲稿的基础上写成的。北大中文系另外设有汉字改革课，所以本书没有涉及汉字拼音化方面的问题。

在本书写作过程中，朱德熙先生给了作者很多帮助。在遇到难以处理的问题的时候，作者总是找朱先生请教，花了他很多时间。有些问题较多的章节，朱先生曾不嫌麻烦多次指导作者加以改写。在修改第五章的时候，曾向启功先生请教，字音方面的一些问题，曾向王福堂同志请教，都深受教益。作者十分感谢他们。

胡平生同志协助准备本书图版，李家浩同志代为摹写铜器铭文，商务印书馆的郭良夫、赵克勤、郭庆山、刘玲等同志，为了本书的出版费了不少精力，尤其是郭庆山、刘玲两位同志先后担任本书的责任编辑，给予的帮助尤其多，作者也十分感谢他们。

作　者

1984年6月29日

朱袖清同志为本书抄写付影印的全部清稿，朱德熙先生为本书题写书名，谨志谢忱。

1985年12月23日补识

凡　例

一　本书行文,“之前”、“之后”的用法跟“以前”、“以后”不同。说某一时期之前,不把这一时期包括在内;说某一时期以前,则把这一时期包括在内。“之后”、“以后”依此类推。“以上”、“以下”的用法跟“以前”、“以后”相类,例如“两个以上”是把两个也包括在内的。

二　为了行文方便,同时也是由于词跟不能独立使用的语素的界线不容易划分,除了某些必须提到语素的地方之外,一般不用语素这个术语。所以本书所说的词,实际上往往是把不能独立使用的语素包括在内的。

三　为了行文方便,并为了明确字跟词的区别,有时用花括号来标明文章里提到的词或语素。例如“古汉字以‘□’、‘○’表示{方}、{圆}”这一句的意思,就是古汉字以“□”、“○”来表示“方”、“圆”这两个词。

四　注音一般用汉语拼音方案,用国际音标时外加方括号。

五　下列各书征引次数较多,一般用简称:许慎《说文解字》简称为《说文》;段玉裁《说文解字注》简称为《段注》;朱骏声《说文通训定声》简称为《定声》。

六　称引本书章节时,一般只举出章节序数,外加六角括号。例如“〔一二(二)2A〕”指第十二章第二节第二小节里的A小节。

七　附图汇印于书末,统一编号,书中称引时作“图1”、“图2”……等。

附识:本书正文内容一般保持初版原貌,某些与时代有关的用词,如“近来”等未作改动,但“本世纪”已改为“20世纪”。

目　　录

一　文字形成的过程

讨论文字的形成，需要先给文字下个定义。在文字定义问题上，语言文字学者分狭义和广义两派。狭义派认为文字是记录语言的符号。广义派大致认为，人们用来传递信息的、表示一定意义的图画和符号，都可以称为文字。我们觉得这种分歧只是使用术语的不同，很难说这里面有什么绝对的是非。我们是狭义派，因为在传统的汉语文献里，历来是用“文字”这个词称呼记录语言的符号的，采取狭义派的立场，讲起话来比较方便。

在汉语里，“文字”一语可以用来指一个个的字，也可以用来指记录某种语言的文字符号的整个体系。在有必要的时候，我们把后者称为文字体系。

事物都有一个发展过程，文字也不例外。以别的语言的文字为依傍，有时能为一种语言很快地制定出一套完整的文字来。但是对完全或基本上独立创造的文字来说，从第一批文字的出现到能够完整地记录语言的文字体系的最后形成，总是需要经历一段很长的时间的。我们把还不能完整地记录语言的文字称为原始文字。

在文字产生之前，人们早已在用实物、图画或符号记事表意了，而且所用的各种方法跟古汉字这类早期文字的造字原则有很多共通之处。所以从技术上看，文字产生的条件出现得相当早。可是文字产生的社会条件却出现得比较晚。在社会生产和社会关系发展到使人们感到必须用记录语言的办法来记事和传递信息之前，文字是不会产生的。而这种形势通常要到阶级社会形成前夕甚至阶级社会形成之后才会出现。在原始社会里，一个名“鹿”的氏族完全有可能以鹿的图形来代表自己。这并不等于记录“鹿”这个词的文字已经产生。只有用符号（包括图形）记录成句语言中的词的认真尝试，才是文字形成过程开始的真正标志。

当一个社会发展到需要记录语言的时候，如果有关条件都已具备，文字就会出现。前面已经讲过，独立创造的文字体系的形成需要一个很长的过程。目前我们还不可能精确地描绘这个过程。因为大家比较熟悉的几种独立形成的古老文字,如古埃及的圣书字,古代两河流域的楔形文字和我们的汉字,都缺乏能够充分说明它们的形成过程的资料。但是根据关于这些文字的已有的知识,并参考某些时代较晚的原始文字的情况,还是有可能为文字形成的过程勾画出一个粗线条的轮廓来的。在原始文字方面,我们准备引用我国云南纳西族使用过的一种文字,即所谓“纳西图画文字”(以下简称纳西文)的资料。[①]

按照一般的想法,最先造出来的文字应该是最典型的象形字,如象人形的“人”字、象鹿形的“鹿”字等。因为这一类字显然最容易造。但是实际情况恐怕并不是这样的。跟这类字相比,图画的表意能力不见得有多逊色。唐兰先生在《中国文字学》里曾经引原始岩窟艺术里人射鹿的图画,跟古汉字里的“人射鹿”三个字对比(见右图):

采《人类史话》

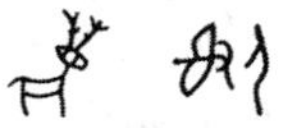

谁都能够看出来,如果仅仅为了表示人射鹿这一类意思,并没有必要撇开图画去另造文字。从后面要谈到的纳西文的情况来看,在原始文字阶段,文字和图画大概是长期混在一起使用的。对人、鹿等物和射这类具体动作的象形符号来说,文字和图画的界线是不明确的。

人们最先需要为它们配备正式的文字的词,其意义大概都是难于用一般的象形方法表示的,如数词、虚词、表示事物属性的词,以及其他一些表示抽象意义的词。此外,有些具体事物也很难用简单的图画表示出来。例如各种外形相近的鸟、兽、虫、鱼、草、木等,各有不同的名称,但是要用简单的图画把它们的细微差别表现出来,往往是不可能的。这些事物的名称在语言里经常出现,也不能没有文字来记录它们。

在原始文字产生之前,人们已经在用抽象的几何图形和象征等比较曲折的手法表意了。这些方法可以用来为一部分上面提到的那些词造字。有些词的意义可以用抽象的图形表示。例如为较小的数目造字的时候,可以继承原始社会阶段划道道或点点子的表数办法,古汉字的“一”、“二”、“三”、“亖”(四)就是例子。又如古汉

① 本章所用纳西文资料,大都引自傅懋勣《丽江么些象形文〈古事记〉研究》(武昌华中大学 1948 年出版。“么些”是“纳西”的旧译名)。傅先生在后来的《纳西族图画文字和象形文字的区别》一文中说:“过去所称的象形文字,实际上包括两种文字。其中一种类似连环画的文字,我认为应该称为图画文字,绝大多数东巴文经书是用这种文字写的。另一种是一个字表示一个音节,但绝大多数字形结构来源于象形表意的成分,应当仍称象形文字。”(《民族语文》1982 年 1 期 1 页)我们所说的纳西原始文字相当于傅先生所说的图画文字。本书初版引用纳西文资料有错误,承云南社会科学院东巴文化研究室李静生先生指出,得以修改,极为感谢。

字以“□”、“○”表示{方}、{圆}，①圣书字以“×”表示{划分}等等。② 还有一些词可以用象征等手法表示。例如古汉字用成年男子的图形表示{大}，因为成年人比孩子“大”（也有人认为“大”字以张开两臂的人形表示“大”的意思，这也是一种曲折的表意方法）。圣书字用王笏的图形表示{统治}，因为王笏是统治权的象征。用这些方法造出来的字，虽然外形往往仍然像图画，本质上却跟图画截然有别。例如用“”表示{大鹿}，跟画一头很大的鹿来表示这个意思，是根本不同的两种表意方法。不知道代表{大}，就无法理解“”说的是什么。如果把它们当图画看待，只能理解为一个人跟一头鹿在一起。人、鹿这一类具体事物的象形符号，大概是在“亖”、“大”等类跟图画有明确界线的文字开始产生之后，才在它们的影响之下逐渐跟图画区分开来，成为真正的文字符号的。③ 附带说一下，原始社会的记数符号，尽管外形可能跟后来的数字相同，性质却是不一样的。原始社会记数时，同样是四道线或四个点，可能在某一场合代表四天时间，在另一场合代表四个人，在其他一些场合还可以代表四个别的什么东西。所以这种记数符号还不是语言里的数词的符号，还不是文字。

凡是字形本身跟所代表的词的意义有联系，跟词的语音没有联系的字，包括前面讲过的“鹿”、“射”、“四”、“大”各类字，我们都称为表意字。显然，语言里有很多词是很难或完全不可能给它们造表意字的。上面指出过的那些难以用一般的象形方法表示其意义的词，其中的大多数，即使采用象征等比较曲折的表意手法，也仍然无法为它们造出合适的文字来。

在原始文字产生之前，人们还曾使用过跟所表示的对象没有内在联系的硬性规定的符号，把这种符号用作所有权的标记，或是用来表示数量或其他意义。例如：云南红河哈尼族过去使用的契约木刻，以·代表一元，丨代表十元，×代表五十元，✳代表百元。④ 代表一元的小点跟“一”、“二”、“三”、“亖”（四）所用的线条一样，可以看作抽象的象形符号。代表十元、五十元、百元的符号，至少是后两个符号，就是上

① 本章所用古汉字的例子皆引自甲骨文或商代金文。关于这两种资料，参看〔四（一）〕。

② 本章所用圣书字的例子，多转引自《大英百科全书》“圣书字”条（1973 年版）和苏联伊斯特林《文字的产生和发展》等书。由于所据为第二手资料，很可能有错误，敬祈方家指正。

③ 唐兰先生在《中国文字学》里说，“真正的文字，要到象意文字发生才算成功的”（90 页），已经点出了我们上面这段话的主要意思。唐先生所说的象意文字不包括那些最典型的象形字如“人”、“鹿”之类。

④ 汪宁生《从原始记事到文字发明》，《考古学报》1981 年 1 期 12 页。哈尼人用五个小点代表“五元”，符号不记录语言。这是原始记数符号不是文字的一个明证。

面所说的那种硬性规定的符号。这种符号很难命名,我们姑且借用一个现成的词——记号,作为它们的名称。那些难以为它们造表意字的词,是不是可以分别为它们规定某种记号作为文字呢?

在文字形成过程刚开始的时候,通常是会有少量流行的记号被吸收成为文字符号的。古汉字里"✕"(五)、"∧"(六)、"+"(七)、"八"(八)这几个数字的前身,很可能就是原始社会阶段用来记数的记号(参看〔三(一)〕)。但是要新造很多记号字却是有困难的。记号字的字形跟它所代表的词没有内在联系,比较难认难记,不容易被人接受。事实上,无论哪一种独立创造的文字体系,在形成过程中都极少造记号字。记号字的局限性比表意字还要大得多。

要克服表意字和记号字的局限性所造成的困难,只有一条出路:采用表音的方法。这就是借用某个字或者某种事物的图形作为表音符号(以下简称音符),来记录跟这个字或这种事物的名称同音或音近的词。这样,那些难以为它们造表意字的词,就也可以用文字记录下来了。这种记录语言的方法,在我国传统文字学上称为假借。用这种方法为词配备的字,就是假借字。

由于传统文字学的影响,不少人觉得假借的道理很深奥。这是一种错觉。我国民间歇后语和谜语中所用的谐音原则,就是假借所依据的原则。例如"外甥打灯笼——照旧(舅)"这句歇后语,就是由于"舅"、"旧"同音而借"舅"为"旧"的。从民族学资料来看,有不少还没有文字的民族,在利用实物表意的方法中也已经用上了谐音原则。例如:西非的约鲁巴人曾经习惯于用海贝来传递信息。在他们的语言里,当"六"讲和当"被吸引"讲的那两个词是同音的,当"八"讲和当"同意"讲的那两个词也是同音的。所以,如果一个年轻男子把串起来的六个贝送给一个姑娘,这就表示"我为你所吸引,我爱你"。姑娘的答复可能是串起来的八个贝,这就是说:"同意,我跟你一样想。"①我国云南的景颇族过去通行"树叶信"。他们把一些不同种类的树叶和其他东西分别用来表示某种固定的意义。在景颇族载瓦支系用来谈情说爱的树叶信中,"蒲软"树叶所表示的意思是"我要到你们那里去","豆门"树叶所表示的意思是"你快打扮起来吧"。因为在他们的语言里,当"到达"讲的那个词跟树名"蒲软"同音,当"打扮"讲的那个词跟树名"豆门"同音。② 看来,表音的方法早在文字出现之前就已经普遍为人们所熟悉了。

---

① 转引自美国 I.J.Gelb *A Study of Writing* 5 页,芝加哥大学出版社,1963 年。

② 第 3 页注④所引文 5—6 页。

前面已经说过，最先需要为它们配备文字的那些词，有很多是难以用表意的造字方法来对付的。人们无疑很快就会发现，可以用自己本来就熟悉的表音方法来解决面临的问题。所以，跟图画有明确界线的表意字的开始出现和假借方法的开始应用这两件事，在时间上不会相距很久，很可能基本上是同时发生的。

在古汉字、圣书字、楔形文字等古老文字体系和一些原始文字里，都有大量假借字，而且有不少极为常用的词就是用假借字记录的。例如：在古汉字里，常用的语气词“其”是用音近词“箕”的象形字  来记录的。在圣书字里，“大的”这个词是用同音词“燕子”的象形字来记录的。在纳西文里，“有”这个词是用音近词“芜菁”的象形字来记录的。这种现象也说明假借字的历史一定非常悠久。在文字形成的过程中，表意的造字方法和假借方法应该是同时发展起来的，而不是像有些人想象的那样，只是在表意字大量产生之后，假借方法才开始应用。

前面曾经指出，跟图画有明确界线的表意字的产生，有助于使那些本来跟图画分不出明确界线的象形符号，逐渐跟图画区分开来，成为真正的文字符号。假借方法也能起这样的作用。那些性质还不明确的象形符号，如果经常跟假借字放在一起使用，或是被假借来记录跟它们所象的事物的名称同音或音近的词，就会较快地成为真正的文字符号。前面曾说过，“用符号记录成句语言中的词的认真尝试”是文字形成过程开始的真正标志。根据以上的讨论，我们可以进一步说，跟图画有明确界线的表意字和假借字的出现，是文字形成过程正式开始的标志。①

假借方法的适应性是很强的。对找不到合适的单个假借字的双音节或多音节词，可以假借两个以上的字组合起来记录它。例如在纳西文里，对双音节词“化育”[pɯ˧pa˧]，就是把“蒿”[pɯ˧]和“蛙”[pa˧]这两个词的象形字组合起来记录它的。在圣书字和楔形文字里，这种现象更为常见。

假借方法的应用，大大提高了文字记录语言的能力。但是假借字多起来以后，又出现了新的问题。被假借的字本身有自己所代表的词，同时又被假借来记录同音或音近的词，而且假借它的词可以有好几个，因此阅读文字的人往往难以断定某一个字在某一具体场合究竟代表哪一个词。

此外，早期表意字的原始性也给阅读文字的人带来了麻烦。在早期的文字里，存在着表意的字形一形多用的现象。同一个字形可以用来代表两个以上意义都跟这个字形有联系，但是彼此的语音并不相近的词。例如：在纳西文里，表示空气流动

---

① 参看第 3 页注④所引文 42 页。

的,既代表“风”这个词,又代表“春季”这个词(二词完全不同音),因为春天常常刮风。在古汉字里,象成年男子的最初既是“夫”字又是“大”字(“夫”的本义就是成年男子),象月亮的最初既是“月”字又是“夕”字。[1] 在圣书字和楔形文字里,这类例子也很常见。这种表意字的存在,当然也会影响文字表达语言的明确性。

为了克服假借所引起的字义混淆现象,人们把有些表意字或表意符号(以下简称意符)用作指示字义的符号,加注在假借字上。例如:在古汉字里,{翼}的象形字(象鸟或虫的翼),在假借来表示当明天讲的{翌}的时候,有时加注“日”字写作。在纳西文里,{蕨菜}的象形字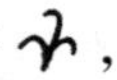,在假借来表示同音词{小官}的时候,往往加注端坐人形而写作。在圣书字里,这类现象有相当复杂的例子。例如由三个符号组成的这个表音组,可以用来表示{纸草}、{蜡}、{青年}这三个词的语音。为了加以区别,在用来表示{纸草}时就在后面加上表示植物的区别性意符,表示{蜡}时就在后面加上表示颗粒体的区别性意符,表示{青年}时就在后面加上表示人的区别性意符。这种由表音的符号和指示字义的符号一起组成的字,在我国传统文字学上称为形声字,表音部分称为声旁,表意部分称为形旁。形旁在普通文字学上称为定符或类符。

人们为了使文字跟所表示的词的联系更为明确,一方面在一些假借字上加注定符,另一方面还在一些表意字上加注音符。例如:在古汉字里,“凤”字本作,象高冠美羽的凤鸟,后来加注音符“”(凡)而成为(“凤”、“凡”古音相近。更后,凤鸟形简化为“鸟”旁,“凡”旁又移到上方,就成了“凤”的繁体“鳳”)。在纳西文里{山崖}写作。纳西语当“山崖”讲和当“鸡”讲的那两个词同音,所以在山崖的象形符号上加画一个鸡头作为音符。传统文字学把在象形字上加注音符而成的字,看作象形字的一种特殊类型,即所谓“象形兼声”。其实还不如把它们看作一种特殊的形声字来得合理。

在表意字上加注音符,有时显然是为了区别由于一形多用或其他原因而有两种

① 沈兼士对古汉字早期表意字的这种特点曾做过研究。他指出这种一形多用的现象“在形非字书所云重文、或体之谓,在义非训诂家所云引申假借之谓,在音非古音家所云声韵通转之谓。而其形其音其义率皆后世认为断断乎不相干者”。(《初期意符字之特性》,《沈兼士学术论文集》208 页,中华书局,1986 年)

以上读音的字形的不同用法。例如：在纳西文里，象太阳的 ，读[bi˧]时当“太阳”讲，读[ȵi˥]时当“白天”讲，读[sɔ˧]或[sɔ˩]时当“早”讲。如果是当“早”讲，一般就加注{山巅}的表意字（字形表示山巅有树被风吹折）而写作 ，因为当“山巅”讲的那个词也读[sɔ˧]。在圣书字里，象耳朵的 既可以表示{耳}，也可以表示{听}。表示{听}的时候，后面要加注一个表示这个词的末一个辅音的符号。表示{耳}的时候，则往往在前面加上一组表示这个词的全部辅音的符号（圣书字只表示辅音，不表示元音）。

在古汉字里，为了区别一形多用的表意字形的不同用法，往往采用字形分化的办法。例如：前面讲过的 本来也可以写作 。这两种字形都既可以用来表示{大}，也可以用来表示{夫}。后来专用前一形表示{大}，后一形表示{夫}，把它们分化成了两个字。 和 本来也都是既可以用来表示{月}，也可以用来表示{夕}的。分化情况跟“大”和“夫”相似。不过，加注音符以区别不同用法的情况，大概也是存在的。古汉字里有少数形声字，字义与形旁完全相同。例如“鼻”字从“自”“畀”声，“自”字本作 ，象人鼻，本义就是鼻子。这种形声字就有可能是在一形多用的表意字形上加注音符而造成的。这就是说， 可能本有“自”、“鼻”二音（《说文・王部》“皇”字下说“自读若鼻”），代表两个同义词（也有人认为古汉语中本无与“自己”的“自”同音的、当“鼻子”讲的词，只是由于人们指自己时往往以手指鼻，所以古人既用象鼻子的符号来表示{鼻}，又用它来表示自己的{自}）。后来才在表示{鼻}的 字上加注“畀”声，分化出了“鼻”字。

形声字起初都是通过在已有的文字上加注定符或音符而产生的，后来人们还直接用定符和音符组成新的形声字。不过就汉字的情况来看，在已有的文字上加注定符或音符，始终是形声字产生的主要途径。

形声字的应用大大提高了文字表达语言的明确性，是文字体系形成过程中的一个极为重要的步骤。但是形声字的应用似乎并没有很快导致文字体系的最后形成。已经使用形声字的纳西原始文字就是一个例证。

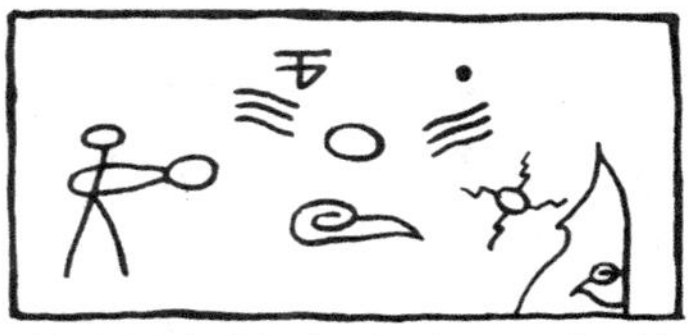

下面是引自丽江纳西族经典《古事记》的一段原始文字（据第2页注①所引书29页）： 表示拿蛋。 本是{解开}的表意字，在纳西语里当“解开”讲和当“白”讲的那两个词同音，所以这里假借它来表示{白}。●是{黑}的表意字。 是风。是蛋。是湖。表示蛋破发光。最右边是上文已经提到过的{山崖}的形声字。据纳西族经师的解释，这段原始文字的全部意思是："把这蛋抛在湖里头，左边吹白风，右边吹黑风，风荡漾着湖水，湖水荡漾着蛋，蛋撞在山崖上，便生出一个光华灿烂的东西来。"在这段原始文字里，虽然已经使用了假借字和形声字，但是很多意思仍然是用图画手法表示出来的。

古汉字、圣书字、楔形文字等独立形成的古老文字体系，一定也经历过跟纳西文相类的、把文字跟图画混合在一起使用的原始阶段。

在已发现的时代较早的古汉字——商代后期的甲骨文里，可以看到接近图画的表意手法的一些残余痕迹。其中比较突出的一点，就是某些表意字往往随语言环境而改变字形。例如：甲骨卜辞里常常提到商王对祖先举行进献食品的"𢍜"祭。"𢍜"在典籍里多作"登"（《周礼·夏官·羊人》"祭祀，割羊牲，登其首"郑玄注："登，升也"）。卜辞"𢍜"字本作，象两手捧着一种叫作"豆"的盛食器皿。如果登祭所用的食品是鬯（一种香酒），"𢍜"字往往改写作"𩰪"，两手所捧的"豆"换成"鬯"。卜辞里既有"𢍜鬯"之文，又有"𩰪鬯"之文，看来"𩰪"仅仅是"𢍜"字有特定用途的一个异体。但是在汉字发展的较早阶段，情况恐怕并不如此简单。纳西文在这方面可以给我们一些启发。在纳西文里，字形随语言环境而变化的现象很常见。例如"吼"字通常写作，象牛嘴出声气，如果说到"马吼"，通常就把这个字里的牛头换作马头，并不需要另加一个"马"字。在汉字发展的较早阶段，"𩰪"也应该是用来表示{𢍜鬯}的。到商代后期，这种比较原始的用字习惯基本上已经被抛弃，"𩰪"字则作为"𢍜"的特殊异体而保存了下来。类似的例子在甲骨文里还可以找到一些。此外，文字排列方式跟语言中的词序不完全相应的现象，在甲骨卜辞里偶尔也能看到。这些都可以看作是古汉字曾经经历过把文字跟图画混在一起使用的原始文字阶段的证据。①

在形声字出现之后，原始文字大概还需要经过多方面的改进，才能发展成为能够完整地记录语言的文字体系。估计在不断增加新字的同时，至少还需要进行这样一些改进：逐渐屏弃图画式表意手法，简化字形并使之趋于比较固定，使文字的排列逐渐变得与语序完全一致。

凡是独立形成的文字体系，都是像古汉字、圣书字、楔形文字那样兼用意符和音符的文字。单纯使用音符的拼音文字，最初是在这种文字的影响下形成的。②

① 参看拙作《汉字形成问题的初步探索》，《中国语文》1978年3期168—169页。

② 关于拼音文字的形成，看周有光《世界字母简史》，上海教育出版社，1990年。

二　汉字的性质

近代研究世界文字发展史的学者，起初把汉字、圣书字、楔形文字这种类型的文字称为表意文字。这一类型的文字都包含大量表音的成分，把它们简单地称为表意文字，显然是不妥当的。到20世纪40年代，有人提出了“过渡文字”（指由表意向表音过渡的文字）的说法。但是，把这些有几千年历史的成熟的文字体系称为过渡文字，显然也是不妥当的。进入50年代之后，认为这类文字体系应该称为“词—音节文字”（word-syllabic writing或译“表词—音节文字”，参看第15页注②）或“表意—音节文字”的人逐渐多了起来。国内在50年代后半期，也有人提出了汉字不是表意文字，而是“综合运用表意兼表音两种表达方法”的“意音文字”的主张。[①] 下面谈谈我们对汉字性质的看法，重点放在分析汉字所使用的符号的性质上，因为一种文字的性质就是由这种文字所使用的符号的性质决定的。至于究竟给汉字这种性质的文字体系安上一个什么名称，那只是一个次要的问题。

文字是语言的符号。作为语言的符号的文字，跟文字本身所使用的符号是不同层次上的东西。例如汉字“花”是汉语里花草之{花}这个词的符号，“艹”（草字头，原作“艸”，即古草字）和“化”则是“花”这个字所使用的符号（“花”是一个形声字，“艹”是形旁，“化”是声旁）。

在汉字里，像“花”这样可以从结构上进行分析的字，一般称为合体字。合体字的各个组成部分称为偏旁。秦汉以后所造的合体字，基本上都是用已有的字充当偏旁的（有些字用作偏旁时有变形的现象，如在上方的“艸”变作“艹”，在左边的“水”变作“氵”等，参看〔五（三）〕）。在上古汉字里，有不少表意字是用两个以上不一定

① 周有光《文字演进的一般规律》，《中国语文》1957年7期。又见《字母的故事》2—7页，上海教育出版社，1958年。

能独立成字的象形符号构成的，例如第一章举过的（射）一类字。这类字是否可以称合体字，是需要商榷的。我们姑且把它们称为准合体字。

有些汉字从结构上看不能分析，一般称为独体字。对于独体字来说，也存在语言的符号跟文字所使用的符号这两个不同的层次。例如古汉字里的⊙，作为{日}这个词的符号来看，是一个有音有义的字；作为"日"字所使用的符号来看，则仅仅是象太阳之形的一个象形符号。这种区别在拼音文字里同样存在。例如英文里的 a，作为英语里不定冠词{a}的符号来看，是一个有音有义的字；作为英文所用的符号来看，则仅仅是一个表示一定语音的字母。为了使概念明确，下面把文字所使用的符号称为"字符"。

语言有语音和语义两个方面，作为语言的符号的文字，也必然既有音又有义。就这一点来说，各种成熟的文字体系之间并没有区别。只有根据各种文字体系的字符的特点，才能把它们区分为不同的类型。

英文可以说是一种表音文字。但是这并不是说英文只有音没有义，只是说英文的字符，即二十六个字母，是表音的，不是表意的。例如：英文的 sun 是英语里{sun}这个词的符号。它既有音，即{sun}这个词的音——[sʌn]，也有义，即{sun}这个词的义——太阳。但是 sun 所使用的字符 s、u、n，跟它所代表的词只有语音上的联系，没有意义上的联系，所以我们把它叫作表音字。同样，我们所以把古汉字⊙（日）叫作表意字，是因为⊙作为字符，即太阳的象形符号来看，跟{日}这个词只有意义上的联系，没有语音上的联系。如果作为{日}这个词的符号来看，它也是音、义兼备的。①

讨论汉字性质的时候，如果不把文字作为语言的符号的性质，跟文字本身所使用的字符的性质明确区分开来，就会引起逻辑上的混乱。

各种文字的字符，大体上可以归纳成三大类，即意符、音符和记号。跟文字所代表的词在意义上有联系的字符是意符，在语音上有联系的是音符，在语音和意义上都没有联系的是记号。拼音文字只使用音符，汉字则三类符号都使用。

汉字的字符里有大量意符。传统文字学所说的象形、指事、会意这几种字所使用的字符，跟这几种字所代表的词都只有意义上的联系，所以都是意符。我们所说的表意字就是总括这几种字而言的。形声字的形旁跟形声字所代表的词也只有意

① 以上一段所说的意思，大体上根据赵元任的 *Language and Symbolic Systems* 105 页，剑桥大学出版社，1968 年。

义上的联系，所以也是意符。

意符内部还可以分类。有的意符是作为象形符号使用的，它们通过自己的形象来起表意作用，如古汉字里的“人”、“日”等字所使用的、⊙等符号，又如构成（射）字的弓箭形和手形。几何形符号如果不是用作记号，而有以形表意的作用，如一、二、三、亖、□（方）、○（圆）等字所用的符号，也应该归入这一类。古汉字里的独体字，基本上都是用单个象形符号造成的表意字。

有的意符不是依靠自己的形象来起作用的。这种意符通常都是由已有的字充当的表意偏旁，它们就依靠本身的字义来表意。例如：合体表意字“歪”由“不”、“正”二字组成，它的意思就是“不正”。“不”和“正”在这里就是依靠它们的字义起作用的意符。形声字的形旁一般由依靠本身字义来指示形声字字义的字充当，所以也应该归入这一类（第一章提到的在象形字上加注音符而成的形声字是例外）。

在有必要区分上述这两种意符的时候，可以把前一种称为形符，后一种称为义符。在汉字变得不象形之后，形符基本上就不使用了。

汉字的字符里也有很多音符。假借字就是使用音符的。人们在假借某个字来表示一个跟它同音或音近的词的时候，通常并不要求它们原来在意义上有什么联系。例如第一章曾提到古汉字借{箕}的表意字来表示语气词{其}，{箕}、{其}二词在意义上就毫无联系。又如近代假借花草之{花}的形声字“花”来表示动词{花}（如花费、花钱），这两个{花}在意义上也毫无联系。所以，尽管本来是表意字，“花”本来是形声字，在它们借来表示语气词{其}和动词{花}的时候，都是纯粹作为音符来起作用的。当然，和“花”作为假借字，即作为语气词{其}和动词{花}的符号来看，也是既有音又有义的；但是作为假借字所使用的字符来看，则只有表音作用。这跟⊙作为{日}这个词的符号看既有音又有义，作为“日”字的字符看则只有表意作用的情况是一致的。

有时也能看到被假借的字跟借它来表示的词不但同音或音近，而且在意义上也有某种联系的现象。这种现象大概有很多是无意中造成的。在汉语里，彼此的语音相同或相近并且意义也有联系的词，是很常见的。人们在为某个词找同音或音近的字充当假借字的时候，很有可能无意中找了一个跟这个词在意义上也有联系的字。有意假借一个跟某个词在意义上也有联系的字来表示这个词的情况，也是存在的（参看〔九（二）〕）。这种情况不很常见，可以作为假借的特例来处理。

形声字的声旁也是音符。声旁也有两类。一类是单纯借来表音的，如“花”的声旁“化”。另一类跟形声字所代表的词在意义上也有联系。例如一种用玉、石等物制作的耳饰叫作{珥}(与“耳”同音,但古代读去声),“珥”字从“玉”从“耳”(“玉”用作左旁时写作“王”),“耳”就是跟“珥”在意义上有联系的声旁。这种声旁可以看作音符兼意符。

汉字的音符跟拼音文字的音符有很大区别。即使撇开汉字还同时使用意符和记号这一点不谈,也不能把二者等量齐观。拼音文字的音符是专职的,汉字的音符则是借本来既有音又有义的现成文字充当的。有很多汉字在充当合体字的偏旁的时候,既可以用作音符,也可以用作意符,而且还能兼起音符和意符的作用。例如“耳”字在“饵”、“铒”(音耳,金属元素名)等字里是音符,在“聪”、“聋”等字里是意符,在“珥”字里是音符兼意符。一般拼音文字所使用的字母,数量都相当少。汉字音符的情形就不同了。从原则上说,汉字里每一个字都有可能借用为音符,实际上用作音符的字,数量也很大(古今用作声旁的字估计在一千左右)。同样的字音往往借用不同的字来表示。如果要强调汉字和拼音文字的音符的区别,可以把汉字的音符称为“借音符”。不过为了行文的方便,我们在下文中仍然称它们为音符。

在第一章里已经说过,在文字形成过程的开始阶段,可能有少量长期沿用的记号吸收到文字里来,古汉字里✕、∧、+、)(等数字大概就来自这种记号。除此之外,用记号造字的情况就很难找到了。① 但是在汉字发展的过程里,由于字形和语音、字义等方面的变化,却有很多意符和音符失去了表意和表音的作用,变成了记号。

由于汉字字形的演变,独体表意字的字形大都丧失了原来的表意作用。例如古汉字的⊙变成隶书、楷书的“日”之后,已经一点也看不出太阳的样子。如果不考虑“日”字的历史,根本无法找出“日”这个字的字形跟{日}这个词有任何联系。可见“日”字的字符已经从意符变成了记号,“日”字已经从表意字变成了记号字。同类的例子举不胜举。唐兰先生在《中国文字学》“记号文字和拼音文字”节里说:“图画文字和记号文字本是衔接起来的,图画演化得过于简单,就只是一个记号。”(109 页)这是很正确的。

有人把“日”这一类字形由象形到不象形的变化,看作由表形到表意的变化,认为⊙是表形符号,“日”是表意符号。这是不妥当的。所以会产生这种看法,大概是

① 天干中的十(甲)、≀(乙)、●(丁)等字,可能也是源于原始社会所使用的记号的,参看第 8 页注①所引文 164 页。龙宇纯《中国文字学》指出汉字中有一种“纯粹约定”或曰“硬性约定”的文字,字形跟字的音义毫无关系,所举之例中有“五、六、七、八、九、十”等字(108—109 页,台湾学生书局,1987 年)。我们所说的用记号造的字,跟他所说的这种约定字大致相当。

由于没有把字符的作用跟文字的作用区分开来。“日”这一类字使用的字符变为记号这个事实，并没有改变这些字作为语言里相应的词的符号的性质。字形变得不象形之后，这些字仍然保持着原来的字音和字义。这一点并不能反过来证明它们的字符没有变成记号。如果因为“日”字还有意义，就把它的字符看作表意符号，把它看作表意字，那么根据“日”字还有读音这一点，岂不是也可以把它的字符看作表音符号，把它看作表音字了吗？这显然是不合理的。

由于记号字仍然代表着它们原来所代表的词，它们在用作合体字的偏旁，或假借来表示其他词的时候，仍然能起意符或音符的作用。例如“日”字虽然已经变成记号字，“晴”字所从的“日”却并不是记号，而是以“日”字的身份来充当意符的（只取“日”字之义而不取其音）；“驲”字（音日，古代驿站用的马车）所从的“日”和假借来记录外国地名日内瓦的“日”，也不是记号，而是以“日”字的身份来充当音符的（只取“日”字之音而不取其义）。总之，尽管它们自身使用的字符已经成了没有表意表音作用的记号，“日”这类字在充当字符的时候仍然能起表意或表音的作用。

所以，汉字字形的演变虽然使绝大部分独体字——它们也是构成合体字的主要材料——变为记号字，却并没有使合体字由意符、音符构成的局面发生根本的变化。汉字绝大部分是合体字。合体字的性质没有发生根本的变化，也就是汉字的性质没有发生根本的变化。所以我们既要充分认识到记号字跟表意字的不同，又不能过分夸大记号字的出现对汉字的整个体系所发生的影响。唐兰先生在《中国文字学》里说，“截至目前为止，中国文字还不能算是记号文字……还是形声文字”（109 页），已经把这个意思很扼要地讲了出来。

在独体表意字之外，还有一些字也由于字形的演变而成了记号字。

准合体字有不少变成了记号字。例如：“立”字本作，象人立在地上，“竝”字（现已并入“并”字）本作，象两个人并立在地上（《说文》“竝”字从二“立”，跟字义不切合），演变成隶书、楷书之后，就都变成不能分析的记号字了（关于准合体字的演变，参看〔三（二）〕）。

合体表意字也有少数变成了记号字。例如：“表”字本作（裵），由“衣”、“毛”二字合成。“表”本是罩在皮衣外面的衣服的名称。古人的皮衣有毛的一面朝外，所以“表”字从“衣”在“毛”上示意。这个字写成“表”之后，也就只能看作一个记号字了。

形声字偶尔也会演变成记号字。例如从“禾”“千”声的字，就变成了形旁、声旁全都遭到破坏的记号字“年”。

字形的演变还造成了一些半记号字，即由记号跟意符或音符组成的字。这类字大都是由形声字变来的。例如：“春”字本作“萅”，《说文》分析为“从艸，从日，艸春时生也，屯声”。后来声旁“屯”跟“艸”旁省并成“𡗗”形。这个偏旁既无表音作用，也无表意作用，是一个只有区别作用的记号。可是偏旁“日”仍有表意作用，所以“春”就成了由记号跟意符组成的半记号半表意字。

还有不少字，虽然其结构并没有由于字形演变而遭到破坏，但是由于语音和字义的变化，对一般人来说实际上也已经变成了记号字或半记号字。比较常见的一种情况，是形声字的声旁由于语音的变化丧失表音作用，转化为记号（参看〔八（六）〕）。例如简化字作“耻”的“恥”字，本是从“心”“耳”声的字，后来“耳”、“恥”二字的读音变得毫无共同之处，“耳”实际上成了仅有区别作用的记号，“恥”实际上成了半记号半表意字。“恥”字写作“耻”，始见于东汉碑刻，可能当时“耳”、“恥”二字的读音已经有了很大距离，有的人不知道“耳”是声旁，就把“心”旁改成了读音与“恥”相近的“止”（汉隶中“止”和“心”的字形相当接近）。“耻”可以看作由记号“耳”跟音符“止”组成的半记号半表音字。

合体字的表意偏旁由于字义的变化丧失表意作用，转化为记号的情况，也是存在的。例如：形声字“特”的本义是公牛，所以用“牛”为形旁。由于这个本义早已不用，对一般人来说，“牛”旁实际上已经成为记号。

形声字有时会由于语音和字义两方面的变化而完全变成记号字。上面所举的形旁丧失表意作用的“特”字，就是一个例子。它的声旁“寺”的表音作用也已经由于语音演变而丧失，所以对一般人来说，这个字实际上已经完全成为记号字了。

假借字也可能变成记号字。假借字是借用已有的字作为音符来表示跟这个字同音或音近的词的。对根本不认得被借字的人来说，假借字实际上只是个记号字。有些假借字所借之字的原来用法已经被人遗忘。在这种情况下，如果所借之字不是形声字，假借字就会变成记号字。例如：“我”字在较早的古文字里写作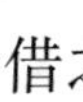，象一种锯或刃形近锯的武器。它本来所代表的词，一定就是这种锯或武器的名称。由于第一人称代词{我}跟那个词同音或音近，古人就假借“我”字来记录它。可是在相当早的时候，“我”字本来所代表的词就已经废弃不用了。因此作为你我之“我”所用的字符来看，“我”已经丧失表音作用，变成了一个硬性规定的记号；作为一个文字来看，你我之“我”已经从假借字变成了记号字。我们现在用来表示虚词{其}的

“其”字,[①] 一般人并不知道它本来所代表的词是{箕},实际上也已经成为记号字了。

如果被借字是形声字,当本义已经湮灭的时候,声旁一般仍有表音作用。例如“笨”本来当竹子里的白色薄膜讲,后来这个字被假借来表示愚笨的{笨},本义不再使用,形旁“竹”实际上已经变成记号,但声旁“本”仍有表音作用。

总之,由于种种原因,在我们现在使用的汉字里,原来的意符和音符有很多已经变成了记号。相应地,很多表意字、形声字和假借字,也就变成了记号字或半记号字。

通过以上的分析,可以得出如下结论:汉字在象形程度较高的早期阶段(大体上可以说是西周以前),基本上是使用意符和音符(严格说应该称为借音符)的一种文字体系;后来随着字形和语音、字义等方面的变化,逐渐演变成为使用意符(主要是义符)、音符和记号的一种文字体系(隶书的形成可以看作这种演变完成的标志)。如果一定要为这两个阶段的汉字分别安上名称的话,前者似乎可以称为意符音符文字,或者像有些文字学者那样把它简称为意音文字;后者似乎可以称为意符音符记号文字。考虑到后一个阶段的汉字里的记号几乎都由意符和音符变来,以及大部分字仍然由意符、音符构成等情况,也可以称这个阶段的汉字为后期意符音符文字或后期意音文字。

前面说过,有人把汉字这种类型的文字体系称为“词—音节文字”。此外,还有人把汉字称为“词文字”(word writing,或译表词文字)或“语素文字”。[②] 这些名称应该怎样理解呢?

首先应该指出,语素文字说跟词文字说在基本观点上并没有多大分歧。语素是语言中最小的有意义的单位,能够独立活动的语素就是词。上古汉语里单音节词占绝对优势,汉字一般都是代表单音节词的。但是有很多单音节词后来变成了不能独立活动的语素,在今天一个汉字往往只是一个语素的符号,而不是一个词的符号。

---

① “其”由 变来,演变情况大致如下:

有人认为丌(音基)是加注的音符。“箕”是由“其”分化出来的一个字。

② 关于汉字是词文字的说法,参看布龙菲尔德的《语言论》(袁家骅等译本 360 页,商务印书馆,1980 年)。词—音节文字说是美国的 Gelb 在 1952 年发表的 *A Study of Writing* 中提出来的(参看第 4 页注①)。语素文字说是赵元任在 1959 年发表的《语言问题》中提出来的(商务印书馆,1980 年版 144 页。赵氏在这本书里称语素为“词素”,现在一般都称“语素”)。

这是有些人不愿意把汉字叫作词文字，而要叫作语素文字的原因。按照这种考虑，词—音节文字这个名称也可以改为语素—音节文字。①

所谓语素文字究竟是一种什么样的文字体系呢？拼音文字可以按照字符所表示的是音节还是音素，分成音节文字和音素文字。“语素文字”是不是可以理解为字符表示语素的文字呢？不能这样理解。一般认为“日”这一类字是典型的语素字。但是我们只能说“日”字表示语素{日}，而不能直接说字符“日”表示语素{日}。这一点前面早就说明了。有的人是因为看到汉字里一个字通常代表一个语素，称汉字为语素文字的。像这样撇开字符的性质，仅仅根据文字书写的基本单位所代表的语言成分的性质，来给文字体系定名，也是不妥当的（这里所说的文字书写的基本单位，就是一般所说的字。汉字的笔画可以称为用笔的基本单位）。英文是以词为书写的基本单位的，大家不是并没有把它看作表词文字，而是把它看作音素文字的吗？这样说来，语素文字这个名称是不是根本就不能成立呢？那倒也不必这么看。音素、音节、语素，是语言结构系统里由低到高的不同层次（这里所说的“语言结构”是广义的，包括语音结构）。我们可以把语素文字解释为字符属于语素这个层次，也就是说字符跟语素这个层次发生关系，而跟音素、音节这两个层次没有关系的文字；或者解释为能够表示语言的语素结构（即能够表示词由什么语素构成）而不能表示语言的音素或音节结构的文字。语素—音节文字可以解释为既使用属于语素这个层次的字符又使用表示音节的字符的文字。

按照上面的解释来看，汉字究竟应该称为语素文字呢？还是应该称为语素—音节文字呢？下面就来讨论这个问题。

汉字的意符和记号都不表示语音，前者只跟文字所代表的语素的意义有联系（音节以下的层次无意义可言），后者只能起把代表不同语素的文字区别开来的作用。它们都是属于语素这个层次的字符。所以汉字里的独体、准合体和合体表意字以及记号字和半记号半表意字，都可以看作语素字。

但是，汉字使用的音符，虽然都由原来是语素的符号的现成文字充当，却应该看作表示音节的符号。使用音符的假借字（就记录汉语固有语素的假借字而言），以及由意符和音符构成的形声字，通常也以一个字代表一个语素，但是我们不应该因此

① 赵元任在第15页注①所引书中“文字”章的一个小标题里，曾称汉字为“语素—音节文字”（102页），他还认为如果当初假借字能自由发展，汉字会由语素—音节体系发展为纯音节体系（105页）。但是他对称汉字为语素—音节文字的理由没有做具体说明（在本书初版中，此注介绍赵说不够正确，蒙伍铁平先生指出。今已做修改）。

就把它们也都看作语素字。

那些记录具有两个以上音节的音译外来词的假借字，它们表示语素的音节结构的作用，是十分明显的。例如元代假借来记录出自蒙古语的官名的“达鲁花赤”这四个字（达鲁花赤的本来意义是统治者、掌印者），显然都是作为音节符号使用的。记录汉语里固有的双音节语素的假借字，如“仓庚”（鸟名）、“犹豫”（关于“犹豫”，参看〔九（三）〕）之类，表示音节结构的作用也很明显。

那些用来记录汉语固有的单音节语素的假借字，其实同样具有表示音节结构的作用。只不过在一个语素只包含一个音节的情况下，语素和音节之间的层次界线容易被忽略而已。作为字符来看，假借来表示动词{花}的“花”跟“达鲁花赤”的“花”，其本质并无不同，二者都是表示 huā 这个音节的符号。它们的不同在于前者单独用来表示一个单音节语素的音，后者则只表示一个多音节语素里的一个音节。“花”作为假借字所使用的字符看，只有表音节的作用；但是作为记录动词{花}的假借字来看，则既有音也有义（即“花”字的假借义）。“达鲁花赤”这四个字必须连在一起才能表示出一定的意义，其中每一个字都只能看作一个没有意义的表音节的符号。如果不是按照一般习惯以“书写的基本单位”当作“字”的定义，而是以“语素或词的符号”当作“字”的定义的话，只有“达鲁花赤”这个整体才有资格称为假借字。

英文里表示不定冠词的 a 字所使用的字母 a，其本质并不因为单独成字就跟与其他字母拼合成字的 a 有所不同。汉字里表示动词{花}的假借字“花”，以一个字代表一个语素这一点，当然也不会影响到它所使用的字符的表音节的本质。所以假借字都可以看作音节字。

形声字的声旁也是表音节的符号。例如：读音相同的“饵”、“洱”、“珥”、“铒”代表四个不同的语素，但是它们都有一个共同的表音成分——声旁“耳”。这个“耳”显然应该看作表音节的符号（“珥”所从的“耳”兼有表意作用，已见上文）。由于形声字的形旁只跟语素的意义有联系，可以把形声字看作介于语素字跟音节字之间的一种文字。半记号半表音字的性质，也可以这样看。

前面曾经指出，汉字使用的音符跟拼音文字的音符有很大区别。这种音符作为表音节的符号来看，跟音节文字的音符当然同样是有很大区别的。汉字既使用表音节的符号，也使用属于语素这个层次的符号。表音节的符号都是借现成的文字，即语素的符号充当的（“乒”、“乓”等少数例子是例外，参看〔六（三）3〕），而且借来表示同一个音节的字往往有很多个。① 这些都是跟音节文字不同的地方。

通过以上的分析可以知道，汉字不应该简单地称为语素文字，而应该称为语素—音节文字。不过，对汉字使用的表音节的符号跟音节文字的音符之间的区别，也应该有足够的认识。

语素—音节文字跟意符音符文字或意符音符记号文字，是从不同的角度给汉字起的两种名称。前者着眼于字符所能表示的语言结构的层次，后者着眼于字符的表意、表音等作用。这两种名称可以并存。意符和记号都是属于语素这个层次的字符，所以语素—音节文字这个名称对早期和晚期的汉字都适用。

最后，谈一下汉字在形式上的主要特点，以及记录具有两个以上音节的语素的汉字跟一般汉字不同之处。

前面已经说过，汉字的书写单位就是一般所说的字。每个字通常都念一个音节。在现代汉字里，只有表示儿化作用的“儿”字不能自成音节，是一个例外。有人把这种“儿”字写得比较小，以示区别。“瓩”（千瓦）、“浬”（海里）等一小批表示计量单位的字可以念两个音节，但是其性质类似古文字里的合文（两个以上的字合写成像一个字的样子），不是正规的汉字（按照 1977 年中国文字改革委员会和国家标准计量局联合发布的《关于部分计量单位名称统一用字的通知》，这种类似合文的单位字已停止使用）。在汉语里，单音节语素占绝对优势。通常，一个汉字是为一个单音节语素而造的。这是汉字形成一个字念一个音节的局面的主要原因。

在字的形式上，汉字很早就形成了要求每个字大体上能容纳在一个方格里的特点。因此组成合体字的字符的配置，缺乏严格的规律性，有左右相合、上下相合、内外相合等等不同情况（参看〔八（四）〕）；总之，以拼合成字后能写在一个方格里为原则（不合这种原则的字，在商代文字里还不时能看到，如“般”或作  之类；在周代文字里已大为减少，到秦汉以后几乎已经绝迹）。一般以“方块字”之称表示汉字形式上的这个特点。

---

① 这种现象有很大一部分是由于本来不同音的字演变为同音字而造成的。例如《新华字典》（1987 年版）yī 音节下所收的全部形声字使用了“意”、“衣”、“奇”、“殹”、“聑”、“伊”、“韦”、“多”等十来个不同的声旁，这些形声字有很多在古代并不同音。为了区别同音词而借用不同的字来表示同一音节的现象也是常见的（参看游顺钊《中国古文字的结构程序》，《中国语文》1983 年 4 期 277 页、279 页注⑰）。例如：“潢”和“湟”，“蟥”和“蝗”，都是同音的。为了从字形上把它们区别开来，分别使用了“黄”和“皇”这两个声旁（这跟拼音文字有时为了区别同音词把它们拼得不同形的情况相似）。此外，借用不同的字来表示同一音节的现象，当然也有很多仅仅是由于选择音符缺乏规律性而造成的。

在汉语里，除了占绝对优势的单音节语素之外，也存在一些双音节语素，而且还通过音译外来词而不断增加具有两个以上音节的语素。对于这些语素，就需要用两个以上的字来记录它们。①

具体地说，汉字记录具有两个以上音节的语素，有用假借字和造专用字这两种方法。

用假借字记录双音节语素是很常见的，古代就已出现的如前面举过的“仓庚”、“犹豫”，现代的如“沙发”、“尼龙”。三个以上音节的语素，几乎都是用假借字记录的，如古代的“璧流离”（“琉璃”的旧译名）、“达鲁花赤”，现代的“苏维埃”、“布尔什维克”。在记录具有两个以上音节的语素的时候，假借来的字必须连在一起才能表示出意义，各个字只具有表音节的符号的性质。这一点前面已经讲过了。

造专用字的办法通常只用于双音节语素。② 所造的字绝大多数采用形声结构，例如古代的“螮蝀”（虹的别名）、“徜徉”，现代的“咖啡”、“噻唑”（一种有机化合物）。非形声结构的如“乒乓”、“旮旯”（gālá，角落）之类，极为少见（“旮旯”的造字意图不明，只能看作记号字）。

为双音节语素造的形声字，往往是通过加偏旁或改偏旁等办法，由假借字改造而成的。例如上面举过的“徜徉”，就是由假借字“尚羊”（也作“常羊”）改造而成的。又如“蜈蚣”本作“吴公”（《广雅·释虫》），也是假借字，后来在上一字上加“虫”旁而作“蜈公”（《庄子·齐物论》释文引《广雅》），最后才出现两个字都加“虫”旁的写法。上面举过的“仓庚”，后来也有了“仓鹒”、“鸧鹒”等写法（关于把记录双音节语素的假借字改造成专用字的情况，参看〔一一（一）1Cd〕）。

为双音节语素造的字，跟记录双音节语素的假借字一样，也必须两个字合在一起作为一个整体才有意义。而且，记录具有两个以上音节的语素的一组假借字，分开来之后每个字尚有它本来固有的字义；为双音节语素造的字，单个地看连这种字

---

① 早期的汉字在记录双音节语素时是否一定都如此，还不能肯定。汉语里的一部分双音节语素，大概早在汉字萌芽时就已经存在了。对于有的作为具体事物名称的双音节语素，最初很可能只造一个表意字来代表它，一个字念两个音节。甲骨文里的“凤”字，除了在{凤}的象形字上加注“凡”声的写法之外，偶尔还有加注“兄”声的写法。张政烺先生认为加注“兄”声的应该读为凤凰的“凰”（《邵王之諻鼎及簋铭考证》，《中央研究院历史语言研究所集刊》八本三分。“兄”、“皇”古音极近）。也许{凤}的象形字本来就是为双音节语素{凤凰}而造的。看来，有可能古汉字里本来是有念双音节的字的，但是由于汉语里单音节语素占绝对优势，绝大多数汉字都念单音节，这种念双音节的字很早就遭到了淘汰。

② 为三音节语素造的专用字，如见于《说文》的“珣玗琪”（东夷玉名）和清代曾经使用过的“暎咭唎”等外国名，是很罕见的。

义也没有。这是它们不同于一般汉字的一个特点。

如果不受一字一音节原则的拘束,“徜徉”、“蜈蚣”(或“蜈公”)、“鸧鹒”(或“仓鹒”)之类记录双音节语素的字,本来完全可以写成“徸”、“蝩”、“鶬”这样的形式。在圣书字里,在包含几个符号的一个音符组之旁加上一个定符而构成的形声字,是很常见的。在古汉字的合文里,偶尔也可以看到类似的例子,例如战国时代的印章有时就把“邯郸(郸)”合写成“鄲”(《古玺文编》361 页)。在这种合文里,形声字声旁的表音节的性质可以看得更加清楚。

三　汉字的形成和发展

（一）关于汉字形成问题的讨论

常常听到有人提出“汉字是什么时候产生的”、“汉字起源于何时”这一类问题。严格说起来，这样提问题并不很恰当。第一章里已经说过，汉字这类完全或基本上独立创造的文字体系，它们的形成都经历了一个很长的过程。因此，关于汉字的起源，应该这样提出问题：汉字这一文字体系的形成过程开始于何时，结束于何时？汉字是怎样从最原始的文字逐步发展成为能够完整地记录语言的文字体系的？

对后一个问题，在第一章里已经有所涉及。由于缺乏原始汉字的资料，目前还没有可能复原汉字形成的具体过程，所以在这里就不想再谈这个问题了。由于同样的原因，前一个问题，即汉字形成过程的起讫时间问题，目前也还没有彻底解决的可能。下面只能就这个问题做一些很初步的讨论。

在已发现的各种内容比较丰富的古汉字资料里，时代最早的是商代后期（约前14世纪—前11世纪。校按：据夏商周断代工程，可改为“前1300年前后—前11世纪中期”）的甲骨文和金文（参看〔四（一）〕）。它们所代表的是已经能够完整地记录语言的文字体系。现代考古学在我国兴起之后，主要是20世纪50年代以来，陆续发现了少量早于商代后期的古汉字以及一些可能跟原始汉字有关的资料。这些资料当然是很可宝贵的，可惜它们不但数量不够多，而且大都比较零碎，还远远不能为解决汉字形成问题提供充分的根据。

已发现的可能跟原始汉字有关的资料，主要是刻划或绘写在原始社会时期遗物上的各种符号。根据外形上的特点，大体上可以把这些符号分成两大类：一类是象实物之形的，一类是几何形符号。有些虽非几何形但也不像是象实物之形的符号，可以附在后一类里。下文称后一类为甲类，前一类为乙类。（为1994年台湾版所加校按:关于原始社会时期遗物上的符号,后来又有新的发现,请参看拙作《究竟是不是文字——谈谈我国新石器时代使用的符号》,文载《文物天地》1993 年 2 期。)下面先讨论甲类符号。

就已发现的情况来看,甲类符号绝大部分刻划或绘写在陶器上,小部分刻在龟甲、兽骨或骨器上。这类符号分布得很广,在仰韶、大溪、马家窑、良渚、龙山等文化的遗址里都有发现(这里所说的"遗址"包括墓葬在内)。[1] 它们行用的时间也很长久。就上限来说,在距今七八千年的早于仰韶文化的大地湾一期文化遗址和接近裴李岗文化的贾湖遗址里,都已经发现了这类符号。大地湾一期文化的符号发现于甘肃秦安县大地湾,是用颜料绘写在陶钵形器内壁上的。[2] 贾湖符号发现于河南舞阳县贾湖,是刻在龟甲等物上的。[3] 就下限来说,这种符号不但直到原始社会末期还在使用,而且在进入历史时期以后,在汉字已经形成的情况下,仍然在某些领域延续使用了很长的一段时间。在商代以至春秋战国时代的陶器上,都可以看到不少这类符号。[4]

在甲类符号里,仰韶文化早期的半坡类型遗址所出陶器上的符号,时代既比较早,资料也比较丰富,在关于汉字起源的讨论中最受人注意。我们就以它们为例来讨论一下甲类符号跟汉字的关系。

在半坡类型各遗址中,西安半坡和临潼姜寨这两个遗址发现的符号数量最多。下面是半坡遗址发现的符号的一些例子:[5]

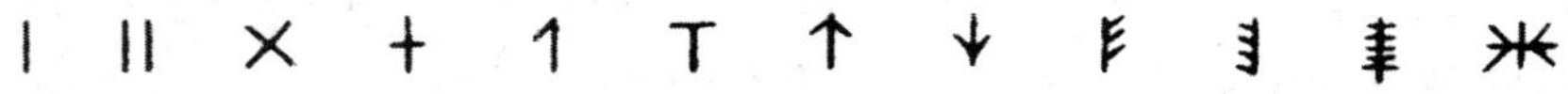

临潼姜寨遗址发现的符号,有不少跟半坡的相同或相似,此外还有一些形体比较复杂的例子,如:[6]

半坡类型的符号一般是单个刻在陶钵外口缘的黑宽带纹或黑色倒三角纹上的,例外

① 参看第 8 页注①所引文。

② 《甘肃秦安大地湾遗址 1978 年至 1982 年发掘的主要收获》,《文物》1983 年 11 期 22—25 页。

③ 《河南舞阳贾湖新石器时代遗址第二至六次发掘简报》,《文物》1989 年 1 期 11、12、14 等页。

④ 参看高明《中国古文字学通论》36 页,文物出版社,1987 年。甚至在某些西汉陶器上都还可以看到这类符号,参看《广州汉墓》上册 89—91、210—211 页,文物出版社,1981 年。

⑤ 引自《西安半坡》197 页图 141、图版 167—171,文物出版社,1963 年。

⑥ 引自王志俊《关中地区仰韶文化刻划符号综述》,《考古与文物》1980 年 3 期 15 页。

很少。根据碳 14 年代测定，半坡类型的时代距今已有六七千年之久。

对半坡类型符号的性质存在着不同看法。有些学者认为它们是文字。有的并且把它们跟古汉字直接联系了起来，如认为×是“五”字，+ 是“七”字，| 是“十”字，‖ 是“二十”，T 是“示”字，↑ 是“矛”字， 是“艸”字， 是“阜”字等等。[①] 有些学者则认为这种符号还不是文字，而“可能是代表器物所有者或器物制造者的专门记号”。[②] 还有学者认为它们只不过是制造陶器时“为标明个人所有权或制作时的某些需要而随意刻划的”。[③]

这种符号所代表的显然不会是一种完整的文字体系。它们有没有可能是原始文字呢？恐怕也不可能。我们丝毫没有掌握它们已经被用来记录语言的证据。从同类的符号在汉字形成后还在长期使用这一点来看，它们也不像是文字。[④]

把半坡类型的甲类符号跟古汉字里象具体事物之形的符号相比附，更是我们所不能同意的。这两种符号显然是不同系统的东西。我们不能因为前一种符号跟后一种符号里形体比较简单的例子或某些经过简化的形式偶然同形，就断定它们之间有传承关系。半坡类型符号的时代大约早于商代后期的甲骨文三千多年。如果它们确是古汉字的前身，象形程度一定大大高于甲骨文。甲骨文里“阜”字多作 ，“示”字比较象形的写法是  。半坡符号里的  和 T ，如果确实是“阜”字和“示”字的话，为什么反而不如它们象形呢？

但是，已发现的半坡类型符号，绝大部分都刻在同一种陶器的同一个部位上，规律性很强。有些符号不但重复出现在很多个器物上，而且还出现在不同的遗址里。看来，这种符号，至少是其中的一部分，很可能已经比较固定地用来表示某些意义了。除了用作个人或集体的标记之外，这种符号也有可能用来表示其他意义。

没有文字的民族往往已经知道用符号记数。我国原始社会使用的几何形符号，估计也不会没有这种用途。古汉字除了使用象具体事物之形的符号之外，也使用少量几何形符号。一、二、三、☰（四）、×（五）、∧（六）、+（七）、)(（八）、|（十）等数字，是最明显的例子（数字“九”，多数文字学者认为是一个假借字）。跟这些数字同形或形近的符号，在我国原始社会使用的甲类符号里是常见的。很多学者认为这种

① 于省吾《关于古文字研究的若干问题》，《文物》1973 年 2 期 32 页。

② 《西安半坡》198 页。

③ 第 3 页注④所引文 23 页。

④ 参看高明《中国古文字学通论》35—36 页。

符号就是这些数字的前身，这是有道理的。不过这并不能证明原始社会使用的记数符号是文字，在第一章里已经就此做过说明了。此外还应该指出一点：由于构成甲类符号的要素一般比较简单，不同地区的人很容易造出相同的符号来。这种同形的符号，其意义往往并不相同。① 所以，虽然古汉字有些数字的外形跟半坡类型符号相同，我们仍不能由此就得出这些数字源于半坡类型符号的结论。它们完全有可能出自其他原始文化。

商代和西周时代（主要是西周早期）的铜器上时常铸有族徽（我们所说的族徽包括族名）。大部分族徽具有象形程度明显高于一般铜器铭文的特点，但有一小部分跟原始社会的甲类符号很相似，例如：

它们也有可能源于这种符号。② 原始社会里用作个人或集体的标记的符号，是很容易转化为族徽的。在商周时代，这一部分族徽符号是否已经成为文字，还是一个问题。③ 它们的性质也许就跟后代的花押差不多。

总之，我们认为我国原始社会时代普遍使用的甲类符号还不是文字。除了有少量符号（主要是记数符号）为汉字所吸收外，它们跟汉字的形成大概就没有什么直接关系了。而且即使是那些为汉字所吸收的符号，也不见得一定是来自半坡类型符号的。有些学者以半坡类型符号为据，说汉字已经有六千年以上的历史。这种说法恐怕不妥当。

近年在西安市郊区长安县花楼子的客省庄二期文化遗址里，发现了一些刻在骨片和骨器上的甲类符号。④ 有人称之为甲骨文，认为跟殷墟甲骨文有渊源关系。这恐怕也是不妥当的。

下面讨论原始社会时期的乙类符号。

在田野考古中，乙类符号主要发现于山东的大汶口文化晚期遗址，一般都刻在一种大口的陶尊上。大汶口文化晚期的年代约为前 2800—前 2500 年。据近年发表

---

① 例如古汉字用来表示“五”的✕，纳西文用来表示“十”，哈尼族曾用来表示五十元，傈僳族曾用来表示相会的意思（第 3 页注④所引文 15 页），古代巴比伦曾用作所有权的标记（同上 23 页），圣书字用来表示“划分”（参看第一章）。

② 参看郭沫若《古代文字之辩证的发展》，《考古学报》1972 年 1 期 4—5 页。

③ 参看第 3 页注④所引文 39 页。

④ 郑洪春、穆海亭《陕西长安花楼子客省庄二期文化遗址发掘》，《考古与文物》1988 年 5、6 合期 237—239 页。

的资料,①已发现的刻有符号的陶尊和残器片共有 16 件,其中 15 件是在莒县的陵阳河和大朱村采集或出土的,一件是在诸城县(校按:今改诸城市)前寨采集的。出土的大都出自墓葬。这些墓葬大部分有丰富的随葬品,墓主身份似比一般人高。

16 件陶尊及残器片上共刻符号 18 个,可以归纳为 8 种,下面每种各举一例(各种符号以拼音字母为代号,旁注数字表示出现次数):②

A (3)　B (3)　C (1)　D (1)

E (3)　F (1)　G (4)　H (2)

B 是在 A 下加山形而成(校按:B 的下部,多数学者视为山形。但是下文校按要提到的尉迟寺大汶口文化晚期遗址发现的一些与 B 同类型的符号,其下部形状往往与 B 有或大或小的差异,看起来并不像山。B 之下部所象,尚待进一步研究)。G 跟 H 上部的中间部分象同一种东西。这些符号绝大多数刻在陶尊外壁靠近口沿的部位(下文依本页注①所引文称为颈部),少数刻在外壁近底处。通常一个陶尊只刻一个符号,只有两件陵阳河采集的陶尊刻有两个符号。一件颈部刻 G,近底处刻 E。一件在颈部两侧分刻 G 与 D。G 四见,都涂朱。H 两见。完整的一例即上图所示,下部倒梯形是朱绘的(未刻),其他部分涂朱。残缺的一例不涂朱。他种符号各例,除诸城前寨采集陶片上残去左上部的符号 B 涂朱外,③全都不涂朱,就是跟涂朱的 G 共见于一器时也不涂朱。看来涂朱似有某种比较重要的意义。

在山东泰安、宁阳二县(校按:泰安今已改市)之间的大汶口墓地的发掘中,曾在一个大汶口文化中期的墓葬中发现过一个背壶,器身上半有朱绘符号如右图。④ 这个符号跟晚期陶尊上的乙类符号是否属于一个系统,尚待

① 王树明《谈陵阳河与大朱村出土的陶尊"文字"》,载《山东史前文化论文集》,齐鲁书社,1986 年。

② 下引线图取自《文物》1987 年 12 期 75 页。

③ 《文物》1974 年 1 期 75 页。

④ 《大汶口——新石器时代墓葬发掘报告》73 页,文物出版社,1974 年。

研究。

上举 A—D 四例，在 1974 年出版的《大汶口》发掘报告中就已发表。在 20 世纪 70 年代有好多位学者对这种符号做过研究。李学勤在 1987 年发表的《论新出大汶口文化陶器符号》（下文引作“李文”），[1]根据新的资料做了进一步的研究。

对这种符号的性质主要存在两种看法。有些学者认为它们是文字，并且把它们当作比较原始的汉字加以考释。例如：于省吾释 A 为“旦”。[2] 唐兰释 A 为“炅”，B 为“炅”的繁体（校按：据台湾学者邓淑蘋研究，A、B 中被唐兰等学者视为“火”的部分，其实象展开双翼的负日神鸟之形，见下文校按所引邓文，其说可信），C 为“斤”，D 为“戊”或“戉”。[3] 李学勤释 B 为“炅山”合文，[4]F 为“封”，并指出 E 也见于甲骨文和铜器铭文，在那些资料里用作人名或族氏。[5] 有些学者则认为这种符号还不是文字，例如汪宁生认为它们“属于图画记事的范畴”，是“代表个人或氏族的形象化的图形标记”。[6] 此外，这两派学者里都有人主张某些符号与祭祀或器主身份有关（校按：A、B、G、H 这几个符号肯定与信仰、祭祀有关，学者们已多有论及）。

在良渚文化（？）或作风接近良渚文化的某些遗物上，可以看到跟上举大汶口文化乙类符号相类甚至相同的符号。

南京北阴阳营遗址 2 号灰坑曾出土一个大口陶尊，颈部刻有如下符号：[7]

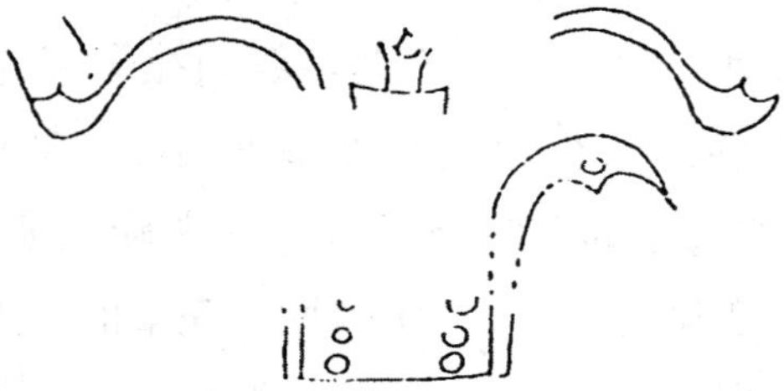

这个符号跟上面举过的 H 很相似，似可看作同一符号的异体。据发掘单位的文章，北阴阳营 2 号灰坑遗存“大体与张陵山类型相近……可能属于张陵山类型向良渚类

① 《文物》1987 年 12 期。

② 于省吾《关于古文字研究的若干问题》，《文物》1973 年 2 期 32 页。

③ 《关于江西吴城文化遗址与文字的初步探索》，《文物》1975 年 7 期 72—73 页。唐氏认为“戊”、“戉”古为一字。

④ 《考古发现与中国文字起源》，《中国文化研究集刊》第 2 辑 155 页，复旦大学出版社，1985 年。

⑤ 《文物》1987 年 12 期 78 页。

⑥ 第 3 页注④所引文 27 页。

⑦ 引自《文物》1987 年 12 期 79 页。

型过渡阶段”。[①]（校按：大汶口乙类符号，后来又有发现。1987年，莒县杭头一个大汶口文化晚期墓出土一件刻有与上举C同形的符号大口尊，见《考古》1988年12期。从20世纪80年代末至21世纪初，社科院考古所对皖北蒙城县尉迟寺遗址进行了多次发掘。在属于大汶口文化晚期的遗址和墓葬中，出土了十来件器表口沿下刻有大汶口乙类符号的陶大口尊——发掘者称为“大口瓮”。有的出土于祭祀坑。发现的符号大都与上举的B属于一个类型，一例与A同类型。有的符号也涂朱。此外，在一块较大的陶片上，有一个与G同类型的符号，整理者视为纹饰。资料见科学出版社2001年出版的《蒙城尉迟寺》和2007年出版的《蒙城尉迟寺（第二部）》。又按：本书写成后，原始社会时期的甲类和乙类符号有不少新发现，除上举尉迟寺大汶口文化符号外，较重要的还有安徽蚌埠市双墩遗址发现的符号、湖北天门市石河镇萧家屋脊等地发现的石家河文化符号等等，在此不能一一补述，读者谅之。）

20世纪40年代以前流入美国、现藏于华盛顿的弗利尔美术馆的几件古玉器，也刻有这类符号。首先注意到这批资料并加以研究的，是日本学者林巳奈夫。后来李学勤也进行了研究，其意见发表在《考古发现与中国文字起源》（下文引作“《起源》”）[②]以及上引李文中。下面主要根据李学勤的文章介绍一下这批玉器上的符号。[③]

这批玉器包括一件“玉臂圈”（？）和三件玉璧。玉臂圈两侧各刻一个符号：

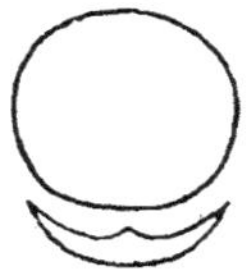
a

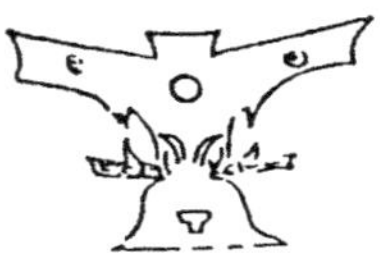
b

a跟上面举过的A相同。三件玉璧上各刻一个复合符号：

c

d

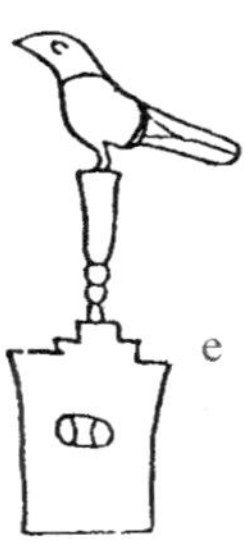
e

① 《长江下游新石器时代文化若干问题的探析》，《文物》1978年4期52页。

② 《考古发现与中国文字起源》，《中国文化研究集刊》第2辑，复旦大学出版社，1985年。

③ 有关的图都转引自《考古发现与中国文字起源》，《中国文化研究集刊》第2辑157页。

这三个复合符号都以"作鸟立于山上之形"的符号为主体。其山形跟上面举过的 B 的山形一样,也有五个峰,"不过峰顶是平的"(校按:上文校按已指出,山形之说似有问题)。《起源》把这个符号释为"岛"字(155 页)。c 的下部包含一个跟"臂圈"的 a 相同的符号,只是象太阳的圆圈形内加了文饰。d 的山形之内,上部有一个跟"臂圈"的 b 有点相似的符号,底部所添加的究竟是符号还是文饰不易断定。e 的山形之内也有一个符号。这个符号也许是一个甲类符号。刻有 c 的玉璧的边缘上还刻有如下两个符号:

f

g

李文已经指出 f 跟上面举过的 F 是同一符号的异体(78 页)。

林巳奈夫和李学勤都认为上述玉器是良渚文化的遗物。良渚文化的年代约为前 3300—前 2200 年。大汶口文化晚期的年代正在其范围之内。这两种文化分布的地域比较接近,并有某些同类型的器物,彼此显然是互有影响的。所以李学勤认为"这两种文化有共同的文字联系,实在情理之中"(《起源》156 页)。他把大汶口文化乙类符号和上述玉器上的符号都看作文字,所以用"共同的文字联系"这种说法。不同意把大汶口文化乙类符号看作文字的学者,当然也不会同意把上述玉器上的符号看作文字。

近年在国内博物馆藏品中也发现了两件刻有这类符号的玉器。两件玉器都是大型玉琮,形制相类。首都博物馆收藏的一件,上端两侧面各刻一个符号。其中一个跟上举玉璧上的几个符号相类,也是以"作鸟立于山上之形"的符号为主体的复合符号。另一个符号已磨损不可辨。李文认为这件琮属良渚文化玉琮中最晚的一式(78—79 页)。中国历史博物馆收藏的一件据传出于山东省,上端正中刻有跟"玉臂圈"的 a 相同的符号,底部内壁一侧刻有斜三角形。发表者认为此琮与"玉臂圈"应为大汶口文化遗物。[①] 还有学者认为此琮是山东龙山文化遗物。[②] 由于在考古发掘中尚未发现过刻有这类符号的同类玉器,上述那些玉器究竟应该归属于哪种或哪些

① 石志廉《最大最古的  纹碧玉琮》,《中国文物报》1987 年 10 月 1 日 3 版。此文称"玉臂圈"为"矮筒形小玉琮"。

② 安志敏《关于良渚文化的若干问题》,《考古》1988 年 3 期 241、245 页注㉔。

文化,还是有待进一步研究的问题。(为 1994 年台湾版所加校按:本书所举玉器符号的资料不全,请参阅邓淑蘋《中国新石器时代玉器上的神秘符号》,文载台北《故宫学术季刊》第十卷第三期——1993 年 4 月。该文指出近年在浙江余杭安溪出土的良渚文化玉璧上刻有与本书上文所举符号 d 的下部基本相同的符号,可证同类玉器符号"或应属良渚文化居民的原作"。但该文仍认为弗利尔美术馆所藏"玉臂圈"——该文称玉镯——有可能是大汶口文化或较晚的山东龙山文化的遗物。见该文 14、26 等页。)

我们过去曾经根据前面举出的 A—D 四个符号,断定大汶口文化乙类符号是用作族名的原始文字,并认为它们跟古汉字之间很可能"存在着一脉相承的关系"。[①] 现在看来,这样说是不妥当的。正如汪宁生在《从原始记事到文字发明》一文(以下引作"汪文")中所指出的,"真正的文字要从表音开始,是能够记录语言的符号。陶器上这几个孤立的图形,还不能证明这一点"。[②] 而且如果说 A—D 这几个符号确实跟古汉字很相似的话,新出的 G、H 两个符号以及玉器上的鸟立山上形符号和符号 b 跟古汉字显然就不怎么相似了。所以把这类符号看作原始文字是根据不足的,把它们直接看作古汉字的前身就更不妥当了。

估计刻在陶尊上的乙类符号可能有两种用途:有的用作性质接近后世的族氏或人名的标记,有的用作器主或其所属之族的职务或地位的标记。在同一个陶尊上出现的两个符号也许是分属这两类的。汪文说:"这些图形(引者按:指乙类符号)刻于陶器上,当是作为做器者的一种氏族标记。例如,石斧形标记可能代表善制石斧的氏族……"(28 页)他说的这种标记接近我们所说的后一种标记。不过古代往往"以官为氏","以爵为氏","以技为氏"(参看《通志 · 氏族略》),后一种标记往往会转化为前一种标记,二者的界线不是绝对的。玉器上的符号的用途尚待研究。(校按:上文校按已指出,有些符号应与信仰、祭祀有关。把它们刻在器物上,而且有时还要涂朱,应有宗教意义。有不少学者持此类看法。)

我们在第一章里曾指出:"在原始社会里,一个名'鹿'的氏族完全有可能以鹿的图形来代表自己。这并不等于记录'鹿'这个词的文字已经产生。只有用符号(包括图形)记录成句语言中的词的认真尝试,才是文字形成过程开始的真正标志。"所以虽然大汶口文化的乙类符号很可能已被用作性质接近后世族氏或人名的标记,我们

---

① 第 8 页注①所引文 165—166 页。

② 第 3 页注④所引文 28 页。

仍然不能就把它们看作原始文字。

另一方面也应该看到，在大汶口文化晚期，生产力相当发达，社会的贫富分化也已经相当显著，原始文字开始出现的可能性并非完全不存在。而且大汶口文化乙类符号虽然还不能断定为原始文字，毕竟是我国已发现的最像古代象形文字的一种符号。从有些符号在并非出于一地的遗物上不止一次地出现的情况来看，这种符号的稳定性显然也是相当强的。它们无疑可以看作原始文字的先驱。如果文字形成的过程接着开始的话，它们的大多数（校按："大多数"宜改为"一部分"）应该是会转化成文字的。大汶口文化分布的地域接近古代中国的中心地区。有些大汶口文化乙类符号的作风，跟古汉字确实很相似。看来这种符号虽然不见得是原始汉字的前身，但是很可能曾对原始汉字的产生起过某种影响。前面讲过，大汶口文化晚期的年代约为前 2800—前 2500 年。按照上述推测，汉字形成过程开始的时间也许在公元前第三千年的中期。（校按：在良渚、龙山等文化的遗存里，发现过少数其上有多个刻符有序排列着的陶器或其残片。这种符号似应具有原始文字的性质。但是从这些符号的形态看，恐怕跟后来的汉字无关，而且有的还可能并不是处在向文字体系发展过程中的正常的原始文字，而带有原始的"行业文字"、"秘密文字"的性质。参看拙文《笔谈丁公遗址出土陶文》及所附《是原始文字还是符号》，见《裘锡圭学术文化随笔》351—359 页，中国青年出版社，1999 年。）

在这里附带讨论一下前面讲甲类符号时提到过的、商周铜器上象形程度比较高的那类族徽的性质。下面是这类族徽的一些例子：

龍（龙）

蠆（虿）

耒

戎（？）

上引汪文认为这类族徽跟大汶口文化乙类符号一样，是一种"图画记事"，而不是真正的文字（33 页）。这类族徽的确可能有相当大的一部分，早在原始汉字产生之前就已经出现。在当时它们当然还不是文字。但是汪文也承认"图画记事"中的"大部分图形成为后来文字的前身"（40 页）。在汉字形成的过程里，那部分族徽无疑大都转化成为文字了。而且象形程度较高的族徽肯定也有一部分是在汉字形成后才被使用的。这部分族徽一般都应该是文字。所以我们认为商周铜器上象形程度较高的族徽，至多只会有很小的一部分还不是文字。它们的绝大部分是没有理由不当作文字看待的。由于族徽具有保守性、装饰性，同一个字在铜器上用作族徽时的写法，往往要比一般使用时更接近图形。这种区别是文字的古体与今体之别，而不是图形与文字之别。事实上铜器上的族徽的写法也不是一成不变的。同一个族徽往往有时写得比较象形，有时则写得跟一般金文比较接近。有些图绘性比较浓厚的、现在还无法确释的族徽，在殷墟甲骨文中有作为族名或人名使用的例子。它们作为文字的性质是不容怀疑的。这一点郭沫若在《殷彝中图形文字之一解》中早就指出来了。①

在一般认为是族徽文字的象形程度较高的金文里，有一些字是用作个人的私名的，还有少数甚至是用来表示其他意义的。有的学者把这种金文称为记名金文。这个名称要比族徽金文或族名金文合理些。我们在下文中也采用这一名称。

现在我们来讨论汉字大约在什么时候脱离原始文字阶段而形成完整的文字体系。

从我们现有的知识来看，世界上从来没有一个民族是在进入阶级社会之前就创造了完整的文字体系的。根据绝大多数史学家的意见，我国大约在夏代进入阶级社会，所以汉字形成的时间大概不会早于夏代（约前 21 世纪—前 17 世纪——校按：据夏商周断代工程，可改为“前 1600 年前后”）。

在考古发掘中尚未发现确凿无疑的夏代的文字。

在河南偃师县的二里头文化遗址里发现过一些刻在陶器上的符号，例如：②

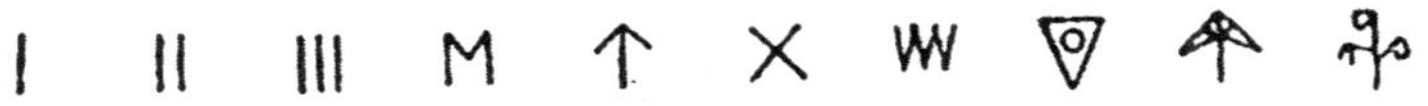

这些符号大多数刻在大口尊的内口沿上。它们大都发现于二里头遗址的三、四期地层，属于二里头文化后期。二里头文化后期，有人认为相当于商代早期，有人认为相当于夏代。持后一种看法者大都把上举这种符号看作夏代的文字。我们认为这种符号的性质跟原始社会时期的甲类符号相类，不但不可能是成熟的文字，而且也不可能是原始文字。

陕西商县紫荆的二里头文化遗址里也发现过少量刻在陶器上的符号，个别的可能是象形符号。报道者认为可能是夏代文字。③ 由于资料太少，尚难肯定其性质。

河南登封县（校按：今改登封市）王城岗的龙山时代晚期遗址里也发现过一些刻在陶器上的符号。有的学者认为这个遗址是夏代的，并把所出陶器符号看作夏

① 《殷周青铜器铭文研究》，科学出版社，1961 年。

② 引自《河南偃师二里头遗址发掘简报》，《考古》1965 年 5 期 222 页。

③ 王宜涛《商县紫荆遗址发现二里头文化陶文》，《考古与文物》1983 年 4 期 1—2 页。

代文字。[①] 由于已发表的资料太少，其性质也难以肯定。（校按：山西襄汾县龙山时代晚期的陶寺遗址出土了一个残破的陶扁壶，上有两个有点像文字的朱书符号，有的学者当作尧舜时代的文字加以考释，有的学者当作夏启之前的夏初文字加以考释，似皆难论定。又按：有些被认为属于夏代的卜骨上的刻划符号，也有学者认为是文字，似亦难论定。）

由于至今还没有发现确凿无疑的夏代以前的汉字（包括原始汉字），商代前期（约前 17 世纪—前 14 世纪——校按：据夏商周断代工程可改为“前 1600 年前后—前 1300 年前后”）的汉字是已知的最古的汉字。可惜已发现的资料也很贫乏。

20 世纪 50 年代以来发现了不少商代前期的遗址，但是出土的文字资料却很少。在郑州二里冈和南关外的商代前期遗址里发现了一些刻在陶器上的符号。[②] 它们跟二里头文化陶器符号一样，大多数刻在大口尊的内口沿上，也是跟原始社会时期的甲类符号同类的东西，并不是文字。在二里冈还发现过两块字骨：[③]一块只刻有一个像是“屮”的字（“屮”字见于殷墟出土的商代后期的甲骨文），出自商代前期地层；一块是采集品，上面刻有十来个字，字形跟商代后期甲骨文相似，文例则比较特殊。

河北藁城县（校按：今改藁城市）台西商代遗址里也发现过一些刻在陶器上的文字和符号，其中一部分的时代稍早于商代后期。[④] 它们一般都是单个地刻在陶器上的，确实像文字的有“止”、“目”、“刀”等字，其字体古于殷墟发现的商代后期的陶文和甲骨文。（图 1）

江西清江县（校按：今改樟树市）吴城商代遗址里发现的刻在陶器上的文字和符号，也有一些是早于商代后期的。[⑤] 它们既有单个地刻在器物上的，也有四五个以至十来个刻在一起的，可惜后一类刻文还没有读通。（图 2）吴城出土的有些陶器上的文字或符号，作风比较独特，似乎不属于商文化的系统。

在已发现的商代前期铜器里，有铭文的非常少，器上的铭文通常只有一两个字。（图 3）有的究竟是不是应该看作文字，还有讨论余地。[⑥]

---

① 李先登《夏代有文字吗》，《文史知识》1985 年 7 期 51—52 页。同人《关于探索夏文化的若干问题》，《中国历史博物馆馆刊》总 2 期（1980）34 页。

② 《郑州二里冈》17 页，又图 31，科学出版社，1959 年。《郑州南关外商代遗址的发掘》，《考古学报》1973 年 1 期 83—84 页。

③ 《郑州二里冈》38 页，又图 30。

④ 季云《藁城台西商代遗址发现的陶器文字》，《文物》1974 年 8 期。

⑤ 第 26 页注③所引文。《江西清江县吴城商代遗址发掘简报》，《文物》1975 年 7 期。《江西清江吴城商代遗址第四次发掘的主要收获》，《文物资料丛刊》2。

⑥ 李学勤《论美澳新收藏的几件商周文物》，《文物》1979 年 12 期 73 页。曹淑琴《商代中期有铭铜器初探》，《考古》1988 年 3 期 247—252 页。本书图 3B 所录铭文，有的学者认为是伪刻。

总之,已发现的商代前期的文字资料又少又零碎,显然不能充分反映汉字当时的发展水平,对我们研究汉字的形成过程没有重大参考价值。(校按:本书写成后发现的较重要的商代前期文字,有 1995 年在商代中期的——本书所说的商代前期包括早期和中期——郑州小双桥遗址出土的朱书陶文,但其数量仍不多,且无成句成篇的文字。参看黄德宽《殷墟甲骨文之前的商代文字》,同作者《汉字理论丛稿》18—20 页,商务印书馆,2006。此文还较详细地介绍了其他本书没有提到或言之不详的商代前期的文字和符号的资料,读者可以参看。)

由于夏代和商代前期的文字资料的贫乏,我们在讨论汉字形成时代的时候,主要只能根据商代后期汉字的发展水平来进行推测。

商代后期的汉字不但已经能够完整地记录语言,而且在有些方面还显得相当成熟。前面已经说过,商代的记名金文情况特殊,象形的程度比较高。甲骨文和一般金文,跟它们比起来,写法已经大大简化(参看〔四(一)〕),不少字已经变得不大象形了。有些字还由于文字直行排列的需要,改变了字形原来的方向,例如 (犬),(豕)等字都已经变成足部腾空,(疒,即疾字初文)所包含的人形和床形也已经竖了起来。当时,在上层统治阶级的政治和社会生活里,文字已经使用得相当广泛,为他们服务的史官一类人的书写技巧也达到了很高的水平。从这些方面看,商代后期跟汉字脱离原始文字阶段而形成完整文字体系的时代,应该已经有一段距离了。[①]

但是另一方面,在商代后期文字里仍然可以找到一些比较原始的迹象,例如我们在第一章里已提到过的,某些表意的字形一形多用,某些表意字随语言环境而改变字形,以及文字排列偶尔跟语序不相应等现象。这些现象在西周以后的古文字里基本上已经绝迹,只有表意的字形一形多用的现象仍有少量残存(如“夫”、“大”二字有时不加区别等)。从这方面看,商代后期距离汉字形成完整文字体系的时代似乎也不会很远。

《尚书·多士》记载西周初年周公对商朝遗民的训话说:“惟尔知,惟殷先人有册有典:殷革夏命。”周公特别强调殷的先人有典册记载“殷革夏命”之事,也许我国就是从夏商之际才开始有比较完备的记事典册的。汉字形成完整的文字体系,很可能也就在夏商之际。当然,完整的文字体系形成之后,原始文字是不会马上就绝迹的。

① 参看董作宾《中国文字》、《中国文字在商代》、《从么些文字看甲骨文》等文,皆收入《董作宾先生全集》(乙编第四册),台北:艺文印书馆,1977 年。

在一段时间里，原始文字和完整的文字体系可能会在不同的地域里或不同的用途上同时并存。只要注意一下原始文字以至完整的文字体系产生之后，原始的甲类符号还在继续应用的情况，就可以理解这一点。

前面已经说过，原始汉字可能开始出现于公元前第三千年中期。到公元前第三千年末期，随着夏王朝的建立，我国正式进入阶级社会。统治阶级为了有效地进行统治，必然迫切需要比较完善的文字，因此原始文字改进的速度一定会大大加快。夏王朝有完整的世系流传下来这件事，就是原始文字有了巨大改进的反映。汉字大概就是在这样的基础上，在夏商之际（约在前 17 世纪前后——校按：据夏商周断代工程，“前 17 世纪”可改为“前 1600 年”）形成完整的文字体系的。有的学者主张汉字形成于夏初。① 由于大家都缺乏确凿的证据，究竟谁是谁非，只有留待发现有关的新资料以后再去判断了。还有学者认为“中国象形文字出于商代后期（盘庚、武丁以后）的卜人集团”。② 这未免把汉字形成的时间估计得过晚了。

原始汉字在原始社会晚期开始出现的时候，是劳动人民的创造。但是，“文字在人民间萌芽，后来却一定为特权者所收揽”（鲁迅《门外文谈》）。进入阶级社会之后，在汉字由原始文字发展成完整的文字体系的过程里，起主要作用的大概就是为统治者服务的巫、史一类人了。纳西原始文字在过去是由纳西族的“东巴”（巫师）掌握的，所以也叫东巴文。在目前所能看到的内容比较丰富的成批古汉字资料里，时代最早的是与占卜有关的甲骨文，它们大概也出自当时的巫、史之手。历史悠久的仓颉造字的传说，也许并没有真实的历史根据。但是相传仓颉是黄帝的史官，把史官跟造字联系在一起，还是有一些道理的。

（二）汉字发展过程中的主要变化

即使只从商代后期算起，汉字也已经有三千三百年左右的历史了。在这段很长的时间里，汉字的意音文字的本质没有改变，但是无论在形体上或结构上，都发生了一些很重要的变化。

从形体上看，汉字主要经历了由繁到简的变化。这种变化表现在字体和字形两方面。字形的变化指一个个字的外形的变化。字体的变化则指文字在字形特点和

① 孟维智《汉字起源问题浅议》，《语文研究》1980 年 1 期 106—108 页。

② 徐中舒、唐嘉弘《关于夏代文字的问题》，中国先秦史学会编《夏史论丛》127、140 页，齐鲁书社，1985 年。

书写风格上的总的变化,而且通常是指较明显较巨大的变化而言的。当然,这两方面的变化往往是交织在一起而难以截然划分的。

汉字字体演变的过程可以分成两个大阶段,即古文字阶段和隶、楷阶段。前一阶段起自商代终于秦代(公元前3世纪晚期),后一阶段起自汉代一直延续到现代。

由象形变为不象形,是字体演变过程中最容易觉察到的变化。在整个古文字阶段里,汉字的象形程度在不断降低。古文字所使用的字符,本来大都很像图形。古人为了书写的方便,把它们逐渐改变成用比较平直的线条构成的、象形程度较低的符号。这可以称为"线条化"。在从古文字演变为隶书的过程里,字符的写法发生了更大的变化。它们绝大多数变成了完全丧失象形意味的,用点、画、撇、捺等笔画组成的符号。这可以称为"笔画化"。下面所举的是"馬(马)"、"魚(鱼)"二字字体演变的简单情况(记名金文"马"字原横写):

古文字				隶书	楷书
记名金文	甲骨文	周代金文	小篆		
				馬	馬
				魚	魚

隶书书写起来,要比古文字方便得多。由古文字变为隶书,应该看作汉字形体上最重要的一次简化。从表面上看,楷书对隶书的改变似乎不大。但是楷书的笔画书写起来比隶书更加方便,所以由隶变楷也是一次重要的简化。

字体的变化跟字形的简化往往是相伴的。这从上举的"馬"、"魚"二字就可以看出来。从下面所举的由古文字变为隶书的两个例子,这一点可以看得更为明白:

——寒　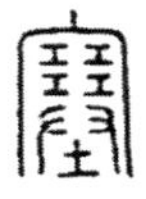——塞

在字体没有发生显著变化的情况下,字形的简化也在不断进行。早在商代的甲骨文里就可以看到很多这样的例子,如:

——(采)　——(渔)

汉字演变为楷书之后,字形仍在不断简化。20世纪50年代以来,还在政府的领导下进行了大规模的汉字简化工作。前面举过的"馬"和"魚",就简化成了"马"和"鱼"。

另一方面,在汉字发展的过程里也存在着字形繁化的现象。字形繁化可以分成两类。一类纯粹是外形上的繁化,一类是文字结构上的变化所造成的繁化。

前一类繁化有时是为了明确字形以避免混淆而进行的。例如:"上"、"下"二字在古文字里本来多写作𠄞、𠄟。为了避免相互混淆,并避免与"二"字相混,后来各加一竖而写作上、下。"玉"和"王"在隶书所从演变的古文字(即篆文)里写作王和王,其区别仅在于中间的一道横画的位置稍有高下,很容易相混。隶书在早期沿袭了这种字形,后来为了使二者有比较明显的区别,使用了在"玉"字上加点的办法。"肉"字在隶书所从演变的古文字里写作月。在隶、楷里,为了避免跟"月"相混,把它繁化成了肉、"肉"等形(此外还出现过肉、宍等写法)。

但是在多数情况下,纯粹外形上的繁化似乎只是书写习惯上的一种变化,并没有什么有意义的目的。例如辛变为辛、辛(辛),角变为角(角),矦变为矦(侯)等。无意义的繁化大都发生在古文字阶段。有不少繁化的写法在使用了一段时间之后,就为保持原形的写法所淘汰,例如在春秋时代,"天"、"正"等字曾出现上加短横的天、正等写法,这些写法到秦汉时代就绝迹了。

总的来看,上述这两种外形上的繁化只涉及全部汉字的一个很小的部分,繁化的程度也很轻微,通常只不过增添一两笔而已。

文字结构上的变化所造成的繁化,最常见的是增加偏旁,如第一章里举过的"鳳(凤)"的象形字加注音符"凡"的例子。又如象深潭的"𣶒"加注意符"水"而作"淵(渊)"(本作淵)、象一种斧类兵器的"戉"(本作戉)加注意符"金"而作"鉞(钺)"①等等。

汉字里有大量加旁字,但是大部分加旁字跟未加偏旁的原字都分化成了两个字,第二章里举过的由"尚羊"分化出来的"徜徉"、由"吴公"分化出来的"蜈蚣"、由"仓庚"分化出来的"鸧鹒"等字就是例子。像上面举过的"凤"、"渊"、"钺"等字那样的、用法跟原字毫无区别的加旁字,为数并不太多("𣶒"和"戉"在古代说不定也有过为"渊"和"钺"所没有的假借用法。校按:如"戉"在东周文字中用来表示国名{越},后起的"钺"就无此用法)。所以大部分加偏旁的现象可以解释为文字的分化

① 《说文·金部》有训"车銮声"的"钺"字,《段注》疑是"鉞"之误,即使不误,跟"戉"的加旁字"钺"也没有关系,只是偶然同形而已。关于同形字,详〔一〇(二)〕。

或字数的增加，不必看作字形的繁化。不过如果以词为本位，加偏旁的分化字的出现就应该看作字形的繁化了。例如对{蜈蚣}来说，由写作“吴公”变为写作“蜈蚣”，的确是字形的繁化。汉字简化有时也是以词为本位的，例如 20 世纪 50 年代汉字简化时用音近字“斗”取代“鬥争”的“鬥”，从文字的角度来看，这是文字合并或字数减少的现象；从词的角度来看，{鬥}由写作“鬥”变为写作“斗”，是字形的简化。

即使是“凤”、“渊”、“钺”这一类加旁字，如果就组成它们的偏旁来看，字形变化的主要趋向仍然是简化。在汉字形体演变的过程里，偏旁的写法绝大多数不断在由繁趋简。有些偏旁还经历了比一般的字形演变更为剧烈的简化。例如在隶书里，“水”用作左旁时变为三短横，写法比独立成字时简单得多。有的学者认为：“就汉字的单个符号来看，并不存在繁化的趋向。”① 这是有道理的。当然，少数的例外还是有的，如前面所说的“玉”、“肉”之类。

这里附带谈谈汉字字数的问题。

汉字的总数是不断增多的。东汉许慎在公元 2 世纪编写的、我国第一部比较完整的字典《说文解字》，共收 9353 字，加上重文共 10516 字。② 南朝梁代顾野王在 6 世纪编写的《玉篇》，收 16917 字。③ 11 世纪宋真宗时编的《广韵》收 26194 字（包括一字重出于不同韵者）。14 世纪明洪武年间编的《洪武正韵》收 32200 余字（同上）。18 世纪清康熙年间编的《康熙字典》收 47043 字。④ 20 世纪 60 年代编的《中文大辞典》收 49888 字，加上补遗共 49905 字。80 年代编成的《汉语大字典》收字 54678 个（校按：2010 年出版的第二版增收至 60370 字）。但是《康熙字典》一类大型字典里包含很多已经死亡的字、极为生僻的字（包括一般人不用的专业字）以及很多异体、讹体，一般需要使用的字只占一个相当小的比例。

如果以各个时代一般使用的汉字为考察对象，就会发现汉字的数量其实是相当稳定的。我们所说的一般使用的汉字，就是除去很生僻的字和比较专门的专业用字之后的实际使用的汉字，跟有些人所说的“通用汉字”大致相当。

由于掌握的资料太少，我们只能考察一下汉字发展史的上古和现代这两头的情

---

① 第 8 页注②所引书 9 页。

② 这是《说文·叙（序）》自记的数字。有人据今本《说文》统计，实际共有 10700 多字，见胡朴安《中国文字学史》46 页注⑨⑩。其中可能有后人掺入之字。《说文》把在当时实际上已经成为古文字的小篆作为标准字体，有不少当时通行的字没有被收入。

③ 据唐代封演《封氏闻见记》。今本《玉篇》经唐宋人增补，收字近 23000。

④ 其中有 110 个重见字，不同形的字共 46933 个。见王竹溪《编写新部首字典的一些考虑》，《语文现代化》1980 年 4 期 92 页。

况。先看上古汉字。已发现的商代后期的甲骨文资料，总字数可能接近百万，大体上应该能够反映商代后期一般使用文字的情况。1965年出版的《甲骨文编》根据当时已出版的甲骨文资料，整理出单字4672个。此书《编辑序言》认为"其中有些字还可以归并；目前甲骨刻辞中所见到的全部单字的总数，约在四千五百字左右"（引者按：《甲骨文编》中也有应分而误合之字，但数量不多）。在此后新发表的甲骨文资料里，出现了一些《甲骨文编》所未收的新字，充其量也不过数百。如果把商代后期一般使用的汉字数量估计为五千左右，大概离事实不会很远。周代遗留下来的主要文献是十三经。据《十三经集字》统计，十三经共用单字6544个。[①] 十三经由于后世的传抄刊刻，用字情况已不完全是原貌，但在单字总数方面大体上总还是能够反映周代的情况的。十三经的时代延伸得比较长，几乎包括了整个两周时代，而且其中还有一些秦汉时代的东西。如果有可能以周代某一段一二百年的时间为范围来进行统计，当时一般使用的字数大概要比十三经使用的字数少一些。

再来看现代汉字的情况。1965年文化部和中国文字改革委员会联合发布的《印刷通用汉字字形表》收字6196个。1981年国家标准局发布的《信息交换用汉字编码字符集·基本集》收字6763个。1988年国家语言文字工作委员会和新闻出版署联合发布的《现代汉语通用字表》收字7000个。据有的学者统计，现代书报刊物的用字数为6335个。[②] 据另一种统计，掌握了3800个汉字，就能阅读一般书刊内容的99.9%左右；掌握了5200个汉字，就能阅读一般书刊内容的99.99%左右。[③] 此外，从汉字构词能力的角度来看，据中国人民大学语言文字研究所统计，4990个汉字就"构成了《现代汉语词典》中的几乎所有的词"。[④] 从上面举出的一些数据来看，大致可以说，现在一般使用的汉字的数量是五六千左右。

从上述情况来看，从商代到现代，一般使用的汉字的数量似乎并没有显著的变化，很可能一直在五六千左右徘徊。在这三千多年里，新字在不断产生，但是旧字也在不断退出历史舞台。二者相抵，字数的变化就不大了。一般说来，时代越晚，新词增加得越快。但是由于复合词在汉语里越来越占优势，音译外来词又绝大多数用假借字记录，所以需要为它们造新字的新词却并不是越来越多，这是一般使用的汉字

① 据钱玄《秦汉帛书简牍中的通假字》转引，见《南京师院学报（社科版）》1980年3期47页。蒙南京师范大学中文系施谢捷先生见告，钱文所据为清李鸿藻《十三经集字》，光绪丙戌刊本与李氏《十三经不二字》合为一册。

② 郑林曦《精简汉字字数的理论和实践》，中国社会科学出版社，1981年。

③ 陈明远《数理统计在汉语研究中的应用》，《中国语文》1981年6期468页。

④ 同上注469页。

的数量有可能比较稳定的重要原因。

汉字使用意符、音符和记号三种字符，结构复杂，不易记忆。如果单字太多，使用的人会无法掌握。但是如果单字太少，又会影响记录语言的明确性，使用起来也会发生困难。在汉字发展的过程里，几乎始终同时存在文字分化和文字合并这两种相反相成的现象（参看第十一章）。进行分化是为了加强记录语言的明确性，进行合并是为了控制单字的数量。汉字里一般使用的字数从古到今变化不大，显然不是一个偶然的现象。

下面讨论汉字结构上的变化。

从结构上看，汉字主要发生了三项变化：1.形声字的比重逐渐上升。2.所使用的意符从以形符为主变为以义符为主。3.记号字、半记号字逐渐增多。下面分别加以说明。

1. 形声字的比重逐渐上升。

在汉字发展的过程里，形声字在全部汉字里所占的比重逐渐上升，由少数变成了占压倒优势的多数（这里所说的“全部汉字”指全部表意字、形声字和记号字、半记号字，不包括借这些字充当的假借字）。

汉字形成完整的文字体系之后，新增加的字多数是通过加偏旁或改偏旁等途径从已有的字分化出来的。这些字绝大部分是形声字（参看〔八（一）〕、〔一一（一）1C〕）。此外，由于用图形表示字义是造表意字的重要方法，汉字象形程度的不断降低，对造表意字很不利，并使很多已有的表意字的字形无法再起原有的表意作用，但是形声字一般却不受影响。这不但促使人们多造形声字，少造表意字，而且还促使人们陆续把一些表意字改成形声字。为了简化等目的把形声字改成表意字的现象也是存在的，但是比表意字改成形声字的现象少见得多（参看〔八（一）〕）。由于上述原因，形声字在全部汉字里所占的比重就逐渐上升了。

有人曾对商代后期甲骨文里已认识的那部分字的结构做过研究，发现形声字还明显地少于表意字。[1] 在周代，特别是在春秋战国时代，形声字增加得非常快，新造的表意字则已经很少见。这从有关的古文字资料里可以清楚地看出来。目前似乎还没有人对周代古文字里形声字所占的比重做过统计。可能早在春秋时代，形声字的数量就已经超过表意字了。关于《说文》所收的九千三百多个小篆里的形声字的

---

① 参看李孝定《中国文字的原始与演变（上篇）》“甲骨文的六书分析”节，台北：史语所集刊45本（1974年）374—380页。

数量，有几种统计数字。据清代朱骏声的《六书爻列》，形声字约占百分之八十二强。如果把所谓“兼形声”的象形、指事和会意字也算作形声字，比重便可以提高到百分之八十六强。[①] 南宋郑樵对两万三千多个汉字的结构做过分析。根据他的统计数字，形声字的比重已经超过百分之九十。[②] 不过在常用字里，表意字和由表意字变来的记号字比较多，所以形声字的比重要低一些。

在汉字里，有些字的结构的性质尚无定说，因此上引的那些统计数字是不可能很精确的。但是这些数字所反映的形声字由少数逐渐变成占压倒优势的多数的情况，显然是合乎历史事实的。

形声字既有表音成分，又不像有些假借字那样有造成误解的可能。在使用意符、音符的文字里，尤其是在汉字这种记录单音节语素占优势的语言的文字里，这是最适用的一种文字结构。形声字比重的上升，是汉字发展的主要标志。

2. 所使用的意符从以形符为主变为以义符为主。

在第二章里曾经讲到过形符和义符的区别，这里再做些补充。形符是依靠本身的形象来起表意作用的，它们往往不能独立成字。例如：古人画两只一前一后的脚作为（步）字，是象人的左脚的形符（比较原始的写法见〔四（一）〕的商代字形对照表），独立使用时就是“止”字（“趾”的初文）。但是像右脚的却不能独立成字（后来变作，又变作见于“步”字的“”，见于“登”、“發（发）”等字的，只做偏旁用。《说文》把当作一个独立的字，是不妥当的）。又如第二章里举过的（立）字所使用的两个形符，象站着的人，“一”象地面，表面上跟“大”字、“一”字同形，实际上却跟这两个字没有关系，所以也应该看作不能独立成字的形符。

义符一般都由现成的文字充当。就我们现在使用的文字来看，有少数义符是只做偏旁用的，如“辶”（辵）、“疒”、“宀”等。[③] 它们大都是很常见的偏旁，所代表的意

---

① 《六书爻列》见《说文通训定声》卷首。《六书爻列》中列出了少量假借字和转注字。这些字同时又按照它们字形本来的结构列入了其他四书（即指事、象形、会意、形声）。我们计算百分比时没有管这些字。关于“六书”，参看〔六（一）〕。

② 看《通志·六书略》。郑樵的工作做得比较粗糙，统计数字不尽可据（会意一类之中就有重出之字），而且他的转注类所收的字，既有表意字，又有形声字，其中有的字同时又收入他类，有的字则只见于转注类，这些情况给统计形声字的百分比带来了一些麻烦。所以我们举出的百分比只取整数。

③ “辵”是由“彳”跟“止”合成的。古代有“辵”字，但极罕见（《说文》引《公羊传·宣公六年》“辵阶而走”，今本《公羊传》作“躇”），而且大概是先有“辵”旁，然后才有“辵”字的。“彳”其实也可以看作不能独立成字的义符。它本是“行”用作偏旁时的省体，“彳亍”的用法是后起的。“疒”和“宀”在较早的古文字里都可以独立成字，参看〔七（一）〕。

义是很多人所熟悉的。

但是形符和义符的界线并非总是很明确的。在古文字里，有些表意字的偏旁既可以看作形符，也可以看作义符。例如（林）字，无论把构成这个字的两个看作形符——树木的象形符号，还是看作义符——由“木”字充当的表意偏旁，都可以从字形体会出树林的意思来。不过从隶、楷的角度来看，这类偏旁就只能归入义符了。

在象形程度较高的早期古文字里，表意字绝大部分是用形符造的，形符是意符的主流。汉字由象形到不象形的变化，破坏了绝大部分形符的表意作用，但是对依靠本身的字义来起作用的义符，则并无多大影响。因此，随着汉字象形程度的降低，造表意字的方法就逐渐由主要用形符变为主要用义符了。春秋战国以后新造的表意字，不但只占全部新增字的一个很小的部分，而且大多数是用义符构成的合体字，如“劣”（弱而少力为劣）、“羴”（“膻”的异体，指羊的臭味）之类，用形符造的字如“凹”、“凸”等，为数极少。

一方面在造字的时候，形符使用得越来越少；另一方面，旧有的文字里的形符也在不断减少。在汉字象形程度不断降低和字形不断简化的过程里，人们陆续把一些准合体表意字里由不能独立成字的形符充当的偏旁，改成了能够独立成字的表意偏旁。例如：防戍的“戍”本来写作，象人荷戈形。这个字早在甲骨文里就已经简化为，荷戈人形改成一般的“人”字，横置在人肩上的戈也竖了起来，跟一般的“戈”字取得一致。当匹配、对偶讲的“雔”（chóu）本来写作，象两鸟相对。西周金文“雠”字作，所从的“雔”也作两“隹”相对形（“隹”也象鸟，参看〔七（一）〕）。后来这个字改写作，左边那个向右的“隹”改成了一般的“隹”字。涉水的“涉”本来写作，以一脚在水南一脚在水北示意，后来变作，成为从“水”从“步”的字。当人拉的车子讲的“辇”字，本来的写法象两个人在拉车（见右图），后来变作，“车”旁随一般的“车”字而简化，举手拉车的人形也换成了“夫”字。折断的“折”本来写作，象用斧斤砍断树木之形，后来断木形改成两个“中”，再后两个“中”又改成外形与之相近的（手），就成为从“手”从“斤”的字了。这类表意字经过改造之后，大都可以认为已变成了由义符组成的合体字。

为了尽量使偏旁成字，以便书写，往往不得不在字形的表意作用方面做些牺牲。“戍”、“雠”、“涉”、“折”等字后来的字形，其表意作用显然不如原来的字形明

确。有时为了使偏旁成字，甚至不惜完全破坏字形的表意作用。例如：（射）字象弓箭的部分后来改成形近的（身），跟字义就完全失去了联系（《说文》“躲”字下以“弓弩发于身而中于远”说“躲”字从“身”之意，是牵强附会的。“躲”即“射”字异体）。

第二章里说过，形声字的形旁一般是义符。因此，形声字比重的不断上升，也意味着义符的重要性在逐渐增加，形符的重要性在逐渐降低。而且有些形声字的产生是直接跟某些形符的消灭联系在一起的。用形符造的表意字加注音符之后，往往通过把形符改为义符的途径，变成一般的形声字，如第一章举过的“鳳”字，本象凤鸟形，由于加了音符“凡”，象凤鸟的形符后来为义符“鸟”旁所取代。还有一些表意字，通过把用作偏旁的形符改为音符的途径，转变成形声字。例如：“吳”（昃）字本作、等形，用人跟太阳之间的位置关系来表示日已西斜的意思，后来通过把倾斜的人形改为形近的音符“夨”（zè）而变成形声字。（更后又把声旁“夨”换成了“仄”。“夨”和“仄”都可以认为兼有表意作用。“夨”字《说文》训为“倾头”。）上述这两种把表意字改造成形声字的情况，在〔八（一）〕里讲形声字产生途径的时候还要讲到，这里就不多举例了。

由于在造字的时候，形符使用得越来越少，义符则使用得越来越多（主要用作形声字的形旁），并且已经使用的形符也有不少陆续为义符或音符所代替，大概早在春秋时代，义符的重要性就已经超过了形符。在汉字演变为隶、楷的过程里，那些用单个形符造的表意字如“人”、“日”之类，它们的形符大都变成了记号。充当表意字偏旁的、不能独立成字的形符，如果在隶书形成前还没有为成字的偏旁所取代，在隶书形成和发展的过程里也大都变成了记号。例如构成“立”字的人形和地面形合在一起变成了一个记号，“步”字下部的右脚形也变成了记号。这样，曾经作为汉字意符主流的形符，就基本上退出了历史舞台。在现代的汉字里，可以认为真正是用形符造成的字，如“一”、“二”、“三”、“凹”、“凸”等，为数极少。

3. 记号字、半记号字逐渐增多。

汉字里用记号造字的情况极为少见（参看第二章）。但是，由于字形象形程度的降低和简化、讹变等原因，估计早在古文字阶段，就已经有一些表意字和少量形声字变成了记号字或半记号字。有很多古文字的字形，我们感到无法解释，恐怕其中有些字对当时人来说就已经是记号字了。前面提到过的“射”字，在属于古文字的小篆里已经写作从“身”从“寸”，就未尝不可以认为已经变成了记号字。

在隶书形成的过程里，有一大批表意字和一些形声字变成了记号字或半记号字。这方面的情况在第二章里已经做过说明,这里就不重复了。

在隶、楷阶段,由于字形的简化和讹变等原因,记号字、半记号字还在继续出现(如〔一〇(一)8〕所举的某些由于讹变而形成的异体)。在20世纪50年代的汉字简化里,也采用了一些记号字和半记号字,如"头"是记号字,"鸡"、"疟"是半记号字。

有些字形构造并未受到破坏的字,由于某些原因实际上也已经成为记号字或半记号字。这方面的情况,第二章里也已经说明了。

有时候,在一个字应不应该看作记号字的问题上,文化水平不同的人会有不同的答案。例如:一个文化水平比较高的人,大概会承认"都"是一个形声字。因为他知道右边的"阝"旁是"邑"的变形,而都城就是一种邑。"者"和"都"现在的读音毫无共同之处,但是他一想起"赌"、"堵"、"睹"等读音跟"都"相近的一连串字,也能勉强承认"者"是"都"的声旁。可是对一个没有这些知识的人来说,"都"实际上只是一个记号字。又如:"之"的本义是"到……去",古书中常用此义(如《孟子·告子下》"先生将何之?")。因此一个有古汉语修养的人,觉得把"之乎者也"的"之"看作假借字是很自然的。一般人大概只知道后一种"之"。对他们来说,这种"之"字实际上也只是一个记号字。在半记号字方面也存在类似的问题。

现在还没有人统计过汉字里记号字和半记号字的数量。如果要做统计,按理说,字形构造并未受到破坏但实际上已经成为记号字或半记号字的那些字,也应该包括在内。由于上面指出的那种情况,这种统计恐怕很难得到一致同意的结果。估计即使采取比较保守的立场,也就是文化水平比较高的人的立场来做统计,记号字、半记号字在现代一般使用的汉字里所占的比重也不会低于五分之一。在常用字里比重无疑还要更高。

前面引用过的对形声字在汉字中所占比重的统计,都没有考虑到一部分形声字实际上已经变成记号字或半记号字的情况。所以那些统计数字实际上都是偏高的。

以上我们分形体和结构两个方面,介绍了汉字发展过程中的主要变化。事实上,这两方面的变化是紧密联系在一起的。汉字象形程度的降低,是促使人们少造表意字、多造形声字的原因之一。而形声字成为汉字主流这件事,回过头来又为汉字象形程度的进一步降低创造了条件。文字结构的变化,客观上常常造成字形繁化或简化的后果。文字形体的变化,也常常造成破坏或改变文字结构的后果。记号字的大量出现,主要是汉字形体的变化所引起的。这从文字结构上看是一种倒退,然而却是为了简化字形，提高文字使用效率所必须付出的代价。直到今天，如何处理好字形简化跟文字结构的矛盾，仍然是一个需要认真对待的问题。（为了把象形的古文字改造成隶、楷而破坏一部分字的结构，是迫不得已的，也是值得的。在楷书早已成熟的情况下，仅仅为了减少笔画而去破坏某些字的结构，把它们变成记号字，这样做究竟是不是必要，是不是值得，就大可怀疑了。）

四　形体的演变（上）：古文字阶段的汉字

第三章里说过，汉字字体的演变可以分成古文字和隶楷两个大阶段，前一阶段起自商代终于秦代，后一阶段起自汉代一直延续到现代。这是一种粗略的说法。秦代既使用属于古文字的篆文，也使用隶书，实际上是兼跨两个阶段的。秦代使用的隶书尚未完全成熟，可以称为早期隶书。这种隶书在战国晚期就已经在秦国形成，到西汉早期还在使用。如果把战国晚期到西汉早期划为古文字和隶楷两个阶段之间的过渡阶段，也许更符合汉字字体发展的实际情况。但是为了减少头绪，并照顾划分字体发展阶段的旧习惯，下面讲汉字形体的演变，仍然只分古文字和隶楷两个阶段。

如果把商代后期算作开端，秦代算作终端，古文字阶段大约起自公元前 14 世纪，终于前 3 世纪末，历时约一千一百多年。根据唐兰先生的意见，古文字按照时代先后和形体上的特点，可以分为商代文字、西周春秋文字、六国文字和秦系文字四类。[①] 这四类文字之间的界线并不十分明确。商末和周初的文字，春秋末和战国初的文字，都很相似，往往难以区分。秦系文字时代的上限是春秋，内容跟西周春秋文字有部分的重复。不过，这样划分的确能够反映出古文字形体演变过程的一些重要特点，并且对于介绍古文字资料颇为方便。所以下面就按照这种分类方法来叙述古文字形体演变的情况。

本章的最后一节是“隶书的形成”，因为隶书是在古文字阶段将要结束的时候形成的。

---

① 唐先生分古文字为殷商、两周（止于春秋末）、六国、秦四系（《古文字学导论》，齐鲁书社，1981 年版 33、315 页，又《中国文字学》149—161 页）。我们在名称上做了一些小变动。

（一）商代文字

二千四百多年前，孔子曾为殷礼无征而慨叹。今天我们依靠地下发现，却能够看到大批商代后期遗留下来的文字资料。在已发现的各种商代后期文字资料里，数量最多的是甲骨文，即占卜用的龟甲和兽骨上的文字；其次是金文，即青铜器上的文字。此外，在陶、石、玉、骨、角等类物品上也发现了文字，不过数量都不多。商代金文几乎都是铸在铜器上的（西周、春秋时代金文也一样）。甲骨文和上述其他各种文字，绝大多数是用刀刻出来的，少数是用毛笔蘸墨或朱砂书写的。

甲骨文发现于商代后期王都的遗址——殷墟（今河南省安阳市西北）。大约在公元前14世纪，商王盘庚迁都于殷。此后，直到公元前11世纪商纣亡国，在二百七十多年的时间里，这里始终是商王朝的国都。甲骨文是这一时期商代统治者的占卜记录。其中大部分是商王的占卜记录，小部分是跟商王有密切关系的大贵族的占卜记录。

商代统治者非常迷信。对各种各样的事情，例如一旬之中会不会有忧患，天会不会下雨，农业能不能有收成，打仗能不能胜利，以至生育、疾病、做梦等事，都要占卜一下，看看是吉是凶。占卜所用的材料是龟的腹甲、背甲和牛的肩胛骨（偶尔也用其他兽骨）。通常先在准备用来占卜的甲骨的背面钻凿出一些小坑，占卜时就在这些小坑上加热，使甲骨表面因热而裂缝。这种裂缝叫作兆。占卜的人就根据兆的样子来判断吉凶。商代后期管理占卜事务的人员，往往把占卜的事由、卜兆的吉凶以至后来应验与否的情况，刻记在卜甲卜骨上。这些文字就是所谓甲骨文，也称甲骨卜辞。商代人有时也在卜甲卜骨或一般兽骨上刻记一些跟占卜无关的事情。这类文字通常也都称为甲骨文。所以严格说起来，甲骨文的范围要比甲骨卜辞广一些。

商朝灭亡后，刻着文字的甲骨埋藏在殷墟地下，长期为人所遗忘。虽然这种甲骨也不时被人翻挖出来，但是并没有人知道上面刻着具有重要历史价值的古代文字。直到清末光绪二十四、五年（1898、1899）的时候，甲骨文的价值才开始被人认识。从那时以来，经过当地村民的私掘和公家的考古发掘，出土的有字甲骨已经累积到十多万片。不过其中只有少数是完整的卜甲和卜骨（图4、5），绝大多数是面积不大的碎片，有的小碎片上只有一个字（跟有字甲骨一起出土的，还有很多无字的卜甲卜骨，因为当时在占卜之后并不是每次都一定写刻卜辞）。（校按：后来，除殷墟甲骨卜辞续有发现外，2003年，在山东济南大辛庄遗址的商代后期地层中，发现了一片尚存大半的残卜甲——由四块残片拼成，上刻多条卜辞，存字 30 个左右，作风与殷墟卜辞相近，见《考古》2003 年 6 期。）

一块完整的有字甲骨，往往刻有很多条卜辞。篇幅较长的卜辞，一条有六十多个到八九十个字。殷墟曾出土一块非卜用的刻字骨版，一面刻着一篇记事文字，另一面刻着六十干支表。由于记事文字提到小臣墙之名，一般称为小臣墙骨版。（图 6）此骨上部已经残去，据干支表的残缺程度推测，骨上刻的记事文字原来长达一百余字，应是地下发现的最长的一篇商代文字，可惜残存下来的只有五十多个字。甲骨文数量既多，内容也很丰富，是我们研究商代文字和商代历史、文化的最重要的资料。

在青铜器上铸铭文的风气，从商代后期开始流行，到周代达到高峰。先秦称铜为金，所以后人把古代铜器上的文字叫作金文。由于钟和鼎在周代各种有铭文的铜器里占有比较重要的地位，过去也有人称金文为“钟鼎文”。有铭文的先秦铜器历代都有发现，早在宋代就有人专门搜集研究。估计已著录的和现存未著录的先秦有铭铜器大约有一万数千件，其中商代铜器可能占四分之一左右。

商代铜器上的铭文大都很简单，多数只有一到五六个字，主要记做器者之名（多不用私名而用族名）和所纪念的先人的称号（如父乙、祖己等）。（图 7）在商代后期的晚期阶段，出现了一些篇幅较长的铭文，但是已发现的商代铭文最长的也不过四十余字。（图 8）

《尚书 · 多士》说“惟殷先人，有册有典”。甲骨文里有“册”字，写作 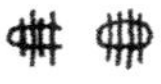 等形，直竖代表细长的竹木简，⊂ 或 ○ 代表把简片编联成册的编绳。商代典册的内容无疑会比甲骨文、金文更为重要，文字篇幅也一定会更长。可惜竹木易腐，没能保存下来。

下面简单介绍一下商代文字形体上的特点。

首先应该指出，甲骨文和金文在字体上有不同的特点。在商代，毛笔是主要的书写工具。“笔”字繁体作“筆”，从“竹”从“聿”。甲骨文“聿”字作 ，正象手执毛笔形。我们今天虽然已经无法看到用毛笔书写的商代典册，但是还能在商代后期留下来的甲骨和玉、石、陶等类物品上看到少量毛笔字。（图 9）金文基本上保持着毛笔字的样子，甲骨文就不同了。商代统治者频繁进行占卜，需要刻在甲骨上的卜辞数量很大。在坚硬的甲骨上刻字，非常费时费力。刻字的人为了提高效率，不得不改变毛笔字的笔法，主要是改圆形为方形，改填实为勾廓，改粗笔为细笔，如：

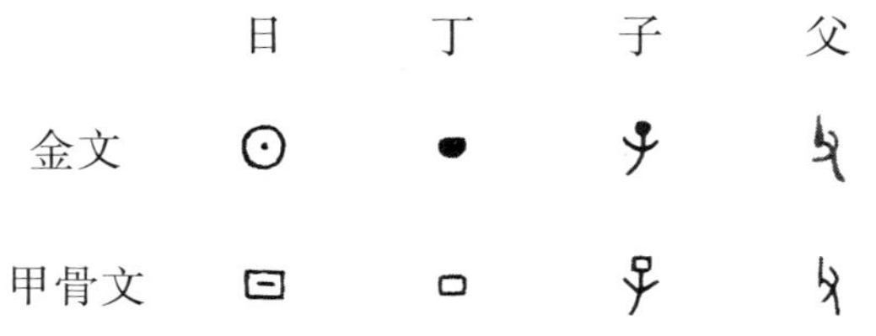

有时他们还比较剧烈地简化字形，如把子丑寅卯的“子”由简化为（在上古，子丑的“子”跟子女的“子”写法不同），把“于”字由简化为等等。我们可以把甲骨文看作当时的一种比较特殊的俗体字，而金文大体上可以看作当时的正体字。所谓正体就是在比较郑重的场合使用的正规字体，所谓俗体就是日常使用的比较简便的字体。商代人有时也在兽骨上刻记跟占卜无关的有纪念意义的事件，这种刻辞的作风就往往跟一般的甲骨文不同，而跟铜器铭文相似，如著名的“宰丰骨”（《殷契佚存》518）。

在讲汉字形体演变的时候，应该充分注意甲骨文作为一种俗体的特点。例如在甲骨文里很早就出现了写作的“日”字，而在时代较晚的商代金文以至周代金文里，“日”字却仍然写作比较象形的等形。如果机械地按照时代先后编排字形演变表，就会得出“日”字由演变为这种不合事实的顺序来。

甲骨文和金文各自的字形，又由于时代的早晚或用途的不同而产生差别。商代后期的甲骨文有两百多年历史，可以按照字形的特点分早晚期。早期甲骨文一般要比晚期更象形（也有个别例外，如子丑寅卯的“子”早期甲骨往往作，最晚期的甲骨反而作，因为这个字在甲骨文里早期多用简体，最晚期却用正体）。在金文里，记名金文的象形程度通常显著地高于用于记事的一般金文。后者大多数见于商代后期的晚期铜器上，字形跟晚期甲骨文相似。记名金文不管是见于早期铜器的，还是见于晚期铜器的，通常都比早期甲骨文还要象形。在记名金文里，彼此的象形程度也有高低之别，不过这种差别似乎并不是完全为时代的早晚所决定的。下面把上述这几种文字列表对照一下（部分例子取自偏旁。记名金文“虎”字原横写，且头向右）：

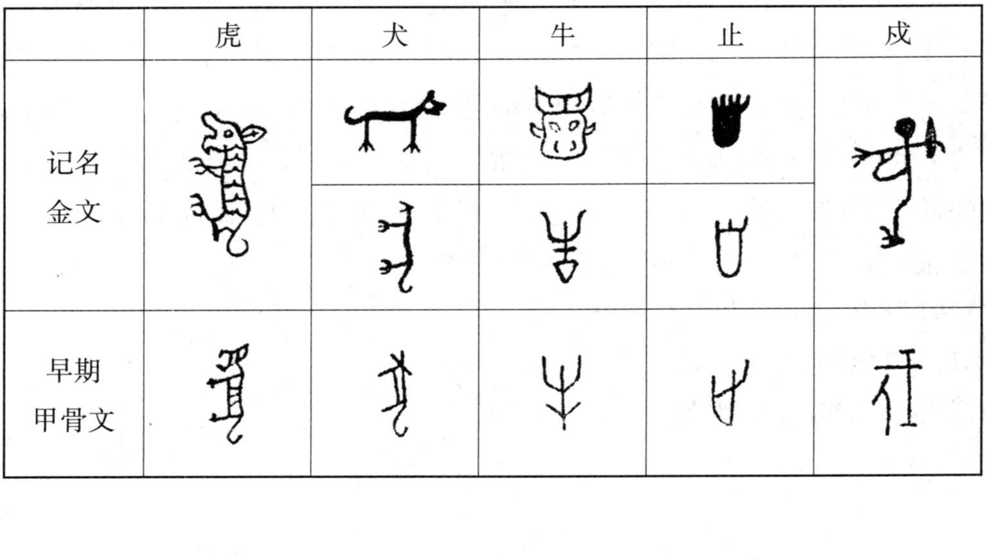

（接上表）

	虎	犬	牛	止	成
一般金文					
晚期甲骨文					

铸有记名金文的铜器，时代往往比早期甲骨文晚，甚至在西周早期的铜器上都还时常能看到这种金文。但是它们的字形却比早期甲骨文更象形。这种现象可能主要应该是古人对待族名的保守态度所造成的。现代的姓氏和地名，有一些还保持着较古的语音，例如作为姓氏的“洗”（xiǎn，也写作“冼”）、地名番禺的“番”（pān）。这跟商代后期人用较古的字体来写族名，似是同类的现象。也有学者认为记名金文具有装饰性，所以字形的象形程度特别高。这两种意见并不是完全相排斥的。

从上面的字形对照表，可以把商代文字逐渐简化的情况看得很清楚。上引记名金文中象形程度较低的那部分字，即“犬”、“牛”、“止”的第二体，也许大体上可以代表跟早期甲骨文同时的一般的正体（早期甲骨文中有些时代较早的“止”字，写法跟记名金文第二体相似）。至于象形程度很高的那部分记名金文，可能还保持着商代前期甚至更古的汉字的面貌。象形程度较低的记名金文和早期甲骨文，比起这种记名金文来已经大为简化。晚期的一般金文和甲骨文，又进一步简化了象形程度较低的记名金文和早期甲骨文。“虎”、“犬”等字，早期都画出腹部，晚期就把腹背合并成一笔了。

历来的统治阶级都轻视俗体字。其实，在文字形体演变的过程里，俗体所起的作用十分重要。有时候，一种新的正体就是由前一阶段的俗体发展而成的（如隶书，详后）。比较常见的情况，是俗体的某些写法后来为正体所吸收，或者明显地促进了正体的演变。从上面的字形对照表里所列的“虎”、“牛”、“止”、“成”等字的写法来看，在商代后期文字里，正体（在表中由金文代表）的演变显然是受到甲骨文一类俗体的强烈影响的。

商代后期一般文字的字形，跟图画已经有了很大距离。但是作为一种文字来看，象形程度仍然应该算是相当高的。有些字只要把它们所象的事物的特征表示出来，就能使人认识，因此写法很不固定。在记名金文和早期甲骨文里，这种现象尤其突出。例如“车”字，从《甲骨文编》所收的资料来看，在早期甲骨文里就有很多种不同写法（见531—532页。此书“车”字条所收之字，有一些其实并非“车”字，而是跟

“车”有关的其他字。不过从这些字同样可以看出商代文字中“车”形的多样性)。在记名金文里还可以看到好多种写法跟甲骨文不同的“车”字(见《金文编》1985年版929—930页)。《甲骨文编》所收的晚期甲骨文的“车”字有两例：  除字形方向不同外，彼此的区别很小。看来在商代后期文字里，晚期的字形比早期已经稳定多了。

商代文字字形的方向相当不固定。一般的字写作向左或向右都可以，如(人)也可以写作，(子)也可以写作。有的字还可以倒写或侧写，如(侯)或作，(五)或作。上举的晚期甲骨文的“车”字也是一例。字形方向不固定的现象，也是跟象形程度比较高的特点紧密联系在一起的。这种现象在周代文字里仍可看到，不过已经比较少见，到秦汉时代就基本绝迹了。

最后，谈谈商代文字的排列方式。汉字自上而下的直行排列法，显然早在商代后期之前就已经确立。所以在甲骨文里，不少原来宽度比较大的字，如〔三(一)〕和本节里提到的“犬”、“豕”、“疒”、“虎”等字，已经由于直排的需要而改变了字形的方向。甲骨卜辞偶尔也有横行的，但是只限于单行，并且跟卜辞与卜兆相配合的需要有关，是一种特殊情况。在行次的排列上，传统的从右到左的排列法在商代后期，至少在后期的晚期阶段也已经确立。商代后期龟腹甲左右两半的卜辞，或左、右肩胛骨上的卜辞，其行次方向往往彼此相反。这也是一种特殊情况。商代后期的晚期铜器上的铭文和兽骨上的记事文字，几乎全都由右向左排行。汉字的这种自上而下、自右而左的排列方式，沿用了三千多年，一直到20世纪50年代中期，才基本上为自左而右、自上而下的横行排列法所取代(在20世纪初期，已经出现了一些横行排列的印刷品。不过在50年代正式改直排为横排之前，这种印刷品的数量一直很少)。

(二) 西周春秋文字

研究西周春秋时代文字的主要资料是金文。西周是铜器铭文的全盛时代。在西周铜器上，篇幅百字以上的铭文颇为习见，二三百字以上的也不乏其例，如西周前期的大盂鼎有291字(图10)，小盂鼎有四百字左右(部分已残泐)，后期的散氏盘有350字，毛公鼎近五百字(图11)。春秋时代仍有长篇铭文。宋代发现的齐灵公大臣叔弓(或释“叔夷”)所做的一件大镈，铭文493字。同时出土的同人所做的编钟上，也铸有内容基本相同的铭文，由七个编钟合成的全文长达501字。但是春秋时代长篇铭文的数量要比西周时代少得多。从已发现铜器的铭文内容看,西周铜器大多数为周王朝贵族、臣僚所做,春秋铜器几乎都属于各诸侯国。

在金文之外,还发现了一些西周春秋时代的文字资料,其中以西周甲骨文最为重要。

20世纪50年代之前只有殷墟出土甲骨文,50年代以后在山西省洪洞县坊堆村、北京市昌平县(校按:今改昌平区)白浮和陕西省岐山、扶风二县之间的周原遗址,都发现了西周时代的甲骨文,其中以周原的发现为最重要。1977年在岐山县凤雏村周原遗址西周前期宫室废墟的窖穴里,发现了大量卜甲碎片,其中有近三百片刻有卜辞(《文物》1979年10期。有字卜甲数字据整理者的新的统计),字体跟殷墟商代晚期甲骨卜辞相当接近。(图12。周原甲骨的字刻得很小,照片是放大的)从内容看,这些卜辞应是周王的占卜记录,其时代一部分属西周前期,一部分早到周灭商之前。有人认为周灭商之前的卜辞里有原属于商王朝的卜辞,这是一个需要继续研究的问题。1979年在属于周原范围的扶风县齐家村一带也发现了一些西周时代的有字甲骨(《文物》1981年9期),时代似稍晚于凤雏发现的西周前期卜甲。(校按:西周甲骨文后来续有发现,最重要的是2003至2008年在岐山周公庙遗址发现的西周早期甲骨卜辞,总字数达2200余,是前已发现的西周甲骨文总字数的两倍。参看《中国文物报》2009年3月18日2版及27日7版。)

在这里附述一下时代介于春秋、战国间的“盟书”。1965年在位于山西省侯马市的东周时代晋国都城新田的遗址里,发现了大量书写着盟誓之辞的玉、石片,研究者称为“侯马盟书”(《侯马盟书》,文物出版社,1976年)。(图13)盟辞都是用毛笔写的,绝大部分是朱书,极少数是墨书,二者不同坑。研究者或认为这批盟书跟赵鞅与范、中行氏之争有关,是春秋晚期的东西;或认为跟赵桓子嘉逐赵献侯自立之事有关,是战国早期的东西(主后说者有的认为墨书盟书的时代可能较早)。20世纪70年代末80年代初又在河南省温县西张计村发现了大量墨笔写的盟书,时代跟侯马盟书相近(《文物》1983年3期)。在40年代初就曾在这一带发现过这种盟书,当时有人称为沁阳玉简(西张计一带当时属沁阳县,今改沁阳市)。

下面简单介绍一下金文所反映的西周春秋时代文字形体演变的情况。

西周金文的形体,最初几乎完全沿袭商代晚期金文的作风。到康、昭、穆诸王的时代,字形逐渐趋于整齐方正,但是在其他方面变化仍然不大。恭、懿诸王以后,变化才剧烈起来。西周金文形体演变的主要趋势是线条化、平直化。商代晚期和西周前期金文的字形,象形程度仍然比较高,弯弯曲曲的线条很多,笔道有粗有细,并且还包含不少根本不能算作笔道的呈方、圆等形的团块，书写起来很费事。为了改变这种情况，就需要使文字线条化、平直化。

线条化指粗笔变细，方形圆形的团块为线条所代替等现象，例如（下引诸“火”字取自偏旁）：

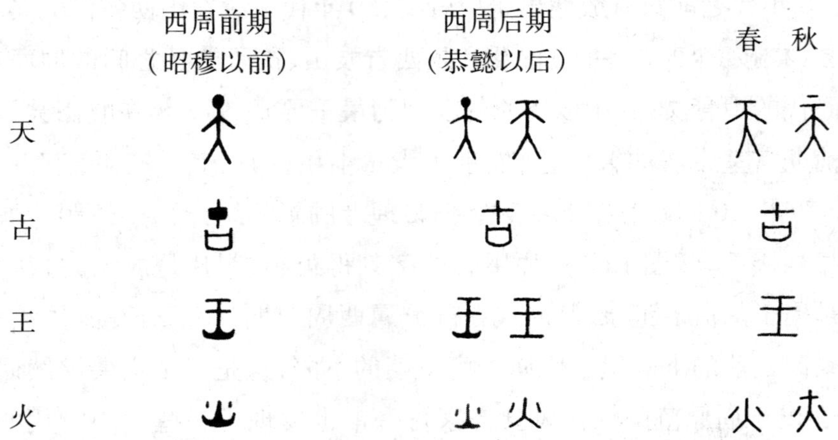

平直化指曲折象形的线条被拉平，不相连的线条被连成一笔等现象，例如（下引部分“贝”字取自偏旁）：

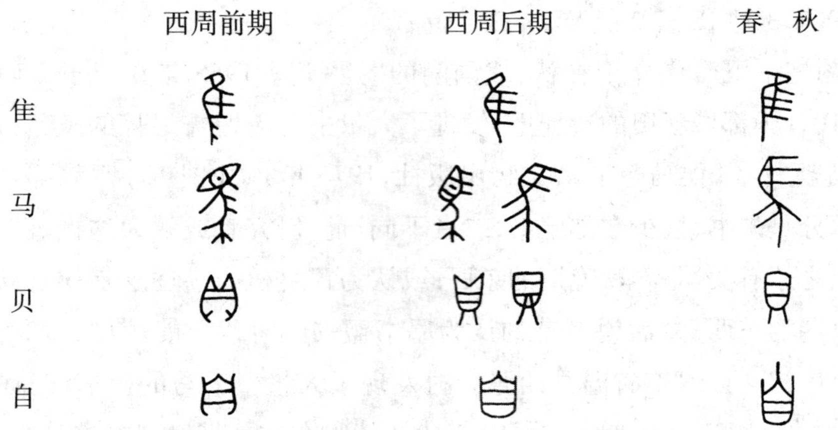

经过这些变化，文字的象形程度显著降低，书写起来就比较方便了。

春秋时代各国的金文，在开始的时候大体上都沿袭西周晚期金文的写法。后来各地区逐渐形成了自己的特色（一个地区可以是一个国家，如秦国自成一区；也可以包含几个国家，如齐、鲁等在今山东省境内的一部分国家构成一区，楚、徐、吴等东南国家也构成一区）。各地区金文的特色主要表现在书写风格上，字形构造大体上还是相似的。因此，除下面要提到的鸟篆等特殊字体外，彼此的差别并不是很大。

在一部分春秋中晚期的金文里,出现了明显的美术化倾向。例如有些东方和南方国家的部分金文,字形特别狭长,笔画往往故作宛曲之态:

丂　永　乍　月

(齐子仲姜镈)　(徐沇儿钟)　(蔡大孟姬盥缶)　(吴王光鉴)

笔画故做宛曲之态,跟笔画因象形而显得曲折是两回事。这种作风反而会降低文字的象形程度。

主要在春秋晚期到战国早期这段时间里,还流行过一些特殊的美术字体。其中最重要的是加鸟形等文饰的鸟篆,也称鸟书,例如:

王　用

(越王矛)　(楚王戈)

此外还有加虫形或其他文饰的字体,例如:

之　子

(王子逪匜)　(同左)

这些加鸟形、虫形等文饰的美术字体,也有人合称为鸟虫书,主要流行于楚、宋、蔡、吴、越等国。

上述那种文字美术化的风气,对当时日常使用的文字想来是不会有多大影响的。

西周春秋时代一般金文的字体,大概可以代表当时的正体。一部分写得比较草率的金文,则反映了俗体的一些情况。例如20世纪60年代武功县出土的两件瘨簋盖,大约是西周恭懿时器,为同人同时所做,铭文内容相同,但是一件写得规整,一件写得草率,差别极为明显(《文物》1964年7期26、27页)。铭文中的"宀"旁,规整的一件作 ,草率的一件作 ,应是正体和俗体的不同。在比瘨簋晚一点的铜器上,就是那些字体很规整的铭文,也大都把"宀"旁写作 ,俗体就变成正体了。春秋中期晋国铜器栾书缶的铭文,字体跟同时代一般的金文有比较明显的差别,大概也吸

取了俗体的一些写法。（图14）（校按：此处按照20世纪80年代以前的一般说法，把䜌书缶当作春秋时代晋国栾书所铸之器，是错误的。学者后来从考古学和古文字学的角度，证明䜌书缶当是战国楚器，器主并非春秋时代晋国的栾书。参看瓯燕《栾书缶质疑》，《文物》1990年12期；刘彬徽《论东周青铜缶》，《考古》1994年10期；黄锡全《栾书之孙书也缶为楚器说补证》，《古文字论丛》，台北：艺文印书馆，1999年；李学勤《䜌书缶释疑》，《中国古代文明研究》，华东师范大学出版社，2005年。因此，此处关于䜌书缶的话应全部删除。但春秋时代已经出现把"宀"旁简化为∧的俗体写法，由下文就要提到的番君簠、邾公釛钟等铭文仍可证实。）缶铭"寚"（宝）字所从的"宀"作∧，春秋战国间晋国的侯马盟书里，"守"、"宝"、"宗"、"定"、"宫"等字的"宀"旁有时也写作∧（《侯马盟书》306、314、320页）。缶铭之外的春秋金文如番君簠的"宝"字、邾公釛钟的"𡧊"字，也都把"宀"写作∧。"宀"旁的这种写法，显然是当时相当流行的一种俗体（在战国文字里这种写法也时常可以看到）。

最后，讨论一下籀文的时代问题。

籀文指《史籀篇》里的文字。据传统的说法，史籀是周宣王（前827—前782）的史官，《史籀篇》是他所编的一部字书。这部字书所用的字体，后人称为大篆（《汉书·艺文志》、《说文·叙》）。《史籀篇》早已亡佚，但是篇中一部分字的字形还保存在《说文》里。许慎在《说文·叙》里说他编书的体例是："今叙篆文，合以古、籀。""古、籀"就指古文和籀文（关于古文详见下一节"六国文字"）。《说文》所收的字，字形一般以小篆为主，如果古文和籀文的写法跟小篆不同，就兼录古文和籀文，例如：

（子）……，古文子，从巛，象发也。，籀文子，囟有发，臂胫在几上也。

如果小篆只跟古文有出入就只录古文，反之就只录籀文（《说文》也有以籀文或古文为字头而附小篆于后之例，但为数不多）。许慎看到的《史籀篇》已经残缺（据《汉书·艺文志》，《史籀篇》本为十五篇，建武时亡六篇），所以《说文》里的籀文资料是不完整的。据今本统计，《说文》所收籀文共二百二十余字（参看王国维《史籀篇疏证》，收入《海宁王静安先生遗书》）。

按照传统的说法，籀文应该是西周晚期的文字。近代古文字学兴起之后，对籀文的时代产生了怀疑。清末的吴大澂和陈介祺（即陈簠斋）已经提出了《说文》所收籀文里有时代较晚的文字的看法。[1] 近人王国维和唐兰都明确主张籀文是东周时代的一种文字。王氏作《史籀篇疏证》和《战国时秦用籀文六国用古文说》(《观堂集林》卷七),认为籀文“作法大抵左右均一,稍涉繁复,象形象事之意少,而规旋矩折之意多”,体势与小篆极近,字形也多与已发现的春秋战国时代的秦国文字相同,应该是战国时代秦国通行的文字,《史籀篇》应该是“春秋战国之间秦人作之以教学童之书”。他还怀疑史籀不是人名,认为《史籀篇》的第一句应为“太史籀书”(籀书意即读书),古人摘取其中二字名篇,故称史籀篇。唐先生在《中国文字学》里说籀文“是尽量繁复的一种文字,和西周厉、宣期文字不一样,可是和春秋时到战国初期的铜器文字却很接近”。他认为史籀就是《汉书·古今人表》的史留,“古今人表把史留放在春秋战国之际,正是史籀篇的真确时代”(《中国文字学》155页)。我们觉得王、唐二家之说似乎缺乏充分的根据。

首先应该指出,籀文的字形并非全都具有繁复的特点。有些籀文比后来的小篆更为简单,如“妣”作“妣”、“薇”作“薇”、“蓬”作“莑”、“磬”作“殸”等。至于那些比较繁复的字,其构造往往跟商代和西周文字相合,例如:

	籀文	西周金文	甲骨文
囿			
登			
员			
则			

跟籀文写法相似的“囿”、“登”、“员”、“则”等字,在春秋战国时代的文字资料里的确可以看到。但是既然这些写法在商和西周时代早已存在,当然就不能以此来证明籀文是春秋战国时代的文字了。

籀文里有些很像是在较晚的时候有意加繁的字,其实也有相当古老的渊源,例如:

① 吴氏《说文古籀补》自序认为《说文》所引籀文有的不合于六书,为周末文字。陈氏为《说文古籀补》做序,也说“故籀文则多不如今之石鼓”(当时多以石鼓文为标准的大篆)。

	籀文	西周金文
孳		 （宗周钟）
裔	 （“繘”字偏旁）	 （翏生盨“遹”字偏旁）

籀文“次”字作，写法跟秦国石鼓文里的“次”旁相同，而石鼓文从字体上看大概不会早于春秋晚期，因此有的人把这个字当作籀文是春秋战国间的秦国文字的一个证据。1978年宝鸡发现春秋早期秦武公（前697—前678）所做的钟、镈，铭文里的“次”旁作，跟籀文“次”字基本相同。周宣王死于前782年，只早于秦武公一百年左右。跟籀文“次”字相类的写法在周宣王时代完全有可能已经存在，可见这个字也不能当作籀文晚出的证据。

有些籀文的字形在较早的古文字资料里尚未发现。但是我们目前掌握的古文字资料很有限，不能因为在现有的较早资料里看不到这些字，就断定它们在当时还不存在。所以我们认为把籀文的时代推迟是缺乏充分根据的。与其相信近人史籀不是人名、史籀就是史留等揣测之说，还不如相信去古未远的汉代人的旧说。

当然，《史籀篇》的字形在由西周到东汉的传写过程中，不可避免地会受到较晚的写法的一些影响。《说文》所收的籀文的字形，在《说文》传写刊刻的过程里也会产生一些讹误。例如：在古文字里变偏旁“又”为“寸”的风气，似乎要到春秋战国之际才开始流行（石鼓文、侯马盟书中有一些例子，再往上追溯好像就没有资料了），但是籀文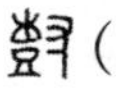（尌，石鼓文从“又”）和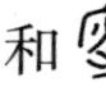（叟）却都已经从“寸”。所以会出现这种情况，应该是由于后来的抄写者按照自己的书写习惯改变了原来的写法。我们不能因此把全部籀文的时代都往后拉。有些籀文的字形显然已经被后人写得大大走样，例如“马”作，“车”作等。后者无疑就是西周金文里“车”字的常见写法的讹形（看王筠《说文释例》卷五“籀文好重叠”节补正、孙诒让《籀庼述林·卷三·籀文车字说》）。这个讹形正可以证明籀文本是西周时代的文字。因为在春秋战国时代，大家都已经在使用简化的“車”字了。

在春秋战国时代各国的文字里，秦国文字对西周晚期文字所做的改变最小，这一点是古文字学者所公认的（参看本章第三、四两节）。秦国文字跟从西周晚期流传下来的《史籀篇》相合之处比较多，本来是很自然的事。王国维因此认为《史籀篇》是秦人所作字书,理由是不充足的(看容庚《文字学形篇》41 页下)。唐先生在这一点上比王氏谨慎,他并没有说籀文是秦国文字。

春秋战国时代秦以外国家的文字里有些写法较特殊的字形,跟籀文正好相合,例如:

	籀文	秦以外国家文字	
折		 (齐侯壶)	
嗌		 (侯马盟书)	 (齐圆钱"賹"字偏旁)
封		 (齐刀币)	

这些字在秦国并不这样写。这种现象也说明《史籀篇》不会是秦人所作的专用于秦地的字书(参看张光裕《先秦泉币文字辨疑》3 页)。

总之,我们认为《史籀篇》应如汉人所说,是周宣王太史籀所作的一部字书,籀文就是周宣王时代的文字,只不过在后来的传抄过程中已经产生了一些讹误。近人把籀文时代推迟的说法似不能成立。

所谓大篆,本来是指籀文这一类时代早于小篆而作风跟小篆相近的古文字而言的。但是现代研究文字学的人使用大篆这个名称的情况比较混乱。有人用大篆概括早于小篆的所有古文字(古人也有这样用的),有人称西周晚期金文和石鼓文等为大篆(这也是比较旧的办法,由于石鼓有些字的写法跟籀文相合,过去很多人把它看作周宣王时的刻石),有人根据王国维的说法把春秋战国时代的秦国文字称为大篆,唐兰先生则按照他自己的观点把"春秋时到战国初期的文字"称为大篆。为了避免误解,最好干脆不要用这个名称。

(三)六国文字

在春秋、战国之交,中国社会发生了剧烈变化。这对汉字形体的演变产生了巨大影响。春秋以前,贵族阶级在经济、政治、文化等方面都占有统治地位,文字当然也为他们所垄断。春秋战国之交,旧的贵族阶级逐渐为新兴剥削阶级所取代,文字开始扩散到民间。进入战国时代以后,随着经济、政治、文化等方面的巨大变化和飞速发展,文字的应用越来越广,使用文字的人也越来越多,因此文字形体发生了前所未有的剧烈变化。这主要表现在俗体字的迅速发展上。

在春秋时代的各个主要国家中,建立在宗周故地的秦国,是最忠实地继承了西周王朝所使用的文字的传统的国家。进入战国时代以后,秦国由于原来比较落后,又地处西僻,各方面的发展比东方(指函谷关以东)诸国迟了一步,文字的剧烈变化也开始得比较晚。在秦国文字里,大约从战国中期开始,俗体才迅速发展起来。在正体和俗体的关系上,秦国文字跟东方各国文字也有不同的特点。东方各国俗体的字形跟传统的正体的差别往往很大,而且由于俗体使用得非常广泛,传统的正体几乎已经被冲击得溃不成军了。秦国的俗体比较侧重于用方折、平直的笔法改造正体,其字形一般跟正体有明显的联系。而且战国时代秦国文字的正体后来演变为小篆,俗体则发展成为隶书,俗体虽然不是对正体没有影响,但是始终没有打乱正体的系统。战国时代东方各国通行的文字,跟西周晚期和春秋时代的传统的正体相比,几乎已经面目全非。而在战国时代的秦国文字里,继承旧传统的正体却仍然保持着重要的地位。所以唐兰先生把战国时代的秦国文字跟东方各国的文字区分开来,前者跟春秋时代的秦国文字和秦代的小篆合称为秦系文字,后者称为六国文字。所谓“六国文字”,其范围实际上并不限于齐、楚、燕、三晋这六个国家的文字,而是把东方各国的文字全都包括在内的。本节专讲六国文字,秦系文字留到下一节去讲。

首先介绍一下六国文字的资料。战国时代遗留下来的实物上的文字资料,种类比较多,下面把内容比较丰富的几种分项介绍一下。

1. 金文　从西周后期到战国早期,铜器铭文中习见的内容并无很大变化,主要是器主叙述做器缘由,以及祝愿子孙保有器物等类的话。1978 年在位于湖北省随县(校按:今改随州市)的战国初年的曾侯乙墓里,发现了好几套有铭的编钟。铭文总字数近二千八百字,内容几乎全是讲音律的(《文物》1979 年 7 期)。这是先秦金文中的一个特例。从战国中期开始,传统形式的铜器铭文显著减少,“物勒工名”式的铭文则大量出现。这类铭文,字数一般不多,所记的主要是做器年份、主管做器的官吏和做器工人的名字等等。兵器铭文在这类铭文里占有相当大的比重。(图 15)旧式的长篇铭文在战国中期以后仍未绝迹。20 世纪 70 年代在河北省平山县发现了前 4 世纪末期的中山王墓。墓中出土的铁足铜鼎有长达 469 字的铭文,铜方壶有长达 450 字的铭文(《文物》1979 年 1 期)。(图 16)

春秋以前,铜器铭文绝大部分是铸在器物上的,战国中期以后则往往是在器物制成后用刀刻出来的,就连上举的中山王铜器上的长篇铭文也是用刀刻的。

2. 玺印文字　战国时代各国的官、私玺印,遗留下来的为数很多(秦始皇之前,一般人用的印也称玺)。所以玺印也是研究战国文字的重要资料。(图17)据古书记载,至迟在春秋时代已经开始使用官玺,但是在已发现的先秦古印里似乎还没有可以确指为属于春秋时代的东西。

战国玺印大多数是铜印,此外比较常见的还有银印、玉印等。齐、楚、三晋等国的古印多把"玺"字写作"鉨"。这个字不见于《康熙字典》等旧字书,但是在近代金石学者和考古学者的著作里却常常可以看到(《现代汉语词典》已收入此字)。

3. 货币文字　铸币在我国从春秋时代开始应用,到战国时代已经在很多地方大量流通。已发现的先秦铸币绝大部分是战国时代的青铜币。东方各国铜币的形制比较复杂,可以分为布(象铲形)、刀、圆钱、蚁鼻钱(象海贝形)四大类。布主要行用于三晋和燕,刀主要行用于齐、燕、赵。圆钱出现得比较晚,三晋、齐、燕似乎都使用过。蚁鼻钱只行用于楚国。楚国还流行一种版状金币,使用时临时称量,虽然印有文字,其实并非真正的铸币。有人称之为印子金,还有人称之为"郢爰"(这种金币上的印文多数作"郢爯",过去把"爯"字误释为"爰",日本学者林巳奈夫始改释为"爯")。(图18、19)

六国货币多数铸有地名,应是发行货币的城市之名。有的还铸有标明重量或价值的文字。有的货币,如蚁鼻钱上的文字,含义还不很明白。

4. 陶文　战国时代的陶器上往往有文字。已发现的陶文,多数是在陶器烧制之前用玺印打上去的(印文多为陶工名),少数是在烧制前或烧成后刻划上去的。(图20)所以大部分陶文其实就是玺印文字。在已发现的东方国家的陶文里,齐、燕二国的数量最多。

5. 简帛文字　我国在使用植物纤维纸之前,长期以简和帛为主要书写材料。简至迟在商初就已使用,帛用为书写材料也许要稍迟一些。由于简和帛都很容易损坏、腐烂,早期的简帛文字很难保存下来,已发现的简帛文字以战国时代的为最早。

西晋初期曾在汲郡(今河南省汲县)发现战国时代的魏墓,出土了大批竹简,其中有《纪年》、《穆天子传》等整部的书。可惜这些竹简上的文字的原样没有保存下来。20世纪50年代以来曾在湖南省长沙市、常德市、临澧县、慈利县,河南省信阳市和湖北省江陵县、荆门市等地的一些楚墓里发现过竹简。1986至1987年间发掘的荆门市包山2号楚墓出有字竹简二百八十枚左右,总字数一万二千余,是已发现的战国简中数量最多的一批(《文物》1988年5期。关于简数、字数,参看《包山楚简》,文物出版社,1991年)。(校按:后来楚简续有发现,最重要的是三批简数都大大超过包山简、内容皆为典籍的竹书，即1993年湖北荆门市郭店楚墓出土的“郭店简”、1994年上海博物馆自香港古玩市场购入的“上博简”、2008年清华大学接受校友购赠的“清华简”。）1978年曾在上文提到过的战国初年的曾侯乙墓里发现了二百多枚竹简，这是已发现的时代最早的一批简。（图21）曾是附属于楚的小国，文字作风与楚国基本相同，所以曾侯墓竹简也可以看作楚简。战国时代其他国家的简，还没有发现过。

已发现的楚简都用毛笔蘸墨书写，较多见的是关于随葬器物或送葬车马的记录。此外，还有占卜的记录、司法文书（见包山墓）和关于时日的占书等。

有成篇文字的战国帛书，迄今为止只发现了一件，也是属于楚国的。这件帛书大约是在1942年从长沙的一个楚墓里盗掘出来的，1949年前已经流入美国。帛上有九百多个墨书的文字以及一些跟文字配合的彩色图象，讲的是跟天文、四时有关的神话与禁忌等事。（图22）

除以上所述各项外，在六国文字的实物资料里，还有少量见于金、银、漆、木、玉、石等类物品上的文字以及个别刻石，这里就不一一说明了。（图23）

下面再介绍《说文》、三体石经等所保存的六国文字资料，即所谓“古文”。

上一节已经说过，《说文》除小篆外还收入一部分古文和籀文。据《说文·叙》的说明，《说文》所收古文的主要来源，是西汉时代在孔子故宅墙壁里发现的以及张苍等人所献的、用古代文字抄写的儒家经典（包括《尚书》、《春秋左氏传》等书）。《说文·叙》说：“及宣王太史籀著大篆十五篇，与古文或异。至孔子书六经，左丘明述春秋传，皆以古文，厥意可得而说。”由此可知许慎是以“古文”来指称早于籀文的古字体的。许慎认为，虽然古文经书的书写时代晚于《史籀篇》，它们所用的字体却早于籀文，因为孔子等人有意用比较古的字体来写经书。

近代古文字学兴起之后，古文早于籀文的说法遭到了怀疑。因为《说文》所收的古文跟甲骨文和西周春秋金文都不相近，但是跟六国文字却往往相合，例如：

	《说文》古文	六国文字
鞭		
弃		
明		
恒（亙）		

我们现在所用的简化字“弃”，是来自古文的。它的繁体作“棄”，甲骨文、西周金文和小篆的“弃”字，都属于“棄”这个系统（春秋金文中未见此字。校按：春秋时代的楚

子弃疾簠铭文亦作“棄”，见《新金文编》457页，作家出版社，2011年）。“明”字在甲骨文里有从“囧”从“月”和从“日”从“月”两种写法，西周春秋金文和小篆都从“囧”不从“日”（参看本章第五节）。

还在甲骨文发现之前，吴大澂在《说文古籀补》的自序里，已经根据《说文》古文跟周代金文不合的现象，提出了许慎所谓古文实际上是周末文字的看法。他说：“窃谓许氏以壁中书为古文，疑皆周末七国时所作，言语异声，文字异形，非复孔子六经之旧简。”陈介祺在为《说文古籀补》写的序里也说：“疑孔壁古经亦周末人传写，故……古文则多不似今之古钟鼎。”汉代人收集的古文经书，显然是秦代焚书时被藏匿起来的。吴、陈二氏认为这些经书是周末人用当时的文字所传写的本子，是很合理的。后来，王国维又根据大量资料断定所谓古文是战国时代东方国家的文字，其说见《桐乡徐氏印谱序》（《观堂集林》卷六）、《战国时秦用籀文六国用古文说》（同上卷七）等文，以及1926年就古文问题答容庚的信（《王国维全集·书信》436—438页）。王氏认为籀文是秦国文字，实不可从，但是他对古文的看法则是正确的。近几十年来出土的大量六国文字资料，给王氏的说法增添了很多新的证据。

汉代的经学家由于对古文的态度不同而分成两派。一派对古文抱怀疑、否定的态度，认为只有今文本经书，即世代相传的用汉代通行的隶书抄写的经书才是可信的。一派相信古文，推崇古文本经书。许慎是属于古文经学派的，他对古文的看法并不是个人的私见，而是这个学派的共同见解。古文经书早在汉初就已经开始出现，但是古文经学派要到西汉末期才正式形成。当时离开秦始皇统一文字已有二百年左右，人们对六国文字早就不熟悉了。古文经学家看到这种古文字跟籀文不同，就把它当作比籀文更古的一种字体了。当然，古文经学家所以会得出这种错误结论，也不见得完全是由于认识上的原因，他们极力想抬高古文经地位的心理大概也起了作用。

曹魏正始年间，政府把《尚书》、《春秋》两种经书刻在石碑上。每个字都用古文、小篆、隶书三种字体书写三遍。这就是所谓正始石经，也称三体石经或三字石经。三体石经的古文跟《说文》古文相似，应该是同出一源的。三体石经在唐代就已遭到破坏，后来连拓本也失传了（宋人尚见到少量残拓，摹本见《隶续》），但清末以来却陆续发现了一些残石。（图24）

《说文》和三体石经残石上的古文，是研究战国文字的重要资料。古文经书原来都是写在简册上的。所以这种古文其实就是简帛文字，不过由于屡经传写，免不了有一些错误。

古文还有“科斗文”的别名。这是因为古文的笔道一般都写得前粗后细，或两头细中间粗，形状略有点像蝌蚪的缘故。过去有些人认为这种笔法不是古文原有的，而是摹写古文的人造出来的。但是，类似的笔法在楚简上也能看到，可见古代摹写古文的人并没有凭空臆造，只不过略为夸大了这种笔法的特点并使之制度化而已。

下面简单谈谈六国文字形体上的特点。

六国文字形体上最显著的特点是俗体的流行。俗体之中最常见的是简体，例如：

马(马)  爲(为) 

晉(晋)  獻(献) 

侯  區(区) 

樂(乐)  糸(偏旁) 

前面举过的“弃”也是一个简体字。简体流行是文字的使用越来越频繁的反映。六国文字的笔道通常比春秋以前的文字平直，从上举诸例就可以看出来。这也是一种简化。

另一方面，在六国文字里也出现了一些加点画或偏旁的繁化现象，例如：

平 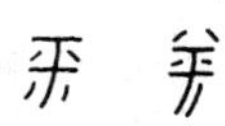 縈  防 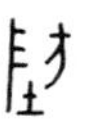 後 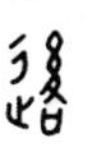

当然，比起简化来，这种现象是次要的。

由于存在大量的往往相当剧烈的简化现象，以及数量不算太少的繁化现象，六国文字的面貌就跟西周晚期和春秋时代的文字很不相同了。不过，六国文字的某些特殊字形，其实是在较早的时代就已出现的俗体，只是在当时不像在战国时代那样流行而已，齐国文字里的“安”就是一例。西周时代的格伯簋铭，字体很草率，铭文中的“安”字写作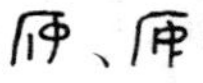等形，跟一般西周金文“安”字的写法不同，应该是当时的一种俗体。战国时代齐国文字里的“安”字作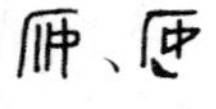等形，显然就是源于这种俗体的（张光裕《先秦泉币文字辨疑》116 页）。又如战国时代的燕国文字常常把“宀”旁简化为“𠆢”，这种简化方法至迟在春秋时代就已经出现了（参看上节）。

在俗体流行之外，六国文字还有一个显著特点，就是各国文字异形。

在春秋时代的文字里，地方性的异体就已经出现了。例如：从金文看，齐、鲁、薛、铸、杞等在今山东省境内的一部分国家，喜欢把“老”字头写作等形。在其他地区这种写法就不通行。战国时代，文字剧烈变化，而各国变化的情况又往往不

一样(上面举的简化和繁化的例子,就大都只见于一个或一部分国家),因此地方性异体就大大增加了。不但六国文字跟秦系文字差别很大,六国文字彼此间也有显著差别(但三晋文字彼此比较接近,下文姑且把三晋作为一个单位处理)。

从战国中期以后的文字资料来看,有些字在不同的国家里有很不一样的写法,例如(下引部分“者”字取自偏旁):

秦　楚　齐　燕　三晋

者

市

又如燕国把“中”写作(中山王墓所出的钺作。“中”本作,大概先简化为,又简化为),齐国把“马”写作,把“大”写作(与“去”相混),三晋把“隹”写作,楚国把“隹”写作等,都是很特殊的。

有时候,同一个字所用的偏旁,在不同国家的文字里是不一致的。例如隶、楷的“廚”字(异体字整理中废“廚”用“厨”)来自秦系文字,从“广”“尌”声。此字楚国作“脰”,从“肉”“豆”声;三晋或作“胅”、“庥”,从“肉”或“广”,“朱”声。此外还可以看到,同一个词在不同的国家里或用本字或用假借字,以及不同的国家使用不同假借字的现象。例如“门”字,本作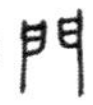,是一个常用的表意字,但是有些国家却喜欢用假借字代替它,齐国用“闻”代“门”,燕、中山用“闵”代“门”。三晋有时把“门”写作“閅”,不知道是“门”的异体,还是假借字。上举的“廚”字,在三晋地区(包括周)的文字里也有用假借字“朱”的例子。

《说文·叙》说战国时代各国“文字异形”。从上面所说的情况来看,许慎的话是符合实际的。当然,这并不是说战国时代各个国家的文字没有相互影响的一面,更不是说每一个字在各国的文字里都不同形,而是说在战国时代,字形因地而异的现象非常严重,远远超出了前后各个时代。秦始皇统一全国后,六国文字与秦文不合的异体都被废除,因此它们对后来的汉字没有显著的影响。近时,有人为了否定秦始皇统一文字的作用,否认战国时代有严重的文字异形现象。这种说法是不符合事实的。

六国文字里正体和俗体的关系比较复杂。有的俗体字几乎已经完全把原来的正体字排挤掉了,如上面举过的齐国文字里从“厂”的“安”。这种俗体也可以认为已经转变成了正体。有的俗体字则仍与正体字并存。王国维曾指出齐国的陈侯午敦

(图 25)、陈侯因資敦“系宗庙重器,其制作及文字自格外郑重”,所以字体跟陶器、兵器、货币和玺印上的文字有所不同(王氏 1926 年答容庚书,《王国维全集·书信》437 页。陈侯午即田齐桓公,陈侯因資即齐威王)。在楚国文字里也有类似情况。例如:怀王时铸的鄂君启节(国家为鄂君启的商队颁发的过关津用的符节),铭文字体比较规整。(图 26)时代相近的江陵望山一、二号楚墓所出的竹简,字体就比较简率。有些字的写法彼此显然不同,例如:

马 金 则

鄂君启节

望山竹简

(恻字偏旁)

上举各字,节铭的写法跟西周春秋金文相当接近,简文就很不一样了(简文“马”字写法跟三晋相似,可能受了三晋影响)。这正反映了正、俗体的区别。

各国的正体都跟西周春秋文字比较接近,因此它们之间的共同性也比较多。不过在我们看到的六国文字资料里,几乎找不到一种没有受到俗体的明显影响的资料。例如王国维称为“宗庙重器”的陈侯午敦就使用了前面举过的“献”字简体。刚才提到的鄂君启节也使用了(为)、(铸)等简体。所以我们在前面说,在六国文字里,传统的正体几乎已经被俗体冲击得溃不成军了。

在安徽寿县发现的战国末年楚王墓所出的铜器里,就是像酓忎鼎(楚幽王熊悍所做器)等巨型宗庙重器,铭文也是随手刻的,作风跟楚简相似。这个大鼎的铭文也使用了“为”、“铸”等字的简体(“铸”作,比鄂君启节更简单),“铜”字“金”旁的写法也跟上举望山竹简“金”字相似。(图 27)同墓所出酓朏(?)盘的铭文(校按:近时学者已据上博简“延”的写法改释“朏”字为“脠”),是“蚊脚书”一类的美术体。就连这种刻意求精的铭文,也同样使用了“为”字的简体,而且还把“楚”字所从的两个“木”省略了一个。(图 28)看来在战国晚期,至少在某些国家里,俗体字已经在很大程度上取代了传统的正体字。

(四) 秦系文字

秦系文字指春秋战国时代的秦国文字以及小篆。

首先介绍一下秦系文字的资料。为了叙述的方便,我们把秦代隶书的资料也放在这里一并介绍。下面先介绍当时遗留下来的实物上的文字资料（包括文字已为前人所著录但实物在后来已经亡佚、破坏的某些资料在内）。

1. 石刻文字 石刻文字是秦系文字的重要资料。我国最著名的古代石刻——石鼓文，就属于秦系文字。唐初在天兴县（今陕西省凤翔县）发现了十个石碣，每碣上都刻着一篇六七十字或七八十字的四言诗。这些石碣形似高脚馒头，每个高七十余至八十余厘米不等（石鼓高度据 Gilbert L. Mattos《秦石鼓》22 页，华裔学志丛书 19 号，1988 年）。因为它们有些像鼓，一般就称之为石鼓。经过很多学者研究，石鼓文已经证明是东周时代的秦国文字。但是关于它的具体年代，仍有好几种不同说法，最早的到春秋早期，最晚的到战国中期。从字体上看，石鼓文似乎不会早于春秋晚期，也不会晚于战国早期，大体上可以看作春秋战国间的秦国文字。（校按：据学者较新的研究，通过与秦公簋和 20 世纪 90 年代发表的秦公大墓残石磬的字体的仔细比较，石鼓文的时代最可能属于春秋晚期早段，参看徐宝贵《石鼓文整理研究》，中华书局，2008 年。）现在石鼓保存在故宫博物院里，但是文字大半已经残泐（图 29）。现存最早的石鼓文拓本是宋代的，当时的石鼓就已经有不少残泐之处了。

战国中期以后的秦国石刻有诅楚文。这是秦王诅咒楚王的告神之文。当时每告一神即刻一石，文字基本相同。北宋时发现了告巫咸、告大沈厥湫和告亚驼（滹沱）三石，原石和拓本后来都已亡佚，现在只能看到摹刻本。（图 30）关于诅楚文的时代也有不同说法。有人认为是秦惠文王诅楚怀王，有人认为是秦昭王诅楚顷襄王。前一种说法相信的人比较多，至于具体的年代，似以惠文王后元十三年（前 312）的说法为比较合理。

秦统一后，始皇巡行天下，在峄山、泰山、琅邪（玡）台、之（芝）罘、碣石、会稽等地刻石铭功。秦二世时又在每处刻石上加刻了一道诏书，说明这些石上的文字是始皇刻的。这些刻石是研究小篆的最好资料，可惜原物几乎都已毁坏，只有琅邪台刻石尚有残块存留，保存的主要是二世诏部分。（图 31）不过，峄山刻石的文字尚有完整的摹刻本传世（图 32），泰山刻石的文字也有残拓的摹刻本传世。

泰山刻石摹刻本见于流传的所谓《绛帖》，大约出自宋刘跂《泰山秦篆谱》（看容庚《古石刻零拾》），存字一百四十六（“大夫”合文“夫=”作一字计）。传世明人安国旧藏所谓泰山刻石宋拓本，较《绛帖》本多十九字，但实非原石拓本。不但其书法远逊琅邪台刻石，而且有些字的写法还与上述摹刻本有出入，如（见右图）：

上举二字，安国本的写法与今本《说文》相合，《绛帖》本的写法则与汉印篆文等相合。在早于汉印的古文字资料里，“平”字中竖大多数直通顶画；“靡”字未见，“非”字的写法全都与《绛帖》本“靡”字偏旁相合。而且据马衡研究，《说文》“非”字本来也是写作的，今本作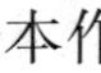实为后人所改（《谈刻印》，《凡将斋金石丛稿》299 页，中华书局，1977 年）。由此可知泰山刻石《绛帖》本的篆形虽然由于经过摹刻而不能完全保持原貌，但基本上是可靠的，安国本的篆形则有经过后人窜改之处。容庚在《秦始皇刻石考》（《燕京学报》17 期）和《秦泰山刻石考释》（《古石刻零拾》）二文中，早就指出安国本不是原石拓本，这是很正确的（“靡”字的问题在《秦始皇刻石考》中也已指出）。安国本所据拓的大概是宋人的一种摹刻，始皇刻文部分甚至可能是较晚的人有意作伪的。传世的泰山刻石明拓本只存二世诏中的二十九个字。从字形和泐痕看，所据的也是宋人的摹刻。此残石至清乾隆初毁于火，嘉庆时发现了尚余十字的碎块，今存泰安岱庙。或以为这是原刻的残余，恐不可信。传世有会稽石摹刻本，系传自元人，过去有人怀疑过它的可靠性。这个本子里“平”、“靡”二字的写法，跟泰山刻石安国本全同。此外，“陈”（右旁中部从“申”）、“甲”（所从之“十”中竖未出头）、“中”（作）、“得”（右旁上部作“見”）、“皆”（从不从）、“同”（从不从）等字的写法，都与《说文》相合，而与秦汉金石上所见的篆文不合（汉代刻石“中”字篆文偶有作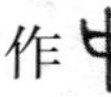者，如新莽天凤五年郁平大尹冯君画像石墓题记，这是很少见的例外。又诅楚文摹刻本有把误摹为的，应据元至正中吴刊本诅楚文校正）。又“刑名”之“刑”左旁作“幵”而不作“井”，也与秦汉文字不合（参看张书岩《试谈“刑”字的发展》，《文史》25 辑）。可见此本很不可靠，前人的怀疑是正确的。

汉以后的石刻文字里也有一些篆文的资料，其中以魏三体石经上的篆文比较重要。

2. 金文　春秋时代的秦国金文，有本章第二节里提到过的春秋早期秦武公所做的钟镈（图 33）、宋代发现的原器已经亡佚的秦公钟（实为镈）以及民国初期发现的秦公簋的铭文。（图 34）秦公簋跟宋代发现的秦公钟为同一个秦君所做。这个秦君有人认为是秦景公（前 576—前 537），有人认为是秦共公（前 608—前 604），此外还有一些别的说法。这两种铜器的铭文大体上可以代表春秋中期秦国的字体。

战国时代的秦国金文，多见于兵器、权量、虎符等器物上，其中最有名的是秦孝公十八年（前 344）所做的商鞅量（也称商鞅方升）的铭文。（图 35）

秦统一后,把始皇二十六年(前221)统一度量衡的诏书刻在或铸在很多权、量上。二世时,为了说明这些是始皇时的刻辞,又在很多权、量上加刻了一道诏书。有些二世时新造的权、量,则同时刻上或铸上两道诏书。一部分秦代权、量上还有记重量和地名的铭文。铭有诏书的秦代权、量,以及原来嵌在或钉在权、量上的刻有诏书的铜板,即一般所谓"诏版"(亦作"诏板"),历代不断有发现。(图36、37)这些权、量、诏版上的铭文,占了已发现的秦代金文的大部分。此外还发现了一些有铭文的秦代兵器和其他器物。汉代铜器上的铭文,也有不少是篆文。

战国时代和统一后的秦金文,有很多是用刀刻的,并且往往刻得很草率,是研究隶书形成问题的重要资料。

秦汉主要货币上的文字都是篆文,但所用的字很少,如秦币主要只有"半两"、"两甾(锱)"二种。附述于此,不另立专项了。

3. 印章、封泥文字　战国后期和统一后的秦印,历来发现得很多。印文多数是篆文,但也有不少是早期古隶或接近古隶的篆文俗体。已发现的汉印数量更多,印文一般是篆文。(图38)

在用纸之前,一般印章主要用来打在封文书信札或其他物品的封泥上。封泥上的印文或称封泥文字。汉代封泥文字已大量发现。(图39)战国时代的封泥文字虽有发现,但数量很少,所以前面介绍六国文字资料时没有提到。秦封泥文字发现得也不多。(校按:后来在河南新蔡发现了不少战国楚封泥,在西安北郊相家巷发现了大量秦封泥。)

4. 陶文　战国后期的秦国和秦代的陶器和砖、瓦等物上,往往打有陶工或官府的印章。(图40)有些秦代陶量上还有用四个字一方的大印打出来的始皇诏书,颇有后代活字排版的意味。(图42)此外在秦陶上还可以看到一些刻划出来的文字。

西汉前期的陶器上也往往有用印章打出来的文字。汉代瓦当上的文字大都是篆文,有些砖上也有篆文。

5. 漆器　战国后期的秦国和秦代的漆器上,往往有烙印和刻划出来的文字。西汉前期的漆器上也屡见烙印文字,一般都是篆文。

6. 简帛文字　秦简在20世纪70年代才发现。1975年底,湖北省云梦县睡虎地十一号秦墓出土了一千一百多枚竹简,其内容有秦律、大事记和《日书》(与时日有关的占书)等。这座墓是在始皇三十年或稍后的时候下葬的,竹简抄写时间不一,估计不出战国末年至秦代初年这段时期。这批竹简是研究秦代隶书的最重要的资料。(图41)跟睡虎地十一号秦墓同墓地的睡虎地四号秦墓,出土了两块家信木牍,从内容看是写于战国末年秦统一前夕的，对研究字体也很重要。（图 43）以后，秦简秦牍续有发现。1979 年在四川青川县一座战国晚期的秦墓里发现了一块抄有律文的木牍（《文物》1982 年 1 期）。1986 年在甘肃天水市放马滩一座战国晚期的秦墓里，发现了 460 枚竹简以及 4 块注有文字的木板地图。竹简内容主要是日书（《文物》1989 年 2 期）。1989 年在云梦县龙岗的一座秦代墓 M6 里，又发现了一批秦律竹简和一块木牍（《江汉考古》1990 年 3 期）。这些简牍的字体都与睡虎地秦简同类型。（校按：后来秦简又有重要发现。2002 年在湖南龙山县里耶镇的古城遗址中出土了三万八千余枚秦简，有字的约一万八千枚左右，大大超过历来出土的秦简总和。内容基本为地方行政文书。2007 年湖南大学岳麓书院购藏的二千余枚秦简，出自墓葬，内容也颇有价值。2010 年北京大学入藏的近八百枚秦简牍，出自墓葬，内涵十分丰富。又按：《天水放马滩秦简》已于 2009 年由中华书局出版。有学者认为简文内容不能证明墓葬时代早到战国晚期。）简一般很窄，通常只写一行字。牍是可以写几行字的较宽的长方形木板。

1973 年底，在下葬于汉文帝十二年（前 168）的长沙马王堆三号汉墓中，发现了大批帛书，其中有《老子》、《周易》等重要典籍以及医书、占书等等，种类很多。有些帛书是用篆文或很接近篆文的早期隶书抄写的，其中至少有一部分是秦抄本。

除以上所述各项外，秦系文字还有一些零星的实物资料，这里就不介绍了。

下面简单谈谈《说文》里的小篆。

《说文》收集了九千多个小篆，这是最丰富最有系统的一份秦系文字资料。但是《说文》成书于东汉中期，当时人所写的小篆的字形，有些已有讹误。此外，包括许慎在内的文字学者，对小篆的字形结构免不了有些错误的理解，这种错误理解有时也导致对篆形的窜改。《说文》成书后，屡经传抄刊刻，书手、刻工以及不高明的校勘者，又造成了一些错误。因此，《说文》小篆的字形有一部分是靠不住的，需要用秦汉金石等实物资料上的小篆来加以校正。例如“戎”字，《说文》作，分析为“从戈，从甲”。这个字在西周金文里作、等形，峄山刻石作，汉印小篆以至隶书、楷书，也都从“十”而不从“甲”。《说文》的篆形显然是有问题的。在古文字里，“甲”本作“十”，跟“戎”字所从的“十”的确没有什么区别。但是上引西周金文可以证明“戎”所从的“十”并不是“甲”字，而是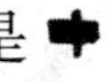（毌，音 guàn）的简化之形。“毌”本象盾牌。在古代，戈和盾分别是进攻和防卫的主要器械。兵戎的“戎”字由“戈”、“毌”二字组成是很合理的。大概某些文字学者误以为“戎”字所从的“十”是“甲”的古写（甲胄也是重要的戎器），所以把“戎”的篆文改成了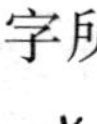。《说文》“早”字作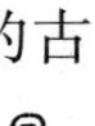，

“卓”字作，也犯了类似的错误(“早”、“卓”二字的结构，目前还不能作确切的解释)。此外，如(走)讹为，(欠)讹为(关于“走”和“欠”的字形的意义，参看〔七(一)5C〕)，以及前面讲到过的讹为等等，都是《说文》篆形错误的例子，这里就不多举了(参看上文论泰山刻石安国本和会稽刻石摹刻本的字形的部分)。

唐代小篆书法家李阳冰曾据秦刻石改《说文》篆形，例如上举《说文》“欠”字篆形上部的，就被他改成了。这种做法受到了后人的很多指责。李氏擅自改书是不对的。但是就字形本身而论，用秦刻石改《说文》并没有错。宋人刊刻的《说文》，其篆形似乎是出自李氏改篆本而又经过回改的，但往往改之未尽，例如在《四部丛刊》影印的影宋写本《说文解字系传通释》里，“欠”字就作而不作。

我们指出《说文》的篆形有不少错误，并不是想贬低它的价值。《说文》是最重要的一部文字学著作。如果没有《说文》，有很多字的结构就会弄不清楚，有很多字在古文字里的写法跟在隶、楷里的写法就会联系不起来，还有不少字甚至会根本失传。总之，要研究汉字的结构和历史，是离不开《说文》的。但是，过去的很多文字学者迷信《说文》，也是不对的。我们应该尽量利用已有的古文字资料来纠正、补充《说文》，使它能更好地为我们服务。

下面简单谈谈秦系文字的形体。

秦系文字也跟其他古文字一样，有正体、俗体之分。秦系文字的俗体就是隶书形成的基础，我们准备放到下一节去讲，这里只讲秦系文字的正体。

从春秋战国时代秦国的金石文字来看，春秋早期的秦国文字跟西周晚期的文字，尤其是跟由虢季子白盘等代表的字形比较规整的一派很接近。(图44)在整个春秋战国时代里，秦国文字形体的变化，主要表现在字形规整匀称程度的不断提高上。这从下面所列的按时间顺序编排的字形对照表，可以看得很清楚(表中部分例子取自偏旁)：

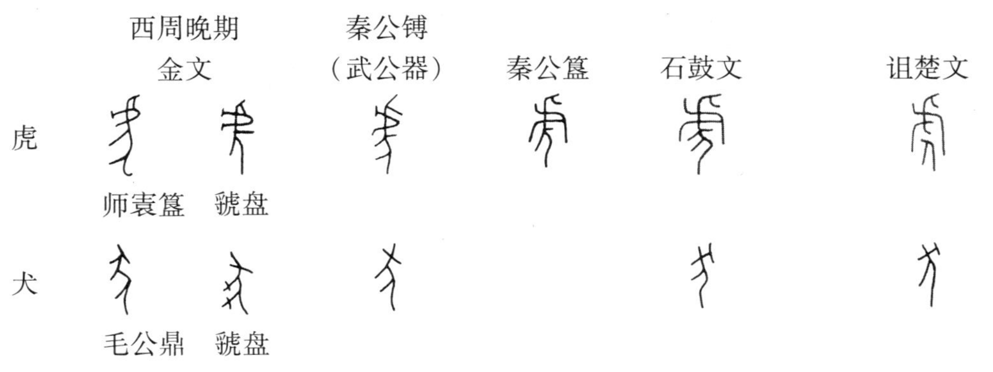

（续表）

秦国文字有时为求字形的规整匀称，使笔道变得宛曲起来，如上引“虎”字的头部；有时又为了同样的目的，并为了书写的方便，使笔道变得平直起来，如上引的“犬”字。随着这两种变化，文字的象形程度就越来越低了。小篆的字形一般比石鼓文、诅楚文等更为规整匀称，象形程度也更低，详见下文。

春秋时代其他国家文字的字形，有的并没有出现明显的规整化匀称化的倾向；有的虽然出现了这种倾向，但是采取的具体方式跟秦国文字不同，本章第二节里提到的春秋中晚期金文中那种字形狭长的带有美术化倾向的字体，就是一例。因此在春秋时代，秦国文字在作风上已经跟其他国家的文字有了相当明显的区别。到了战国时代，东方各国文字的变化大大加剧，秦国文字跟它们的区别也就越来越突出了。上一节已经介绍了战国时代“文字异形”的情况，这里就不重复了。

文字异形的现象影响了各地区之间在经济、文化等方面的交流，而且不利于秦王朝对本土以外地区的统治。所以秦始皇统一全中国后，迅速进行了“同文字”的工作，以秦国文字为标准来统一全中国的文字。在此之前，在逐步统一全中国的过程里，秦王朝在新占领的地区内无疑已经在进行这种性质的工作了。

《说文·叙》在讲到秦始皇统一文字的时候是这样说的：

> 其后（按：指孔子之后）……分为七国……文字异形。秦始皇帝初兼天下，丞相李斯乃奏同之，罢其不与秦文合者（按：实际上李斯当时还没有任丞相）。斯作《仓颉篇》，中车府令赵高作《爰历篇》，太史令胡母敬作《博学篇》，皆取史籀大篆，或颇省改，所谓小篆者也。

这段话给人这样一种印象，似乎秦始皇用来统一全国文字的小篆，是李斯等人通过对籀文进行简化而制定出来的一种字体。《汉书·艺文志》的说法与此有所不同。《艺文志》说《苍颉》等三篇“文字多取史籀篇，而篆体复颇异，所谓秦篆者也”，只是把秦篆（即小篆）跟籀文在形体上的不同，作为一种客观事实指了出来。从有关的古文字资料来看，籀文并不是秦国在统一全中国前夕所用的文字（参看本章第二节），小篆是由春秋战国时代的秦国文字逐渐演变而成的，不是直接由籀文“省改”而成的。《说文·叙》的说法是不妥当的。

把小篆的形体跟石鼓文对比，可以看出两种比较显著的变化。

首先，小篆的字形进一步趋于规整匀称，象形程度进一步降低，例如（小篆“为”字据金石）：

	石鼓文	小篆
爲（为）		
角		
竈（灶）		
涉		

其次，一部分字形经过明显的简化，例如（石鼓文“吾”字取自偏旁，小篆“中”字据金石）：

	石鼓文	小篆
吾		
道		
中	（籀文作）	
草	（《说文》引大篆同）	

上述这两种变化在战国时代的秦国文字里都可以看到。商鞅量“为”字作，秦昭王时代造的丞相触（即丞相寿烛）戈的“触”字左旁作，写法都不同于石鼓而跟小篆很接近。这是第一种变化的例子。诅楚文“浯”字所从的“吾”已经把省为“五”，“中”字已经写作，都跟小篆相同；“道”字简化为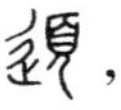，也跟小篆很相近。这是第二种变化的例子。传世的新郪虎符和近年发现的杜虎符，都是秦在统一前所铸造的，但是铭文的字体跟统一后的文字简直毫无区别。（图45）总之，春秋战国时代的秦国文字是逐渐演变为小篆的，小篆跟统一前的秦国文字之间并不存在截

然分明的界线。我们可以把春秋战国时代的秦国文字和小篆合称为篆文。在以《说文》为中心的传统文字学里，小篆是不算古文字的。从小篆跟春秋战国时代秦国文字的实际关系来看，这样处理显然不够妥当。

战国时代的秦国文字是处于变化之中的，异体的存在当然不可避免。秦始皇要用秦国文字统一全中国的文字，首先需要对秦国文字本身做一番整理，拿出一种标准字体来。李斯等人撰《苍颉》等篇，应该就是为这个目的服务的。他们做的是整理、统一的工作，不是创新的工作。钱玄同在为卓定谋《章草考》所作的序里说："许叔重（许慎字叔重）谓李斯诸人取大篆省改为小篆，实则战国时秦文已如此，可见李斯诸人但取固有的省改之体来统一推行，并非刱（创）自他们也。"这是很正确的。

经过李斯等人整理的标准字体，在当时未必会有区别于统一前的秦系文字的专门名称。"大篆"和"秦篆"、"小篆"等名称应该是从汉代才开始使用的。秦代大概只有"篆"这种字体名称。《说文》训"篆"为"引书"，其义不明。"篆"跟"瑑"同音，"瑑"是"雕刻为文"的意思（《汉书·董仲舒传》颜师古注。"文"指花纹、纹样），古代"篆"、"瑑"二字可以通用（蒋礼鸿《义府续貂》增订本8页，中华书局，1987年）。《吕氏春秋·慎势》"功名著乎槃（盘）盂，铭篆著乎壶鉴"，"铭篆"犹言"铭刻"。颇疑篆文之"篆"当读为"瑑"。隶书是不登大雅之堂的字体，篆文可以铭刻金石，所以得到了"瑑"这个名称。

人们书写文字的习惯是在长时间的实践中形成的，秦王朝要改变被征服地区人民的书写习惯，当然不是一件很容易的事。由于统一文字从根本上说符合全国人民的利益，并且"秦法"又雷厉风行，十分严酷，这项任务总算在较短的时间里完成了。不过，六国文字的影响并不是一下子就完全消失的，这从长沙马王堆三号汉墓出土的帛书就可以看出来。在这座墓所出的一部分时代较早的帛书上，可以清楚地看到楚文字的影响。例如有一份大约抄写于秦统一前后的占书（秦统一前，本属于楚的今长沙地区已为秦占领多年），其字体大体上可以看作篆文，但是有很多字显然用了楚国的字形。[①] 又如帛书《老子》甲本，字体是接近篆文的早期隶书，文中不避汉高祖

① 李学勤《新出简帛与楚文化》一文指出，马王堆帛书中"秦代写本《篆书阴阳五行》（引者按：即我们所说的占书），文字含有大量楚国古文的成分。例如卷中'称'字的写法，就和楚国'郢称'金币（原注：旧释郢爰）的'称'完全相同。'冠、带剑'，'剑'字作'鐱'，也是古文的特色。在'并天地左右之，大吉'一句中，抄写者把'左'字写成古文的'㞑'，下面'并天地而左右之，一击十'一句，又改正为'左'。同样，在'凡战，左天右地，胜'一句中，他按照古文写法，把'战'字写成从'曰'，在'王战'一句中，又遵照了秦国的字体。这位抄写者显然是还未能熟练掌握秦朝法定统一字体的楚人"。（《楚文化新探》36—37页，湖北人民出版社，1981年）

刘邦、高后吕雉讳，大约抄写于秦末至汉初这段时间里。在这个抄本里仍可看到个别属于楚国的字形。例如“关”字作，就与秦文不合，而与前面提到过的楚国的鄂君启节相合（李裕民《马王堆汉墓帛书抄写年代考》，《考古与文物》1981 年 4 期）。可见在楚国故地，楚文字的影响是逐渐消失的。在其他东方国家的故地，估计也会存在类似情况。

秦王朝用经过整理的篆文统一全国文字，不但基本上消灭了各地“文字异形”的现象，而且使古文字异体众多的情况有了很大改变，在汉字发展史上有重要的意义。不过这并不是说秦代文字就没有异体了。且不论小篆跟篆文俗体和隶书的不同，就拿小篆本身来说，异体也还是存在的。《说文》就收了一些小篆的异体。又如《说文》以“则”为小篆，“鼎刂”为籀文，但是在秦代权量诏版的小篆里，“则”字的这两种写法却仍然是并存的。

在古文字里，偏旁位置不固定的现象很突出，例如：

	或作		（般）
	或作	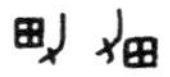	（男。以上见甲骨文）
	或作		（旁）
	或作		（杞。以上见金文）
	或作		（聖。圣的繁体）
	或作		（沽。以上见六国文字）

在小篆里，这种现象也已经显著减少，但是还不能算罕见。过去有些讲字体的人，把隶书偏旁位置跟《说文》小篆不同的现象称为“隶行”，认为是隶书移动了小篆的偏旁位置。其实，所谓隶行往往只是小篆本身偏旁位置不固定的反映。例如：在小篆里，“和”字有、两种写法，“徒”字有、两种写法。这两个字在《说文》里都作前一形，跟一般隶书的写法不一样，因此都被当作隶行的例子。其实，一般的隶书只不过是继承了篆文里跟《说文》不同的那种写法而已。偏旁位置不固定的现象，就是在隶书楷书里也还没有绝迹，后面讲形声字的时候还会讲到。

到了汉代，隶书取代小篆成为主要字体，汉字发展史就脱离古文字阶段而进入隶楷阶段了。汉代以后，小篆成为主要用来刻印章、铭金石的古字体。

(五) 隶书的形成

《汉书·艺文志》和《说文·叙》都说隶书开始出现于秦代,是为了应付当时繁忙的官狱事务而造的一种简便字体。此外,从汉代以来,还广泛流传着程邈为秦始皇造隶书的传说。① 这些说法跟事实是有出入的。

从考古发现的秦系文字资料来看,战国晚期是隶书形成的时期。前面说过,跟战国时代其他国家的文字相比,秦国文字显得比较保守。但是秦国人在日常使用文字的时候,为了书写的方便也在不断破坏、改造正体的字形。由此产生的秦国文字的俗体,就是隶书形成的基础。

在秦孝公时代的铜器铭文里,就可以看到正体和俗体并存的情况。秦孝公十八年(前344)所造的商鞅量上的铭文是极为规整的正体,孝公十六年所造的商鞅矛镦(矛柄下端的铜帽)上的铭文则是很草率的俗体。(图46)孝公之后,文字的使用越来越频繁,俗体也随着越来越流行了。在铜器(主要是兵器)铭文、漆器铭文,以至印文、陶文里,都可以看到俗体字。② 在这些俗体字里,已经出现了不少跟后来的隶书相同或相似的写法。例如:惠文君十三年(前325)所造的相邦義(即张仪)戈"義"字所从的"羊"已经写作(正规篆文作)。惠文君四年(前334)或惠文王更元四年(前321)所造的相邦樛游戈的"游"字、庄襄王三年(前247)或秦王政三年(前244)所造的上郡戈的"漆"字,其"水"旁都已经写成三短横——""。昭王四十年(前267)所造的上郡戈的"遒"字所从的"者"已经写作(正规篆文作。图40·D秦陶文"奢"字所从的"者"作,与隶书更近)。秦统一前所造的高奴铜权"奴"字的"女"旁已经写作(正规篆文作)。

在秦国文字的俗体里,用方折的笔法改变正规篆文的圆转笔道的风气颇为流行。有些字仅仅由于这种变化,就有了浓厚的隶书意味。昭王廿一年(前286)所造

① 《说文·叙》"及亡新居摄……时有六书……三曰篆书,即小篆,秦始皇帝使下杜人程邈所作也",把程邈说成造小篆的人。但是一般都认为程邈造的是隶书。蔡邕《圣皇篇》说"程邈删古立隶文"(《法书要录》卷七所收张怀瓘《书断》所引)。南北朝时的宋代的羊欣、齐代的王僧虔和北魏的江式等人,也都说程邈为秦始皇作隶书。段玉裁等人认为上引《说文·叙》中"秦始皇帝使下杜人程邈所作也"这句话本应在下文"四曰佐书,即秦隶书"之下,传本误置篆书条下。

② 参看拙作《从马王堆一号汉墓遣册谈关于古隶的一些问题》,载《考古》1974年1期。以下所引秦国兵器等铭文的出处皆见此文。

的相邦冉(即魏冉)戈的廿(廿)字、市(市)字,就是例子。

对于研究字体来说,20 世纪 70 年代发现的秦简比上述那些资料更可宝贵。秦简上的文字不但数量多,而且都是直接用毛笔书写的,由此可以看到当时日常使用的文字的真正面貌。仔细观察睡虎地十一号秦墓出土的大批竹简上的文字,可以知道在这批竹简抄写的时代,隶书已经基本形成。

睡虎地秦简上的文字显然不是正规的篆文。从笔法上看,在简文里,正规篆文的圆转笔道多数已经分解或改变成方折、平直的笔画。例如“又”字(包括“又”旁),正规篆文作彐,简文则大都作⺕。从字形上看,简文里很多字的写法跟正规篆文显然不同,跟西汉早期的隶书则已经毫无区别,或者只有很细小的区别了。例如(写在后面括号里的是供参考的小篆字形):

这些字形的形成,都跟使用方折、平直的笔法有关。最后举出的“書”(“书”的繁体),本是从“聿”“者”声的字,简文通过把“聿”旁下部和“者”旁上部的笔画合而为一的办法简化了字形。西汉早期隶书里“書”字的写法大体与此相同。如果再把“者”旁的斜笔省去,就跟较晚的隶书和楷书的写法没有什么区别了。在简文字体方面还有一个非常值得注意的现象,就是左边从“水”的字几乎都把“水”旁写作三,像正规篆文那样写作氺的例子极为罕见(《语书》部分中“江陵”之“江”的“水”旁作氺。此例蒙南京大学中文系万业馨先生指示,本书初版误以为秦简“水”旁皆作三)。

根据上述这些情况,可以把秦简所代表的字体看作由篆文俗体演变而成的一种新字体。秦简出土后,很多人认为简上的文字就是秦隶,这应该是可信的。

1975 年在湖北江陵凤凰山七十号秦墓里,发现了两颗同文的玉印:①

甲　　乙

① 引自吴白匋《从出土秦简帛书看秦汉早期隶书》,《文物》1978 年 2 期 50 页。凤凰山七十号墓,有人认为是秦昭王时墓,有人认为是秦始皇时墓。

这两颗印的字体显然不同。甲印是正规篆文,乙印的作风则与秦简相合。大概墓主人有意用当时并行的两种字体各刻一印。这也可以说明秦简的字体是已经跟篆文分家的一种新字体。

上一节提到的睡虎地四号秦墓所出的两块家信木牍,写得比较草率,字体显得比十一号墓的简文更接近于后来的隶书,没有问题也可以看作秦隶。

睡虎地十一号墓竹简抄写于战国末年至秦代初年,四号墓木牍写于秦统一前夕。由此可知,隶书在战国晚期就已经基本形成了。隶书显然是在战国时代秦国文字俗体的基础上逐渐形成的,而不是秦始皇让某一个人创造出来的。钱玄同在为《章草考》所写的序里指出,康有为、梁启超都认为隶书是自然形成的,不是个别人所创造的,他表示同意,并说隶书“当亦始于战国之世,为通俗所用”。唐兰先生在《中国文字学》里指出,《汉书》等说秦代“由于官狱多事,才建隶书,这是倒果为因,实际是民间已通行的书体,官狱事繁,就不得不采用罢了”(165 页)。这些意见都是正确的。不过,在隶书逐渐形成的过程里,经常使用文字的官府书吏一类人一定起过重要作用,程邈也许就是其中起作用比较大的一个;也有可能在秦的官府正式采用隶书的时候,曾由程邈对这种字体做过一些整理工作,因此就产生了程邈为秦始皇造隶书的传说。

在战国时代,六国文字的俗体也有向隶书类型字体发展的趋势。楚国的简帛文字“体式简略,形态扁平,接近于后世的隶书”(郭沫若《古代文字之辩证的发展》,《考古学报》1972 年 3 期 8 页)。在齐国陶文里可以看到把所从的写作,[①] 把“棠”所从的写作,把(卒)写作或等现象。这种简写方法跟隶书改造篆文的方法极为相似。如果秦没有统一全中国,六国文字的俗体迟早也是会演变成类似隶书的新字体的。

秦简所代表的隶书还只是一种尚未完全成熟的隶书。这主要表现在以下两方面:

首先,有很多字的写法仍然接近于正规篆文,例如:

木:　自:　行:　塞:

前面举过的,跟后来的隶书里的相比,也还是比较接近篆文的。

① 把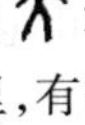写作的现象,早在春秋时代的铜器铭文里就已经出现。在陶文之外的齐国文字以及三晋文字里,有时也能看到这种现象。但是秦代隶书通常却把“大”字写作。

其次,有些字虽然已经有了跟成熟的隶书相同或相似的写法,但同时仍然使用接近正规篆文的写法,例如:

比　

之　

言(偏旁)　

辵(偏旁)　

“言”、“辵”两个偏旁的各种写法,实际上反映了它们由篆到隶的演变过程。

上面指出的这两种现象,在西汉早期的隶书里仍然可以看到,只不过在程度上没有如此严重而已。为了跟成熟的隶书相区别,可以把秦和西汉早期的隶书合称为早期隶书。

在秦国文字的俗体演变为隶书的过程里,出现了一些跟后来的草书相似或相同的写法。这类写法,有的经过改造,为后来的隶书正体所吸收。前面所举的秦简“之”字作的一体,就是一个例子。这种“之”字是由于用快速的草率笔法写“”字而形成的,后来通过“正体化”,也就是像汉字简化中的草书楷化那样的途径,演变为在成熟的隶书正体里常见的那种“之”字——。前面还举过秦简把“辵”旁所从的“止”写作的例子。后来的草书里的“止”旁,写法与此基本相同。在成熟的隶书正体里常见的那种“辵”旁——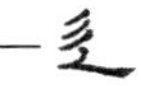,也是带草书意味的“辵”旁“正体化”的产物。

四号墓木牍写得特别草率,“攻”字的“工”旁写作,“辵”(从)、“徒”、“定”等字的“止”旁都写作,“遗”字的“辵”旁竟简化成或。这类草率写法作为隶书俗体的一部分,为汉代人所继续使用,并成为草书形成的基础。

关于隶书字形的来源,有一些问题需要解释一下。

按理说,隶书既然由战国时代秦国文字的俗体发展而成,它的字形构造就应该是属于秦系文字的系统的。可是隶书的有些字形却不合于《说文》的小篆,而合于春秋以前的古文字和某些六国文字,并且这种字还不算太少。因此有些文字学者认为隶书“有一部分是承袭六国文字的”。这其实是一种误会。我们在讲秦系文字的时候已经指出,《说文》里一部分小篆的字形,跟秦汉时代实际使用的篆文并不相同。主张隶书有一部分出自六国文字的人,他们所举的主要例证就是这种有问题的字,如前一节提到过的《说文》作“戜”的“戎”字。其实,隶书“戎”字的字形跟始皇峄山刻石上的“戎”字完全相合,它所从出的无疑是秦系文字而不是六国文字。同样,隶书(欠)的字形虽然跟《说文》的篆形不合,但是跟秦汉金石文字里的篆形显然也是一脉相承的。总之,我们不能因为隶书的有些字形跟《说文》里有问题的篆形不合,就得出这些字形来自六国文字的结论。

字形演变过程里某些比较复杂的现象,也容易使人在隶书字形来源问题上产生错觉。例如:甲骨文“朝”字右旁从“月”(西周前期金文“廟”字所从的“朝”也有从“月”之例),小篆的“朝”字却不从“月”而从“舟”。① 从表面上看,隶、楷“朝”字的字形似乎不是出自秦系文字,而是通过其他途径从较早的古文字里继承下来的。但是,秦简的“朝”字都从“舟”,东汉碑刻上的“朝”字也有不少仍然从“舟”。这说明隶、楷“朝”字的“月”旁,跟“朕”、“服”等字所从的本来作“舟”的“月”旁一样,也是由“舟”省变而成的。所以隶、楷“朝”字的字形也没有问题是出自秦系文字的,把它跟较早的古文字里“朝”字从“月”的写法联系起来是不妥当的。

跟“朝”字情况相近的还有“明”字。秦系文字的“明”字从“囧”,六国文字从“日”(参看本章第三节)。我们现在所用的“明”字跟六国文字相合。但是在隶书里,“明”字一般从“目”而不从“日”。秦代权量上的草率小篆有时把“明”所从的 (囧)简写为 , 是由它进一步简化而成的(与“目”字相混)。后来大概是为了要简省一笔,或是为了使字形合乎六书里的会意原则,才普遍采用了古文的字形。

不过,我们虽然在原则上不同意隶书有一部分是承袭六国文字的说法,却并不否定隶书所从出的篆文或篆文俗体以至隶书本身,曾受到东方国家文字的某些影响的可能性。即使把为秦所统一的东方国家的人民写篆文和隶书时,有时使用本国旧字形的情况排除在外,仍然可以找到这种影响的某些迹象。例如:在秦和东方国家的文字里,都出现了“则”字所从的“鼎”旁简化为“贝”旁的现象。在东方,早在春秋战国间,晋国的侯马盟书里已经出现了从“贝”的“则”字(盟书里多数“则”字仍从“鼎”)。秦系文字省“鼎”旁为“贝”旁,有可能是由于东方国家文字的影响。又如“於”字,秦简多简写作 ,刻得草率的权量铭文或作 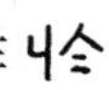(类似的写法在东汉碑刻上都还能看到)。战国时代楚国文字里的“於”字也有写作  的(见长沙仰天湖楚简)。秦系文字“於”字的写法是否受到过楚文字的影响,也是可以考虑的。

在秦代,小篆是主要字体,隶书只是一种新兴的辅助字体,社会地位很低。“隶书”这个名称就表示了它的身份。有人说隶书由于“施之于徒隶”而得名(《汉书·艺文志》),有人说隶书由于秦官府“令隶人佐书”而得名(晋卫恒《四体书势》,见《晋

① 《说文》“朝”字从“倝”“舟”声。汉印“朝”字篆文也从“舟”,但不从“倝”而从“草”。“舟”、“朝”古音相近。

书·卫恒传》)。总之,隶书是上层统治阶级所看不起的。秦代统治者允许官府用隶书来处理日常事务,是迫于形势不得不然,并不说明他们喜欢或重视这种字体。在比较庄重的场合,一般是不用隶书的。

但是,隶书书写起来比小篆方便得多,要想长时间抑制它的发展,是不可能的。从秦代权量上的铭文,就可以清楚地看到隶书侵入小篆领域的情况。权量铭文的内容是统治者准备传之久远的统一度量衡的诏书,按理当然应该用正规的小篆来铭刻。可是遗留下来的权量铭文却不乏刻得很草率的例子。在有些权量铭文里,“毋”、“明”、“皆”、“者”等字的写法,跟前面举过的秦简隶书完全相同。从总体上考虑,这种草率铭文恐怕还不能就看作隶书。因为在这些铭文里,“法”字所从的“水”旁像隶书那样写作三的例子,连一个也没有发现过。但是,这种包含着很多隶书成分的诏书铭文,确实预示着小篆即将为隶书取代的命运。

在秦代,隶书实际上已经动摇了小篆的统治地位。到了西汉,距离秦王朝用小篆统一全国文字并没有多久,隶书就正式取代小篆,成了主要的字体。所以,我们也未尝不可以说,秦王朝实际上是以隶书统一了全国文字。

五　形体的演变（下）：隶楷阶段的汉字

隶楷阶段起自汉代，一直延续到现代。成熟的隶书，字形跟楷书很接近。所以虽然隶书早已为楷书所取代，习惯上却不把它看作一种古文字。

两汉时代通行的主要字体是隶书，辅助字体是草书。大约在东汉中期，从日常使用的隶书里演变出了一种比较简便的俗体，我们姑且称之为新隶体。到东汉晚期，在新隶体和草书的基础上形成了行书。大约在汉魏之际，又在行书的基础上形成了楷书。楷书出现后，隶书和新隶体并没有很快就丧失它们的地位。经过魏晋时代长达二百年左右的时间，楷书才最终发展成为占统治地位的主要字体。

（一）研究隶楷阶段文字形体的资料

为了叙述的方便，我们把隶楷阶段各种字体的资料放在一起来介绍。由于在这个阶段中，比较剧烈的文字形体上的变化集中在两汉魏晋时代里，我们介绍资料也以两汉魏晋的为主，南北朝的附带提到一些，隋唐以后的就从略了。下面基本上按照书写或铭刻文字的材料的性质，分项进行介绍。

1. 石刻和墓志文字　在清代末年发现两汉和魏晋时代木简之前，石刻文字是研究这一时期文字形体的最重要的资料。

这一时期的石刻文字以碑文为最重要。刻碑的风气大概要到东汉时代才兴起，东汉中晚期是这种风气最盛的时期。所以前人搜集的汉代石刻文字绝大部分属于东汉中晚期。西汉石刻文字只有一些零星的发现，东汉早期石刻文字的数量也不多。

在有明确年代的西汉石刻文字里，赵廿二年群臣上醻刻石（刻于赵王遂廿二年，公元前 158 年）和鲁六年北陛石的题字（刻于鲁恭王六年，公元前 149 年）都是小篆。有明确年代的最早的西汉隶书刻石，是地节二年（前 68）巴州民杨量买山记和五

凤二年（前56）刻石，都是宣帝时候的东西。（图47）

东汉碑刻一般使用隶书。东汉晚期碑刻上的隶书，书法往往很美，如石门颂（即杨孟文颂，为摩崖）、乙瑛碑（即孔庙置守庙百石卒史碑）、礼器碑（即韩勑造孔庙礼器碑）、孔宙碑、华山碑（即西岳华山庙碑）、史晨前后碑、西狭颂（为摩崖）、韩仁铭、曹全碑、张迁碑和熹平石经等，都是为后代书法家所推崇的。（图48）

魏和西晋碑刻一般也使用隶书，字体大都很工整。东晋碑刻则已多用新隶体。南北朝以后，楷书就成为碑刻上的主要字体了。

墓志的性质跟墓碑相近。不过碑是立在地上的，墓志则是埋在墓里的。墓志的材料有的用石，有的用砖，所以石刻文字这个名称还不能包括全部墓志文字。

在秦汉时代刑徒之类人的墓葬里，发现过刻记死者身份、籍贯、名字的砖瓦。这可以看作原始的墓志。亲属在死者墓中放置墓志的风气，是从晋代才流行起来的（可能跟当时的政府禁止私人立碑有关）。南北朝时墓志盛行，形成了比较固定的规格，一般都把志文刻在石质或砖质的方板上，志文记载死者家世和生平梗概，文后还有一段有韵的铭，所以墓志又称墓志铭。

东晋南北朝时代的碑刻和墓志，是研究新隶体和楷书的重要资料。

2. 简牍文字　在两汉时代，简仍是主要书写材料，牍也使用得相当普遍。东汉中期蔡伦改进造纸方法之后，纸开始较多地用为书写材料。不过一直要等到南北朝时代，纸才比较彻底地把简牍排挤掉。在晋代，虽然纸已经使用得很普遍，政府的文书簿籍却往往仍然使用简牍。

从清末（20世纪初年）以来，在西北地区两汉和魏晋时代的边塞遗址里，陆续发现了很多汉简和一些魏晋简。20世纪50年代以后，还在湖南、湖北、安徽、山东、河北、甘肃、青海、江苏等地的汉墓里发现了很多简册。

边塞遗址出土的汉简，习惯上按出土地区分成三类：

A. 敦煌汉简　发现于甘肃省的敦煌、安西、酒泉、鼎新（毛目）等地。这些地方在汉代属敦煌、酒泉两郡，但是一般把这些地方出土的汉简统称为敦煌简。（图49、50）

B. 居延汉简　发现于甘肃和内蒙古两地的额济纳河（即弱水）两岸等地。这些地方的边塞在西汉属张掖郡的肩水和居延二都尉管辖，但是一般把这些地方出土的汉简统称为居延简。（图51、52）

C. 罗布泊汉简　发现于新疆罗布泊北岸，简数不多。这批简的出土地接近所谓楼兰遗址，所以也有人称之为楼兰汉简。

上述这些汉简通常是在汉代边塞地区的官署和烽燧的遗址里发现的，大都是屯成吏卒遗留下来的文书、簿籍以及私人书信等类东西。其时代起自西汉武帝晚期，终于东汉晚期(但东汉晚期的简数量不多)。

墓葬里发现的汉简，多数是书籍和记随葬物品的“遣册”。边塞汉简里没有西汉早期的简。墓葬汉简里，如临沂银雀山一号墓，长沙马王堆一号、三号墓，阜阳双古堆一号墓，江陵张家山 247 号等墓和江陵凤凰山汉墓群所出的简，都属于西汉早期(指武帝初年以前)。(图 53、54)

边塞汉简基本上是木简。墓葬汉简里竹简比较多。此外，边塞遗址和墓葬都出了一些木牍。(校按：出汉简的遗址多在汉代西北边区，所以这里用了“边塞汉简”这个名称。这个名称并不很妥当。居延汉简有不少出自甲渠候官治所遗址。1990 至 1992 年发掘敦煌汉代悬泉置遗址，获两汉简牍二万三千余枚。候官治所、传置等地，似非严格意义的“边塞”。汉代非边区的遗址里也有简牍发现。2003 年在长沙市走马楼 8 号井出土西汉简牍万余枚，有字者二千余枚。2004 年在长沙市东牌楼古井群的 7 号井中发现东汉简牍二百余枚。2010 年在长沙市五一广场一口古井中出土东汉简牍近万枚。墓葬汉简后来屡有发现，数量最多的一批，是 2009 年北京大学接受捐赠的三千多枚西汉简，内容基本为书籍。)

魏晋简主要出土于罗布泊西面偏北的“楼兰遗址”以及新疆民丰北部的古遗址。简文中所记的年号，由曹魏延续到东晋初期，而以西晋的为多。(图 55、56)在少数魏晋墓葬里也发现过少量的简。(校按：魏晋简后来续有发现，最重要的是 1996 年在长沙市走马楼古井群 22 号井发现的孙吴时代简牍，其数量估计达十万枚左右，有字者约七万余，基本上为官府的文书档案。)

金石铭刻在选择字体上往往比较保守，简牍上的文字通常是用日常使用的字体书写的，就研究汉字形体演变来说，其价值超过碑志上的文字。在西汉简上可以看到隶书逐渐成熟和草书逐渐形成的情况。在东汉中晚期的简上可以看到早期的新隶体。魏晋简对于研究新隶体和行书、草书都很有价值。

3. 帛纸文字 〔四(四)〕里已经提到，1973 年在西汉早期的马王堆三号墓里发现了大批帛书。这些帛书除少数用篆文外，都用早期隶书抄写。其中一部分字体跟篆文比较接近的，抄写时间有可能早到秦末汉初，其他的大概都抄写于文帝时代。(图 57、58)

过去在汉代敦煌、居延(包括肩水)的边塞遗址里，曾经发现过少量写在帛上的隶书，内容是书信和题署。(校按：上文校按提到的悬泉置遗址也出了少量写在帛上的书信等物。)

在魏晋时代的“楼兰遗址”里,除木简外,还出了一些字纸,年代范围跟同出魏晋简差不多。其中有书信、文书和簿籍残片等物。对研究字体来说,这些字纸的价值比木简还高。(图59—65)

过去,在某些出敦煌汉简的地点,也发现过极少量的字纸,可能是东汉晚期的东西。(图66)据考古报道,在1990年开始发掘的敦煌东面的汉代悬泉置遗址的西汉宣、元时期地层里,也发现了少量残字纸(《中国文物报》1992年1月5日)。

在敦煌莫高窟和新疆吐鲁番等地,发现过不少晋代和南北朝的卷子和字纸,其中有佛、道经典,古书抄本和文书、契约等物,对于研究新隶体和楷书也是重要资料。(图67—69)

自古流传下来的魏晋以来名家书迹,也可以归入帛纸文字。可惜现存的一般都是临摹本或临摹本的刻本。

4. 其他　除以上所述外,还有很多两汉和魏晋时代的文字资料,如铜、漆、陶、瓷等类器物和砖瓦上的文字,买地券、镇墓券、衣物券上的文字,以及墓壁题字等。下面择要做些介绍。

西汉铜器上所刻的铭文有一部分是隶书,对于研究西汉隶书的演变很有参考价值。(图70、71)

东汉中、晚期,主要是晚期,有在墓里放置写有镇墓文的陶瓶的风气。这种镇墓文是研究新隶体的重要资料。(图72)

20世纪70年代在安徽省亳县(现改亳州市)发掘了东汉晚期曹氏宗族(即曹操之族)的墓葬群。其中两个墓的一部分墓砖上有任意刻划上去的文字,对于研究当时的各种字体有很重要的价值(《安徽亳县发现一批汉代字砖和石刻》,《文物资料丛刊》2)。(图73、74)80年代在亳州市又发现了一座有同类字砖的曹氏宗族墓(《考古》1988年1期)。

(二) 汉代隶书的发展

我们从字形构造和书体两方面来说明汉代隶书的发展。下面先谈字形构造的变化。

在〔四(五)〕里,我们主要根据字形构造上的特点,指出了秦代和西汉早期的隶书是尚未成熟的早期隶书。西汉武帝时代可以看作隶书由不成熟发展到成熟的时期。

在西汉早期（武帝初年以前）简帛上的隶书里，明显地接近篆文的字形仍然很多。在居延、敦煌等地发现的武帝晚期以后汉简上的隶书里，这种字形就大大减少了。例如“斗”字，西汉早期简帛一般作、等形，居延简则作、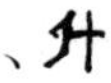、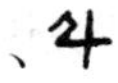、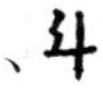等形。“自”字，西汉早期简帛一般作、等形，居延简一般作、等形。“它”字，西汉早期简帛一般作、等形，居延一般作、等形，“地”、“池”等字所从的“它”并且多简化为，所以后来就变得跟“也”旁混而不分了（“地”、“池”、“施”等字本来都从“它”，“池”和“沱”是后来才分化成两个字的。《说文》“地”、“施”等字从“也”声，是《说文》篆形讹误之例）。“大”、“木”等字，在西汉早期既有写作、等形的，也有写作、等形的。在居延简里，前一种写法似乎已经绝迹。

在武帝之后到东汉晚期这段时间里，隶书字形仍有不少变化，如“其”字由、等形变为，“五”字由、等形变为等等。总之，变得跟后来的楷书越来越相近了。

如果从字形繁简的角度来看，隶书的字形大都是按由繁到简的方向演变的。

在隶书字形演变的过程里，新的字形出现之后，旧的字形往往迟迟不退出历史舞台。不但早期隶书里有这种现象（参看〔四（五）〕，就是在成熟的隶书里也常常可以看到这种现象。例如在东汉晚期的碑刻上，“其”字既作，也作、；“五”字既作，也作、；“恭”、“慕”等字的“心”旁有、、、、等多种写法。又如“口”旁，早在秦代隶书里就出现了少量作的写法，但是在西汉中晚期的汉简上仍然习见作的写法（“如”、“知”等字的“口”旁往往作此形），甚至在东汉晚期的碑刻上，都还可以看到一些这样的写法。

在少数东汉晚期碑刻上，还可以看到有意按照小篆字形来写隶书的复古现象，如“农”作（司农刘夫人碑），“壹”作（祝睦碑）等。伪孔安国《尚书序》里有“隶古定”的说法（或谓“隶古”与“定”不应连读，这里用一般的读法），指用隶书的笔法来写“古文”的字形。后人把用楷书的笔法来写古文字的字形称为“隶定”。

下面谈谈汉代隶书在书体上的变化。

我们在东汉晚期书法工整的碑刻上看到的隶字，结体一般都是扁方的，用笔也有一套成规。向右下方的斜笔几乎都有捺脚，捺脚往往略向上挑。有些较长的横画，收笔时也略向上挑，形成上仰的捺脚式的尾巴。先竖后横的弯笔，收笔时多数上挑，而且幅度往往比较大。向左下方的斜笔（即撇），收笔时多数也略向上挑。收笔时上挑的横画,起笔时还往往有下垂的顿势,整道笔画略呈微波起伏之势,较长的捺有时也有这种笔势,如 、 。书法家用来形容隶书书法特点的“挑法”、“波势”和“波磔”(磔指捺一类笔势)等语,就是指这些笔法而言的。

上述隶书书体的特点,是有一个形成过程的。习惯上把具备这些特点的隶书称为汉隶,汉隶形成之前的隶书称为秦隶。秦隶也称古隶。由于秦隶也包括汉隶形成前的汉代隶书,称它为古隶比较合理。要注意的是古隶这个词有歧义。它也可以用作跟楷书的别名——“今隶”相对的名称。这种用法的“古隶”跟一般所说的隶书同义。

汉隶也称八分。这个名称大概在汉魏之际就已经出现。当时一般人日常所用的隶书,就是我们在前面提到过的新隶体,其面貌跟正规的隶书已经有了显著的区别,所以有必要为正规的隶书另起一个名字(看启功《古代字体论稿》34 页,文物出版社,1979 年)。直到唐代,一般人还是把当时通行的字体(即楷书)称为隶书,把汉隶称为八分。

关于八分得名的原因,古人的说法不一。有人认为是由于这种书体以“字方八分”为大小的标准;有人认为是由于这种书体字形较高,笔画向两旁伸展,势“若‘八’字分散”;还有人假托蔡文姬之名,说这种书体“割程隶八分取二分,割李篆二分取八分”,所以称为八分(看唐兰《中国文字学》169—170 页)。最后一说提到的“程隶”,其实并不是指真正的秦隶而言的。古人缺乏字体发展的历史观念,很容易把他们称之为隶书的新隶体或楷书,跟程邈所“作”的隶书混为一谈(例如《法书要录》卷二所录梁庾肩吾《书品论》就说:“寻隶体发源秦时,隶人下邳程邈所作……故曰隶书,今时正书是也。”他所说的正书就是我们所说的楷书)。但是他们又不得不承认八分的形体实际上比这种“程隶”更接近小篆,所以才会有取“程隶”二分取“李篆”八分的说法。以上各说,究竟哪一说符合或最接近八分命名者的原意,现在已经难以确定了。也有可能这些说法全都是不正确的。汉隶也称分书、分隶,这两种名称是由八分派生出来的。

八分究竟是在什么时候形成的呢?下面来讨论这个问题。

发现汉简之前,石刻文字几乎是研究隶书的唯一资料。在已发现的汉代碑刻的隶书里,八分书体的特色要到东汉中期以后才充分显示出来,所以前人往往把八分形成的时间定得比较晚。后来的研究者有大量汉简上的隶书作为依据,看法就跟他们很不一样了。

八分笔法的萌芽出现得很早。在抛弃了正规篆文的笔法之后,如果把字写得很快,收笔时迅速提笔,横画和向下方的斜笔很容易出现尖端偏在上方的尾巴。如果把这种笔法"正体化",八分的挑法就形成了。魏建功先生认为八分的挑法是草书笔法规整化的产物(《草书在文字学上之新认识》,《辅仁学志》14 卷 1、2 期合刊)。这是很精辟的见解。

早在秦代的隶书里,就可以看到少量带捺脚的斜笔和略有挑法的横画。在西汉早期的隶书里,这类笔法的使用有明显的增加。例如在马王堆三号墓出土的文帝时代抄写的那部分帛书上,就有不少字的书写风格跟八分颇为接近。(图 58)江陵凤凰山九号墓出土的汉文帝时木牍上的有些字,笔法也相当像八分。(图 75。注意第二行的"上"。)不过在西汉早期的隶书里,竖长的字形和接近篆文的写法还很常见,八分式的笔法还远远没有占统治地位。所以西汉早期的隶书跟秦代隶书一样,也属于古隶的范围。

在敦煌、居延等地发现的武帝晚期到宣帝时代的简上,可以看到八分逐渐形成的过程。在敦煌简里,武帝天汉三年(前 98)简(图 49A)和王国维考定为武帝太始三年(前 94)以前之物的"使莎车续相如"简,(图 49B)其字体都属于古隶;而太始三年简的书体则已经跟八分没有多大区别了。(图 49C)在居延简里,有不少武帝征和至昭帝始元年间的食簿散简书体大都呈现从古隶向八分过渡的面貌。(图 51A、B)还有一件昭帝始元七年(前 80)的出入符,虽然写得不算工整,其书体却已经可以看作八分了。(图 51C)此外,居延简里还有一些书体很像八分的昭帝时代的简,不一一列举了。在宣帝时代的简上,出现了相当标准的八分书,如居延的本始二年(前 72)水门隧长尹野简(图 51D)和敦煌的五凤元年(前 57)简(图 49D)等。由此可见,至迟在昭宣之际,八分已经完全形成。

八分形成以后,在书法上受八分的影响不大、笔画的写法比较简便的隶书,仍然是常见的。在宣帝以后写得比较草率的汉简上,就可以看到这种隶书。(图 76)近年来有学者称这种隶书为"通俗隶书"(参看赖非、王思礼《汉代通俗隶书类型》,《汉碑研究》192—212 页,齐鲁书社,1990 年)。其书体在早期近于古隶,后来逐渐发展成为前面提到过的新隶体。

西汉铜器上的隶书铭刻所反映的书体变化的情况,跟汉简基本相合。西汉早期铜器上的隶书,跟西汉早期简上的古隶同类型。在从武帝到宣帝时代的铜器上,可以看到隶书书体跟同时期汉简相似的演变。不过,刻在铜器上的隶书,大都没有把用毛笔书写的八分的特色充分表示出来。例如宣帝时的阳泉使者舍熏炉的铭文,从字的结体看跟八分相似,但笔画没有明显的波磔。(图 71)

西汉石刻文字的书体要保守一些。宣帝时的地节二年买山记呈现由古隶向八

分过渡的面貌,五凤二年刻石跟古隶仍然很接近。(图 47)

我们在前面根据字形构造区分了早期的和成熟的隶书,并指出武帝时代是隶书由不成熟发展到成熟的时期。从书体上看,在武帝晚期也已经出现了古隶即将演变成为八分的形势。所以,早期隶书和古隶,成熟的隶书和八分,其范围大体上是重合的。也许我们可以把武帝中晚期看作隶书发展的前后两个阶段之间的过渡时期。前一阶段的隶书既可以称为早期隶书,也可以称为古隶;后一阶段的隶书既可以称为成熟的隶书,也可以称为八分(昭帝时代的隶书,有些还带有比较浓厚的古隶意味,也许可以把昭帝时代也包括在过渡时期里)。

隶书也称佐书。《说文·叙》说王莽时有六书(指六种字体,跟象形、形声等六书无关),"四曰佐书,即秦隶书"。汉代人还常常把官府文书等所用的隶书书体称为史书,如《汉书·王尊传》说:"尊窃学问,能史书,年十三,求为狱小吏(史?),数岁,给事大守府……除补书佐,署守属,监狱。"前人往往由于《史籀篇》也称《史篇》,误以为史书就是籀文。段玉裁在《说文·叙》的注里已经指出了这个错误,他说《汉书》"或云善史书,或云能史书,皆谓便习隶书,适于时用,犹今人之工楷书耳"。这是正确的。汉代官府里从事文书工作的官吏是书佐和史(《论衡·效力》:"治书定簿,佐、史之力也。"《后汉书·百官志》:"书佐幹主文书。")。启功先生认为佐书和史书就是因此而得名的(《古代字体论稿》32—33 页),其说当可信。所以八分书体很有可能是先在官府佐、史一类人手中形成,然后再推广到整个社会上去的。我们用作研究八分形成过程的主要根据的敦煌简和居延简,以及有较长铭刻的铜器,大都是官府的东西,文字应出自佐、史之手,而一般的石刻文字则不一定出自他们之手。这也许是比较标准的八分在石刻上出现得比较晚的原因之一。

从"佐书"、"史书"这两个名称来看,隶书得名的原因似当以"令隶人佐书"之说为是(参看〔四(五)〕)。睡虎地秦墓所出"法律答问"有如下一条:

> 何谓"耐卜隶"、"耐史隶"? 卜、史当耐者,皆耐以为卜、史隶。○后更其律如它。(《睡虎地秦墓竹简》234 页,文物出版社,1978 年)

所谓"史隶",不就是"隶人佐书"者吗? 在"更其律如它"之前,"令隶人佐书"一定是秦官府里普遍存在的现象。所以官狱文书所用的简便字体便得到了隶书之称。

（三）隶书对篆文字形的改造

在汉字形体演变的过程里，由篆文变为隶书，是最重要的一次变革。这次变革使汉字的面貌发生了极大的变化，对汉字的结构也产生了很大影响（参看〔三（二）〕），所以有必要把隶书对篆文字形的改造比较具体地介绍一下。前面已经说过，隶书的字形是不断变化的。为了比较充分地说明属于古文字阶段的篆文的字形跟隶楷阶段的字形的不同，我们在遇到隶书有异体的时候，一般用晚期隶书里跟楷书最接近的字形来跟篆文做对比。所以这里所举的隶书改造篆文的例子，有一些也可以看作晚期的隶书改造较早的隶书的例子。

隶书对篆文字形的改造，主要表现在以下几方面：

1. 解散篆体，改曲为直　从商代文字到小篆，汉字的象形程度在不断降低，但是象形的原则始终没有真正抛弃。隶书不再顾及象形原则，把古文字“随体诘诎”的线条分解或改变成平直的笔画，以便书写。例如：隶书改篆文的为日，把象日轮的外框分解为“丨、一、丨、一”四笔或“丨、㇆、一”三笔。改篆文的为女，把象跪着的身体的弯曲线条改为直笔（“女”字由篆变隶时转了个将近九十度的角，所以这一笔变成了横画）。这是隶书改造篆文的最重要的方法。

2. 省并　隶书往往把篆文的两笔并为一笔，或是把两个以上的偏旁或偏旁所包含的部分合并起来，改成较简单的笔画结构。例如：

—大　两臂并作“一”，身躯和左腿并作“丿”。

—襄　简化为。

—遷　简化为西，简化为大。

—無　全面省并。

〔三（二）〕里举过的“寒”和“塞”，也是省并的例子。省并通常同时起改曲为直的作用。

3. 省略　隶书有时直截了当地省去篆文字形的一部分。例如：

—雷

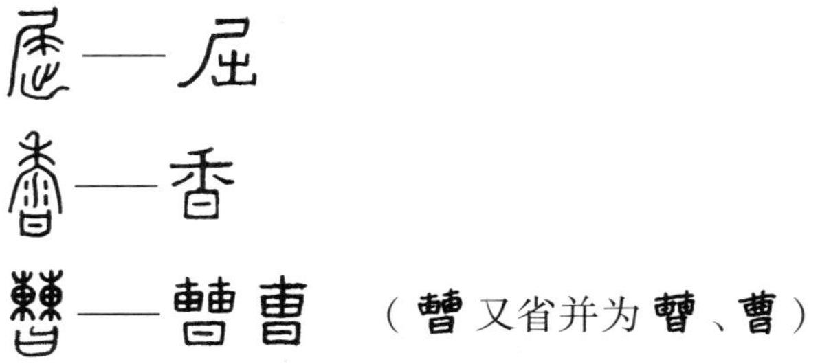

4. 偏旁变形 在篆文里,一个字用作偏旁时的写法,通常跟独立成字时没有明显的区别。在隶书里,独立成字和用作偏旁的写法明显不同的情况,就时常可以看到了。例如:“人”字用作左旁时作“亻”(这种写法实际上比“人”更接近篆文),“犬”字用作左旁时作“犭”,“邑”字用作右边的形旁时作“阝”(用作声旁的如“浥”、“挹”等字的右旁仍作“邑”),“阜”字用作左旁时也作“阝”等等。前面还曾提到过“水”变作“氵”,“艸”变作“艹”等例子。偏旁的写法往往随所处的位置而异,例如“水”旁的位置在上或在下时,就仍作“水”而不作“氵”,如“沓”、“浆”。有时即使位置相同,写法也不同。因此,同一个偏旁在不同的文字里可以分化成很多种不同写法,例如:

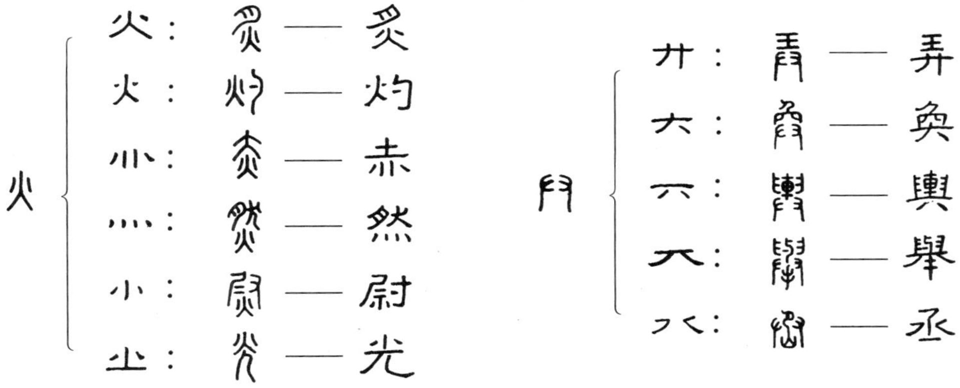

在隶书里,偏旁的写法有很多还没有固定下来,同一个字的同一个偏旁也往往有好几种写法,例如上一节举过的“恭”、“慕”等字的“心”旁。在早期的楷书里,偏旁写法也还没有完全固定下来。为求简明,上面所举的偏旁变形的例子,只取为后来的成熟的楷书所继承的写法。例如在晚期的隶书里,“赤”字和“尉”字所从的“火”都有作灬的写法,这里就都没有采用。

5. 偏旁混同 隶书为求简便,把某些生僻的或笔画较多的偏旁,改成形状相近,笔画较少,又比较常见的偏旁。例如:“敦”、“淳”、“醇”、“鹑”、“孰”等字的偏旁(𦎫,音 chún)和“郭”的偏旁(城郭之“郭”的古字),都被改成“享”(《说文》

“孰”字也从“䇹”，但从古文字看，此字本从“享”的古体“亯”而不从“䇹”）。“活”、“括”、“适”（南宫适之“适”）等字的偏旁（𠯑，音 kuò），被改作“舌”。

此外，省并、省略和偏旁变形，也会造成偏旁混同的现象。例如由于偏旁变形，在左的“肉”旁，一部分在下的“肉”旁，“朕”、“服”等字的“舟”旁和“青”字的“丹”旁，都跟“月”旁混了起来。又如“寒”字所从的、“塞”字所从的，由于省并都变成了。“屈”、“尿”等字本从“尾”，由于省略变成了从“尸”之字。下面再举两个主要由于省并而造成的偏旁混同的例子：

“秦”、“春”所从的𢍎：

“奉”字所从的𡙁：

“奏”字所从的𡴞：

“泰”字所从的𡗿：

“春”字所从的芚：

“奕”等字所从的大：

“奐（奂）”字所从的収：

“樊”字所从的𠬜：

“奠”字所从的丌：

“莫”字所从的茻：

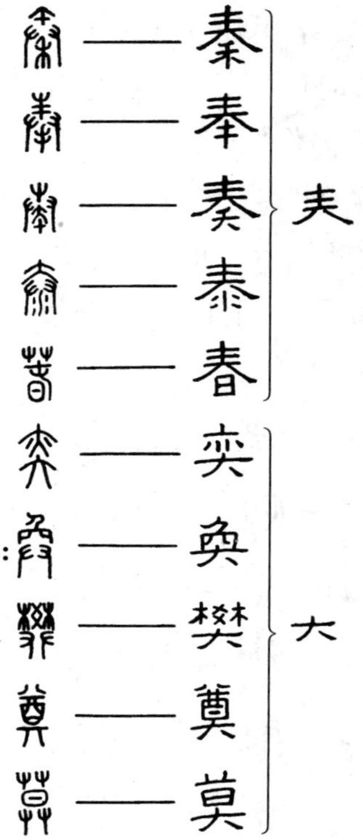

隶书对篆文字形的改造，主要就表现在上述这五方面。

隶书的形成，使汉字所使用的“随体诘诎”需要描画的字符，变成由一些平直的笔画组成的比较简单的字符，大大提高了书写的速度。这是有进步意义的一次变革。封建社会的士大夫由于看到隶书破坏了一部分汉字的结构，就认为由篆变隶是一件坏事，这种态度是不正确的。

（四）汉代的草书

汉代行用的字体，除隶书之外还有草书。“草”字在古代可以当粗糙、简便讲。

草书之“草”大概就取这种意义。“草书”有广狭二义。广义的,不论时代,凡是写得潦草的字都可以算。狭义的,即作为一种特定字体的草书,则是在汉代才形成的(启功《古代字体论稿》38页)。大约从东晋时代开始,为了跟当时的新体草书相区别,称汉代的草书为章草。新体草书相对而言称为今草。

〔四(五)〕里已经说过,早在秦国文字的俗体演变为隶书的过程里,就出现了一些跟后来的草书相同或相似的草率写法,如把“止”旁写作 z 之类。隶书形成之后,这些草率写法作为隶书的俗体继续使用,此外还出现了一些新的草率写法。草书就是在这些新旧草率写法的基础上形成的。

在使用古隶的简牍里,可以看到整简、整牍的字都写得相当草率的例子,如〔四(五)〕里提到的睡虎地四号墓木牍,又如临沂银雀山汉墓出土的一部分古书抄本。(图77)在这些简牍上可以看到一些写法跟后来的草书相同的偏旁,但是绝大多数字虽然写得草率,字形构造却仍然跟一般的古隶没有多大区别。所以这些简牍的字体只能看作草率的隶书,不能看作狭义的草书。古代有称为“䢐”的书体。《玉篇·辵部》:“䢐,士洽切(今音 zhá),行书皃。”《广韵·洽韵》,“䢐,行书。”《集韵·洽韵》:“䢐,行书也。秦使徒隶助官书艸䢐,以为行事,谓艸行之间,取其疾速,不留意楷法也。从筆从辵。”据《集韵》,这种书体在秦代就已出现。上述那种草率的隶书,也许就可以称为䢐书。

从居延简中有明确纪年的那些简来看,武帝晚期和昭帝时代的简上只有草率的隶书;宣帝简中如登记号为271·17的神爵二年(前60)简,(图52A)元帝简中如登记号为562·3A的永光元年(前43)简,(图52B)尤其是后者,其字体已有很浓厚的草书意味;成帝简中如284·8A阳朔元年(前24)简和170·5A元延二年(前11)简,(图52C、D)其字体就已经是相当纯粹的草书了。由此推测,草书的形成至迟不会晚于元、成之际,很可能在宣、元时代就已经形成了。

唐张怀瓘《书断·上》“章草”条引南朝宋代王愔“汉元帝时史游作《急就章》,解散隶书麤(粗)书之,汉俗简堕,渐以行之”(《法书要录》卷七),把章草的出现跟急就章联系了起来,这是不可信的。《急就章》是史游所编字书《急就篇》的俗名。《急就篇》分三十一章(每章六十三字),所以有人称之为《急就章》,这个名称在汉代似乎还没有出现。魏晋时代的书法家喜欢用章草写《急就篇》,但是已发现的敦煌简和居延简中的《急就篇》汉代抄本,却都是用隶书写的。所以章草绝不会是史游作《急就篇》时所创造的字体。为编一种书而创造一种字体,实际上也是不可能有的事(唐兰《中国文字学》172页)。不过,史游的时代倒恰好跟我们所推测的草书形成的时代大致相合。汉末的蔡邕、赵壹都说草书作于秦代，似无确据（蔡说见《书断·上》“草书”条所引梁武帝《草书状》。赵说见其所作《非草书》，收入《法书要录》卷一）。过去有很多人认为草书起于东汉，则又失之过晚。

草书的形成比八分稍晚一些。不过，作为草书形成基础的草率的隶书俗体，有很大一部分在古隶阶段就已经存在。所以也可以说，八分和章草是分别由古隶的正体和俗体发展而成的。这跟战国时代秦国文字的正体演变的小篆，俗体发展成隶书的情况很相似（参看第74页注②所引文54页）。

草书字形不出自成熟的隶书而出自古隶的例子是常见的，不但是偏旁的写法，就是整字的写法也往往由古隶变来。例如：“夫”的草书当由古隶草体变来，“天”的草书当由古隶草体变来，“可”的草书当由古隶草体变来，“鹿”的草书当由古隶变来（参看上引文）。古隶的形成以篆文俗体为基础，二者的字形往往很相近。过去的学者如清人孙星衍等，有草书字形出自小篆之说（看孙氏《急就章考异》）。应该承认他们已经接触到了事情的真相。

草书是辅助隶书的一种简便字体，主要用于起草文稿和通信。在草书形成的过程里，官府佐、史一类人大概也起了很大作用。因为他们经常需要起草文书，草书这样的字体对他们最有用。西汉时代一般人使用的隶书俗体里所包含的草书因素，比战国时代秦国一般人使用的篆文俗体里所包含的隶书因素要少得多。所以草书的形成不如隶书自然，群众基础不如隶书广泛。在草书形成后的西汉简里，虽然夹杂草体字的隶书简很常见，纯粹的草书简却并不多见。

敦煌、居延等地出土的新莽简和东汉简上所见的草书，比西汉简的草书成熟。（图50A、B）东汉简中草书简所占的比重，也明显地升高了。这跟古书所反映的、草书在东汉时代比较流行的情况相合。

汉代以后，历代书法家喜欢写章草的颇不乏人。据说魏晋时代有好几位名书法家用章草写过《急就篇》，但是只有吴国皇象写的一本有临摹本流传下来。北宋时叶梦得曾将皇象本《急就篇》刻石于颍昌（今河南省许昌）。明正统年间又有人据已有残缺的叶刻拓本重新刻石于松江，所据拓本的残缺之处以明初书法家宋克写本补足。这就是一般所谓松江本《急就章》，是我们现在所能看到的内容最丰富最有系统的一份章草资料（下文所引的《急就章》据《吉石盦丛书》三集所收的影印的松江本。少数字的写法据文物出版社影印的《明宋克书急就章》）。（图78）此外，还有一些古代书法家所写的章草在传世法帖中保存了下来。

皇象本《急就章》屡经摹写,当然免不了有讹误。但是只要跟考古发现的汉代草书资料对照一下,就可以看出现存之本大体上能反映汉代草书的面貌。皇象本《急就章》里的很多字和偏旁的写法,在汉简里都可以找到相同或极其相似的例子,如:君作　,卿作　,得作　,樂(乐)作　,器作　,等作　,尉作　,長(长)作　,書(书)作　,在左的言旁作　,在左的糸旁作　,在下的止旁作　,在下的皿旁作　,在右的月旁作　,在上的门旁作　,在下的心旁或作　等等。皇象本《急就章》的有些字使用了跟八分相似的挑法,这跟汉简草书的情况也是相合的。

汉代草书的字形,有一些是先后有变化的。皇象本《急就章》当然是接近汉代较晚期的草书的。例如"受"字草体,西汉简多作　(从古隶俗体　简化。隶书"爫"旁有时变作　,如"爭"字往往作　),东汉简则作　、　等形。皇象本《急就章》作　,跟东汉简相近。亳县东汉晚期曹氏墓群中的元宝坑一号墓的一块墓砖上,刻有草书的"会稽曹君"四字,除"稽"字外,字形跟皇象本《急就章》基本相同。(图74C。《急就章》"稽"字作　。)

下面根据皇象本《急就章》简单谈谈草书改造隶书的方法(对于那些在篆文演变为古隶的过程里就已经出现的草体,也可以说是草书改造篆文的方法)。

草书改造隶书的主要方法是:

1. 省去字形的一部分　例如:"時"作　,省去"寺"旁的上部(简化字"时"可以看作草书楷化字);"尉"作　,省去左半的右下部;"盧"(卢)作　,省去中间部分(草书"虍"旁作　,"皿"旁作　);"尚"作　,省去左边的一竖。

2. 省并笔画保存字形轮廓,或以点画来代替字形的一部分　例如:"長"作　,"爲"作　(简化字"长"、"为"都是草书楷化字。汉简"长"字还有简化为　、　等形的),"彊"作　,"君"作　,"論"作　(简化字"论"也可以算作草书楷化字)。

3. 改变笔法　草书由于写得快,很自然地改变了隶书的笔法。例如:隶书较长的撇,尾部往往比较粗;草书的撇,尾部一般是尖的。隶书基本上只用弯笔而不用钩,弯一般转得很慢,草书转弯转得很快,把有些转折后的部分较短的弯笔简化成了带钩的笔画,如隶书　(宀)、　(冖)等偏旁里的　,草书大都变作　。这种笔法后来影响了新隶体和行书,最后发展成为楷书的硬钩。草书横画用挑法比八分用得少,点、捺等笔画的写法也都跟隶书有些差别。此外,草书还大量使用连笔,如上举“时”字的第二笔，“尉”字的第一笔。有些字甚至可以用一笔写成，如(卿)、(门)等。不过跟今草比起来，章草使用的连笔还算是少的。章草每个字自成起讫，这跟今草字与字时相钩连的情况也不一样。

关于草书的偏旁有几点需要说明。

草书里有些偏旁的写法，有比较复杂的形成过程，例如：

上举的例子同时也可以说明草书字形往往是由出自篆文俗体的古隶草体演变而成，而不是由成熟的隶书草化而成的。

有的偏旁在草书里分化成几种形式，“口”旁是一个比较突出的例子。据皇象本《急就章》，“口”旁至少有、、、、五种写法：

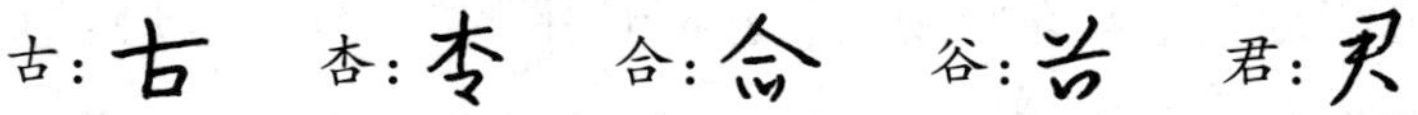

是由的简体变来的。

另一方面，有些本来有明显区别的偏旁，在草书里被混同了起来，或者已经变得很容易相混了。例如从皇象本《急就章》看，以下一些字的偏旁就有这种情况：

糸	约：　细：
歹（本作歺）	列：
另（本作冎）	别：
车（限于少数车旁）	斩：
子	孙：
月（肉旁、舟旁）	脍：　勝（胜）：

(能)字的左半也跟上举这些偏旁很相似。

草书由于字形太简单，彼此容易混淆，所以不能像隶书取代篆文那样，取代隶书而成为主要的字体。

关于章草命名的理由，过去有几种说法。除了前面已经提到过的把章草跟《急就章》联系起来的说法之外，还有因东汉章帝提倡而得名、因可以施于章奏而得名等说法。这些说法都很难令人相信。“章”字有条理、法则等意义。近人多以为章草由于书法比今草规矩而得名，这大概是正确的。

（五）新隶体和早期行书

八分的形成使隶书的书法有了比较明确的规范，但是这种字体书写起来却相当费事，人们日常使用文字的时候，并不完全按照这种字体的要求去书写。大约在东汉中期，从日常使用的隶书里演变出了一种跟古隶和八分都有明显区别的比较简便的俗体。在东汉后半期，虽然士大夫们相竞用工整的八分书勒石刻碑，一般人日常所用的隶书却大都已经是这种俗体了。

上述这种俗体隶书一般不用八分那种收笔时上挑的笔法，同时还接受了草书的一些影响，如较多地使用尖撇等，呈现出由八分向楷书过渡的面貌。在东汉中晚期的木简和镇墓陶瓶上都可以看到这种字体。其中如敦煌发现的永和二年（137 年）简（图 50D）和传世的熹平元年（172 年）陶瓶，（图 79）是经常为讲字体的人所引用的例子。前者的字体的风格，罗振玉评为“楷七而隶三”（《流沙坠简》考释）。有些东汉晚期的墓壁题字和墓砖上的文字，如和林格尔发现的护乌桓校尉墓的题字（图 80）和亳县曹氏墓的有些墓砖刻文（图 73B）以及近年发现的河北沧县北塔村东汉墓砖上的朱书文字（《书法》1987 年 1 期），也是属于这种字体的。为了区别于正规的隶书，我们姑且把这种字体称为新隶体。新隶体在魏晋时代仍然流行，下一节还会讲到。

在东汉晚期还出现了一种新的字体，就是行书。据说，行书是桓、灵时代的刘德昇所创造的，他写的行书“虽以草创，亦丰妍美，风流婉约，独步当时”（张怀瓘《书断·中》，《法书要录》卷八），汉魏之际的著名书法家钟繇、胡昭都曾跟他学过这种字体（见卫恒《四体书势》，载《晋书·卫恒传》。参看《书断·中》）。

我们所熟悉的行书是介于楷书跟今草之间的一种字体。在刘德昇等人的时代，今草还不存在，他们所写的行书当然不会跟我们所熟悉的行书完全一样。可惜刘、胡二家的书迹现在都已经看不到了。在现存比较可靠的钟繇字帖中的墓田丙舍帖可能是行书，（图 81。为王羲之临本的摹刻本）但是也有人认为是楷书（褚遂良《晋右军王羲之书目》就列此帖于正书，见《法书要录》卷三），还有人怀疑它是否能反映钟氏书法的真面目。所以，要弄清楚早期行书的真相，并不是很容易的。

在我们所能看到的魏晋时代遗留下来的文字资料里，有没有能代表早期行书的字呢？下面谈一下我们不成熟的看法。

在魏晋时代日常所用的文字,如楼兰遗址出土的简、纸文字里,除了比较规整的新隶体(图55A、B,59A、B、C)和处于由章草向今草过渡的阶段中的草书(图56C、D,65A、B、C)之外,还有不少字体风格介于二者之间的文字。它们在字形构造方面,除了采用少量草书偏旁外,跟新隶体没有多大不同;在书体上则受到草书的较大影响,比规整的新隶体活泼得多。它们的情况并不一致。有些简、纸上的字似乎只能看作比较草率的新隶体。有些简、纸上的字则比较明显地呈现出一种独特的风格,笔画的写法和文字的结体,都明显地比新隶体更接近楷书,无论是对新隶体,还是对章草而言,都称得上是一种"风流婉约"的新体。如曹魏晚期的景元四年(263年)简,(图55C)以及时代大约不晚于东晋初期的署名"济逞"的两封信(图62A、B)和署名"超济"的一封信,(图63)就是比较典型的例子。我们认为这种字体就是早期的行书。

今传王羲之的行书几乎都是介于楷书跟今草之间的那种行书,只有姨母帖(也称十一月十三日帖)比较古拙。(图82)而姨母帖的字体跟上面提到的济逞的书信正好很相似。这可以当作上述那种字体就是早期行书的一个证据。

由魏晋向上追溯,在亳县曹氏墓的少数刻字墓砖上,也可以看到风格跟上举早期行书相似的字体。(图74A、B)其时代大致与刘德昇相当。可见行书的形成也是有群众基础的,并非刘氏一人的功劳。

在东汉后期,已经出现了带有较多草书笔意的新隶体,前面举过的熹平元年陶瓶上的文字就是一例。早期的行书应该就是以这种字体为基础,通过在笔画的写法和文字的结体上进行美化而形成的。

早期行书是一种有独特风格的新字体。它既不是把有些字写成新隶体有些字写成草书的杂凑字体,也不是新隶体的草体。有的早期行书,如上举的超济书信,写得相当规整,但是由于在笔法和结体上有自己的特点,仍然很容易跟新隶体区别开来。1976年在安徽马鞍山市发现了东晋太元元年(376年)的孟府君墓,墓中出了五块砖刻墓志,文字内容完全相同,字体则有两种:一种是古拙的新隶体,(图84A)另一种字体比较秀丽。(图84B)有人认为是真书(即我们所说的楷书),其实也是比较规整的早期行书。

前面提到过的钟繇的墓田丙舍帖,显然要比以上所举的那些早期行书更像楷书,不过总的风格跟它们还是比较一致的。南朝宋代的羊欣说:"钟书有三体:一曰铭石之书,最妙者也。二曰章程书,传秘书,教小学者也。三曰行狎书,相闻者也。"(羊欣《采古来能书人名》,《法书要录》卷一)行狎书就是行书(《法书要录》卷一所录南朝齐代王僧虔的《论书》中,有一段跟上引羊欣语大同小异的文字。跟"三曰行狎书,相闻者也"相当的一句,作"三曰行狎书,行书是也"。行狎书,后人多作行押书)。墓田丙舍帖正是书启一类"相闻"的文字。现在的传本可能有临摹失真之处,不过大体上应该还是可以反映出钟氏行书的面貌的。钟氏的行书比较接近楷书,可能是他的一种创造。卫恒《隶书势》说钟繇、胡昭两家的行书"俱学之于刘德昇,而钟氏小异",也许就是指这种特点而言的。

早期行书虽然并不是新隶体的一种草体,毕竟是在带有较多草书笔意的新隶体的基础上发展出来的一种字体,它跟草率的新隶体不可避免地会有一些相似的特色。而且早期行书出现后,必然会对新隶体产生影响,一部分人所写的新隶体必然会向行书靠拢。因此,要在早期行书跟草率的新隶体之间划出一条很明确的界线,也是有困难的。拿我们现在所写的字来说,有些字究竟应该看作草率的楷书,还是应该看作行书,是两可的。魏晋时代人写的字,有一些似乎也是既可以看作草率的新隶体,也可以看作早期行书的。例如楼兰出土的前凉西域长史李柏的书信稿,就是这样。(图61)也许比较妥当的办法是把这一类字看作介于新隶体跟早期行书之间的字体。

在第四节里说过,草书形成前曾有过称为"䢩"的一种书体。据字书、韵书的解释,其性质近于后来的行书。从"辵"之字的意义多与行走有关。"䢩"字从"筆"(笔)从"辵"会意,大概表示书写时行笔较快的意思。行书可能也是由于行笔较快而得名的。

(六) 楷书的形成和发展、草书和行书的演变

我们所知道的最早的楷书书法家是钟繇,所能看到的最古的楷书是钟繇所写的宣示表等帖的临摹本的刻本("荐季直表"恐不可信)。(图83)

宣示表等帖的字体显然是脱胎于早期行书的。如果把规整一派的早期行书写得端庄一点,把在早期行书里已经出现的横画收笔用顿势的笔法普遍加以应用,再增加一些捺笔和硬钩的使用,就会形成宣示表那种字体。钟繇的行书可能本来就比一般的早期行书更接近楷书。他在一些比较郑重的场合,如在给皇帝上表的时候,把字写得比平时所用的行书更端庄一些,这样就形成了最初的楷书。

以上所说如果基本符合事实的话,我们简直可以把早期的楷书看作早期行书的一个分支。明人孙鑛在《书画跋跋》中说:"余尝谓汉魏时,隶乃正书,钟王小楷乃隶

之行。”这是很精辟的见解。

“钟王”之“王”指东晋著名书法家王羲之。他跟他的儿子王献之的楷书，在钟繇楷书的基础上又有发展，显得更为美观。（图 85、86）

应该指出，尽管楷书在汉魏之际就已形成，但是在整个魏晋时代，使用楷书的人却一直是相当少的，恐怕主要是一些文人学士。当时一般人所用的仍然是新隶体或介于新隶体和早期行书之间的字体。我们现在所能看到的魏晋简、纸上一般使用的字体，除了行书、草书，几乎都是这类字体。晋代的古书、佛经等抄本，也大都使用新隶体，而且有的还有意增加一些八分笔意。（参看本章第一节所引有关附图）《隋书·经籍志》说：“其中原，则战争相寻，干戈是务，文教之盛，苻、姚而已（苻指苻氏前秦，姚指姚氏后秦，其时代相当于东晋）。宋武入关，收其图籍，府藏所有，才四千卷，赤轴青纸，文字古拙。”所谓“文字古拙”，大概就是指前后秦的古书抄本用的不是楷书而是新隶体而言的。

碑刻选择字体，比古书抄本等更保守。魏和西晋的碑刻一般仍然使用八分。不过，东汉碑刻上的八分，风格多种多样，随书手而异，魏和西晋碑刻的八分则多数显得呆板造作，千篇一律。这应该是八分由于新隶体的排挤，已经变成专门用来铭刻金石的非通行字体的反映（启功《范式碑跋》，《启功丛稿》344 页，中华书局，1981 年）。魏和西晋时代的个别碑刻，如魏景元四年（263 年）的荡寇将军李苞通阁道题字（图 87）和吴凤凰元年（晋泰始八年，公元 272 年）的九真太守谷朗碑，（图 88）已经使用了新隶体。但谷朗碑偶尔有有意仿古的情况，如“之”字作 㞢 之类。

已发现的东晋碑刻所用的字体，大都是新隶体。其中，前秦建元四年（东晋太和三年，公元 368 年）的广武将军碑，写得比较随便，大概跟当时一般所用的新隶体比较接近。不过此碑也有少数有意仿古的地方，如“之”作 㞢，草头作 艸 等。（图 89）隆安三年（399 年）的杨阳神道阙题字（图 90）和义熙元年（405 年）的爨宝子碑等，（图 91）则都想摹仿八分而又学不像，字体显得很不自然。

东晋时代的墓志，少数用八分（如谢鲲墓志，《文物》1965 年 6 期 36 页）或行书（如上节所举行书孟府君墓志），多数用新隶体。墓志上的新隶体，有的写得比较笨拙，如上节所举新隶体孟府君墓志；有的则跟行、楷已经相当接近，如永和元年（345 年）颜谦妇刘氏墓志；（图 92）还有一些跟杨阳神道阙等相类，是想模仿八分的新隶体，如咸康七年（341 年）王兴之墓志、（图 93）升平元年（357 年）刘剋墓志等。（图 94）

有些讲字体的人，由于看到魏晋时代的碑志上用的是八分和新隶体，一般人所用的也大都是新隶体之类的字体，就认为当时根本不可能有楷书和跟楷书相近的行书存在,传世的钟王楷书和行书基本上都靠不住。这是不妥当的。有的人甚至说真正的王羲之的字,其风格一定跟爨宝子碑一类字体相似,那就更可笑了。他们不知道,古人在不同的用途上往往使用不同的字体,而且文人学士,特别是开风气之先的书法家所写的字,跟一般人所写的字也往往有很大距离。钟王楷书跟新隶体同时并存,是一点也不奇怪的。在魏晋时代的楼兰遗址出土的、时代不会晚于东晋初期的字纸上,不但可以看到早期行书,而且还可以看到作风跟钟王楷书很相似的字。(图64)可见那种认为魏晋时代不可能有楷书,传世钟王字帖都靠不住的说法,是完全站不住脚的。

进入南北朝之后,楷书终于成了主要的字体。

前面说过,东晋时代的有些新隶体,跟行、楷已经相当接近。到了南北朝,就出现了在钟王楷书的影响下由新隶体演变而成的一种楷书。在南北朝早期的碑刻、墓志上,占统治地位的字体已经不是新隶体,而是这种楷书了。这种楷书在结体和笔法上保留了新隶体的一些比较明显的痕迹,而且在使用于碑刻、墓志的时候,就跟东晋时代碑刻、墓志上的新隶体一样,往往有仿古的倾向,笔法略带八分的意味,因此其面貌比钟王楷书要古拙一些。南朝刘宋时代的碑志,如大明二年(458年)的爨龙颜碑(图95)和大明八年(464年)的刘怀民墓志等,(图96)都使用这种楷书。在北朝的碑志里,这种楷书较长期地占据着统治地位。由于使用这种楷书的北魏碑志数量很多,(图97、98)后人称这种楷书为魏碑体。

南朝到了齐梁时代,碑志上出现了跟钟王体很接近的楷书。(图99、100)北朝后期,碑志上的楷书也出现了向钟王体靠拢的现象。有的碑刻,如东魏武定元年(543年)的高归彦造像记的字体,简直已经完全是钟王一系的楷书了。(图101)唐以后,魏碑体基本上退出了历史舞台,到了清代才由于书法家的提倡而重新受到重视。

在南北朝的碑志上可以看到一些仿八分的字。(图102)这类字跟只不过略带八分笔意的魏碑体是不同性质的。有的人把它们看作由汉隶向楷书演变过程中的字体,有的人把它们跟魏碑体混为一谈,都是不正确的。

钟王楷书脱胎于行书,作为碑刻上的正体来用,结体和笔法都有不够庄严稳重的地方。南北朝时人已经为了这个原因,对钟王楷书做了一些改造。不过直到唐初的欧阳询,才较好地完成了这项改造工作。(图103)因此也有人认为楷书到唐初才真正成熟。例如认为“钟王小楷乃隶之行”的孙鑛就说:“若楷书则断自欧阳始,点点画画,皆具法度,无一笔迁就从便,意正与隶同,法正与行草相配也。”(《书画跋跋》)

楷书的“楷”当楷模讲，“楷书”的原意就是可以作为楷模的字或有法度的字，本来并非某种字体的专名。魏晋时代人曾称工整的八分书体为“八分楷法”或“楷法”。脱胎于行书的钟繇楷书，在当时显然是没有资格称“楷书”的。不少讲字体的人认为羊欣所说的钟书三体中的章程书，就相当于我们所说的楷书，不知确否。说不定我们所说的钟繇楷书，当初本是包括在行狎书里的，后来才独立了出来（所谓章程书，也许是一种比较规整的新隶体）。从南北朝到唐代，楷书有正书、真书、隶书等名称。“正书”、“真书”都是相对于“行书”、“草书”而言的，“隶书”是相对于“八分”而言的（参看本章第二节）。“楷书”这个名称也曾经跟“楷法”一样，被用来指称八分。唐张怀瓘《书断·上》“八分”条，就说八分“本谓之楷书。楷者，法也，式也，模也”（《法书要录》卷七）。不过在唐代，“楷书”大概也已经用来指称我们所说的楷书了。宋以后，“楷书”就成为我们所说的楷书的专称了。

在魏晋时代，由于早期行书和楷书的书法的影响，章草逐渐演变成为今草。启功先生曾指出，传世的西晋陆机的平复帖，（图 104）是由章草向今草过渡的草书（《启功丛稿》27 页）。楼兰发现的简、纸上的草书，也大都呈现这种面貌。（图 56C、D，65）对于今草的正式形成，王羲之大概起了很大作用。南齐王僧虔《论书》说：“亡曾祖领军洽与右军（指王羲之，羲之官至右军将军、会稽内史）书云：‘俱变古形，不尔，至今犹法钟、张（张指东汉草书书法家张芝）。’”（《法书要录》卷一）《书断》引欧阳询《与杨驸马书章草千文批后》，也说王羲之、王洽变章草为今草（《法书要录》卷七）。他们的说法应该是有根据的。传世的王羲之的草书，除了豹奴帖都是今草。（图 105）

今草的字形多因袭章草，但是改掉了跟隶书相近的笔法，有时对笔画还略有省并，书写起来比章草更方便，例如：

	章草	今草
其		
真		
书		
亭		

此外，今草里也有一些字已经简化得跟章草大不相同。如“亦”作，“上”作，“下”作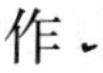等等。有些字在今草里既有来自章草的写法，也有楷书草化的写法，如

“卿”既可作  也可作 ,“介”既可作  也可作  等等。今草连笔比章草多,字与字也常相钩连。总之,要比章草更“草”,因此也比章草更不易辨认。使用今草的人范围很窄,主要是一些文人学士。唐以后更有所谓狂草,写出来别人多不能识,完全成了一种供欣赏的艺术品。

在王羲之等人手里,随着楷书的发展和今草的形成,行书也相应地演变成为介于楷书和今草之间的一种字体,面貌跟早期行书有了明显的不同。(图 106、107)

行书没有严格的书写规则。写得规矩一点,接近楷书的,称为真行或行楷;写得放纵一点,草书味道比较浓厚的,称为行草。行书写起来比楷书快,又不像草书那样有难于辨认的毛病,因此有很高的实用价值。我们现在以楷书为正体,但是知识分子平时所写的字,多半是接近行书的。

隶书、楷书这两个阶段的时间界线不大好定。从各方面综合考虑,似乎可以把南北朝看作楷书阶段的开端,把魏晋时代看作隶书、楷书两个阶段之间的过渡阶段。

汉字进入楷书阶段之后,字形还在继续简化,字体就没有大的变化了。

校按:根据一些唐代韵书的抄本,作书体讲的“䈴”字可能是“篴”字的讹形(参看周祖谟《广韵校本》589 页,中华书局,2004 年)。本章 91 页、97 页关于“䈴”的两处论述宜删。

六　汉字基本类型的划分

（一）六书说

过去的文字学者在讲汉字构造的时候，一般都遵循六书的说法，把汉字分成象形、指事等六类。

“六书”一语最早见于《周礼》。《周礼·地官·保氏》列举了周代用来教育贵族子弟的“六艺”的项目，其中有“六书”：

> ……六艺：一曰五礼，二曰六乐，三曰五射，四曰五驭，五曰六书，六曰九数。

但是《周礼》并未具体说明六书的内容。

汉代学者把六书解释为关于汉字构造的六种基本原则。《汉书·艺文志》说：

> 古者，八岁入小学，故周官保氏掌养国子，教之六书，谓象形、象事、象意、象声、转注、假借，造字之本也。

郑众注《周礼·地官·保氏》说：

> 六书，象形、会意、转注、处事、假借、谐声也。

许慎《说文·叙》还给六书分别下了定义，并举了例字：

> 周礼八岁入小学，保氏教国子，先以六书。一曰指事。指事者，视而可识，

察而见意(今本作“察而可见”,《段注》据《汉书·艺文志》颜注改),“上”、“下”是也。二曰象形。象形者,画成其物,随体诘诎(“诎”通“屈”。“诘诎”的意思就是曲折),“日”、“月”是也。三曰形声。形声者,以事为名,取譬相成(一般认为前一句指形旁而言,后一句指声旁而言),“江”、“河”是也。四曰会意。会意者,比类合谊(“谊”通“义”),以见指㧑(“㧑”通“麾”。“指麾”在这里当“意之所指”讲),“武”、“信”是也。五曰转注。转注者,建类一首,同意相受,“考”、“老”是也(《说文》以“老”为会意字,训为“考”。“考”字在“老”部,“从老省,丂声”,训为“老”)。六曰假借。假借者,本无其字,依声托事,“令”、“长”是也。

汉代的经学家分古文和今文两派(参看〔四(三)〕)。《周礼》是古文学派的经典。上引《汉书·艺文志》是根据西汉末年古文学派大师刘歆的《七略》编成的。郑众和许慎也都属于古文学派。郑众是郑兴的儿子,郑兴是刘歆的学生。许慎是贾逵的学生,贾逵的父亲贾徽也是刘歆的学生。所以上引这三家的六书说应该是同出一源的。不过在六书的名称和次序上,他们之间却有一些差别,情况如下表:

艺文志	1 象形	2 象事	3 象意	4 象声	5 转注	6 假借
郑众	1 象形	4 处事	2 会意	6 谐声	3 转注	5 假借
许慎	2 象形	1 指事	4 会意	3 形声	5 转注	6 假借

后人多数袭用许慎的六书名称。

《周礼》把六书跟九数并提,二者都是儿童学习的科目。九数就是九九表,六书的内容也应该很浅显,恐怕只是一些常用的文字(参看张政烺《六书古义》,《中央研究院历史语言研究所集刊》第十本)。把六书解释为“造字之本”,大概是汉代古文经学派的“托古改制”。

六书说是最早的关于汉字构造的系统理论。汉代学者创立六书说,对文字学的发展是有巨大功绩的。作为六书名称的象形、会意、形声、假借等术语,直到今天大家都仍然在使用。但是汉代在文字学发展史上毕竟属于早期阶段,汉代学者对汉字构造的研究不可能十全十美,而且为了要凑“六”这个数,他们在给汉字的构造分类的时候,显然很难完全从实际出发。因此六书说的问题也是相当多的。下面把几个主要问题简单介绍一下。先讲象形、指事、会意这三书的问题,再讲转注的问题,最后讲假借的问题。

按照六书说,用意符造成的字,即我们所说的表意字,分成象形、指事、会意三类，但是这三类之间的界线实际上并不明确。

《说文·叙》说“日”、“月”是象形字，“上”、“下”是指事字。“日”、“月”本作、，“上”、“下”本作、。前者所用的字符象实物之形，所代表的词就是所象之物的名称。后者用的是抽象的形符，所代表的词不是“物”的名称，而是“事”的名称。这两类字的区别似乎很明确。但是，实际上却有不少字是很难确定它们究竟应该归入哪一类的。例如（大）这类字，它们所用的字符跟“日”、“月”一样也是象实物之形的，可是所代表的词并不是所象之物的名称，而是跟所象之物有关的“事”的名称，这一点却跟“上”、“下”相近。因此讲六书的人有的把这类字归入指事，有的把这类字归入象形。《说文》说“大，天大，地大，人亦大，故大象人形”，似乎许慎自己是把“大”看作象形字的。许慎还把某些用抽象的形符构成的字也看作象形字，例如《说文》对（叕）字的解释就是“缀联也，象形”（秦简“叕”字作，写法跟《说文》有别，许慎对“叕”字字形的解释不一定正确，但是这一点在这里无关紧要）。《说文》里的“叕”字以六条曲线相缀联示意，这跟“上”、“下”以短线跟长线的位置关系示意，有多大区别呢？“叕”可以算象形字，“上”、“下”为什么就不能算象形字呢？郑樵在《通志·六书略》里就把“上”、“下”归入象形中的“象位”类，这样做不能说没有道理。不过这样一来，象形、指事的界线实际上就荡然无存了。

《说文·叙》给会意举的例子是“武”、“信”。“武”本是从“止”从“戈”的字。“止戈”为“武”，是说能使战争停止才是真正的“武”。“人言”为“信”，是说人讲的话应该有信用。但是在上古文字里，这种跟后来的“歪”一类字相似的、完全依靠会合偏旁字义来表意的字，是非常少见的。《说文·叙》举出的这两个字都有问题。现代学者大多数认为“信”本是从“言”“人”声的形声字。“武”字见于甲骨文，是出现得很早的一个字。“止戈为武”的说法出自《左传》（见宣公十二年），历史相当古，但是这种思想显然不是当初造“武”字的人所能够具有的。在上古文字里，用两个以上意符构成的表意字，多数是使用形符的，字形往往有图画意味，如我们在〔三（二）〕里举过的“立”、“步”等字。讲六书的人多数把这种字看作会意字，但是它们的性质跟“歪”一类会意字显然是有区别的。郑樵在《六书略》里把“立”和“步”列入象形字。他说“立”字“象人立地上”，“步”字“象二趾相前后”，解释字形比《说文》高明。近人林义光在《文源》里更明确主张，只有像“止戈为武”、“人言为信”那样“取其词义连属”的字，才可以算会意字，象（射）、（涉）、（舂，象两手举杵舂臼中物）、（争，象两手争一物）等字那样，“随体画物，其会合也不以意而以形”的字，都应该算象形字。这种说法是有道理的。但是这些“其会合也以形”的字，在会合两个以上意符来表示一个新的意义（即跟所使用的各个意符本身所表示的意义不相同的一个意义）这一点上，却跟“日”、“月”一类象形字不同，而跟“其会合也以意”的会意字一致。所以把它们算作会意字也不是没有道理的。在汉字已经变得完全不象形之后，人们有时还在用“其会合也以形”的办法造合体表意字，也就是说把义符硬当作形符用。例如以“人”在“水”上表示漂浮之意的“氽”字，就是很晚才造出来的。这种字应该看作象形字呢，还是应该看作会意字呢？总之，会意跟象形的界线也是不明确的。

还有些表意字的性质，跟《说文·叙》为象形、指事、会意所举的例字都显然不同，例如某些所谓变体字，即“叵”一类的字（按照一般说法，“叵”的意思是不可，字形就是反写的“可”）。很多人把这种字归入定义比较模糊的指事类，这本是一种无可奈何的办法。还有一些人把这种字归入会意类，这就跟《说文》给会意所下的定义显然矛盾了。

有些用六书说分析表意字结构的人，还想出了什么“象形兼指事”、“会意兼指事”等名目，适足以说明六书说划分表意字类别的不合理。

六书中的转注，问题更大。“转注”这个名称的字面意义，在六书中最为模糊。《说文·叙》对转注的解释也不够清楚。因此后人对转注的异说最多。下面举几种比较有代表性的简单介绍一下。

1. 以转变字形方向的造字方法为转注　宋元间的戴侗（《六书故》）、元代的周伯琦（《六书正讹》）等主张此说，认为“反正（正）为乏（乏）”等转变字形方向的造字方法就是转注（唐代裴务齐《切韵序》说“考字左回，老字右转”，以“考”、“老”二字最下部一笔走向的不同来解释这两个字的“转注”关系。一般把裴氏看作以字形转向为转注的说法的创始者。但是他对“考”、“老”二字的解释过于荒谬，所以后人极少袭用）。

2. 以与形旁可以互训的形声字为转注字　南唐徐锴（《说文解字系传通释》）等主张此说，以为转注字“类于形声”，但一般形声字不能与形旁互训，如“‘江’、‘河’可以同谓之‘水’，‘水’不可同谓之‘江’、‘河’”，而转注字则可以与形旁互训，如“‘寿’、‘耋’、‘耄’、‘耆’可同谓之‘老’，‘老’亦可同谓之‘耆’，往来皆通”（见徐书卷一“上”字注。徐氏的转注说比较复杂，这里只取主要的意思）。

3. 以部首与部中之字的关系为转注　清代江声（《六书说》）等主张此说。江氏说：“《说文解字》一书凡五百四十部，其分部即‘建类’也，其始‘一’终‘亥’五百四十部之首，即所谓‘一首’也。下云‘凡某之属皆从某’，即‘同意相受’也。”

4. 以在多义字上加注意符滋生出形声结构的分化字为转注　清代郑珍、郑知同父子等主张此说。郑知同《六书浅说》谓“转注从声旁为主，一字分用，但各以形旁注之。转注与形声相反而实相成”，如“齊”（齐）字滋生出“齋”（斋）、“齏”（齑）、“劑”（剂）等字，就是转注（{斋}、{齑}、{剂}等词本来都用“齐”字表示）。

5. 以在已有的文字上加注意符或音符造成繁体或分化字为转注　清代饶炯（《文字存真》）等主张此说。饶氏说：“转注本用字后之造字。一因篆体形晦，义不甚显，而从本篆加形加声以明之（引者按：如〔三（二）〕中举过的“𣶒”加“水”而为“淵”之类）。是即王氏《释例》（指王筠《说文释例》）之所谓累增字也。一因义有推广，文无分辨，而从本篆加形加声以别之（引者按：如上条所举“齐”加形旁而为“斋”、“齑”、“剂”之类）。一因方言转变，音无由判，而从本篆加声以别之。是即王氏《释例》之所谓分别文也。”他认为“考”字就是由于“方言有变‘老’声而呼‘丂’者”，因而在“老”字上“加‘丂’以别之”而造成的。

6. 以文字转音表示他义为转注　宋代张有（《复古编》）、明代杨慎（《转注古音略》）等主张此说，认为文字转读他音以表示另一意义就是转注。例如：“其”本“箕”字初文，转音而用为虚词“其”。“少”本读上声，转读去声而用为少年之“少”。

7. 以字义引申为转注　清代江永（《与戴震书》）、朱骏声（《说文通训定声》）等主张此说，认为文字的本义展转引申为他义就是转注。例如：命令之“令”转为官名之“令”；长短之“长”转为少长之“长”，又转为官名之“长”。

8. 以训诂为转注　清代戴震（《答江慎修先生论小学书》）、段玉裁（《说文解字注》）等主张此说，认为文字展转相互训释，或数字同训为一义（如《尔雅·释诂》“初、哉、首、基、肇、祖、元、胎、俶、落、权舆，始也”），就是转注。

9. 以反映语言孳乳的造字为转注　章炳麟（《转注假借说》）等主张此说。章氏说：“盖字者孳乳而寖多。字之未造，语言先之矣。以文字代语言，各循其声。方语有殊，名义一也。其音或双声相转，叠韵相迆，则为更制一字。此所谓转注也。”他认为如“屏”和“藩”，“亡”和“无”等等，彼此音相转而义相通，虽然字形没有联系，同样可以看作转注的例子。

以上诸说，大都显然跟汉代学者的原意不合。第1、6、7、8、9诸说所说的转注，跟《说文》所说的转注毫无共同之处。其中，第7、8、9诸说其实是在讲语言学上的问题。这些问题当然是值得研究的，但是放到作为“造字之本”的六书的范围里来，却只能引起混乱。第3说几乎把所有的字都纳入转注的范围，这种说法无论从哪个角度来看都是毫无意义的。第2说也许比较符合《说文》的原意，但是按照这种说法，转注字只是比较特殊的一种形声字，似乎没有独立为一书的必要，而且严格说起来，“老”字跟“考”、“寿”、“耋”、“耄”、“耆”等字也并不是完全同义的。提出第4、5两说的人，大概认为一般的形声字是直接用意符和音符构成的，所以把在已有的文字上加注偏旁而成的形声字另称为转注字。其实形声字大部分是通过加注偏旁而形成的，把这种形声字跟一般的形声字分开来，是不合理的。如果只把在已有的文字上加注音符而成的形声字称为转注字，在已有的文字上加注意符而成的形声字则仍称为形声字，那倒还能使形声跟转注的区分显得合理一些。不过这跟《说文》的原意也不见得一定符合。

我们认为，在今天研究汉字，根本不用去管转注这个术语。不讲转注，完全能够把汉字的构造讲清楚。至于旧有的转注说中有价值的内容，有的可以放在文字学里适当的部分去讲，有的可以放到语言学里去讲。总之，我们完全没有必要卷入到无休无止的关于转注定义的争论中去。

《说文·叙》给假借下的定义是“本无其字，依声托事”，似乎跟我们所说的假借（借用某个字来表示跟这个字同音或音近的词）完全相合。其实并不然。因为《说文·叙》所举的假借例字是“令”、“长”，它们只能用来说明语义引申的现象，而不能用来说明借字表音的现象。主张转注就是引申的清代学者，就把“令”、“长”移做了转注的例字。

大概汉代学者心目中的假借，就是用某个字来表示它的本义（造字时准备让它表示的意义）之外的某种意义。至于这种现象究竟是由语义引申引起的，还是由借字表音引起的，他们并不想去分辨。也有可能他们根本不承认在“本无其字”的假借里，有跟语义引申无关的借字表音现象。从《说文》喜欢把借字表音现象硬说成语义引申现象的情况来看（参看〔九（五）1A〕），后一种推测大概是正确的。但是，跟语义引申无关的“本无其字”的借字表音现象，是客观存在的。无论从普通文字学的角度，还是从汉字的事实来看，都必须承认这一点（参看第一章）。语义引申是一种语言现象，借字表音则是用文字记录语言的一种方法，二者有本质的不同。就具体的例子看，由语义引申引起的和由借字表音引起的一字多用现象，有时的确很难分辨。但是从原则上说，却必须把它们区分开来。所以，否认借字表音现象的存在是错误的；把由语义引申引起的和由借字表音引起的一字多用现象混为一谈，都称为假借，也是不妥当的。

在古代的文字学者中，已经有人指出了把语义引申跟借字表音混同起来的不妥当。例如戴侗在《六书故》里就明确提出了假借不应该包括引申的主张。他解释假借说:“所谓假借者,义无所因,特借其声,然后谓之假借。”因此他认为“令”、“长”不能用作假借的例字,像“豆”字本来当一种盛食器皿讲(俎豆之“豆”),又借为豆麦之“豆”,这才是真正的假借。把转注解释为引申的文字学者,大体上也把引申跟假借区分了开来。

但是清代以前的文字学者绝大多数是把引申包括在假借里的。即使是已经比较明确地认识到语义引申和借字表音这两种现象的不同性质的人,多数也还是这样做。例如:戴震认为“一字具数用”有“依于义以引申”和“依于声而旁寄”两种情况。旁寄应该就是指借字表音而言的。但是他仍然主张把引申和旁寄都称为假借,反对把引申从假借里分出来(《答江慎修先生论小学书》,见《戴东原集》)。

现在,有不少人仍然把引申跟假借混为一谈,有的人并明确主张在本无其字的假借里不存在跟词义引申无关的借字表音现象,可见汉代学者的假借说直到今天仍有相当大的影响。

前面说过,汉代学者提出六书说是有功劳的。但是六书说在建立起权威之后,就逐渐变成束缚文字学发展的桎梏了。在崇经媚古的封建时代里,研究文字学的人都把六书奉为不可违离的指针。尽管他们对象形、指事等六书的理解往往各不相同,却没有一个人敢跳出六书的圈子去进行研究。好像汉字天生注定非分成象形、指事等六类不可。大家写了很多书和文章,争论究竟应该怎样给转注下定义,究竟应该把哪些字归入象形,哪些字归入指事,哪些字归入会意等等。而这些问题实际上却大都是争论不出什么有意义的结果来的。可以说,很多精力是白白浪费了。另一方面,文字学上很多应该研究的问题,却往往没有人去研究。直到今天,这种研究风气对我们仍然还有影响。这是值得警惕的。唐兰先生在《中国文字学》里说:“……六书说能给我们什么?第一,它从来就没有过明确的界说,各人可有各人的说法。其次,每个文字如用六书来分类,常常不能断定它应属那一类。单从这两点说,我们就不能只信仰六书而不去找别的解释了。”这段话也许说得有点过头,但并不是没有道理的。

(二) 三书说

唐兰先生不但批判了六书说,而且还提出了关于汉字构造的新的理论——三书说。他在 1935 年写的《古文字学导论》和 1949 年出版的《中国文字学》里都谈到了三书说。下面是从《中国文字学》里摘录下来的主要论点：

我在《古文字学导论》里建立了一个新的系统，三书说：

一　象形文字，

二　象意文字，

三　形声文字。

……

象形文字画出了一个物体，或一些惯用的记号（引者按：注意这里所说的记号，意义跟我们所说的记号不同），叫人一见就能认识这是什么。画出一只虎的形象，就是"虎"字，象的形状，就是"象"字，一画二画就是"一二"，方形圆形就是"□○"。凡是象形文字：

一　一定是独体字，

二　一定是名字，

三　一定在本名以外，不含别的意义。

……古"大"字虽则象正面的人形，但是语言里的"大"和人形无关……这个字已包含了人形以外的意义，那就只是象意字。……

象意文字是图画文字的主要部分……不过象意文字不能一见就明了，而是要人去想的。……

象形、象意、形声，叫作三书，足以范围一切中国文字，不归于形，必归于意，不归于意，必归于声。形意声是文字的三方面，我们用三书来分类，就不容许再有混淆不清的地方。……　　（《中国文字学》75—78页）

唐先生批判六书说，对文字学的发展起了促进作用，但是他的三书说却没有多少价值。

三书说有以下一些问题：

1. 把三书跟文字的形意声三方面相比附　唐先生所说的文字的形意声，就是一般所说的文字的形音义。把象意字和形声字分别跟字义和字音联系起来，多少还有些道理。因为象意字的字形是表示字义的，形声字的声旁是表示字音的。可是把象形字跟文字的形联系起来，就使人难以理解了。所谓字音字义实际上就是字所代表的词的音义。字形可以说是词的书写形式，象形字固然是词的书写形式，象意字和形声字又何尝不是呢？为什么单单把象形字跟字形联系起来呢？如果从字形跟所代表的词发生联系的途径来看，象形字跟象意字并没有多大区别。因为象形字所象的形，是词所指的事物之形，而词所指的事物就是词义的内容。象形字的字形跟象意字的字形一样，也是表示字义的。词并没有一个独立在词义之外的、可以为象形字所象的“形”。

2. 没有给非图画文字类型的表意字留下位置　唐先生的象形字和象意字都属于图画文字（大致相当于我们所说的用形符造成的表意字）。所以在他的三书说里，非图画文字类型的表意字是没有位置的。大概唐先生认为那些字都是后起的，而且数量也不多，可以不去管它们。但是作为关于汉字构造的一种基本理论，不考虑这些字，总不免是一个缺陷。唐先生曾把这种字称为“变体象意字”（《中国文字学》93页）。这当然不是认真解决问题的办法。

实际上就是拿时代较早的商周文字来说，有些表意字也已经很难说是图画文字了。例如“明”、“鸣”等字（甲骨文有从“日”从“月”的“明”字和由象鸡的形符跟“口”组成的“鸣”字），虽然跟后世“歪”一类会意字还有很大距离，但是要说它们是图画文字显然也是很勉强的。又如（宦）字，字形表示在别人家里当臣仆的意思，“宀”下的只能理解为“臣”字，而不能看作一只竖起来的眼睛。（去）字从“大”从“口”，是“呿”的初文，意思是张口（《庄子·秋水》“公孙龙口呿而不合”），它所从的“大”，也不是用作象正面人形的形符，而是用来表示“张大”的意思的。总之，以“图画文字”来概括汉字的表意字是不全面的。

3. 象形、象意的划分意义不大　唐先生自认为三书说的分类非常明确，一点混淆不清的地方也没有。其实象形、象意的界线并不是那么明确的。唐先生在《古文字学导论》上编里把“雨”当作象形字，在上编的“正讹”里加以纠正，说“雨”应该是象意字。《导论》把“上”、“下”当作象意字，到《中国文字学》里，“上”、“下”、“□”（方）、“○”（圆）都变成了象形字。他说象形字一定是“名字”（当是名词之意），“方”、“圆”所代表的词恐怕不能说是“名字”。可见他自己在划分象形、象意的时候也有举棋不定的情形。

4. 把假借字排除在汉字基本类型之外　三书不包括假借，因为唐先生认为假借不是造字方法。说假借不是造字方法，是可以的。但是因此就不把假借字看作汉字的一种基本类型，却是不妥当的。一个表意字或形声字在假借来表示一个同音或音近的词的时候，是作为音符来起作用的。所以，假借字（如花钱的“花”）跟被借字（花草的“花”），在文字外形上虽然完全相同，在文字构造上却是不同性质的（花草的“花”是由意符和音符构成的形声字，花钱的“花”是完全使用音符的假借字）。过去有人说假借是不造字的造字，也就是这个意思。假借字不但在构造上有自己的特性，而且量很大，作用很重要。在建立关于汉字构造的理论的时候，必须把假借字看作一种基本类型，不然就不能真正反映出汉字的本质。

陈梦家在1956年出版的《殷虚卜辞综述》的“文字”章里，已经指出了上举的唐兰三书说的第3、4两个问题，同时他还提出了自己的新的三书说。他认为假借字必须列为汉字的基本类型之一，象形、象意应该合并为象形。所以他的三书是象形、假借、形声。

我们认为陈氏的三书说基本上是合理的，只是象形应该改为表意（指用意符造字）。这样才能使汉字里所有的表意字在三书说里都有它们的位置。陈氏在《综述》里批评过唐兰认为古代只有象意字没有会意字的说法（科学出版社，1956年版75页），不知道为什么自己仍然以“象形”来概括全部表意字。

在这里还应该提一下通假应不应该包括在假借里的问题。通假也叫通借，有广义、狭义之分。我们这里说的是狭义的通假，指借一个同音或音近的字来表示一个本有其字的词，如简化字借斗升的“斗”为鬥争的“鬥”。按照《说文》“本无其字，依声托事”的假借定义，本有其字的通假是不能包括在假借里的。我们既然不同意《说文》对假借的看法，当然不必受这种拘束。在通假和本无其字的假借现象中，被借的字都是当作音符来使用的。从文字构造上看，通假字和本无其字的假借字的性质是完全相同的。所以我们认为三书中的假借不应该限制在本无其字的假借的范围里，应该把通假也包括进去。“通假”这个文字学术语出现得相当晚，到近代使用的人才逐渐多起来。过去一般文字学者所说的假借，都是把有本字的假借，即后来所谓通假包括在内的。

三书说把汉字分成表意字、假借字和形声字三类。表意字使用意符，也可以称为意符字。假借字使用音符，也可以称为表音字或音符字，形声字同时使用意符和音符，也可以称为半表意半表音字或意符音符字。这样分类，眉目清楚，合乎逻辑，比六书说要好得多。

在对三书分别进行研究的时候，当然还可以分小类。如果有必要，还可以根据不同的标准分出几种类来。

（三）不能纳入三书的文字

三书并不能概括全部汉字。前面讲过，在汉字发展的过程里，由于形体演变等原因,有不少字变成了记号字、半记号字。三书说跟六书说一样,只管这些字的本来构造,不管它们的现状。此外,汉字里还有少量不能纳入三书(同样也不能纳入六书)的文字,下面分类举例加以说明。

1. 记号字　除了由于形体演变等原因而形成的记号字之外,汉字里还有少量记号字,如第一章里提到过的"五"、"六"、"七"、"八"等字。

2. 半记号字　除了由于形体演变等原因而形成的半记号字之外,汉字里还有少量半记号字。例如现代为"叢"字而造的简化字"丛",就可以看作半记号半表音字。"从"旁是音符,"一"旁是记号。宋元时借"乂"为"義",后世在"乂"上加点造成"义"字,专用作"義"的简体。这个字也可以看作半记号半表音字。不过对不知道"义"字读音的人来说,"义"只能算一个记号字。

3. 变体表音字　有时候人们稍为改变一下某个字的字形,造出新字来表示跟那个字的本来读音相近的音,这样造成的字,我们称之为变体表音字,如稍变"兵"字字形而成的"乒乓"。有些跟母字仅有笔画上的细微差别的分化字,如由"刀"分化出来的"刁"(参看〔一一(一)1B〕),似乎也可归入此类。

4. 合音字　就是读音由用作偏旁的两个字反切而成的字。中古时代的佛教徒为了翻译梵音经咒,曾造过一些合音字,来表示汉语里所没有的音节,如"𦱀"(名养反)、"𠶹"(亭夜反)等(梁东汉《汉字的结构及其流变》,上海教育出版社,1959年)。在现代使用的汉字里,表示"不用"的合音词的"甭",表示吴方言中"勿要"、"勿曾"的合音词的"覅"[fiæ˩˧]、"朆"[fən˥],都既是会意字,又是合音字。化学用字中指氢氧基的"羟"(qiǎng)、指碳氧基的"羰"(tāng)这一类字,性质与"甭"等相似,但"氢"、"氧"所从的"气"和"碳"所从的"石"都已省去。"羟"字读音取"氧"的声调,"羰"字读音取"羊"的声调(由于"羰"的声母是清音,变阳平为阴平),字例不统一。

过去有些文字学者认为早在使用反切的表音方法之前,汉字里就已经出现了一些带有合音字性质的字,如"矧"(矢引反)、"羑"(羊久反)、"眇"(目少反)之类。其实这类字是一般的形声字,只不过它们和所从的形旁的读音,声母恰好相同而已。

5. 两声字　就是由都是音符的两个偏旁组成的字。例如"牾"的古体"啎",《说文》认为是从"午""吾"声的形声字,其实就可以看作两声字。古代曾假借"午"字来表示啎逆的{啎},"啎"是在假借字"午"上加注音符"吾"而成的一个字(参看〔一一(一)1Cc〕)。见于古文字的"𤔲"("台"、"司"古音相近)、"𠀠"等字,性质可能跟"啎"相类(《说文》:"𠀠,长踞也。从己,其声",此说不一定可信)。林义光《文源》卷十二所谓"二重形声"字,就是我们所说的两声字(不过林氏所收之字,有一些恐怕不是真正的两声字）。

第二章提到过的“耻”字以及本是“榦”字俗体的“幹”（干）字，它们的两个偏旁也都是音符（“榦”字从“木”“倝”声）。但是一般人并不知道“耳”和“倝”是音符，所以这两个字实际上只是半记号半表音字。

有个别汉字可能有很特殊的来源，如出现于宋元之际的好歹的“歹”字（这个“歹”跟“死”、“残”等字所从的由“歺”变来的读 è 的“歹”字是同形字。关于同形字，参看〔一〇（二）〕）。据有的学者研究，现在读 dǎi 的“歹”字是由读［ta］的藏文字母ཏ变来的。这个字在古书里的较早写法是歹（见元刊本《南村辍耕录》卷一，有《四部丛刊三编》影印本），跟上举藏文字母很接近，后来变形作“歹”，最后才变得跟“死”、“残”等字的左旁混而不分（《康熙字典》仍以“歹”为正体，“歹”为讹体）。在宋元之际，蒙古人跟西藏已有密切关系，他们在记录蒙古的人、地等专名的时候，大概常常借用ཏ这个藏文字母来表示［ta］一类音（《南村辍耕录》、《元朝秘史》等书记蒙古人名、族名时屡用“歹”字）。好歹的｛歹｝可能是汉语从蒙古语借来的一个词，原来的读音跟［ta］很接近，所以也借用这个字来记录（徐复《歹字源出藏文说》，《东方杂志》40 卷 22 期。参看李思纯《江村十论·说歹》）。（校按：《南开语言学刊》2010 年 1 期发表的杨琳《古汉语外来词研究中存在的问题》，反对徐、李之说，认为敦煌文献中已有好歹之“歹”。但其所举二例，P.2418 一例的字形显然不像“歹”；S.4571 一例见于一首七言诗，杨文释末句为“不得因循纵病歹”，然此诗韵脚除所谓“歹”字外，为“裁、徊、催、哀、台”，皆平声字，“歹”字声调不合［其实敦煌学者早已指出所谓“歹”字实与下文“和”、“罗”、“锅”、“跎”为韵，参看蒋冀骋《敦煌文书校读研究》77 页，台北：文津出版社，1993 年］，且“病歹”也不成话。所以二例皆不可信。对于好歹之“歹”的字形演变，杨文亦无解释。我们认为，徐、李之说究竟能否成立，可以进一步研究，但杨文尚不足以推翻此说。）

总的来看，在那些由于形体演变等原因而形成的记号字和半记号字之外，不能包括在三书里的字是为数不多的。如果只是想说明一般汉字的本来构造，三书说基本上是适用的。在下面三章里，我们将对表意字、形声字以及跟假借有关的问题分别做一些考察。

七 表意字

（一）表意字分类举例

表意字的构造方法多种多样，情况很复杂。给表意字分类是很麻烦的一件事。我们曾经批评六书说分表意字为象形、指事、会意三类不够合理。这并不意味着我们自己能够给表意字分出很合理的类来。下面暂且把表意字分为抽象字、象物字、指示字、象物字式的象事字、会意字和变体字六类，分别举一些例字。例字的归类一般以较古的字形为准。所引字形，凡取自比较接近图画的记名金文的注“图”字，取自殷墟甲骨文的注“甲”字，取自商周时代一般金文的注“金”字，取自秦汉篆文（包括《说文》篆文）的注“篆”字，取自汉代隶书的注“隶”字。部分字形取自偏旁，其后加注“偏”字，例如取自甲骨文偏旁的，就注“甲偏”（但是引用甲偏，并不一定意味着甲骨文中没有这个字。金偏等类推）。引用字形，只求能说明造字意图，并提供字形演变的最主要的环节，不求各体具备。

1 抽象字

这类字用抽象的形符造成，数量不多。

前面几章里提到过的一、二、三、亖（四）、𠄟（上）、𠄞（下）、□（方）、○（圆）等字，都属于这一类。如果《说文》的解释可信，（叕）字也可以归入这一类。

数词{四}，西周以前都用亖字表示，春秋战国时代亖、“四”并用，秦以后基本上用“四”字，只有新莽时代曾恢复用亖字。《说文》说“四”字“象四分之形”，似不可信。“四”字用来表数，大概是假借用法，但是它的本义我们已经不清楚了。古人以“四”代亖显然是为了避免跟“二”、“三”等字相混。

□（方）在古文字里容易跟●（丁）的勾廓写法▫和○（圆）字等相混，所以很早就被假借字“方”所代替。“方”字较早的写法是，本义也不清楚(《说文》认为“方”的本义是“併船”，不可信。近人对“方”字本义有新说，但尚无定论)。“四”和“方”实际上都早已成为记号字了。

○跟“圆”是同一个字的初文跟后起字。“圆”字从“囗”“员”声。“囗”在篆文里写作，《说文》认为“象回帀(匝)之形”。按照相传的音读，“囗”跟“围”同音。“围”、“圆”二字古音相近(二字阴阳对转)，“囗”字显然是由○字变来的。秦汉简帛多以“员”表{圆}，《孟子》、《淮南子》等书里也有这样的例子。“员”字由“鼎”简化而成，本应是从“鼎”○(圆)声的字。由于○字很容易跟上面提到过的□(方)字和“丁”的简体等相混，古人大概很早就假借“员”字来代替它了(也有人认为“员”就是○的繁体。鼎绝大多数是圆口的，所以在○下加注“鼎”字，以免它跟别的字相混)。“员”字除代替○字外，还有一些别的用途，如表示员数之{员}等。所以后来又在“员”字上加了一个“囗”旁，分化出“圆”字来专门表示{圆}这个词。

下面再举几个抽象字。

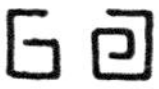(甲、甲偏)　(篆)　回　　《说文》“回”字古文作，与甲骨文略同。字形以回旋的线条示意。

(篆)　丩　　《说文》：“丩，相纠缭也。”字形以两条曲线相钩连示意。“纠”本是由“丩”分化出来的一个字(《说文》：“纠，绳三合也。”)。后来“丩”字废弃不用，由“纠”字取代了它的职务。

(甲)　(篆)　小　　以三、四个小点表示微小的意思。“小”、“少”二字本由一字分化。“少”字是由四点的“小”字演变而成的。

抽象字大都出现得很早，秦汉以后出现的，大概只有“凹”、“凸”、“丫”(象分杈形)等很少的几个。

2　象物字

这类字的字形象某种实物，它们所代表的词就是所象之物的名称。多数讲六书的人所说的象形字，就相当于我们的象物字。前面几章里提到过的“日”、“月”、“鹿”、“虎”、“马”、“鱼”、“大”、“人”、“自”、“止”、“肉”、“角”、“车”、“册”等字，都是象物字。下面再举一些例子。

(甲)　(金)　(篆)　山　　象起伏的山峰。

(甲)　(篆)　**丘**　象比山低小的丘陵。

(金)　**厂**　加注音符的繁体作“厈”(hǎn)。《说文》:“厂,山石之厓(崖)巖(岩),人可居,象形。”

(甲)　**水**　象流水。在楷书里,左边的水旁一般写作“氵”,在下的“水”旁有的写作“氺”,如“泰”、“黍”。

(甲)　(金)　**川**　象河川。本作两岸间有水流贯之形,后来中间象水的那些点连成了一条线。

(甲)　(篆)　(隶)　**泉**　象流出泉水的泉穴。所引篆文取自新莽货币文字。《说文》篆形中间部分作丅。

(甲)　(金偏)　**火**　古人一般把火看作具体的东西,所以“火”可以列为象物字。在楷书里,“火”旁在下时往往写作四点(关于“火”旁的各种变形,参看〔五(三)〕)。

(甲)　**木**　象树木。上象枝,下象根。“木”的本义就是树木。

(甲偏)　(篆)　**艸**　“艸”是草木之“草”的本字(把一个词当作本义或引申义来表示的字,对这个词的假借字来说就是本字。“草”是草木之{草}的假借字。参看〔九(一)〕)。草的根部一般很细小,所以“艸”的字形不表示根部,以与“木”字相区别。在古代,“艸”字也可以写作“屮”,单复不别。楷书把“艸”字头写作“艹”,现在改为“艹”。

(甲)　(篆)　**禾**　“禾”的本义是谷子(籽实叫小米)。字形上部象谷子的穗和叶,下部象根。

(甲)　(金)　(篆)　**黍**　黍的穗是散的,这是它不同于禾的一个重要特点。造字的人抓住了这个特点。甲骨文的“黍”字有不加“水”和加“水”两种写法,加“水”的原因不详。周代金文把黍形简化为“禾”旁。这是形符改为义符的一个例子。

(甲)　(金)　**來**　简化字作“来”。本象麦子。麦穗直上,所以“来”字上端不下垂。上端所加的斜画或横画,可能是并无深意的赘笔。《诗·周颂·思文》“贻我来牟(麰)”,用“来”字本义。

(甲)　(篆)　(隶)　**桑**　上部象桑树的繁茂枝叶。所引篆文第一形取自汉印,第二形取自《说文》。

(甲)　(石鼓文)　(篆)　**栗**　　上部本象栗树上长的栗子。后来栗子形改成"卤"字("卤"、"卣"本为一字,音 tiáo 或 yǒu。《说文》:"卤,艸木实垂卤卤然,象形。")。《说文》"栗"字古文(小徐本作"籀文")作 ,上面的"卤"讹变为"西"。

(甲)　(篆)　**象**　　突出大象长鼻的特点。

(甲)　(篆)　**豕**　　甲骨文"豕"与"犬"的区别在于"豕"尾短,"犬"尾长;"豕"腹肥,"犬"腹瘦(甲骨文犬字见〔四(一)〕)。"象"和"豕"在族名金文里都有很象形的写法(见《金文编》1985 年版 673 页和 1077 页 196 号)。

(图)　(甲)　(金)　(篆)　**龍**　　简化字作"龙"。本象大口长身的一种怪兽。

(甲)　(金)　(篆)　**鳥**　　简化字作"鸟"。

(金)　(篆)　**隹**　　"隹"(zhuī)也象鸟,所以"隹"和"鸟"在用作表意偏旁时往往可以通用,如"雏"也作"鶵","鷄"(鸡)也作"雞",《说文》说"隹"是"鸟之短尾总名","鸟"是"长尾禽总名",可能仅仅是根据字形推测的。

(甲)　(篆)　**龜**　　简化字作"龟"。本象龟的侧面。

(甲)　(篆)　**虫**　　象一种较小的毒蛇。"虫"本应读作 huǐ,古书一般用"虺"字表示这个词。但是至迟在秦汉时代就已经有人把"虫"当作"蟲"字用了(见秦简和汉碑等)。所以我们现在把"虫"当作"蟲"的简化字,也是有很古的根据的。

(金)　(篆)　**它**　　"蛇"的初文。它(蛇)形比虫(虺)形粗大。"它"字形体在隶书里的演变情况见〔五(二)〕。

(图)　(甲)　(篆)　**蠆**　　简化字作"虿"。本象蝎子。"蠆"和"萬"(万)古音相近,是由一字分化的。甲骨文 字已有借表千万之{万}的例子。周代金文"萬"字作 、 等形,本是 的繁体。后来"萬"专用来表数, 专用来表示本义,分化成了两个字。《说文》虽训"萬"为"蟲",但已不知"萬"与 本由一字分化。

（图）（甲）（金）**貝**　简化字作“贝”。本象一种海贝。古人用它做饰物和货币，所以跟财富有关的字多从“贝”。

（金）**子**　象婴儿。造字的人抓住了婴儿头大，两臂常常摆动，腿部不发达等特点。

（甲）（金）（隶）**女**　古代妇女地位低，所以“女”字象一个敛着两手跪坐着的人。“女”、“奴”音近，有人认为“女”字本象女奴。

（甲）（金）（篆）**首**　象人头。《说文》以不带发的为小篆，带发的为古文。但是秦汉金石篆文的“首”字大都带发，《说文》的说法不符事实。画头时如附带画出人身，就成（页）字。“页”本是“首”的异体，yè的读音大概是后起的。以“页”为表意偏旁的字，意义大都跟头有关。

（图）（甲）（金）（篆）**耳**　象人耳。

（金、金偏）（篆）**目**　象人眼。

（甲）**口**　象人嘴。

（金）（篆）（隶）**心**　在楷书里，左边的“心”旁一般写作“忄”，在下的心旁有的写作“⺗”，如“忝”、“恭”、“慕”。

（金）**手**　象手形，上有五指。但是在古文字的合体和准合体表意字里，表示手的偏旁通常是象手的侧面形的（又），而不是“手”。在楷书里，左边的“手”旁一般写作“扌”（“拜”、“掰”是例外）；在下的“手”旁有的写作“龵”，如“举”、“奉”。

（图）（甲）（金）（篆）**疋**　“止”（趾）象人脚（“止”在古文字里的写法见〔四（一）等〕），“疋”字则象连腿带脚的整个下肢。《管子·弟子职》“问疋何止”（弟子服侍老师安息，问老师脚放在哪一头），用“疋”字本义。“足”（篆文作）、“疋”形近，大概是由一字分化的。

（金）（篆）**衣**　象上衣。《诗·邶风·绿衣》“绿衣黄裳”《毛传》：“上曰衣，下曰裳。”

（金）**絲**　简化字作丝。本象两绞丝。在较早的古文字里，“糸”和“丝”是一个字，单复无别。后来“糸”（简化字偏旁作“纟”）被当作另外一个字，读为mì。

（图）（甲）（金）（篆）**鼎**　　象三足的圆鼎。鼎是古代煮食盛食用的一种器皿。

（甲）（金）（篆）**鬲**　　鬲是古代烧水煮粥用的一种器皿。鬲跟鼎的主要区别在足部，鬲足中空，足壁与器壁相连，足壁也就是器底。

（甲）（金）（篆）**壺**　　简化字作“壶”。本象器上有盖，器身有两耳的一种容器（古代的壶没有嘴）。

（甲）（金偏）（篆）**皿**　　象一种有圈足的大口容器。盆、盂、盘等与皿同类，所以其字都从“皿”。

（甲偏）（金）**豆**　　象一种有高圈足的盛食器。《说文》：“豆，古食肉器也。”

（甲）（篆）**酉**　　象酿酒盛酒的圆底尊。“酉”、“酒”古音相近，古文字往往以“酉”为“酒”。以“酉”为表意偏旁的字，意义大都与酒有关。

（甲）**爿**　　“牀”（床）的初文，字形要横看（这个字的楷书“爿”，跟读 pán 的“爿”是同形字，参看后面“变体字”部分）。“壯”（壮）、“狀”（状）、“妝”（妆）、牆（墙）等字都从“爿”声。

（甲）（金偏）**宀**　　象房屋。字书音 mián，恐是后起之音。

（甲偏）（金偏）**广**　　象比“宀”简单的建筑。字书音 yǎn。现在把“廣”字简化为“广”，跟古代的“广”成为同形字。表示建筑物名称的字，有很多是以“宀”或“广”为表意偏旁的。如果所指的建筑是比较简单的，或者主要不是供人居住的，字形往往从“广”，如“庐”、“廓”、“庑”、“府”、“库”等。在异体字整理中有的“广”旁的字被“厂”旁字取代，如“厨”、“厩”、“厕”等。简化字“厂”的繁体本作“廠”，也是从“广”的（简化字“厂”跟“厈”的初文“厂”也是同形字）。

（甲）（篆）**户**　　象单扇门。

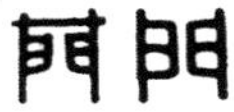（金）（篆）**門**　　简化字作“门”。本象双扇门。

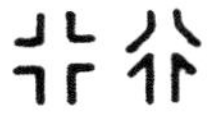（甲）（金）**行**　　象十字路。“行”的本义是道路，行走是引申义。《说文》“行”字篆文作，是讹变的形体；以“人之步趋”为本义，也是错误的。

"行"字在用作表意偏旁时往往省为彳,后人因而把"行"字拆成"彳"(chì)、"亍"(chù)二字。意义跟行走有关的字往往既从"彳"又从"止",二者后来合成一个偏旁,即一般所谓"走之"——"辶"(本作"辵"。关于"辵"旁形体的演变,参看〔四(五)〕)。

(甲)　(金)　(篆)　(隶)　舟　　象简单的木船。

(图)　(甲)　(篆)　戈　　戈是商周时代最常用的一种兵器。字形象装上把的戈。

(图)　(甲)　(篆)　刀　　在楷书里,右边的刀旁一般写作"刂"("切"是例外。用作声旁的"刀",在"魛"、"叨"等较晚出的字里仍作"刀",在"钊"、"到"等字里已变作"刂")。

(甲)　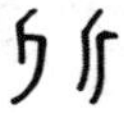(金偏)　斤　　斤是古代常用的木工工具,类似后代的锛。象斤身侧面,象斤的曲柄。

(甲)　(金)　(篆)　弓　　第一形象弓张时形,第二形以下象弓弛时形。

(甲)　(金)　(篆)　矢　　象箭形。

(图偏)　(甲)　(篆偏、篆)　㫃　　象古代的一种旗。跟旗帜有关的字多从"㫃"。铜器铭文或以"㫃"为"旂",可能"㫃"就是"旂"的初文。据字书,此字读yǎn,疑是后起之音。所引篆文偏旁,取自汉印。

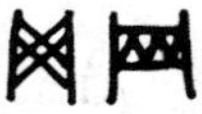(甲)　(篆)　网　　"网"的繁体作"網",从"糸""罔"声,"罔"本作,从"网""亡"声。据《说文》"罔"和"網"都是"网"的异体。秦汉文字资料和古书里都有用"罔"表{网}的例子。由于"罔"字还有表示否定等用法,所以又加注"糸"旁,分化出"網"字来专门表示{网}。现在我们把"網"简化为"网",可以说是复古。在楷书里,"网"用作表音偏旁时写作"冈",如"罔"(冈);用作表意偏旁时一般写作"罒",如"詈"、"罩"等,只有与"网"同音的"罔"字仍从"冈"。"冈"、"罒"都是由"网"的简体变来的。

象物字有一些变例。有极少数象物字的字形只表示所象之物的一部分,如〔四(一)〕里举过的"牛"只表示牛的头部。"羊"字的情况跟"牛"相类:

(图)　(甲)　(金)　(篆)　羊

又有一些象物字的字形比较复杂。这些字所象的东西很难孤立地画出来,或者

孤立地画出来容易跟其他东西相混。所以为它们造象物字的时候,需要把某种有关的事物,如周围环境、所附着的主体或所包含的东西等一起表示出来,或者另加一个用来明确字义的意符。这种象物字可以称为复杂象物字。例如:

(甲) (篆) 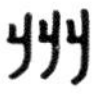(隶) **州** “洲”的初文。本义是“水中可居者”(《说文》),字形象河川中的一块陆地。

(金) (篆) **果** 如果单独表示果实,字形不够明确,所以把生长果实的树木也一起表示出来。

(甲) (金) (篆) **枼** 《说文》分“枼”、“葉”(叶)为二字,其实“枼”就是“葉”的初文。树叶很难单独表示,所以“枼”字跟“果”字一样,也把树木一起表示出来。由于树叶一年一生,“枼”引申而有世代的意思(《诗·商颂·长发》“昔在中葉”《毛传》:“葉,世也。”)。“世”、“葉”古音相近,{世}应该是从{葉}分化出来的一个词。从字形上看,“世”也应该是由“枼”分化出来的。周代金文中时代较早的“世”字写作,显然就是“枼”字的上半部。“世”字通行后,“枼”字反而被看作从“木”“世”声的形声字。《说文》附会三十年为一世的说法,把“世”的字形解释为“从卅而曳长之”,不可信。

(甲) (篆) **朿** 象树上或武器上的刺。《说文》:“朿,木芒也”,“刺,君杀大夫曰刺。刺,直伤也。从刀,从朿,朿亦声”。后来不管是芒朿(刺)的{朿},还是刺伤的{刺},都用“刺”字表示。上引“朿”字篆文见《说文》,上端已讹变(秦泰山刻石“迹”字所从的“朿”同)。汉印“刺”字所从的“朿”或作,下部虽已讹变,上端仍保持原形。“刺”字的俗体“刾”,是由这种篆文变来的。“朿”和“束”不是一个字,应该注意分辨(如上引“迹”字是“迹”的异体,跟迅速的“速”不是一个字)。

(金) (篆) **瓜** 为表示瓜而连带画出瓜蔓。

(图) (甲) (篆) **元** “元”的本义是人头(《左传·僖公卅三年》“狄人归其元,面如生”),字形为了表示人头连带画出人身。

(甲) (金) (篆) **身** “身”的本义大概是腹(《易·艮卦》“艮其身”虞翻注:“身,腹也。或谓妊身也。”)。字形为了表示腹部连带画出人体。

(甲) (金) (篆) **眉** 为表示眉毛而连带画出人目。

（金） （篆） **須** 简化字作“须”。须长在脸上，所以把须形画在“页”旁代表脸的部分上。“须”字有过加“髟”（biāo）旁的后起字“鬚”，现在已并入“须”字。

（甲） （金） （篆偏） **食** 象盛在簋中的食物。簋是古代常用的一种食器。象簋身，象盖。“簋”字中间的“艮”就是由讹变的。

（甲） （篆） （隶） **牢** 牢是关牛羊的栏圈。象栏圈形（《说文》误以为“牢”字从“冬”省），为使字形的意义明确，加上了一个“牛”旁。隶书用常见的“宀”旁取代了栏圈的象形符号。这是以义符取代形符的一个例子。

（甲） （石鼓文） （金） **囿** 囿是古代供田猎用的大园子。囿内保留大量草木供鸟兽栖身。如果单独画出一块围起来的土地，不足以表示出囿的特点，所以在里面加上四个“木”或“屮”（草）。这个字后来被改成从“囗”“有”声的形声字。

（金） （篆） **胃** 象胃形，由于形状不够明确，加注了一个“肉”旁。大概本是“胃”的初文，“肉”旁是后来加上去的。

象物字几乎都出现得很早。在晚期出现的表意字里，“閂”（闩）也许可以算复杂象物字（“一”象门闩）。此外，有的人认为“傘”（伞）是一个象形字（即我们所说的象物字）。

3 指示字

这类字在象物字或象实物的形符上加指示符号以示意，数量很少。例如：

（篆） **本** “本”字的本义是树根，字形在“木”的根部加一个指示符号以示意。

（金） （篆） **末** 在“木”的顶端加指示符号以表示末梢的意思。

（篆） **刃** 在“刀”字上加指示符号以表示刀口的意思。

（甲） （篆） **亦** “腋”的初文（“腋”字较晚出，古代以“掖”表{腋}。“亦”与“掖”、“腋”古音相近。“掖”、“腋”从“夜”声，“夜”本是从“夕”“亦”声的形声字，参看〔八（三）〕），字形在正立人形的两腋部加指示符号以示意。唐兰先生认

为“亦”是“液”的初文，金文有字，是“亦”字较原始的写法，象人腋下有汗液。此说如确，“亦”就应该看作连带表示主体的复杂象物字了。

指示符号可以看作一种特殊的意符，指示字可以看作准合体字。

指示字的性质其实跟连带表示主体的复杂象物字很接近。只不过这类字所要表示的事物很难跟它们的主体区分开来，所以需要在表示主体的字形的相应部分加指示符号以示意。古文字里有些字的情况可以说是介于连带表示主体的象物字和指示字之间的，例如：

（金偏）　（篆）　（隶）　**面**　　“面”本指人头前部的表面，所以字形在“首”前加曲线以示意。这条曲线既可以认为是起指示作用的，也可以认为是象人面的纵剖面的。

（图）　（甲）　（篆）　（隶偏）　**厷**　　“肱”的初文，意思是手臂。象整个上肢。加在象臂的部分的“○”既可以认为是起指示作用的，也可以认为是象手臂的横断面的。

（金）　（篆）　**叉**　　《说文》：“叉，手足甲也。从又，象叉形。”手足甲就是手和脚的指甲。“叉”字加在手形指端部分的两笔，既可以认为是起指示作用的，也可以认为是象指甲形的。后世借“爪”为“叉”，如“爪牙”就是“叉牙”。现在从“叉”声的“蚤”已经改写作“蚤”，这是偏旁混同的一个例子。

4　象物字式的象事字

这类字从外形上看很像象物字，二者不同之处在于象物字所代表的词是“物”名名称，这类字所代表的词则是“事”（如属性、状态、行为等）的名称。这类字数量不多，出现的时代大都很早。例如：

（甲）　**又**

（甲）　𠂇（楷偏）　**𠂇**　　“𠂇”、“又”是指方位的“左”、“右”的本字，分别以象左手和右手的形符表示左方和右方的意思。

（甲）　（篆）　**夨**　　“夨”和“仄”同音，意义也相近。《说文》：“夨，倾头也。”字形象一个仄着头的人。

（甲）　（篆）　**屰**　　顺逆之“逆”的本字（“逆”的本义是迎，用来表示顺逆

之{逆},是假借为“屰”)。字形以一个倒过来的人表示不顺的意思。

在较早的古文字里,有些字形兼有象物字和象事字二重职务。第一章里讲过,“月”、“夕”二字本来都既可以写作,也可以写作。或作为“月”字应该归入象物字,作为“夕”字应该归入象事字。象成年人的,本来既可以用作“大”字,也可以用作“夫”字。作为“夫”字应该归入象物字,作为“大”字应该归入象事字。

有些会合几个形符来表示某种“事”的图形式表意字,如前面提到过的(射)、(立)等字,按理说也可以称为象事字。但是我们为了分类的方便,把它们归到会意字里去了。我们所以把上举的“𠂇”、“又”等字称为象物字式的象事字,而不是简单地称为象事字,就是为了跟“射”、“立”这一类字相区别。

5 会意字

在抽象字、指示字之外,凡是会合两个以上意符来表示一个跟这些意符本身的意义都不相同的意义的字,我们都看作会意字。跟同义,跟同义,所以“果”、“胃”一类字虽然由两个意符组成,却仍然是象物字而不是会意字。

构成会意字的意符既可以是形符也可以是义符。按理说,把由形符构成的字跟由义符构成的字放在同一类里是不合适的。但是我们在〔三(二)〕里已经讲过,有些由两个以上意符构成的字,它们所用的意符究竟应该算形符还是义符,是两可的。所以只好采用现在的分类办法。

会意字数量既多,情况也很复杂,下面把它们分成六类,分别举例加以说明。这六类并没有一个完全统一的分类标准,这样分类只是一种权宜的办法。

A. 图形式会意字

这类字大体上跟林义光认为应该划入象形字的会意字相当(参看〔六(一)〕)。例如:

(甲) (篆) 宿　表示人睡在屋里的簟席上。是“簟”的象形初文,小篆讹变为(字书音 tiàn,与“簟”音极近),《说文》以为象“舌皃(貌)”,不确。

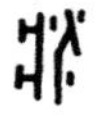(甲) 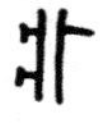(金偏) (篆) 疒　表示人有疾病躺在床上。甲骨文“疒”字有时在人形旁边加小点,可能表示病人在出汗。跟疾病有关的字多从“疒”。按照字书,“疒”字音 niè,其实“疒”大概就是“疾”的初文。

(金) (篆) 臽　表示人掉在陷阱里。所引金文“臽”字人形上所加

的，可能是由“止”形讹变的（又古文字人旁下部往往变作从“女”，这个字的人旁也有可能属于这种情况）。“臽”、“陷”音同义近，也许“臽”就是“陷”的初文。

（甲） **从** 表示一个人跟从另一人。

（甲） **北** “背”的初文，字形象两人相背。北方是背阴的一方，方位词{北}是由{背}派生出来的。后来“北”主要用来表示方位，另在“北”上加注“肉”旁分化出“背”字来表示本义。

（甲） （金） （篆） **無** 简化字作“无”。“無”与“舞”本为一字。字形表示人持牛尾一类东西跳舞。（《吕氏春秋·古乐》：“昔葛天氏之乐，三人操牛尾，投足以歌八阕。”）“舞”下部的“舛”本象二趾。“無”字由于经常假借来表示有无的{无}，跟只表示本义的“舞”分化成了两个字。

（甲） **夾** 简化字作“夹”。字形表示二人夹辅一人。古人画图，往往把尊者画得比卑者大，所以“夹”字中间人形大两边人形小。

（甲） （金） **即** 表示人就食。古人席地跪坐，象跪坐的人。

（甲） （金） **卿** 饗（飨）的初文，字形表示二人相向而食，也有可能表示主人请对方饮食。用它来表示卿大夫的{卿}，当是引申或假借的用法。古代还用“卿”来表示方向的{向}，参看本章第二节。

（金） （篆） **埶** 种藝之“藝”（艺）的初文，字形表示在土上种植物。“丮”（jí）象人伸出两手，楷书“丮”旁与“丸”相混。“埶”字在古代还被用来表示{势}。后来，表示{势}的“埶”加“力”成“勢”（势），表示{艺}的“埶”先加“艸”成“蓺”，又变作“藝”（艺）。在简化字里，“勢”、“熱”、“褻”三字的声旁“埶”简化为“执”，跟“執”的简化字“执”相混。

（甲） （篆） **鬥** 简化字作“斗”。字形表示二人相搏斗。

（图） （篆） **取** 表示以手取耳。古代田猎获兽或战争杀敌，一般取下左耳作为计功的凭据。

（图） （甲） （篆） **得** 表示得到财富，加“彳”旁表示在行道时得到。《说文》以不加“彳”的为古文。“又”旁在篆文里变成“寸”旁。在古文字里，从“又”（代表手）的字后来往往变成从“寸”。“贝”旁在《说文》篆文里讹变为

"见",上引篆文取自汉印。

(甲) (金) (篆) **隻** 表示抓获一只鸟。在商周时代文字里,"隻"所表示的词是{获}。后来又用"隻"来表示与{雙}(双)相对的{隻}(只),另造从"犬""蒦"(wò)声的"獲"字(篆文作 ,简化字作"获"),来表示{获}。"隻"既是"获"的初文,又是当单个讲的"只"的本字。这跟早期表意字一形多用的现象是很相似的。但是以"隻"表{只}是"隻"(获)字已经使用了很久之后才发生的事,所以可以把这一现象解释为对已有的文字的一种比较特殊的借用。假借一般只取被借字原来的音,这种借用则只取被借字的形而不管它原来的音、义。我们可以称之为"形借"。

(甲) (篆) **及** 表示追到人把他抓住。

(金) **秉** 表示手里拿着禾(这里以"禾"代表一把禾)。《诗·小雅·大田》"彼有遗秉,此有滞穗"《毛传》:"秉,把也。"

(篆) **兼** 表示同时拿着两把禾。

(甲) (篆) **采** 表示采摘树上的叶子。"爪"象抓取或执持东西的手。"采"字有过加"手"旁的后起字"採",现在已并入"采"字。

(甲) (篆) **孚** "孚"是"俘"的初文("孚"当"信"讲,是假借用法)。在比较原始的时代,战胜者往往把对方的成年男子全都杀死,只俘虏妇女跟孩子,所以"孚"的字形表示抓住一个孩子。

(篆) **舀** 表示用手从臼里取出东西来。"稻"、"蹈"、"滔"等字以"舀"(yǎo)为声旁,"陷"、"馅"、"阎"、"谄"等字以"臽"为声旁,应该注意分辨。

(甲) (金) (篆) **受** {授}、{受}二词本来都由"受"字表示。字形表示"舟"的授受,上面的手形代表授者,下面的手形代表受者。可授受的东西很多,为什么造字的人挑选了"舟"呢?大概是由于"舟"的音跟"受"相近,可以兼起表音的作用。《说文》说:"受,相付也。从𠬪,舟省声"。这应该是自古相传的旧说。就"受"字从"舟"的那种较古字形来说,其实可以把它看作会意兼形声字。上引篆文第一形取自汉印,第二形取自《说文》。

(图) (篆) **共** 古书多以"共"表{供}。"共"的字形表示两手供设器皿,可能就是"供"的初文。《说文》以"同"为"共"字本义,似不确。 (廾)单独成字时,大概就是"拱"的初文。

（甲）　（金）　**戒**　　表示两手持戈有所戒备。

（金）　**弄**　　表示两手持玉玩弄。

（金）　**盥**　　表示用水洗手,"皿"代表接水的盘。

（甲）　（金）　**興**　　简化字作"兴"。"兴"字古训"起",字形表示众手共同举起一物。后来,象所举之物的形符（可能本象搬重物用的担架）改成义符"同"。《说文》:"（yú）,共举也。""興,起也。从舁,从同,同力也。"

（金）　（篆）　**闢**　　简化字作"辟"。"闢"本是表意字,字形表示用两手推开门（《说文》古文同）,后来才改成从"门""辟"声的形声字（可能先假借"辟"字代替"閞",后来又加"门"成"闢"）。

（图）　（甲偏）　（篆）　**支**　　《说文》:"支（pū）,小击也。"字形表示手持棍棒一类东西,后来棍棒形变得跟"卜"字同形。"支"、"卜"音近,当时可能是为了使"支"的字形兼有表音作用,有意把棍棒形改成"卜"的。从"支"旁的字,意义往往跟打击有关。楷书"支"旁多变作"攵"（由隶书的"攴"变来）,一般称为"反文"。

（甲偏）　（篆）　**殳**　　表示手持可以用来敲击的锤棒一类东西。

（金）　（篆）　**寇**　　表示有人手执器械进屋袭击人。

（图）　（甲）　（篆）　**伐**　　表示用戈砍人头。《说文》说"伐"字"从人持戈",不确。

（甲）　（金）　（篆）　**執**　　简化字作"执"。字形表示把俘虏或犯人的手铐起来。本象古代一种木制的手铐,字书音 niè,隶、楷变作"幸",跟楷书幸福的"幸"字同形（幸福之"幸",据《说文》本是从"夭"从"屰"之字,汉隶多作"垚"）。

（金）　（篆）　**縣**　　简化字作"县"。"县"是"悬"的初文,字形表示把砍下来的头悬挂在树上。上引篆文取自汉印。《说文》"县"字篆文作,从"系"从倒"首"。过去所用的印刷体"縣",是承袭《说文》字形的。

（甲）　（篆）　**毓**　　《说文》以"毓"为"育"的或体。字形表示母亲生育孩子。后来"母"旁变成"每"旁,倒"子"和代表血水的小点合并而成"㐬"旁。

（甲）　（籀文）　**棄**　　简化字作“弃”，本为古文（参看〔四（三）〕）。“棄”的字形表示用箕盛婴儿去抛弃掉。古人生孩子后因迷信或生活困难等原因弃而不育的情况比较多，周代始祖后稷名弃，据说就是由于出生后曾被抛弃而得名的。

（甲）　（金）　**曰**　　表示人嘴出声气。

（甲）　（篆）　**益**　　“溢”的初文，字形表示水从器皿里漫出来。

（甲）　（篆）　**析**　　表示用斤剖木。跟“析”形近的“折”字本象用斤断木，见〔三（二）〕。

（甲）　（篆）　**至**　　表示箭射到一个地方。

（甲）　（篆）　**彘**　　古代称野猪为彘。野猪是射猎的对象，所以字形在“豕”上加“矢”以示意。“彘”所代表的词是一种实物的名称，这一点跟象物字相同。但是甲骨文“彘”字去掉“矢”形后，剩下来的不是野猪的象形符号，而是一般的“豕”字，所以我们不把它归入象物字而归入图形式会意字。

前面几章里提到过的“射”、“立”、“並”、“輦”、“折”、“戍”、“雔”等字，按照它们较古的写法来看，都应该归入图形式会意字。这类会意字大都出现得很早。

B.利用偏旁间的位置关系的会意字

这类会意字其实大都也是按照以图形表示字义的原则造出来的，所以它们的偏旁之间的位置关系在表示字义上有重要的作用。但是造字时或者明显地用了象征手法（如〔三（二）〕里提到的以“止”形表示人在前进的“步”、“涉”等字），或者把义符硬当作形符用（如〔六（一）〕里提到的以“臣”字代表在主人家中服役的臣仆的“宧”字），因此字形的图画意味就淡薄了。这是我们把它们跟图形式会意字区分开来的原因。下面举一些例子。

（甲）　（金）　**正**　　“征”的初文，本义是远行。口代表行程的目的地，“止”向口表示向目的地行进。

（甲）　（篆）　**之**　　“之”的本义近于“往”。或以为字形以一代表人所离开的地方，以向前的“止”表示人离此地他去。

（甲）　（篆）　**韋**　　简化字作“韦”。“违”的初文。“止”不向口表示违离其地。一说字本作（见甲骨文），象征很多人围住一地，是“圍（围）”的初文。

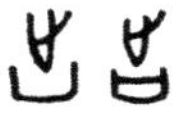（甲） （金） （篆） **出** 古人穴居，或象坎穴（“坎”的象形初文本作）。整个字形以趾离坎穴表示外出。所引篆文前一形取自《说文》，后一形取自汉印。

（甲） （金） **各** “洛”的初文。《方言·一》：“洛，至也。”《方言·二》：“洛，来也。”字形以趾向穴表示来到。古书多借“格”为“洛”。

（甲） （篆） **陟** 就是“阜”字，一般认为象山阜形，待考。趾形向上表示人向高处登陟。

（甲） （篆） **降** 趾形向下表示人自高处下降。

（甲） （金） （篆） **逐** “止”向“豕”，表示人追逐豕一类动物。

（金） **祭** 表示用肉祭祀鬼神。甲骨文“示”字较原始的写法作，可能象古代的一种神主。

（甲） （篆） **相** “相”的本义是察看，字形表示用目观察树木。

（甲） （篆） **朙** 古“明”字（关于“明”字的形体，参看〔四（三）、（五）〕）。字形表示月光照在窗上。“囧”即“冏”字，似象镂孔的窗牖。

（金） （篆） **間** “間”（间）的原来写法。字形表示门有间隙，从门内可以看到月光。

（甲） 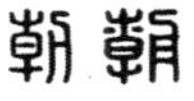（篆） 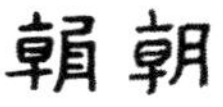（隶） **朝** 表示下弦月时日方出月尚可见的清晨景象。关于“朝”字形体的演变，参看〔四（五）〕。

（甲） （篆） **莫** “暮”的初文，字形以日在丛林或草莽之中表示日将落下。

（篆） **杲** 《说文》：“杲，明也。从日在木上。”

（篆） **杳** 《说文》：“杳，冥也。从日在木下。”

（篆） **竄** 简化字作“窜”。《说文》：“竄，匿也。从鼠在穴中。”

（篆） **突** 《说文》：“突，犬从穴中暂出也（“暂”是“猝”的意思）。从犬在穴中。”

(金) **閑**　简化字作“闲”。《说文》:“闲,阑也(《说文》:“阑,门遮也”)。从门中有木。”

(金) **原**　“源”的初文,以“泉”出“厂”下表示水源的意思。楷书“原”字所从之“泉”,写法接近隶书“泉”字的一般写法。

(篆) **庫**　简化字作“库”。《说文》:“库,兵车藏也。从车在广下。”

(篆) **困**　《说文》:“困,廪之圜(圆)者。从禾在囗中。”

如果把“图形式”一语的涵义理解得宽泛一点,上举这类会意字大都可以并到图形式会意字里去。反过来说,如果把“图形式”一语的涵义理解得更狭窄一点,前面举出的图形式会意字就有很多应该并到这一类里来。这两类字之间并没有十分明确的界线。

利用偏旁位置关系的会意字一般是在古文字阶段造出来的。不过在汉字变得完全不象形之后,偶尔也还造这类会意字,如〔六(一)〕里举过的“氽”,又如:

嬲　以二“男”夹一“女”表示戏弄、纠缠的意思。

尖　下大上小为“尖”({尖}本用“鑯”字表示,“尖”字后起)。又有“奀”字,音yǎn,《广韵》:“奀,上大下小”。有一种儿童玩具,两头尖,中间大,叫“嘎嘎”(gá·ga),也可以写作“尜尜”。

灭　“滅”的简化字,字形表示把火压灭。“火”上的“一”实际上起形符的作用,并非一二的“一”字。“灭”又可看作“威”的部分字形。

近代为来自英语pump的音译外来词而造的“泵”字,也可能是一个利用偏旁位置关系表意的字。泵可以用来压水,字形大概是以“石”在“水”上来表示压水的意思的。有人认为“泵”字所以这样造,是因为大石掉在水上的声音跟pump的发音相似。按照这种说法,“泵”的字形是用会意的方法来表音的,“泵”应该看作三书所不能包括的一种特殊表音字。(校按:关于“泵”的这一段应删去。《汉语大字典》引清钮琇《觚賸·粤觚上》:“水之矶激为泵。”《大字典》释其义为“水冲激矶石……音聘。”大概水泵传入我国时,广东人就借用这个其音与pump有些相近,其形义又似乎与水泵勉强可以联系起来的“泵”字来记录音译外来词{泵}。)

C. 主体和器官的会意字

这类字把象人或动物的字或形符,跟象某种器官的字或形符配合起来(有时还加上象其他有关事物的偏旁),以表示跟这种器官有关的某种行为或情状。杨树达称这类字为“主名与官名的会意字”(《积微居小学述林》207页,中国科学院,1954年)。我们怕“主名”、“官名”不好懂,改为“主体”、“器官”,实际上是指象主体和器官的字或形符而言的。下面举一些例子。

(甲)　(篆)　見　见是目的功能,所以字形在人形上加“目”以示意。(校按:在早期古文字中,“卩”上加“目”是“見”字,“人”上加“目”是“视”的初文。初版误取甲骨文“人”上加“目”之字为“见”,今改正。)

(甲)　(金)　臣　瞭望之{望}古代本用“臣”字表示。目形竖起,表示不是一般地看,而是极目远望。人形下或加“土”,“人”和“土”合起来就成了“𡈼”(音tǐng,跟壬癸的“壬”不是一个字)。《说文》把𦣠当作“朢”的古文。“朢”字金文作 ,从“月”从“𦣠”(“𦣠”是音符兼意符),本是从“𦣠”字分化出来专门表示朔望之{望}的(阴历每月十五日是望日,由于这一天日月正相望而得名)。“望”本是“朢”的异体或分化字,是把“朢”字的“臣”旁改为形近的声旁 (亡)而成的。后来“𦣠”和“朢”都废弃不用,只用“望”字。

(甲)　(金)　(篆)　監　简化字作“监”。字形表示俯首在盛水的器皿里照脸。《尚书·酒诰》:“古人有言曰:‘人无于水监,当于民监。’”“于水监”就是在水里照自己的意思(“监”的这个本义后来多用“鉴”字表示。“鉴”字繁体作“鑒”、“鑑”)。监视是“监”字的引申义。

(甲)　(金偏)　(隶偏)　欠　“欠”的本义是张口舒气(欠伸之“欠”即用此义)。字形在人形上端加竖起来的“口”,以表示张口的意思。很多从“欠”的字,如“吹”、“饮”、“歎”(叹)、“歌”等等,字义都跟张口有关。关于“欠”字的形体,参看〔四(五)〕。

(甲)　(金)　(篆)　(隶)　飲　简化字作“饮”。字形表示俯首张口饮酒尊里的酒。古文字“舌”字作 、 等形,可知上引第一形倒口下的 代表舌头。这个字后来加上“今”声,成为形声字,但是在隶书里又简化为会意字。上引篆文取自汉印,《说文》“欠”形已讹变。

(甲)　(篆)　既　表示饮食完毕,所以人形上端的竖“口”不向食物而向身后。上引篆文取自三体石经,《说文》作 ,是讹变的形体。

(甲)　(金)　(篆)　聖　简化字作“圣”。“聖”和“聽”(听)

是由一字分化的。二字古音相近，古书中有通用之例。上引甲骨文其实也可以释作“听”。甲骨文“听”字一般作“聑”（三体石经古文同），表示以耳听人口之声，跟上引甲骨文“聖”字第二形的不同只在人形的有无，二者本应是一字的异体。上引甲骨文第一形在人形上加“耳”，以造字方法相类的“见”字类推，正应该是“听”的初文。这个字所从的人形后来变为“壬”，跟“朢”字同例（“聽”字的左半就是𦔻。《篇海》以“耓”为古文“聽”字，可能是有所据的）。从语言的角度来看，{圣}应该是{听}所派生出来的一个词，本义可能近于{聪}。

（甲）　（篆）　**企**　《说文》：“企，举踵也。”企望本来就是踮起脚望的意思。字形在人形下加趾形以示意。

（金）　（篆偏）　**走**　象人急行时两臂舞动得很利害的样子，后来演变为“夭”字。“走”的本义近于小跑（《释名·释姿容》：“徐行曰步”，“疾行曰趋”，“疾趋曰走”），所以字形在下加“止”以示意。《说文》中，“夭”字以及“走”字所从的“夭”都已讹变为。上引篆文偏旁取自汉印。

（金）　（石鼓文）　（隶）　**奔**　奔比走更急更快，所以字形在“夭”下加三个“止”以示意。后来三个“止”被改成形近的“卉”（《说文》说“奔”从“贲”省声，“贲”本身就是从“卉”声的字，“奔”字似乎也应该分析为从“卉”声，但是“卉”和“奔”、“贲”的音不很相谐）。“夭”旁在隶、楷里简化成“大”。

（甲）　（篆）　**臭**　“嗅”（《说文》作“齅”）的初文。狗以嗅觉灵敏著称，所以“臭”字从“犬”从“自”。“自”本象鼻形（参看第一章）。香臭的{臭}是{臭}（嗅）的引申义。

（甲）　（金）　（篆）　**鳴**　简化字作“鸣”。鸡以善鸣著称，所以甲骨文“鸣”字在鸡形旁边加“口”以示意。后来鸡形为“鸟”旁所代替。

（篆）　**吠**　《说文》：“吠，犬鸣也。从犬、口。”

（篆）　**狊**　《说文》：“狊，犬视皃（貌）。从犬、目。”“狊”音jú，熟语“阒无一人”的“阒”就是以“狊”为声旁的。

（篆）　**瞿**　《说文》：“瞿，鹰隼之视也。”（此义读jù）。毛公鼎“趯”字所从之“瞿”作，从一“目”。

（六国古印）　犨　　“触”的异体（也可能就是“触”的初文）。牛喜以角相触，所以字形在“牛”上加“角”以示意。

这类会意字一般也是在古文字阶段造出来的。其中，把象主体和器官的字或形符连成一体的那种字，如“见”、“垦”、“欠”、“既”、“监”、“饮”等，字形有相当浓厚的图画意味，出现的时代都很早。汉字变得完全不象形之后，偶尔还造“鸣”、“吠”一类的字，如当羊叫声讲的“咩”。

D. 重复同一偏旁而成的会意字

重复同一偏旁而成的表意字，并非都是会意字。有的字如“艸”和“絲”，跟它们的偏旁是繁简体的关系，应该看作象物字。即使是会意字，也不见得一定属于本类，如象一人跟从另一人的“从”字，就是图形式会意字。不过，大多数重复同一偏旁而成的字，是可以归入本类的。下面举一些例子。

（篆）　玨　　《说文》：“二玉相合为一玨。”

（甲）　林　　树木丛生为林，从二“木”。

（篆）　卉　　《说文》：“卉，艸之总名也。”从三“屮”。

（篆）　茻　　据《说文》，“茻”是草莽之“莽”的本字（《说文》对“莽”字本义的解释是“南昌谓犬善逐兔艸中为莽”），但古书中不见此字。在已发现的古文字里，“茻”只用为偏旁，而且意义似与“艸”无别。

（甲）　（篆）　䖵　　据《说文》，“䖵”是昆虫之“昆”的本字，但古书中不见此字。甲骨文的“䖵”跟《说文》的“䖵”究竟是否一字，还有待研究。

（篆）　蟲　　简化字作“虫”。

（金）　（篆）　毳　　《说文》：“毳，兽细毛也。从三毛。”

（篆）　磊　　《说文》：“磊，众石也（段注改“也”为“皃”）。从三石。”《说文》“石”字篆形作，与金石上的篆文不合，今改正。“石”本作，可以看作象物字，“口”旁是后加的，大概只起使“石”字跟形近的字相区别的作用。

（篆）　森　　《说文》：“森，木多皃。”从三“木”。

淼　　水大貌，从三“水”，也写作“渺”（但“渺小”不能写作“淼小”）。“淼”字不见于《说文》本文，大徐本《说文》收入新附字中。

(甲) (篆) 羴 “膻”的初文。《说文》:“羴,羊臭也。从三羊。”甲骨文的“羴”字跟《说文》的“羴”字究竟是否一字,还有待研究。

(金) (篆) 鱻 新鲜之“鲜”的本字(据《说文》,“鲜”本是一种鱼名。新鲜的“鲜”是假借为“鱻”的)。“鱻”字原始的意义可能是鲜鱼的气味,就跟“羴”是羊的气味一样。

(篆) 猋 《说文》:“猋,犬走皃。从三犬。”

(篆) 麤 《说文》:“麤,行超远也。从三鹿。”在古书中,“麤”字多假借来表示粗细的{粗}。现在已把它当作异体并入“粗”字。

犇 《广韵》训为“牛惊”,一般当作“奔”的异体用。

(篆) 轟 简体字作“轰”。《说文》:“轰,群车声也。从三车。”

在重复同一偏旁而成的会意字里,有些字的字形也利用了偏旁之间的位置关系。例如同样是由两个“朿”(cì)构成的字,偏旁并列的是“棘”字,上下重叠的是“棗”(枣)字(棘即酸枣树,是多刺的灌木。枣比棘高大得多。但是从金文媡、槀等字看,“棗”字原来似不从二“朿”)。“炎”字,《说文》训“火光上也”;“矗”字当“直立,高耸”讲,偏旁的上下重叠也都可以认为是有意义的。这类字也未尝不可以归到B类会意字里去。

E. 偏旁连读成语的会意字

这就是第二章里讲到过的“歪”那一类字。它们由两个以上(绝大多数是两个)可以连读成语的字构成,连读而成之语能说明或暗示字义。例如:

(篆) 凭 《说文》:“凭,依几也。从几从任(段注改为“从任、几”,并谓“任几犹言倚几也”)。”

(篆) 劣 《说文》:“劣,弱也。从力、少。”

(篆) 扁 《说文》:“扁,署也。从户、册。户册者,署门户之文也。”此义现在用“匾”字表示。

(篆) 尟 鲜少之“鲜”的本字。《说文》:“尟,是少也……从是、少”。“尟”有异体作“尠”,从“甚、少”会意。“尟”和“尠”现在都已并入“鲜”字。

暹 《广韵》:“暹,日光升也。”从“日、进”会意。

昶 《说文》新附字:“昶,日长也。从日、永会意。”

甦　苏醒之“苏”或作“甦”，从“更、生”会意，现在已并入“苏”字。

楞　边棱之“棱”的异体（“威棱”、“模棱”等词里的“棱”一般不作“楞”），由“四、方、木”三字构成。

此外如由“拏”字分化出来的“拿”（从“合、手”），“膻”的异体“羴”，当不好讲的“孬”，汆丸子的“汆”，“塵”的简化字“尘”（“塵”俗作“尘”，已见《集韵》），“糴”、“糶”的简化字“籴”（“糴”俗作“籴”，已见《广韵》、《集韵》）、“粜”（《康熙字典》谓“粜”见《广韵》，但《广韵》所录“糶”字俗体实作“粜”，《集韵》亦同。“粜”字实见于《干禄字书》和《龙龛手鉴·出部》）等等，都是属于这一类的会意字。

《说文》里还有会合可以连读成语的四个字而成的会意字——“曝”的初文“㬥”和疾暴之“暴”的本字“暴”：

> ，晞也。从日从出从𠬞从米（《段注》：“日出而竦手举米晒之，合四字会意。”）。
>
> ，疾有所趣也。从日、出，夲𠬞之（“夲”音 tāo，跟“本”是两个字。《说文》训“夲”为“进趣”）。

“㬥”字在隶书里多省作“暴”，疾暴之{暴}隶书也多用“暴”字表示。后来“㬥”又简化为“暴”。

但是，《说文》对“曝”字初文和疾暴之“暴”的本字的分析，都是有问题的。这两个字所从的，跟《说文》“出”字篆文不同形（清人所刊《说文》多将改作，宋本并不如此）。曾侯乙墓竹简文字里有从“市”声之字。象两手持草木一类东西在日下曝晒，应该就是“暴”的初文，可以隶定为“㫡”（燕国古印有从“日”从之字，疑亦当释“㫡”）。《说文》把“襮”、“爆”都分析为从“暴”省声，这两个字可能本来都是从“㫡”声的。“㬥”应该是在“㫡”字上加注“米”旁而成的后起字，并非“从日出𠬞米”会意。“暴”也应该是从“㫡”声的字，并非“从日出夲𠬞之”会意（这个字峄山刻石作，中竖相连不断，也有可能本是“㫡”的异体）。所以，会合可以连读成语的四个字而成的会意字，实际上是不存在的（“暴”字作“㬥”之形已见汉初文字资料，其出现时代应早于汉。秦简“暴”字写作“㬥”，中间的“共”应是由省变而成的。但是汉印“暴”字篆文却多数作、等形，“日”下无。其字形表示两手捧米在日下曝晒，可以看作 A 类或 B 类会意字。汉隶“暴”字或作“㬥”，就是继承这种字形的。如果这种字形不是“㬥”的简体，而有较早的来源的话，“暴”也有可能是

由“昗”、“㬥”两种字形糅合而成的)。

在已经废弃的古代俗体字里,有不少属于本类的会意字,例如:先人为“老”(兂),巧言为“辩”(䛘,又讹作詈),追来为“归”(𨔸,与归的繁体歸形近),百升为“斛”(硏。以上南北朝时通行),不少为“多”(歹),不长为“矮”(奀),不明为“暗”(甭),大衣为“宽”(衮。以上见《龙龛手鉴》),败门为“嫖”(闝),初生为嫩(㚺)等等。

偏旁连读成语的会意字绝大多数是汉字变得完全不象形之后才造出来的,在古文字里很少见。

F. 其他

在会意字里还有不少不能归入以上各类的字。例如:

(甲) (篆) **劓** “劓”的意思是割掉鼻子。甲骨文“劓”字从“刀”从“自”会意,篆文改“自”为“鼻”(“鼻”所从的“畀”,《说文》作,是讹变的形体,已据汉印等篆文改正)。

(篆) **删** 古代在竹木简册上写文字,删改时用刀将字削去,所以“删”字从“刀”从“册”会意。

(篆) **魝** 《说文》:“魝,楚人谓治鱼也。从刀从鱼。”“魝”音 jié,“薊”字从“魝”声(形声字魛鱼的“魛”,由于“刀”旁不变形,跟“魝”字区别了开来)。如果把“图形式”一语的涵义理解得宽泛一点,“劓”、“删”、“魝”一类字也未尝不可以列入 A 类会意字。

掃 简化字作“扫”。从“手”从“帚”,表示持帚打扫的意思。《说文》作“埽”,表示用帚扫除脏土的意思(《说文》的“埽”跟堤埽的“埽”是同形字。从先秦古音看,“帚”、“扫”音近,“掃”、“埽”也可以看作会意兼形声字)。

擤 “擤”的异体。从“手”从“鼻”,表示用手擤鼻涕的意思。现以“擤”为正体。

掰 意思是用手把东西分开或折断。从两“手”从“分”会意(“掰”音 bāi,是分擘之“擘”的口语音。《新华字典》、《现代汉语词典》等以“擘”为“掰”的异体)。

(甲) 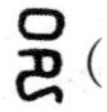(篆) (隶) **邑** 邑为人所居之处,所以在表示区域的下加跪坐人形以示意。在楷书中,用作意符的右边的“邑”旁一般写作“阝”。

(甲) (篆) **啚** “鄙”的初文(《说文》分“啚”、“鄙”为二字,不妥。“图”的繁体作“圖”。汉字简化前,有不少人用“啚”为“圖”的简体)。古代称都邑四周的土地为鄙,鄙人主要从事农业生产,所以字形在下加“㐭”(仓廪之“廪”的初

文)以示意。

(篆) **占** “占”的本义是观察卜兆以判断吉凶,从“卜”从“口”会意。

(篆) **銜** 简化字作“衔”。《说文》:“銜,马勒口中(指马勒在马口中的部分,相当于现在所谓嚼子)。从金从行。銜,行马者也。”(从先秦古音看,“金”、“銜”音近,“銜”也可以看作会意兼形声字)

(甲) **明** 甲骨文既有从“囧”的“明”,也有从“日”的“明”。六国文字用“明”字(参看〔四(三)、(五)〕)。

(甲) (金) (篆) **名** 《说文》:“名,自命也。从口从夕。夕者,冥也。冥不相见,故以口自名。”

斌 “彬”的异体。古代以“彬彬”形容人文质俱备,疑造“斌”字的人以“文、武”代“文、质”。

灶 繁体作“竈”、“竃”。砌灶用土,灶中生火,所以“灶”字从“火”从“土”会意。

笔 繁体作“筆”。毛笔的杆用竹做,笔头用毛做,所以“笔”字从“竹”从“毛”会意。

会意字的例子就举到这里为止。

6 变体字

这类字用改变某一个字的字形的方法来表意,为数不多。改变字形的方法主要有两种,即增减笔画(一般是减笔画)和改变方向。

先举第一种的例子:

(篆) **片** 《说文》:“片,判木也。从半木。”“木”字篆文作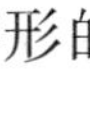,取其右半便成(片)字。木片是剖析树木而成的,所以“片”的字形取“木”字的一半。此外,从战国时代到汉代早期,还有人把半“木”形当作“析”字用(长沙仰天湖楚简和马王堆帛书《老子》乙本中,“策”字异体“筞”所从的“析”都作半“木”形。此外,曾侯乙墓所出戈铭“析”作,战国中山王墓铜壶铭文“筞”字的“析”旁作,都从半“木”从“斤”。在东汉碑刻的隶书里,“析”字仍有写作“斨”或“枏”的。这也许可以看作六国文字影响隶书的一个例子)。

㝵(碍) 从古文字看,“得”和“㝵”是一字异体(参看会意字A类“得”字

条)。但是东汉以后,有些人却把“㝵”当作“礙”(碍)的异体使用(东汉碑刻杨君石门颂以 为“礙”, 即隶书“得”字右旁。南北朝以后人时常把“礙”写作“㝵”。后来又在“㝵”上加“石”旁造成了“碍”字,现在已为简化字所采用)。当“礙”字用的“㝵”,以去掉“得”字的“彳”旁来表示有障碍不能得到的意思,应该看作变体字。

恴(恶)　“恴”是“德”字右旁的俗写。据《说文》,“德”本是从“彳”“㥁”声之字,本义是“升”。“㥁”字从“直”从“心”会意(段注谓“直”亦声),是道德之“德”的本字(从古文字看,“德”似是从“心”“徝”声之字,“升”并非其本义,“恴”似是“德”之省体)。但是南北朝人有时却把“恶”写作“恴”。恶是德的反面,去掉“德”字的“彳”旁来表示“恶”,用意跟以“㝵”为“礙”相类(南北朝时代“恶”字比较常见的俗体是“悪”。《颜氏家训·书证》所说的“‘恶’上安‘西’”,就是指这种俗体而言的。东汉碑刻上又有作“悳”的“恶”字,见杨君石门颂等。这两种“恶”字的上半既有可能是“亚”的讹形,也有可能是“恴”所从的“㔻”的讹形。东汉碑刻上的“德”字有时就写作“徳”,见衡方、张迁等碑。所以,以“恴”为“恶”有可能在东汉时代就已经开始了)。

前面讲复杂象物字“枼”时提到过的“世”字,就其产生途径来说,可以看作减少“枼”字笔画的变体字。《说文》亩甽之“甽”作 ,沟浍之“浍”作 ,可以看作减少 (川)字笔画的变体字。 (孑)和 (孓)可以看作减少 (子)字笔画的变体字。此外如东汉以后一度使用过的“寂”字俗体“宊”(“家”字去掉“豕”旁右边跟“人”字形近的两笔,表示家中无人),近代方言字中当没有讲的“冇”(“有”字去掉“月”旁中间两画),也都可以归入这一类。

有人认为“甩”也是变体字,“把‘用’字中间一竖引长向右拐一个大弯”,就成“甩”字,表示把没有用的东西扔掉(《汉字的结构及其流变》112页)。

下面再讲改变字形方向的变体字。

按照《说文》的解释,有不少字是反写某一个字而成的(这里所说的反写包括左右反写和上下倒写)。但是实际上这些字大都并不是这样造成的。其情况大体上可以分为三类,下面分别举例加以说明。

A. 有的字从较早的古文字字形来看,跟《说文》认为是它所从出的那个字形,并没有一正一反的关系。例如:《说文》说“㠯”( )从反“巳”( )。但是甲骨文“㠯”字作 或 (后来演变为“以”。“以”、“㠯”本是一字。或以为“以”与“似”之古体“佀”是一字,不确),“巳”字作 ,二者的字形并没有关系。《说文》说“帀”(,

今作匝)从反“之”( )。但是甲骨文“之”字作 ,“帀”作 ,二者的字形也没有关系。《说文》说“旡”(,即“既”字右旁,跟“无”有别)从反“欠”( )。其实“欠”本作 或 ,“旡”本作 ,这两个字只有上部口形的方向彼此相反,整个字形并没有一正一反的关系。战国中山王墓铜壶“乏”字作 ,看来见于《左传・宣公十五年》并为《说文》所采用的“反正( )为乏( )”的说法大概也是不可信的。

B. 有的字实际上只作为表意偏旁使用,并不能独立成字。例如:《说文》说 从反“止”。其实“止”和 分别象人的左右脚, 并不能独立成字(参看〔三(二)〕)。《说文》说 从反“邑”。 只出现在 (“乡”的繁体“鄉”)等个别字里,也不能独立成字。

C. 有的字跟《说文》认为是它所从出的那个字,本来是使用相同字形的,后来才利用字形的方向把它们分化成两个字。例如:《说文》说“𠂢”(,即“派”之初文)从反“永”( )。其实,古文字正写反写往往不加区别,“永”和“𠂢”本来不应该是两个字,金文中“永”字写作 的例子是屡见的。 或 象水有支流,对{𠂢}(派)来说可以看作它的象物字,对当“水长”讲的{永}来说可以看作它的象事字。这跟 和 既是“月”字又是“夕”字,是同类的现象。大概后来为了使字义明确,才规定以字形向左的为“永”字,向右的为“𠂢”字(但“脈”仍可作“脉”)。

下面举两个有可能是改变某个字的字形方向而成的变体字的例子。

(甲)　 (金)　 (篆)　今　　“今”大概是“吟”(噤)的初文,本义是闭口不作声(《史记・淮阴侯列传》:“虽有舜、禹之智,吟而不言,不如瘖聋之指麾也。”这种“吟”字,音义跟呻吟之“吟”不同)。字形大概是倒写本作 、 等形的“曰”字而成的,但是为了书写的方便,圆顶变成了尖顶。

爿(pán)　　有些方言里把劈成片的竹木叫作“爿”,又引申为量词,如称一家商店为一爿店。这个字出现得比较晚,大概是反写“片”字而成的(这个“爿”跟“床”字初文的楷书“爿”是同形字)。

〔六(一)〕里提到过的“叵”如果确是反写“可”字而成的话,也是一个例子。

“曰”和“今”(吟),“可”和“叵”,意义都正好相反。“片”和“爿”的意义则是相类的。

以上我们把表意字分成六类,分别举了一些例字。这六类可能还不能把全部表意字都包括在内。此外还应该指出,有些表意字的归类实际上是两可的。例如:我们把“牢”字归在复杂象物字里，把“彘”字归在会意字A类里，因为一般认为“牢”所从的  是为“牢”字所专用的形符，而“彘”所从的  则是普通的“豕”字。但是甲骨文里不但有在  中加“牛”而成的“牢”字，而且还有在  中加“羊”而成的  和在  中加“马”而成的 。加羊的也许可以看作“牢”的异体，加马的则很可能是“厩”的初文（古文字学者多释此字为“厩”）。可见  并不一定是“牢”字所专用的形符。如果“彘”可以归入会意字，“牢”也未尝不可以归入会意字。反过来说，如果“牢”可以看作复杂象物字，“彘”也未尝不可以看作复杂象物字。我们归入复杂象物字的 （圃）跟归入会意字B类的“困”，在构造方式上也很相似。如果把前者所从的  看作“田”字，就可以把它归入会意字。如果不把后者所从的  看作读wéi的“囗”字，而看作象禾囷的简单形符，就可以把它归入复杂象物字。又如：“雨”字本作 。在古汉语里，“雨”既可以用为名词，也可以用为动词。从名词的角度看，“雨”字是为了表示雨点连带表示出天空（即上面的一横）的复杂象物字。从动词的角度看，“雨”字应该是一个象物字式的象事字或A类会意字。所以在表意字分类问题上不必过于拘泥。我们讲表意字的主要目的，是提高理解、分析表意字字形的能力。斤斤计较哪一个表意字应该归入哪一类，是没有多大意义的。

（二）字形在词义研究上的作用

这一节主要讲表意字字形在词义研究上的重要性，以及利用表意字字形研究词义时需要注意的一些问题。形声字的形旁也有表意作用。在字形跟词义的关系上，形声字跟表意字有类似之处。我们准备在这一节里附带举少数形声字的例子，在形声字那一章里讨论形旁的表意作用的时候，就不再涉及这一节里谈到的那些问题了。

表意字字形在词义研究中的重要性，主要在于它们能够帮助我们确定字的本义。字的本义就是造字时准备让它表示的意义，通常也就是作为造字对象的词在当时的常用意义。确定本义，对于正确理解字义的发展变化，即作为造字对象的词的意义在后来的演变和派生新词等现象，有很大帮助。下面举两个例子。

行　“行”字有行走、道路、行（háng）列等意义。我们在前面讲象物字的时候已经说过，从古文字字形看，“行”的本义应该是道路（《尔雅·释宫》：“行，道也。”古书里当道路讲的“行”字很常见，如《诗·小雅·小弁》“行有死人，尚或墐之”、《豳风·七月》“遵彼微行”等）。行走和行列这两个意义，显然是分别从道路这个本义引申出来的。从行走这个意义又引申出流行、通行、施行、经历(《国语·晋语四》“行年五十矣”韦注:“行,历也。”)、巡视(《吕氏春秋·季夏纪》“乃命虞人入山行木”高注:“行,察也。”)、行为(做名词用的旧读 xìng,如品行之“行”)等意义。从行列这个意义又引申出排行(旧读 hàng)、行业等意义。商行、银行的{行}大概又是行业之{行}的引申义。字义发展变化的途径很清楚。如果像《说文》那样,把行走当作本义,“行”字意义的发展变化就得不到确切的说明了。

休　“休”字在古代,除一般熟知的休息、休止等义外,还有休荫、休美等意义。西周金文里的“休”字还常常用来表示赏赐一类意义(如效卣铭“王锡公贝五十朋,公锡厥□子效王休贝二十朋”,公赏赐其子的“王休贝二十朋”,即出自王赏赐公的“贝五十朋”之中,“休”、“锡”义近)。要想弄清楚这些意义之间的关系,必须先借助于字形以确定“休”字的本义。

甲骨文“休”字作 ,表示人在树旁休息。“休”在古代可以当树荫讲(《汉书·孝成班倢伃传》“依松柏之余休”颜注:“休,荫也”),字亦作“庥”(《尔雅·释言》“庇、庥,廕也”郭注:“今俗语呼树廕为庥。”“廕”字现已并入“荫”字)。唐张参《五经文字》说“休”字“象人息木阴”。结合“休”可以当树荫讲这一点来看,张参的说法显然是可取的。金文“休”字往往写作 ,把“人息木阴”的意思表示得更为明白(参看龙宇纯《中国文字学》256 页,台湾学生书局,1984 年。一般认为金文“休”字或从“禾”,不确)。所以“休”的本义应该是人在树荫下休息。《诗·周南·汉广》“南有乔木,不可休思”,“休”字正用本义。《淮南子·精神》“今夫繇(徭)者揭镬臿,负笼土,盐汗交流,喘息薄喉。当此之时,得茠越下,则脱然而喜矣”高注:“茠,荫也。三辅人谓休华树下为茠也。楚人树上大本小如车盖状为越(引者按:字亦作“樾”。“上大本小”之“上”指树的上部,“本”指树的下部),言多荫也。”这个“茠”字是表示“休”字本义的分化字(《淮南子》此处下文为“岩穴之间非直越下之休也”,字仍作“休”。《集韵》以“休”、“庥”、“茠”为一字。“薅”字有异体“茠”,跟这个“茠”是同形字)。从高注可以知道,在东汉晚期还有不少人在使用“休”字的本义。

由“休”的本义分别引申出了单纯的休息之义,以及树荫和尊者荫庇卑者等意义。休息之义又引申出了休假、休止、休要等义。当树荫讲的“休”已见前引。当尊者荫庇卑者讲的“休”见《左传》等书。《左传·昭公三年》“民人痛疾,而或燠休之”,《正义》引贾逵注:“燠,厚也。休,美也。”这个“休”字从上下文看正应该当荫庇讲,训为美是不合适的。“燠”本训暖,在这里应该当使温暖讲,“休荫”本有使人凉快的意思,义正相成。服虔、杜预等人认为“燠休”指口出声以抚慰有苦痛者,恐怕也是有问题的。《汉书·王莽传上》“诚上休陛下余光而下依群公之故也”颜注:“休,庇廕也。”“休陛下余光”就是“托庇于陛下之余光”的意思。

当“荫庇”讲的“休”既可以用作动词,也可以用作名词。如《诗·商颂·长发》“何(荷)天之休”、《左传·襄公二十八年》“以礼承天之休”以至常见于西周金文同时也见于《诗·大雅·江汉》的“对扬王休”等语中的“休”字,都应该当荫庇或庇佑讲。《诗经》郑笺训“休”为“美”,《左传》杜注训“休”为“福禄”,都是不恰当的(参看王力《了一小字典初稿》“休”字条,《王力文集》19卷98页,山东教育出版社,1990年)。见于金文和古书的“休命”(如师酉簋“对扬天子丕显休命”、《左传·僖公二十八年》“奉扬天子之丕显休命”),其本来意义也应该是荫庇在下者之命,而不是注释家所说的美命。

前面说过,金文里的“休”字常常用来表示赏赐一类意义。这应该是荫庇之义的引申义。杨树达认为这种“休”字是假借为“好”的(《积微居小学述林·诗对扬王休解》),恐怕不可信。古书里的有些“休”字似乎确实应该训为“美”。这种意义也有可能是由荫庇一类意义引申出来的。

总之,在研究“休”字的各种意义的时候,如果充分注意到它的字形,就能把它的大多数意义整理出一个合理的系统来,并且还能纠正一些前人对古书里某些“休”字的不正确的解释。

形声字的形旁有时也能帮助我们确定本义,弄清字义发展变化的过程。例如“理”字从“玉”,本义应该是玉的纹理。按照玉的纹理来剖析它、整治它,也称为“理”,所以《说文》训“理”为“治玉”。由前一个意义引申出了一般的纹理以及条理、道理等意义。由后一个意义引申出了治理、整理等意义。字义发展变化的途径也很清楚。不过,形旁的意义跟形声字字义的关系,大都泛而不切。总的来看,它们在词义研究上的价值比表意字字形要小得多。

由于表意字多数造得很早,有时候能借助于某个表意字的字形,纠正长期以来对它所代表的词的涵义的不够确切的理解。例如:古代形容人勇敢的“暴虎冯河”一语中的“暴”,《诗·小雅·小旻》毛传和《尔雅·释训》释为“徒搏”,这大概是相传的古训。从毛传开始,就把徒搏理解为空手搏虎(《诗·郑风·大叔于田》毛传:“暴虎,空手以搏之。”)。从有关古文字的字形,可以知道这种理解是有问题的。暴虎之“暴”是个假借字,通常作为“暴”字异体用的“虣”,从“武”从“虎”,是这个“暴”的本字。“虣”字在甲骨文里写作,在诅楚文里写作,表示用戈搏虎。可见暴虎应是徒步搏虎,并不是一定不拿武器。古代盛行车猎,对老虎这样凶猛的野兽不用车猎而徒步跟它搏斗，是很勇敢的行为。冯河是无舟渡河，暴虎是无车搏虎，这两件事是完全对应的。

有时候，甚至还能借助于表意字字形找出早已被人们遗忘的本义来。下面是两个例子。

保　《说文》："保，养也。"这其实并不是"保"的本义。《尚书·召诰》："夫知保抱携持厥妇子以哀籲（吁）天……"以"保"与"抱"并提。在古文字里，"保"字比较原始的写法是（见记名金文），表示一个人把孩子背在背上。因此唐兰先生认为"保"的本义是负子于背，《召诰》"保"字正用此义。这是很正确的。保养、保护是由这个本义引申出来的意义。把小孩兜在背上的包布叫襁褓。"褓"（《说文》作"緥"）大概也是由"保"派生出来的（唐兰《殷虚文字记·释保》58—59页，中华书局，1981年）。如果没有古文字字形作为依据，"保"字的真正本义恐怕就无从发现了。

追、逐　《说文》"追"、"逐"二字互训，在古书里也看不出这两个字的用法有什么明显的区别。但是，杨树达根据这两个字的字形和它们在甲骨卜辞里的用法，找出了它们的真正本义，弄清了它们之间原来的区别。甲骨卜辞里，凡是说到追逐敌人，一定用"追"字，如"追羌"、"追龙"（龙也是方国名）等；凡是说到追逐野兽，一定用"逐"字，如"逐鹿"、"逐豕"等。从甲骨文字形看，"逐"作，表示人追豕；"追"作，表示人追。（𠂤）在甲骨卜辞里经常用来表示师众之{师}。"追"字从"𠂤"，大概是既取其音（"𠂤"本读"堆"，《说文》说"追"从"𠂤"声），又取其义的，字形表示追逐师众的意思。这两个字在卜辞里的用法跟它们的字形正好相合。可见"追"的本义是追人，"逐"的本义是逐兽，后来才混而不分（看杨树达《积微居甲文说·释追逐》15—16页，中国科学院，1954年）。

上面讲的是字形在词义研究上的重要性，下面讲一下利用字形研究词义时需要注意的问题。

首先，一定要以时代较早的没有讹变的字形作为研究的根据。不然就无法得到正确的结论。《说文》所说的本义有不少错误，其主要原因就是所根据的字形有问题。例如前面讲过的"行"字，《说文》由于所根据的字形是已经讹变的，就错误地把"人之步趋"当作它的本义了。又如：《说文》"庆"字篆形作，下从"止"（趾）的变形，所以《说文》说"庆"的本义是"行贺人"。但是从古书里"庆"字的用法，一点也看不出它的意义跟"行"有什么必然的联系。其实"庆"字本作（见金文），

后来才讹变为从“攵”。如果许慎以正确的字形作为根据，就不至于无中生有地在“庆”字的说解里加上“行”字了。有些字形并没有明显的讹误之处，但是距离原始的形态已经很远。这种字形也很难用作研究字义的根据。例如“保”字，如果研究它的意义时所根据的，是古文字里常见的已经经过剧烈简化的、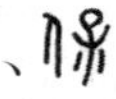等形，负子于背这一本义恐怕也是难以发现的。

其次，但决不是次要的一点，是必须对文字跟语言的关系有正确的认识。既要牢记文字是记录语言的符号，也要认识到文字对语言有一定程度的独立性，例如字的出现和废弃跟词的出现和废弃并不是一一相对应的，字形往往不能确切地表示词义，为甲词而造的字也可以借用来表示乙词等等。总之，在利用字形研究词义的时候，切忌脱离有关的语言资料，被字形牵着鼻子走。具体地说，在这方面至少有以下一些问题需要注意（下举前三个问题是为表意字和形声字所共有的）：

1. 字的本义不等于词的本义

为某一个词而造的字，并不一定是在这个词出现之后很快就造出来的。在文字体系形成之前就已经出现的词固然不用说，就是在文字体系形成之后出现的词，也有可能先长期用假借字，然后才造本字来表示它。所以在为某个词造字的时候，这个词在当时的意义，很可能已经跟它的原始意义有了某种距离。

字的本义就是它所代表的词在造字时的意义。就多数字来说，它们的本义就是它们所代表的词能够为我们所追溯到的最古意义。但是由于存在上面所说的情况，这种意义并不一定就是这些词的最原始的意义。所以在研究词义的时候，不应该简单地把字的本义跟它所代表的词的本义等同起来。

2. 在字形表示的意义跟字的本义之间不能随便画等号

在词典里，有时用了很多话还不能把一个词的意义表达得很确切、很全面。用简单的字形来表示词义，当然更难做到这一点。不但形声字形旁的意义跟形声字字义的联系往往很松懈，就是表意字的字形也往往只能对字义起某种提示作用。所以我们决不能无条件地在字形表示的意义跟字的本义之间画等号。在这方面最应该注意的一点，就是字形所表示的意义往往要比字的本义狭窄。这种“形局义通”的现象，前人早已指出来了。例如清人陈澧在《东塾读书记》“小学”条里，曾指出有的表意字“字义不专属一物，而字形则画一物”。还有不少人谈到了形声字形旁表意的片面性。下面举一些实例来说明一下。

先举表意字的例子。我们在前面讲过，“大”的字形象一个成年大人。这是以一种具有“大”这个特征的具体事物来表示一般的“大”。如果根据“大”的字形得出结论，认为“大”的本义专指人的大，其他事物的大也叫“大”，是词义引申的结果，那就错了。又如本章〔（一）5B〕里举过的“相”字，字形表示人在省视树木，但是它的本义大概也不会这样狭窄。《诗经》里有“相鼠有皮”（《鄘风·相鼠》）、“相彼鸟矣”（《小雅·伐木》）、“相尔矛矣”（《小雅·节南山》）、“相彼泉水”（《小雅·四月》）等语，似乎省视随便什么东西都可以叫作“相”。《说文》：“相，省视也。从目从木。《易》曰：地可观者，莫可观于木。”《段注》：“目所视多矣，而从木者，地上可观者莫如木也。”如果因为“相”字从“木”，就说“相”的本义是观木，那就错了。同样，我们也不能因为“受”字从“舟”，就说“受”的本义是授受舟船；不能因为“臭”字从“犬”，就说“臭”的本义是狗嗅；不能因为“逐”字从“豕”，就说“逐”的本义是追豕。类似的例子举不胜举。

再举两个形声字的例子。《说文》：“群，辈也。从羊，君声。”羊喜欢合群，所以“群”字从“羊”。这跟“臭”字从“犬”是同类的现象。我们不能因此就说“群”本来专指羊的类聚，用“群”指其他动物的类聚都是引申的用法。《说文》：“瑱，以玉充耳也。从玉，真声。”玉只是古代用作耳瑱的材料之一。可能古人对玉瑱比较重视，所以“瑱”字以“玉”为形旁。《段注》说：“瑱不皆以玉，许书云以玉者，为其字之从玉也。”这就是说，《说文》所说的“以玉”只不过是对“瑱”字从“玉”的解释，读者不应该直接把“以玉充耳”看作“瑱”的本义。这个意见很正确。但是《段注》在有些地方却把字形表示的意义跟本义混为一谈。例如上面所举的“群”字，《段注》就认为是由专指羊的类聚“引伸为凡类聚之称”的。

总之，我们在确定一个字的本义的时候，应该充分注意有关的语言资料，不能过分拘泥于字形。不然，就有可能捏造出根本没有存在过的本义来。我们在前一节讲表意字实例的时候，有时只解释了字形表示的意义，而没有解释本义。希望读者注意，不要把字形表示的意义当作本义。

3. 在研究词义发展变化的时候不要被本义就是假借义的引申义的字引入歧途

有的词把为它的某个引申义（这里说的是包括派生词在内的广义的引申义）而造的字，也就是本义是这个词的引申义的字，用作假借字。如果对这种假借字的性质没有正确的理解，就有可能把词义发展变化的次序弄颠倒。下面举几个例子。

纠　《说文》：“丩，相纠缭也。”“纠，绳三合。从糸、丩。”“绳三合”就是三股的绳。“丩”、“纠”同音，“绳三合”显然是“相纠缭”的引申义，“纠”应该是由“丩”分化出来的一个字。后来“丩”字废弃不用，相纠缭之义借“纠”字来表示（也可以说“丩”字并入了“纠”字）。如果忽略了“丩”字，孤立地就“纠”字来考虑，“相纠缭”就反而像是“纠”字的引申义了。1979年版《辞海》、1981年版《辞源》（三）“纠”字条就都把

“纠缠”当作了“绳三合”的引申义。

向 《说文》:“,北出牖也。从宀从口。《诗》曰:塞向墐户。”过去的不少文字学者,如段玉裁、朱骏声等人,都认为“向”字的方向之义是“北出牖”这个本义的引申义。但是,用“向”字表示方向之义,是相当晚的事,段、朱之说实不可信。方向之{向},甲骨、金文都用“饗”(飨)的初文“卿”字表示(参看本章〔(一)5A〕“卿”字条),古书多用“鄉”(乡)字表示。“鄉”字篆文作,是由“卿”分化出来的一个字(后人又造“嚮”字专用来表示方向之{向},现在已并入“向”字)。“卿”本象二人相向对食,但是方向之义也不像是由相向对食之义引申出来的。《说文》有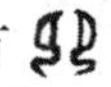字,训为“事之制”。近人多认为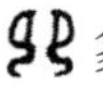象二人相向,是方向之{向}的本字,说当可信。{飨}、{乡}和当北出牖讲的{向},都应该是由方向之{向}派生出来的词(乡里之{乡}跟方向之{向}在意义上的联系也很明显。古代的乡多以方位为名,如一个邑靠东的地区就是东乡)。由于方向之{向}的本字后来废弃不用,借用“向”字来表示这个意义,人们就误以为方向之义是北出牖之义的引申义了。

附带讲一下,“向”字的本义究竟是不是北出牖,其实还是个问题。“向”的字形可能表示在屋子里用口发出声音产生回响,也许本是“響”(响)的初文(马王堆帛书《经法·名理》“如向之隋声”,当读为“如响之随声”。这个“向”字所表示的可能正是本义)。

函 “函”字在甲骨文里写作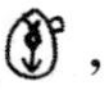,本义是藏矢之器(这可以从字形以及“函”字在小臣墙骨版刻辞里的用法得到证明。《说文》根据讹变的篆形把“函”的本义说成“舌”,不可信。这也是依靠古文字找出被遗忘的本义的一个例子)。古书里往往用“函”字表示包含之{含}(《汉书·礼乐志》“人函天地阴阳之气”颜注:“函,包容也,读与含同,它皆类此”)。除矢函之外,铠甲(《考工记》“燕无函”郑注:“函,铠也”)、封套(如信函)以及盛物的盒子(如剑函、镜函)等东西,也都可以称为“函”。这些东西都是用来包含其他东西的(铠甲包裹人身)。如果我们把包含看作“函”字本义的一个引申义,似乎顺理成章。从“口”“今”声的“含”字显然比“函”字出现得晚。这使上述看法更显得合理。但是从词义发展的一般情况来看,由矢函之义引申出包含之义,不如由包含之义引申出矢函、函甲、函套、函盒等义自然。“含”、“甘”古音相近。“甘”字本作,表示口含一物。有人认为“甘”本是“含”的表意初文,甘美之物是人所爱含的东西,所以由{含}派生出了{甘}这个词,后来“甘”字专用来表示这个派生词,包含之义另造“含”字表示。这大概是正确的。“甘”字已见于甲骨文,它的出现完全有可能早于“函”字。大概“甘”字的甘美一义频繁使用之后,开始时一般都把为{含}的引申义造的“函”字借来表示{含}这个词。“含”字出现之后,才改变了这种情况,不过“函”字的这种假借用法仍然部分地保存了下来。总之,从表面上看,“函”字的“包含”一义很像是“矢函”一义的引申义;但是实际上,“矢函”反倒应该是“包含”的引申义。“函”字的函甲、函套、函盒等义,大概也都是“包含”的引申义,不是”矢函“的引申义。

上举“纠”字所从的“丩”,就是孳生“纠”的母字,因此由于借“纠”为“丩”而造成的字义关系上的假象是容易识破的。“向”、“函”的问题就比较复杂了一些。如果把为它的引申义而造的字用作假借字的那个词,原来所使用的是一个后人已经根本不知道的字,如早已不用的假借字之类,造成的假象就更难识破了。我们在利用字形研究词义的时候,应该充分估计到上述这种情况存在的可能性,防止把词义发展变化的次序弄颠倒。

4. 曾经使用同一个表意的字形的两个词,并不一定有亲属关系

在时代较早的古文字里,两个读音有很大差别的词,可以使用同一个表意的字形。前面已经举过几个这样的例子,如(也作)既是“月”字又是“夕”字,(也作)既是“大”字又是“夫”字,(也作)既是“𠂢”字也是“永”字。从研究字形源流的角度,当然可以说“月”和“夕”、“大”和“夫”或“𠂢”和“永”本来是一个字(其实是同用一形,参看〔一〇(二)〕)。但是从研究语源的角度来看,却不能据此得出“月”和“夕”、“大”和“夫”或“𠂢”和“永”彼此有亲属关系的结论。要想证明这一点,必须另有确凿的语言学上的证据。有的人把字形源流跟语源混为一谈,认为两个词曾经使用过同一个表意的字形,就是这两个词同出一源的充分的证据。这是错误的。

总之,在利用字形研究词义的时候,必须有谨慎的态度,必须注意到上面提到的那些问题。不然的话,利用字形这件事对词义研究工作不但无益,反而有损。

八　形声字

由于形声字跟表意字在构造上有不同特点，我们在本章里不采取讲表意字构造时所用的分类举例字的方式，而采取以问题为纲的方式，从形声字产生的途径，形旁和声旁配合的各种情况以及形旁和声旁的表意和表音作用等方面，来说明形声字的构造。

（一）形声字产生的途径

第一章里说过，最早的形声字不是直接用意符和音符组成，而是通过在假借字上加注意符或在表意字上加注音符而产生的。就是在形声字大量出现之后，直接用意符和音符组成形声字，如清末以来为了翻译西洋自然科学，特别是化学上的某些专门名词，而造“锌”、“镭”、“铀”等形声字的情况，仍然是不多见的。大部分形声字是从已有的表意字和形声字分化出来的（这里所说的表意字和形声字，包括用作假借字的以及已经变作记号字、半记号字的那些字），或是由表意字改造而成的。改造和分化的方法主要有下述四种。

1. 在表意字上加注音符

我们在第一章里举过“凤”的表意初文加注“凡”声的例子，在〔七（一）〕里提到过“厈”的表意初文加注“干”声和“歓”（饮）的表意初文加注“今”声等例子，下面再举几个这一类的例子。

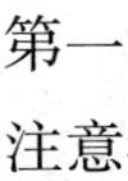（甲偏）　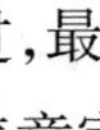（甲）　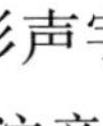（篆）　**鷄**　　简化字作“鸡”。“鸡”的初文是象物字，后来加注了音符“奚”，再后象鸡的形符又被换成了“鸟”旁，就成了一般的形声字。“鸡”字由象物字到一般形声字的演变过程，跟“凤”字十分相似。

（甲）　（金）　（篆）　**裘**　　“裘”的本义是皮衣。初文是象物字，后来加注了音符“又”，再后象皮衣的形符又换成了“衣”旁，就成了一般的形声字。大概是为了适应语音的变化，声旁“又”后来又换成了“求”。

（甲）　（篆）　**齒**　　简化字作“齿”。“齿”的初文是连带表示主体的复杂象物字，后来在初文上加注了音符“止”。“齒”字保留了象牙齿的形符，情况跟“厈”字相似。过去多把这种字看作加声的象形字。

（甲）　（金）　（篆）　**耤**　　“耤”的初文是一个图形式会意字，象人持耒耕田。后来在初文上加注了音符“昔”，再后又简化成了从“耒”“昔”声的一般形声字。

（金）　（《说文》古文）　**埜（野）**　　“野”的初文作“埜”，从“土”从“林”会意。《说文》“野”字古文作“壄”，“予”是加注的音符。睡虎地秦简“野”字也多如此作。传世古书多作“壄”，“矛”是“予”的讹形。篆文作　（见峄山刻石等），从“田”，从“土”，“予”声。后来“田”和“土”并成了“里”字（《说文》篆形已如此）。

加注音符而成的形声字跟原来的表意字，一般是一字异体的关系。加注音符的形式通行之后，原来的表意字通常就废弃了。但是也有二者分化成两个字的情况，如“晶”和“星”。“晶”在甲骨文里作　、　等形，本是{星}的象物字。星看起来比日、月小，而且日、月都只有一个，星则有很多个，所以古人用三个以上较小的　来表示星（甲骨文有时把星形刻作　，这跟把日形刻作　同例）。在较晚的古文字里，象星形的　才被改成“日”。加注“生”声的“星”在甲骨文里已经出现，作　　等形。周代以后变为　，又简化为　。“晶”字后来专用来表示{星}的一个同源词——形容星光的{晶}，跟加注音符的“星”分化成了两个字。我们在〔七（一）2〕的“网”字条里讲过，根据《说文》，“罔”是“网”字加注“亡”声的异体。后来“罔”专用来表示“没有”等假借义，跟“网”（網）也分化成了两个字。有时候，在表意字上加注音符，直接起分化文字的作用，如在“食”字上加注“司”声分化出“饲”字，详〔一一（一）1Cc〕。

2. 把表意字字形的一部分改换成音符

有些表意字是通过把字形的一部分改换成音符的途径，改造成形声字的，如〔七（一）2〕里提到过的　改为“囿”的例子。又如：当捕兔网讲的“罝”，甲骨文作

（罝），是一个表意字，后来“兔”旁换成“且”旁，就成了从“网”“且”声的形声字。

应该着重指出的一点，是古人为了使新旧字形有比较明显的联系，往往把表意字字形的一部分改成形状跟这部分字形相近或有关的一个声旁，如〔三（二）〕里提到过的改  为“昊”的例子。下面再举几个同类的例子。

（甲）　**何**　　“何”是负荷之“荷”的本字（“荷”的本义是荷叶，表示负荷之{荷}是假借用法）。“何”的表意初文象人肩荷一物，后来荷物人形简化为一般的“人”旁，象所荷之物的形符  改成形近的“可”，就成为从“人”“可”声的形声字了（李孝定指出甲骨文“何”字字形中象所荷之物的  即“柯”字初文，同时也起表音作用，见《甲骨文字集释》2629 页。那么这个字就应该跟我们在〔七（一）5A〕里讲过的“受”字属于同一类型，变为“何”是由会意兼形声字变为纯形声字）。

（图）　**聝**（馘）　　古人把战争中所杀敌人的左耳割下，作为计功的凭据，叫作聝。表意初文从“戈”从“耳”会意，后来“戈”改成从“戈”的“或”，就成为从“耳”“或”声的形声字了。

（甲）　**羞**　　“羞”的本义是进献食物，表意初文从“又”持“羊”，后来“又”改为形近的“丑”（篆文“丑”作 ），就成为从“羊”“丑”声的形声字了。

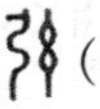（篆）　**弦**　　《说文》：“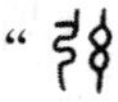，弓弦也。从弓，象丝轸之形。”（轸，戾也。这里指上紧弦。）汉印“弦”字多从“弓”从“糸”，也是表意字。后来象丝轸之形的  改成形近的“玄”，就成为从“弓”“玄”声的形声字了。

在上举各例的形声结构的后起字里，“何”、“聝”、“羞”在古文字阶段就已经出现，“弦”则是在隶楷阶段才出现的。

有些俗字也是通过把字形的一部分改成形近的音符而形成的，如第二章里提到的已经为简化字所采用的“恥”的俗体“耻”（汉隶“心”、“止”二形相近），又如“肉”的俗体“宍”（“肉”、“六”中古以前音近）、“曼”的俗体“㬅”等等。不过“恥”字其实本来就是形声字，“曼”字按照《说文》的分析也是形声字（《说文》说“曼”字从“又”“冒”声，但不一定可信）。

3. 在已有的文字上加注意符

有大量形声字是由于在已有的文字上加注意符而形成的。加注意符通常是为了明确字义。按照所要明确的字义的性质，加注意符的现象可以分为三类：

A. 为明确假借义而加意符　这就是在假借字上加注意符。例如："师"字本当师众讲，汉代人假借它来表示狮子的{狮}(《汉书·西域传》乌弋山离国"有桃拔、师子、犀牛")，后来加注"犬"旁分化出从"犬""师"声的"狮"字来专门表示这个假借义(《说文》无"狮"字，前后《汉书》中{狮子}都写作"师子"，《玉篇》、《广韵》有"狮"字)。第一章提到的甲骨文里的字，第二章提到的"徜徉"、"蜈蚣"、"鸽鹏"等字，都是在假借字上加注意符而成的形声字。

B. 为明确引申义而加意符　例如"取"字引申而有娶妻的意思(《诗·豳风·伐柯》"取妻如之何")，后来加注"女"旁分化出"娶"字来专门表示这个引申义。这样产生的字一般都是形声兼会意字，如"娶"字既可分析为从"女""取"声，也可分析为从"取、女"会意(《说文》："娶，取妇也。从女从取，取亦声。")。

上述这两种加注意符造分化字的现象都极为常见，由于后面讲假借字的后起本字(见〔九(一)〕)和文字的分化(见〔一一(一)1C〕)的时候还要谈到，这里就不多举例了。

C. 为明确本义而加意符　在〔七(一)〕里讲表意字实例的时候曾经提到，"它"是"蛇"的初文，"爿"是"牀"(床)的初文，"止"是"趾"的初文，"州"是"洲"的初文，"须"是"鬚"的初文，"厷"是"肱"的初文，"北"是"背"的初文，"采"是"採"的初文，"孚"是"俘"的初文，"埶"是"藝"(艺)的初文，"縣"(县)是"懸"(悬)的初文，"益"是"溢"的初文，"正"是"征"的初文，"韋"(韦)是"違"(违)的初文，"各"是"洛"的初文，"莫"是"暮"的初文，"原"是"源"的初文，"臭"是"嗅"的初文。"蛇"、"牀"、"趾"、"洲"等字，都是为了明确"它"、"爿"、"止"、"州"等字的本义，在这些字上加注意符而成的后起字。有的形声字也有加注意符的后起字，如"然"字从"火""肰"声("肰"音 rán，《说文》："肰，犬肉也。从犬、肉。")，本来是为{燃}而造的，后来又加注"火"旁而成"燃"字(《说文》无"燃"，《玉篇》、《广韵》以"燃"为"然"的俗体。关于在形声字上加注意符而成的后起字，参看下一节讲"多形"的部分)。

需要加注意符以明确本义的字，多数有比较通行的引申义或假借义，加注意符的后起字出现之后，初文通常就逐渐变得不再用来表示本义，而只用来表示引申义或假借义了。例如："蛇"字出现后，"它"字就逐渐变得只用来表示指示代词等假借义了。"趾"字出现后，"止"字就逐渐变得只用来表示停止等引申义了。这种后起字实际上起了分化字的作用，可以看作加注意符表示本义的分化字。它们所包含的初文，如"蛇"、"趾"等字所包含的"它"、"止"等偏旁，一般人都不当作初文而只当作声旁看待。所以应该承认它们是形声字。

有些加注意符而成的后起字，跟初文没有分化成两个字，例如上面刚举过的“牀”和“肱”以及〔三（二）〕里举过的“渊”和“钺”。这里提到的几个字，它们的初文都是象物字。这种后起字按理说应该跟〔七（一）2〕里举过的“胃”字一样，看作加注意符的复杂象物字（对不知道字形来历的人来说则是半记号半表意字）。但是，如果它们的初文同时还在某些常用的形声字里充当声旁的话，一般人仍然会把它们看作形声字。例如：“爿”在“壯”、“狀”等字里是声旁（参看〔七（一）2〕），“厷”在“宏”、“雄”等字里是声旁，“戉”在“越”字里是声旁，因此一般人把“牀”、“肱”、“钺”等字也都看作形声字（“𠁁”在“姻”的异体“婣”和“[illegible]”、“鼘”等字里是声旁，但是这些字现在都不常用）。

总之，为了明确本义加注意符而成的后起字，绝大部分都可以看作形声字。

为了明确本义加注的意符，有时跟被注的初文的一个偏旁重复。例如：“益”字篆文的上部是横过来的“水”，“溢”字又加“水”旁。“莫”字从“日”，“暮”字又加“日”旁。“然”字从“火”，“燃”字又加“火”旁。

有的后起字是在初文上加两次偏旁而形成的。例如：“㐭”是仓廪之“廪”的初文（甲骨文作，疑本象有苫盖的谷物堆），先加“禾”为“稟”（今作禀），又加“广”为“廩”（今作廪。“廩”字产生后，“稟”一般用于发给、领取粮食等义。《说文》已分“稟”、“廩”为二字。后来，“禀”只用于禀受、禀承等变音引申义，发给、领取粮食等义也由“廪”字表示）。“网”是“網”的初文，先加“亡”声为“罔”，又加“糸”旁为“網”（参看〔七（一）2〕“网”字条）。但是《说文》认为“肱”字本作，先加“又”为“厷”，又加“肉”为“肱”，却是有问题的。〔七（一）3〕里已经讲过“肱”本作，在古文字里并没有能够脱离“又”而单独存在的字。

加注意符的后起字，有一些始终未能取代初文，如“湶”（见汉碑）、“薗”（园）、“菓”、“韮”等。

清代文字学者王筠把加注意符而成的分化字称为分别文；把加注意符而成的后起字里，不起分化字作用的那部分字，称为累增字（见《说文释例》卷八。但王筠所举的累增字，有的实际上仍可看作表示本义的分化字）。

4. 改换形声字偏旁

在汉字里，改换某个形声字的一个偏旁，分化出一个新的形声字来专门表示它的某种意义的现象，也很常见。例如：振起的“振”引申而有赈济的意思（《礼记·月令》季春之月:“命有司发仓廪,赐贫穷,振乏绝。”也有人认为这是“振”的本义),后来就把“振”字的“手”旁改成“贝”旁,分化出“赈”字来专门表示这种意义。由于在讲文字分化的时候还要谈到这种现象,这里就不再举例了。

改造表意字为形声字以及从已有的文字分化出形声字的途径,主要就是以上这四种。由第三种途径产生的形声字为数最多。

有些形声结构的后起字,在外形上跟表意初文毫无联系,似乎是直接用意符和音符构成的,但是实际上却有比较曲折的形成过程。例如:“箙”的初文是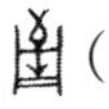(象盛矢器,后来讹变为“葡”),二者在字形上毫无联系,但是“箙”却并不是直接用“竹”旁和“服”旁构成的。古代多借“服”为“葡”(《诗·小雅·采薇》:“象弭鱼服。”鱼服即一种鱼皮做的矢箙),“箙”应该是在假借字“服”上加注“竹”旁而成的分化字。

由于简化等原因,也存在一些形声字被改成表意字的现象。例如:

歙——饮　　　　𢋈(檈)——闩

糴——籴　　　　巖——岩

还有一些形声结构的后起字,由于竞争不过表意初文而受到淘汰。例如:“珏”有一个形声结构的后起字“瑴”(从玉㱿声),“鬲”有一个形声结构的后起字“甗”(从瓦厤声),这两个字都很早就不通行了。

(二)　多声和多形

汉字是单音节的。按理说,一个形声字只要一个声旁就足够了。形旁一般是用来指示形声字字义的类别的,也没有超过一个的必要。但是按照《说文》的分析,有些形声字却具有两个声旁或两个以上的形旁。我们称这种情况为多声、多形。下面分别对多声和多形的形声字做一些考察。

1　多声

《说文》明确说成从二声的形声字有“竊”(窃)和“韲”(齑):

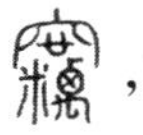,盗自中出曰窃。从穴,从米,禼、廿皆声。廿,古文疾。禼,古文偰(xiè)。

,墜也。从韭,次、𠂔(zǐ)皆声。(齏),韲或从齐。

《说文》对“竊”字的分析显然不可信。因为从古文字看,“廿”决不可能是“疾”的古

文。有人认为"竊"本是个会意字,"乃鼠穿穴咬物盗米之象"(高亨《文字形义学概论》214 页),可供参考。"韰"字所从的"次"、"疒"二字的确都有做声旁的资格。但是在造字的时候,大概是不会叠床架屋地把两个声旁同时都用上的。前面曾经指出,有些表意字在使用过程中加注了音符。形声字偶尔也有加注音符的情况。例如在西周金文中,从"示""畐"声的"福"字有时加注"北"声而作 (《金文编》9 页);又有"逋"字(见小臣逋鼎),似是加注"夫"声的"逋"字。"韰"字可能本是从"韭""疒"声或从"韭""次"声的一般形声字,后来加注了一个音符就成为二声的形声字了。石鼓文里有"欶"字,王国维认为"韰"字就是以这个字为声旁的(《观堂集林·卷六·释昱》)。如果确实如此,"韰"就只是一个一形一声的形声字了。

总之,真正的二声字是极少的,而且大概是由于在形声字上加注音符而形成的。

2　多形

《说文》分析为从两个以上形旁的形声字比较多。这些字的情况相当复杂。

有的字本是表意字,《说文》根据讹变的形体把它分析成了多形的形声字。例如"彘"字本象腹上贯矢的豕,"《说文》里把它错成从彑,从二匕,矢声,就成了所谓三形一声了"(唐兰《中国文字学》107 页。"矢"、"彘"音近,"矢"也可以认为兼有表音作用)。

有的字实际上是一形一声的形声字,《说文》把充当它的形旁或声旁的合体字割裂了开来,因此把它错析成了多形的形声字。下面是几个例子:

寢　《说文》:"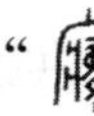,寐而有觉也。从宀,从疒,夢(梦)声。"("寢"当由甲骨文的  字演变而成。《说文》训"夢"为不明,以"寢"为夢寐之"夢"的本字。)"寢"字所从的"疒"本应作"爿",《说文》篆形有误。《说文》作  的"寐"字,始皇泰山刻石作 ,可证。甲骨金文里有  字,有人指出这就是"寢"字所从的"疒"(《金文编》543 页引高景成说),当可信。"疒"的字形表示屋子里有床,字义当与"寝"相近,也有可能就是"寝"的初文。"寢"本应是从"疒""夢"声的一般形声字。《说文》既把"疒"错成"疒",又不知道这本是一个可以独立使用的字,所以就把"寢"字分析错了。

敚　《说文》:",妙也。从人,从攴,豈(岂)省声。"古文字里有 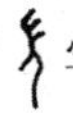 字,"敚"字的左旁是由它变来的。"敚"本应是从"攴""耑"声的一般形声字,《说文》未收

“完”字,所以就把它分析错了。

飭(饬)、蝕(蚀)　《说文》:“飭,致坚也。从人,从力,食声”,“蝕,败创也。从虫、人、食,食亦声”。古有“飤”字(金文习见,又见《说文·食部》),“飭”应该分析为从“力”“飤”声,“蝕”应该分析为从“虫”“飤”声(参看《六书故》)。至于《说文》分析为“从巾,从人,食声”的“飾”字,本来既有可能跟“飭”、“蝕”相类,是从“巾”“飤”声的字,也有可能跟下面马上要讲到的“寶”、“壄”等字属于一类,详下文。

有的字是在会意字上加注音符而成的形声字。例如:

寶(宝)　《说文》:“,珍也。从宀,从玉,从贝,缶声。”“宝”字在甲骨文里写作,表示屋子里有贝、玉等宝物,本是一个会意字。周代金文才加注“缶”声而成形声字。《说文》对“宝”字的分析不能算错,但是不如分析为“从宀从玉从贝会意,缶声”妥当。

上一节讲过的“壄”(野)字、“歓”(饮)字,情况跟“宝”相似。《说文》把“歓”字分析为从“欠”“酓”声,其实应该分析为“从欠从酉会意,今声”(高田忠周《古籀篇》卷首“建首系谱”20下)。上面刚提到过的“飾”字,本义是刷拭(“拭”大概就是表示它的本义的分化字,参看《段注》)。这个字也有可能本是从“人”持“巾”以表示刷拭之义的一个表意字(金文有从“人”持“巾”之字),后来才加注“食”声而变成形声字。

有的字是在一形一声的形声字上加注意符而成的后起字。例如:

奉　《说文》:“,承也。从手,从収,丰声。”“収”象两手。按理说,造“奉”字的时候是没有必要把“収”和“手”这两个形旁一起用上的。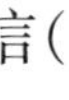字金文作。散氏盘铭文有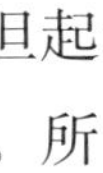字,古文字学者大都认为是“奉”的初文,当可信(这个字所从的“丰”不但起音符的作用,同时也代表两手所捧之物,跟甲骨、金文“受”字所从的“舟”相类。所以这个字也可以看作会意兼形声字),可证“奉”字的“手”旁确是后来加上去的。“奉”字的构造跟上一节讲过的“燃”字相类。不过“燃”字出现后,“然”字仍然在频繁使用(用来表示它的假借义)。“奉”字出现后,它的初文就逐渐被遗忘了。

《说文》对形声字加注意符的现象,有时是明确指出的。例如:

菹,酢(醋)菜也。从艸,沮声。蘫,或从皿。

（匡），饭器，筥也。从匚，㞷声（“㞷”，字书音 huáng，参看本章〔（六）3〕）。筐（筐），匡或从竹。

不过许慎已经不知道“奉”字是由  变来的，所以处理它的办法就跟处理“薀”、“筐”等字不一样了。像“筐”、“燃”那样实际上跟初文已经分化成两个字的后起字，以看作一形一声的形声字为妥。像“奉”字那样初文早就已经废弃的后起字，把它们分析成多形的形声字也无不可（这是就“奉”字篆文字形说的，隶、楷字形已丧失表音作用）。不过我们应该知道，它们的形成有一个过程，并不是一开始就使用两个形旁的。

还有些从二形的形声字，很像是在形声字上加注意符而成的后起字，但是由于缺乏确凿的证据还难以下断语。例如：

薄　《说文》：“薄，水萹茿也。从艸，从水，毒声。”此字有异体“䓯”，见《玉篇》等书，它的“水”旁有可能是后加的。但是《玉篇》等书晚于《说文》，所以这一点还不能肯定下来。“薄”字之外，“藻”（藻）、“蕅”（藕）等字《说文》也认为是从“艸”从“水”的二形字。

碧　《说文》：“碧，石之青美者。从玉、石，白声。”《说文·玉部》里有很多训为“石之似玉者”、“石之次玉者”或“石之美者”的字。这些字除去“碧”字之外，都是从“玉”的一形一声的形声字。可能“碧”字本来也只从“玉”，“石”旁是后加的（不过“琥珀”之“珀”与“碧”字无关。“琥珀”本作“虎魄”，“珀”是“魄”的分化字）。

总之，可以看作是多形的形声字，大概绝大多数是由于在表意字上加注音符或在形声字上加注意符而形成的。

（三）省声和省形

造字或用字的人，为求字形的整齐匀称和书写的方便，把某些形声字的声旁或形旁的字形省去了一部分。这种现象文字学上称为省声、省形。下面分别加以说明。

1　省声

省声的情况大体上可以区分为三类：

A. 把字形繁复或占面积太大的声旁省去一部分　　例如：

襲(袭)　　《说文》分析为“从衣,龖(tà)省声”,所录籀文从“龖”不省。

秋　　《说文》:“……从禾,𪚼(jiào)省声。,籀文不省。”{秋}在甲骨文里写作(𪛁,音 qiú,较晚的字书多讹作䵷)或(䶂,当从𪛁得声,《说文》𪚼字可能即其讹体),都是假借字。后来才在“䶂”字上加“禾”旁,造成{秋}的专用字。《说文》所录籀文已变“𪛁”为“龜”(龟),汉碑“秋”字或作(杨著碑),尚存古形。《说文》说“秋”字“𪚼省声”,应改作“䶂省声”(看唐兰《殷虚文字记·释𪛁䶂》)。

潸　　《说文》分析为“从水,散(散)省声”。

珊、姗　　《说文》分析为“从玉,删省声”,“从女,删省声”。《说文》未收的“跚”字也应该是从“删”省声的。“栅”字的情况比较复杂。《说文》“栅”字从“册”声(木部:“栅,编树木也。从木,从册,册亦声。”)。《广韵》中既有从“册”声的“栅”(入声麦韵楚革切:“栅,竖木立栅,又村栅。”入声陌韵测戟切:“栅,村栅,说文曰竖编木。”),又有从“删”省声的“栅”(去声谏韵所晏切:“栅,篱栅。”)。现在栅栏的“栅”读 zhà,由从“册”声的音变来;电学上“栅极”的“栅”读 shān,取“删”音,但声调跟中古读所晏切的“栅”不同。

对一般人来说,这类省声字的声旁多数已经丧失表音作用。

B. 省去声旁的一部分,空出的位置用来安置形旁　　例如：

夜　　《说文》:“……从夕,亦省声。”这种写法的“夜”字已见于西周金文,历史颇古。楷书“夜”字已经变得根本看不出从“亦”声的痕迹了。古文字“夜”字也有从“亦”声不省的,如楚简的“𡖒”。

畿　　《说文》分析为“从田,幾省声”。

徽、黴(霉)　　《说文》分析为“从糸,微省声”,“从黑,微省声”。

蹇、褰、謇、騫　　以上各字《说文》都分析为从“寒”省声。“搴”字也是从“寒”省声的,但《说文》作“攓”,从“寒”声不省。《说文》未收的“謇”字也是从“寒”省声的。

C. 声旁和形旁合用部分笔画或一个偏旁　　例如：

齋(斋)　　《说文》分析为“从示,齊省声”。“齋”字中间的二横画,既可看作“示”的上部,也可看作“齊”的下部,实际上是声旁和形旁合用的笔画。汉碑或作

“穧”，不省。

黎　《说文》分析为“从黍，秎（古文“利”）省声”。其实，“黎”字左上角的“禾”既可看作“黍”的上部，也可看作“秎”的左旁。

羆（罴）　《说文》分析为“从熊，罷省声”。其实，“羆”字中间的“能”既可看作“熊”的上部，也可看作“罷”的下部。

桌　《广韵》以“桌”为“卓”字古文，可能是《说文》“卓”字古文的变形。后人多把“桌”当作棹椅之“棹”的简体用（这个“棹”跟当船桨讲的“棹”是同形字，参看〔一〇（二）〕）。按照这种用法，“桌”可以看作形旁“木”和声旁“卓”合用部分笔画的形声字。

这类字的情况本来是介于省声和省形之间的。不过习惯上都按照《说文》的办法，把它们当作省声字处理。

从上面所举的例子可以看到，省声字并非都是一开始就省声的，有些字是在使用过程中由一般的形声字改成省声字的。例如篆文的“袭”字、“秋”字，就是由较早的古文字里的一般形声字省略而成的。还有不少字在篆文里并没有省声，到隶书或楷书里，才变成省声字。例如：

省为蠹　　省为島（岛）

省为釜　　省为薔（蔷）

“釜”可以看作声旁、形旁合用部分笔画的省声字。汉简隶书作“釜”，不省（汉代草书也不省）。《说文》未收的“嫱”、“樯”等字以及“牆”的异体“墙”（现在为简化字所采用），跟“薔”字一样，也是从“牆”省声的字。汉石经有“蘠”字，不省。

近代翻译外语女性第三人称代词的字，在刚出现的时候写作“他女”（见 1918 年《新青年》第六卷所载安徒生《卖火柴的女孩》译文），后来刘半农把它改作“她”。这也可以看作由不省声变为省声的一个例子。

有些形声字是否看作省声字，是两可的。这部分字可以分成两类：

A. 有些字的声旁本来是单独成字的，但是后来只在加注意符的后起字里作为偏旁而存在。这些字既可以看作一般的形声字，也可以看作从声旁的后起字省声的字。例如：先秦有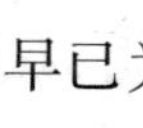字，象燋烛燃烧形，就是“褮”的初文，可以隶定为“𤇾”。在《说文》的时代，“𤇾”早已为加“火”旁的后起字“熒”所代替。《说文》把“熒”字错析成“从焱、冖”，可知许慎已不知古有“𤇾”字。所以，从“𤇾”声的“榮”、“營”等字，在

《说文》里大都被说成从“熒”省声。就当时用字的实际情况来说，这样分析似乎也不能算错（参看陈世辉《略论〈说文解字〉中的省声》，《古文字研究》第一辑）。

B. 有些字是改变某个形声字的形旁而成的分化字。这些字大都既可以看作一般的形声字，又可以看作从母字（即它们所从分化的字）省声的字。例如上一节举过的由“振”字分化出来的“赈”字，既可以分析为从“贝”“辰”声，也可以分析为从“贝”“振”省声。我们还可以举几个近代所造的化学用字来看看。近代翻译外国化学著作的时候，起先把氧称为養气，氢称为轻气，氮称为淡气，氯称为绿气。后来才造出了形声结构的“氧”、“氢”、“氮”、“氯”等字。这四个字既可以分析为从“羊”声、“𢀖”声、“炎”声、“录”声，也可以分析为从“養”、“轻”、“淡”、“绿”省声（参看殷焕先《汉字的教学与汉字的简化》，《山东大学学报》1964 年 2 期）。采用省声的分析方法，能反映出这种字的来历，并且往往能更好地表示字音。但是如果没有确实掌握这种字的来历，就无法做这种分析。

虽然省声是一种并不罕见的现象，我们对《说文》里关于省声的说法却不能随便相信。《说文》关于省声的说法有很多是错误的，这些错误大体上可以分为三类：

A. 错析字形　　例如：“监”本是一个会意字（见〔七（一）5C〕），《说文》所录篆形作 ，错析为“从卧，䘓省声”。“龙”本是一个象物字（见〔七（一）2〕），《说文》所录篆形作 ，错析为“从肉，飞之形，童省声”。“敳”本是从“支”“岂”声的字，《说文》由于失收“岂”字，把它错析为“从人，从支，豈（岂）省声”（见上节）。

B. 把一般的声旁错认作经省略的声旁　　例如：《说文》说“咺”字“从口，宣省声”，其实“宣”字本身就从“亘”声，“咺”也应该是从“亘”声的（这个“亘”音 xuān，又音 huán，跟由“亙”变来的音 gèn 的“亘”是同形字）。《说文》说“犊”字“从牛，渎省声”，其实“渎”字本身就从“卖”声，“犊”也应该是从“卖”声的（这个“卖”本作“𧶠”，音 yù，跟本作“賣”的买卖的“卖”不是一个字。“𧶠”和“賣”在隶楷里都变为“賣”，现在又都简化为“卖”）。这类错误，有些可能不是《说文》的原误，而是由于后人的窜改而造成的。

C. 把从甲字省声的字说成从乙字省声　　例如：唐兰先生指出古代有从“㫃”“昜”声的“旟”字（见周代金文），傷、殤、慯、觴等字都应该是从“旟”省声的。《说文》说“傷”从“殤”省声，“殤”从“傷”省声，自相矛盾；说“慯”从“殤”省声，“觴”从“鴙”省声，也都不正确（“慯”是表示“傷”字忧傷之义的分化字，“殤”大概也是从“傷”分化出来的。从这方面看，《说文》说“殤”从“傷”省声，还是可以的。

“惕”字也可以分析成从“傷”省声)。又如:《说文》把大多数从“𤇾”声的字说成从“焚”省声。前面已经说过,这样做也未尝不可以。但是《说文》又把“禜”、“䁝”、“鶑”说成从“桀”省声,把“犇”说成从“瑩”省声,把“犖”说成从“營”省声。这就自乱其例了。

2　省形

省形字的数量比较少,省形的情况大体上可以分为两类:

A. 把字形繁复的形旁省去一部分　　例如:

星　《说文》:“……从晶,生声。……,曐或省。”

晨　《说文》:“,房星为民田时者。从晶,辰声。,曟或省。”(这本是辰星之“辰”的专用字。早晨的“晨”篆文作。隶楷皆作“晨”)

B. 省去形旁的一部分,空出的位置用来安置声旁　　例如:

考　《说文》:“,老也。从老省,丂声。”

耆　《说文》:“,老也。从老省,旨声。”篆文“老”字下部作“匕”,跟“旨”字上部不同,楷书则混而不分。所以楷书“耆”字可以看作形旁和声旁合用部分笔画的形声字。

屦　《说文》分析为“从履(履)省,娄声”。《说文》“履”部所收之字,如“屐”、“屐”等都从“履”省。

弑　《说文》分析为“从殺省,式声”。从简化字的立场来看,“弑”就不必算作省形字了。

《说文》关于省形的说法,也有一些是有问题的。例如:《说文》把“鹼”(碱)字分析为“从鹽(盐)省,佥声”。其实“鹽”字本身就是从“卤”“监”声的形声字,“鹼”也应该是从“卤”的一般形声字。又如:《说文》把“橐”字分析为“从橐省,石声”,“囊”、“橐”、“橐”等字也都被说成从“橐”省。在篆文里,这些字的形旁都作。金文有“橐”字,形旁作,象缚住两头的橐,应该就是“橐”的象形初文(参看高田忠周《古籀篇》卷首“建首系谱”44 上及 87 · 31“橐”字条。《史记 · 郦生陆贾列传 · 索隐》引《埤仓》:“有底曰囊,无底曰橐。”橐无底,所以盛物时需要缚住两头)。在的上部加上象捆住上口的绳索形的小圈,就成为了。所以“橐”是跟“齿”、“厈”等字

同类的，在象形初文上加注音符而成的形声字，而不是从“橐”省的字。（㯻，音hùn）反倒是从“橐”的象形初文，从“圂”省声的字（实际上是形旁、声旁合用部分笔画。《说文》把“㯻”分析为“从束，圂声”是错的）。“櫜”和“橐”也都是以“㯻”的象形初文为形旁的。由于“㯻”的象形初文早已为加“石”声的后起字所取代，也可以把它们说成从“㯻”省，就跟从“𤇾”声的字也可以说成从“熒”省声一样。“㯻”也未尝不可以分析为“从櫜省，圂声”。“囊”的初文应作，象一个束缚上口的有底的袋子（商代金文有字，象盛有贝的囊。《古籀篇》99·40以为即之省，恐非），后来才变为从“㯻”的象形初文的形声字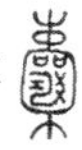（《说文》说“囊”从“襄省声”，《段注》认为经后人窜改，许慎原文当作“𤕦声”。“𤕦”就是“襄”的声旁）。

从古文字看，“彳”旁实际上是“行”旁之省（“彳”旁只用作意符），“虍”旁实际上是“虎”旁之省（“虍”旁既用为意符也用为音符）。由于《说文》把“彳”（字书音chì）和“虍”（字书音hū）看作独立的字，一般不说从“彳”从“虍”是省形省声。

表意字也有省略偏旁字形的现象，在这里附带说一下。例如：“尘”字繁体“塵”的篆文从三“鹿”从“土”（字形表示众鹿奔跑扬起尘土），籀文则从三“声”（鹿头形）从二“土”，“声”就是“鹿”的省形（《说文》把“尘”字篆文分析为“从麤从土”。按照这种分析，“塵”所从的“鹿”也可以看作“麤”的省形）。“尿”字篆文从“尾”从“水”会意，隶、楷省“尾”为“尸”，这也是省形。

但是，《说文》分析表意字时所用的省形的说法，也往往是靠不住的。例如本章第一节举过的“箙”的象形初文，后来讹变为（葡），《说文》误以为它的本义是備具，把它的字形分析为“从用，苟省”。这是完全不可信的。“苟”音jí，《说文》训为“自急敕”。从古文字看，这本是从从“口”的一个字。，有人认为就是“羌”字，它的下部显然象人形。《说文》把“苟”字分析为“从羊省，从包省，从口”，也是错误的。

（四）形旁和声旁的位置

在〔四（四）〕里已经说过，古汉字的偏旁位置是很不固定的。在形声字里，这一现象尤其突出。到成熟的楷书里，情况有了很大改变，形旁和声旁有不止一种配置方式的形声字虽然还有，但是已经不是很多了（参看〔一〇（一）5〕）。不过从全部形声字来看，形旁和声旁的配置方式仍然是多种多样的。粗分一下，大概有八种类型：

1. **左形右声**　防（从阜方声）、祥（从示羊声）、靳（从革斤声）、峡（从山夹声）、肌（从肉几声）

2. **右形左声**　祁（从邑示声）、欣（从欠斤声）、斯（从斤其声）、雌（从隹此声）、胡（从肉古声）

3. **上形下声**　宇（从宀于声）、楚（从林疋声）、芹（从艸斤声）、崔（从山隹声）、霖（从雨林声）

4. **下形上声**　盂（从皿于声）、禁（从示林声）、斧（从斤父声）、岱（从山代声）、育（从肉亡声）

5. **声占一角**　旗（从㫃其声）、房（从户方声）、病（从疒丙声）、徒（从辵土声）、近（从辵斤声）

6. **形占一角**　疆（从土彊声）、载（从车𢦏声，𢦏通灾）、颖（从禾顷声）、滕（从水朕声）、修（从彡攸声）

7. **形外声内**　圆（从囗员声）、阁（从门各声）、匪（从匚非声）、衷（从衣中声）、衙（从行吾声）

8. **声外形内**　齑（从韭齐声）、闻（从耳门声）、篡（从厶算声，厶是公私之私的本字）、哀（从口衣声）、辩（从言辡声）

在上述这八种类型中，最常见的是左形右声。

上面所举例字使用的有些偏旁，写法跟它们独立成字时不同。除一般所熟知的在左的“阝”（阜）、在右的“阝”（邑）以及“月”（肉）、“礻”（示）、“艹”（艸）、“讠”（言）、“氺”（水）等偏旁外，还有“滕”所从的“䑣”（“腾”、“縢”等字和“胜”的繁体“勝”、“誊”的繁体“謄”所从的“朕”声也都这样写）、“篡”所从的“𥮕”（“纂”所从的“算”声也这样写）、“修”所从的“攸”（“脩”、“倏”和“条”的繁体“條”所从的“攸”声也都这样写）。“讠”是20世纪50年代规定的简化偏旁。“攸”旁作“攸”的写法是60年代以后才成为正体的（但“倏”字所从的“攸”过去就已普遍写作“攸”）。

有个别形声字的声旁，被后人不恰当地割裂了开来。例如：从“衣”“集”声的“褋”一般都写作“雜”（现在简化为“杂”）。从“匚”“淮”声的“匯”，也有人写作“滙”（现在简化为“汇”）。从“门”“活”声的“闊”，过去也可以写作“濶”。

有时候，同样的形旁和声旁由于配置方式不同而形成不同的形声字。例如：

忡≠忠　　怡≠怠　　吟≠含

旰≠旱　　　枷≠架　　　裸≠裹

这种依靠偏旁配置方式来区分同成分形声字的办法，在先秦古文字里通常是看不到的。上面所举的几对同成分的形声字，有的在传世古书里仍有不加区分的用例。例如《礼记·曲礼上》"男女不杂坐，不同椸枷"，"椸枷"当衣架讲，这个"枷"就是用来表示{架}的。

（五）形旁的表意作用

1　形旁跟字义的关系

有少数形声字跟形旁同义，如"船"、"頭"、"爹"、"爸"等。绝大多数形声字的形旁，只是跟字义有某种联系。例如：

黝　黝是"微青黑色"（见《说文》），所以其字从"黑"。

枫　枫是一种树木，所以其字从"木"。

郴　郴是都邑名，所以其字从"邑"。

缸　缶是古代常用的一种容器。缸是跟缶相类的器物，所以其字从"缶"。

轴　轴是车的一部分，所以其字从"车"。

纨　纨是用丝织的，所以其字从"糸"（关于"糸"，参看〔七（一）2〕"丝"字条）。在字义跟丝有关的字之外，字义跟绳索有关的字也大都从"糸"。

逃　逃需要走路，所以其字从"辵"（关于"辵"，参看〔七（一）2〕"行"字条）。

欧　"欧"本是"呕"的异体，呕吐需要张口，所以其字从"欠"（关于"欠"，参看〔七（一）5C〕）。

刻　刻镂通常用刀，所以其字从"刀"。

销　"销"的本义是熔化金属，所以从"金"。

醉　醉是喝酒的结果，所以其字从"酉"（关于"酉"，参看〔七（一）2〕）。

祸　"示"字本象神主。古人认为鬼神降祸福于人，所以跟祸福有关的字多从"示"。

啤　啤酒的"啤"本来是表示英语 beer 的音的。为音译外来语而造的形声字多从"口"。如"咖啡"、"咖喱"、"咔叽"、"噻唑"等等。此外，为语气助词、叹词等造的形声字，也往往从"口"，如"哪"、"吧"、"唷"、"嗳"等。

通过上引这些例子可以看到，形旁本身的意义跟形声字字义之间的关系是多种多样的，情况很复杂。

形旁表意往往有片面性，我们在〔七（二）〕里讲过这个问题，这里就不重复了。

由于词义引申和文字假借等原因，有不少形声字的形旁已经丧失表意作用。这个问题在第二章里已经讲到，这里也不重复了。

有时候，事物本身或人的思想意识的变化也会影响形旁的表意作用。例如：古代用青铜镜，所以“镜”字从“金”。对我们所用的玻璃镜子来说，从“金”就不合适了。古代统治阶级歧视妇女，所以有些表示恶德的字从“女”，如“妄”、“婪”、“嬾”（懒）等。这在今天看起来，是十分不合理的（参看蒋维崧《汉字浅说》84 页，山东人民出版社，1959 年）。

2 形旁的代换

有不少形声字的形旁，既可以用甲字充当，也可以用乙字充当；或者先用甲字，后来改用乙字。我们称这种现象为形旁的代换。

有些义近的形旁有时可以相互代换，如〔七（一）2〕里提到过的“鸟”和“隹”。下面再举几个例子（字下加横线的是现在的正体或通行体）：

豻——犴　　貛——獾
稉——粳　　穅——糠
幝——裈　　帬——裙
詠——咏　　歎——嘆（叹）
𨑥——徂　　跡——迹

《说文》把“歗”跟“啸”分成两个字。实际上它们的使用情况并无区别，应该看作一字异体。

为形声字选择形旁时，如果对文字所指的事或物有不同的着眼点，所选择的形旁就会不一样。这也是造成形旁代换现象的一个原因。例如：

鍊——炼

熔炼这类行为的对象是金属，用来熔炼金属的是火。着眼于前一点，就选“金”为形旁。着眼于后一点，就选“火”为形旁。

缾——瓶　　罂——甖

瓶、罂是缶一类的容器，所以其字可以从“缶”。它们大都是陶质的，所以其字又可从“瓦”。同类的例子尚有“杯”也作“盃”，“槃”也作“盤”（盘）等等。

此外，器物质料或性能的改变或多样性，也会引起形旁代换的现象。例如“盘”字，除了“槃”这个异体外，还有过从“金”的异体“鎜”。又如：大炮的“炮”字本来写作"礮"，又省为"砲"，都以"石"为形旁，因为原始的炮只不过是一种抛石机。后来抛石机演进为火炮，慢慢就有人用"火"旁来取代"砲"的"石"旁了。现在"炮"已经成为正体（大炮的"炮"跟炮炙的"炮"是同形字）。

有个别形声字的形旁甚至可以由四、五个不同的字相互代换，后面讲异体字的时候将会举到这种例子（见〔一〇（一）4〕）。

（六）声旁的表音作用

1　声旁跟字音的关系

按理说，声旁应该尽可能精确地表示形声字的读音。但是由于下一小节要讲到的种种原因，大多数形声字都跟声旁不同音，而且彼此的差异有时还很大。

有人曾据《新华字典》里7504个可以分析出偏旁的字（绝大多数是形声字）进行统计，结果读音跟声旁全同的形声字只有355个，占百分之4.7；声母、韵母同而声调异的只有753个，占百分之十。二者相加也只占百分之十五弱（叶楚强《现代通用汉字读音的分析统计》，《中国语文》1965年3期）。估计跟声旁声韵相同（包括调异的在内）的形声字，在全部形声字里所占的比重不会超过五分之一。

有些形声字的声旁已经变得一点也没有表音作用，实际上已经只能看作记号了。在第二章里曾经谈到过这个问题，这里就不重复了。

声旁表音作用的不健全还表现在同从一个声旁的形声字往往有很多种读音这一点上。例如从"者"声的形声字就有十多种读音：

赭 zhě　奢 zhē　诸 zhū　煮 zhǔ　箸 zhù　奢 shē

阇（梵语"阇梨"之"阇"）shé　书（本作"書"）shū　暑 shǔ

楮 chǔ　都 dū　睹 dǔ　屠 tú　绪 xù　觰 zhā

如果再加上"都"字读 dōu 的音和也可以写作"着"的"著"字的 zhuó、zháo、zhāo、zhe（轻声）等音（"着"本是"著"的讹体，参看〔一一（一）1A〕），一共就有二十种读音了。类似的例子还可以举出一些。至于同从一声的形声字有好几种读音的例子，就举不胜举了。

不过，从绝对数量来看，跟声旁同音的形声字还是相当多的。偶尔还能看到同从一个声旁的很多形声字全都跟声旁同音的现象。从"皇"声的"湟"、"惶"、"煌"、"遑"、"喤"、"蝗"、"篁"、"锽"、"徨"、"艎"、"凰"、"鳇"、"馇"、"隍"等字全都读作"皇"，就是一个典型的例子。而且形声字和声旁的声母、韵母即使不相同，在多数情况下总还是比较接近的。例如："空"的声母是 k，声旁"工"的声母是 g，二者都是舌根塞音。"猫"的韵母是 ao，声旁"苗"的韵母是 iao，区别仅在 i 介音的有无。尤其是在韵尾辅音方面，形声字和声旁大多数是一致的。例外如"朕"（zhèn）和"滕"、"腾"（téng），"兵"（bīng）和简化字"宾"（bīn）等，为数不是很多。

有的形声字的读音跟声旁很不一样，但是在跟它同从一声的形声字里可以找到同音或音近的字。例如"垩"（è）从"亚"声，二者的读音差得很远，但是同从"亚"声的"恶"跟"垩"同音。如果跟"恶"字联系起来，"垩"字的读音就很容易记住。有的声旁已经被改成跟它完全不同音的一个字，但是由于使用它的形声字不止一个，实际上也还能起一定的表音作用。例如：声旁"䧹"已经被改成"享"（参看〔五（三）〕），从这个声旁的"淳"、"醇"、"鹑"、"敦"、"惇"、"谆"、"埻"等字，读音跟"享"字都毫无共同之处。但是，"淳"、"醇"跟"鹑"（chún），"敦"跟"惇"（dūn），都是完全同音的；"谆"（zhūn）跟"埻"（zhǔn）只有声调不同。如果注意到它们都从同一个声旁，只要已经知道某一组字里某一个字的读音，就很容易记住这组字里别的字的读音。这三组字的韵母除声调外完全相同，如果已经知道其中一组字的读音，其他两组字的读音也是容易记住的。可见这些字里的"享"旁仍然能起一定的表音作用。

总之，我们一方面要注意防止"读字读半边"的错误，一方面仍然应该尽量利用声旁来帮助记忆字音。

形声字的读音有时会由于声旁或同从一声的其他形声字的读音的影响，发生不合于古今音变规律的变化。例如："怖"字《广韵》音"普故切"，今音应为 pù，由于声旁"布"的影响变为 bù。"矿"字《广韵》音"古猛切"，今音应为 gǒng，由于"旷"、"圹"、"纩"等字的影响变为 kuàng。现在有很多人把"荨"（qián）读为"寻"（xún）（校按：现在"荨麻疹"的"荨"已规定改读 xún），"档"（dàng）读为"挡"（dǎng）……，也是同类的现象。这表现了文字对语言的反作用（参看黎新第《形声字读音类化现象探索》，中国音韵学研究会《音韵学研究》第一辑，中华书局，1984 年）。

2 声旁和形声字的读音有差异的原因

声旁和形声字的读音为什么大多数有差异，而且有时差异还很大呢？其原因可以分两方面来谈。

首先，在造形声字的时候，就存在用不完全同音的字充当声旁的情况。这主要有两个原因：

A. 声旁不宜用生僻的或字形繁复的字充当。在选择声旁时，为了照顾这方面的条件，有时就不得不在语音条件上放松一点。现代人为形声结构的简化字所选择的声旁，并不一定跟这个字完全同音。例如："审"跟"申"声调不同；"灿"跟"山"声母、声调都不同；"袄"跟"夭"，一无韵头 i，一有韵头 i，声调也不同。古代人造形声字的时候，当然也会有类似的情况。

B. 形声结构的分化字，有不少在产生的时候就跟声旁不完全同音。这一点需要做较多的说明。

古汉语里的词往往通过语音上的细微变化派生出新词来。这种语音跟母词略有差别的派生词，在文字学上可以称为变音的引申义。本章第一节里说过，造加注意符表示引申义的分化字，是形声字产生的途径之一。在这种分化字里，有很多字是表示它们所从分化的母字的变音引申义的。这些字跟由它们的母字充当的声旁，必然不会完全同音，例如"懈"跟"解"就是这样。{懈}指心理上的松解，是"解"字的变音引申义。"懈"是在"解"字上加注"心"旁而成的分化字。它跟声旁"解"的读音有去声跟上声的不同（后来"懈"跟"解"的声母也变得不同了）。

由于一个字原来的读音跟它用作假借字时的读音不一定完全相同，在假借字上加注意符而成的形声结构的分化字，也有可能跟声旁不同音。例如：古代借耆老之"耆"来表示{嗜}（《孟子·告子上》："曰：耆秦人之炙，无以异于耆吾炙。"）。{耆}（qí）跟{嗜}（shì）不同音，因此在"耆"字上加注"口"旁而成的"嗜"字也跟声旁不同音。

在初文上加注意符而成的后起字里具有分化字性质的那部分字，即表示本义的分化字，由于一般人通常只熟悉它们的初文在表示假借义或引申义时的读音，也有一部分（即初文的本义跟假借义或引申义不同音的那部分字）会被看作跟声旁不同音的形声字，如本章第一节里举过的"蛇"、"悬"等字。

改换形声字形旁而成的分化字，也有不少跟声旁不同音。例如本章第一节里举过的"赈"字，是改变跟它同音的母字"振"的形旁而成的分化字。"振"跟声旁不同音，"赈"当然也跟声旁不同音。

总之，在分化字里，产生的时候就跟声旁不同音的形声字是相当多的。

以上讲的是声旁和形声字的读音有差异的第一方面原因。我们要讲的第二方面原因是古今语音的演变。

古今语音的演变会造成或扩大声旁和形声字的读音的差异。

有少数形声字本来跟声旁完全同音，后来由于彼此的语音演变情况不一样，读音就有了差异。例如："衡"跟它的声旁"行"，在中古都是匣母庚韵开口二等字，彼此完全同音。后来，"衡"字的读音没有发生很大的变化，而"行"字韵母的元音变成了i，声母也从舌根音变成了舌面音。这样，"衡"和"行"就变得声韵皆异了。

比较常见的情况，是声旁和形声字的读音本来就略有差异，语音的演变使差异更为扩大。例如："分"是非母字，从"分"声的"颁"是帮母字。在上古以至中古初期，轻唇音尚未从重唇音分化出来，非母读如帮母。所以"分"跟"颁"的关系是声同韵异。现在，它们的关系已经是声韵皆异了。上一节举过的"者"字跟以它为声的"诸"、"都"等字，现在的韵母一为e一为u。在上古，它们都是鱼部字，韵母之间的距离当然不会这样大。现在的局面也是语音演变的结果。同类的例子俯拾即是，这里不多举了。

在语音演变过程中，也有形声字和声旁的读音反而变得比原来接近或由不同变为相同的现象。例如："受"是禅母上声字，"授"是禅母去声字。禅母是浊音声母。后来浊上变去，因此"授"、"受"不分。"焦"是精母宵韵字，"噍"是从母笑韵字，声母和声调都不同。由于浊声母的消失，这两个字现在已经只有声调的差别了。

形声字跟声旁之间在造字时就存在的差异，一般都比较微细。较大的差异大都是语音的历史演变所导致的。

在以上所说的两方面原因之外，还可以考虑一下方言对文字的影响。

在今天可以看到这种现象：某个方言地区所造的形声简体字，被吸收为全民使用的简化字。这个字在创造它的本地人读起来，是跟声旁完全或基本同音的，可是用普通话或某些别的方言读起来，就跟声旁不完全或很不同音了。例如：南方的有些方言区读"占"、"鑽"（钻）同音（过去上海等地的钟表店往往把"十七鑽"写成"十七占"）。"鑽"的简化字"钻"应该是这些地区的人造出来的。但是在普通话里，"钻"跟声旁"占"就声韵皆异了。此外如"柜"、"价"等用普通话读起来声旁跟字音有较大距离的形声简化字，原来大概都是根据某种方言造出来的。在古代，形声字的创造者大概也不会全是讲一种方言的人。古代流传下来的形声字，它们和声旁的读音之间的关系所以如此复杂，恐怕多少跟方言的影响有些关系。

3 声旁的代换

声旁跟形旁一样，也有代换的现象。下面是声旁代换的一些例子（字下加横线的是现在的正体或通行体）：

舓——䑛——舐

詾——説——讻

禁——麓　　讇——谄

秔——稉(粳)　　勳——勋

矜——矝　　枏——楠(冄即冉)

嗁——啼　　鞵——鞋

鞾——靴　　椶——棕

擣——搗　　燈——灯

嬭——奶　　蔕——蒂

蹤——踪　　袴——裤

上面所举的各组形声字异体,放在后面的那种字形,出现时间一般都比放在前面的晚。

相代换的声旁多数不同音。使用跟旧声旁不同音的新声旁,似乎往往是为了更好地反映形声字已经变化了的实际读音。上面所举的例子大部分属于这种情况。

有时候,改换声旁完全是为了简省笔画。上举的“灯”字显然属于这一类,“鞋”、“靴”大概也是属于这一类的(“燈”的简体“灯”跟字书中与“丁”同音的训为“火”的“灯”是同形字)。

有的声旁似乎主要是由于充当这个声旁的字已经不再独立使用而被代换的。例如:“匡”、“狂”、“汪”、“枉”等字在篆文里都从“㞷”声。在隶、楷里,“㞷”字不再独立使用,这些字的“㞷”旁也都改成了“王”旁(“㞷”字据字书音 huáng,其实就是“往”的初文,甲骨文作  。“往”字旧作“徃”,其右旁就是“㞷”的变形,汉隶“枉”字也有从“主”的写法)。

4　声旁的破坏

由于字体演变、字形讹变和偏旁混同等原因,有些形声字的声旁遭到了破坏,如第二章举过的“年”、“春”等字以及在〔五(三)5〕和上面“声旁跟字音的关系”那个小节里谈到过的“𠯑”旁被改作“舌”旁和“𦎫”旁被改作“享”旁的那些字。下面再举一些例字,每个字后面注明本来的偏旁结构:

泰　从廾从水大声。

贼　从戈则声。

隆　《说文》作从生降声。据古文字及汉简隶书,当为从土降声。

责 从贝朿声。

在 从土才声。

布 从巾父声。

那 从邑冄(冉)声。

抛 从手尥(páo)声。

志 从心㞢(之)声。“志”也可以看作从“士、心”会意。

寺 从寸㞢(之)声。

细 从糸囟(xìn)声。

屑 从尸佾(xì)声。

龛 从龙今声。

稚 本作“稺”,从禾犀(xī)声。汉代人有时把“犀”旁简写为(见汉印),因此讹变为“稚”。

辞 本作“辤”,从辛台声。“辤”与“辭”古通用。现在把“辞”定为“辭”的简化字。

厩 从广𣪘声(简化字从“厂”)。𣪘是簋的初文。

查 本与“柤”(亦作樝,今作楂)为一字,从木且声。柤或作査,又讹作查。

由于语音的演变,在上举这些字里,有很多字的声旁现在即使尚未破坏,也已经起不了什么表音作用了。

(七) 声旁跟字义的关系

1 有义的声旁

有些形声字的声旁兼有表意作用,可以称为有义的声旁。我们在讲形声字产生途径时已经说过,如果在某个字上加注意符分化出一个字来表示这个字的引申义,分化出来的字一般都是形声兼会意字。有义的声旁主要就是指这种字的声旁而言的,例如前面已经举过的“娶”字的“取”旁、“懈”字的“解”旁。下面再举一些声旁有义的形声字的例子。

惛 日不明为昏,心不明为惛。

驷 一车所套的四匹马。

牭 四岁牛。

钫 横断面为方形的钟(这里所说的"钟",繁体作"鍾",指古代的一种壶类容器。"钫"有同形字,参看〔一〇(二)3〕)。

诽 以言非毁人。

琀(hàn) 放在死者口中的贝、玉等物品(古书多以"含"表{琀})。

菜 为人所采食的草类植物(睡虎地秦简和有些古书以"采"表{菜})。

祫(xiá) 合祭远近祖先。

鳊(biān) 一种身体很扁的鱼。

辆 车的单位,因古代的车用两轮得名(古书多以"两"表{辆})。

这些形声字大概都是在母字上加注意符以表示其引申义的分化字,至少它们所表示的意义是充当它们的声旁的那个字的引申义(这既可以是那个字的本义的引申义,也可以是那个字的常用的假借义的引申义,例如{钫}就是"方"字的假借义方圆之{方}的引申义)。

如果母字本身就是一个形声字,往往用改变它的形旁的办法来造表示引申义的分化字。前面举过的"赈"、"氢"、"氧"、"氮"、"氯"等字,就是这样造出来的。我们在讲省声的时候说过,"赈"、"氢"等字既可以看作一般形声字,也可以看作从母字省声的字。如果采取后一种看法,这些字的声旁就也可以认为有表意作用了。

汉字里有大量为某个字的引申义而造的形声字,但是它们并不一定都以那个字为声旁,也就是说,它们的声旁并不一定都有义。如果某个引申义曾经使用过假借字,后来就在假借字上加注意符分化出一个形声字来专门表示它,那个形声字的声旁就是无义的。例如:涂抹的{涂}在中古时代产生了{搽}这个引申义,起先就用"塗"(涂)字表示它(《广韵》"塗"字有"宅加切"一音,所表示的就是{搽}),中间曾假借"茶"字表示它(宋金间无名氏所作《刘知远诸宫调》第十二《仙吕调·绣带儿》:"强人五百威猛如虎,茶灰抹土。"),最后在"茶"字上加注"手"旁,分化出了"搽"字,作为它的专用字(李荣《汉字演变的几个趋势》,《中国语文》1980 年 1 期 12 页)。"搽"所从的"茶"就只有表音作用。有些在母字上加注意符以表示其引申义的分化字,后来用一个同音或音近的字取代了所从的母字,因此成了声旁无义的形声字。例如:"柄"字本作"棅",以"秉"为声旁。柄是器物上人手所秉执之处,{柄}是{秉}的引申义,"秉"就是"棅"的母字。后来"棅"所从的"秉"为同音的"丙"字所取代,"丙"这个声旁就没有表意作用了。此外当然还会有一些别的原因,使表示某个字的引申义的形声字,不用那个字作为声旁。所以,声旁有义的形声字在全部形声字里所占的比重,并不是很大的。

有义的声旁对研究词义，特别是对研究语源很有用处。但是如果把无义的声旁错认为有义，就会误入歧途，给词义研究工作添加不必要的麻烦。所以我们一定要以十分审慎的态度来对待声旁是否有义的问题。

最后附带谈一下现代创造的化学用字里几个极为特殊的声旁有义的形声字，那就是表示质量数分别为1、2、3的氢的三种同位素名称的“氕”(piē)、“氘”(dāo)、“氚”(chuān)。它们的声旁“丿”(“撇”的表意字，但这里不取撇捺的撇的音而取撇的平声一音)、“刂”(“刀”的变形)、“川”，除了起表音作用外，还分别表示质量数1、2、3，所以可以认为是有义的。但是这种意义完全靠声旁的形象表示，跟声旁所代表的词毫无关系。过去有人把在汉字变得不象形之后才造出来的形符字“凹”、“凸”叫作“字妖”。它们的“妖气”比起“氕”、“氘”“氚”来，可就瞠乎其后了。

2 右文说

有时候，一些表示同出一源的亲属词(即同源词)的形声字，都把同一个字用作声旁。这种声旁，不管它是不是上节所说的那种有义的声旁，都是研究这组形声字的意义，特别是它们所代表的词的语源的重要线索。由于声旁多数位于字的右边，研究上述这种文字现象的学说，称为“右文说”。

晋代杨泉《物理论》已有“在金石曰坚，在草木曰紧，在人曰贤”的说法(见《太平御览·卷402·人事部四三》。“坚”、“紧”、“贤”三字都从“臤”声)。宋代人正式提出了右文说。沈括《梦溪笔谈》卷一四说：“王圣美治字学，演其义为右文。古之字书皆从左文。凡字其类在左，其义在右。如木类其左皆从木。所谓右文者，如戋，小也，水之小者曰浅，金之小者曰钱，歹而小者曰残，贝之小者曰贱。如此之类，皆以戋为义也。”不过，宋人对“右文”的研究还是很粗疏的，沈括所引的那个实例就有问题，详下文。

清代和近代学者曾经举出过不少比较典型的“右文”现象的例子。例如王念孙在《广雅疏证》里指出，从“彗”声之字，其意义多与“细小”有关：

> 《说文》：軎，车轴耑(端)也，或作轊。……轊之言锐也。昭十六年《左传》注云：“锐，细小也。”轴两耑出毂外细小也。小声谓之嘒，小鼎谓之鏏，小棺谓之槥，小星貌谓之嘒，蜀细布谓之䌨，鸟翮末谓之䎚，车轴两耑谓之轊，义并同也。(卷七下)

这个例子就相当可信。这些从“彗”声之字应该是代表着一组同源词的。

用右文说来研究词义，也要持十分谨慎的态度，千万不能因为某些字同从一个声旁，就轻率地用同一种模式来解释这些字的意义。例如宋人所举的那几个从“戋”之字，它们的意义其实就应该分为两个系统，一系与残损一类意义有关，一系与浅小一类意义有关。“戋”字在甲骨文里写作，象两戈相向。前人或以“戋”为“残”的初文，是可信的。所以“残”的本义应该是残害，“歹而小者曰残”的说法毫无根据。“钱”本是上古一种重要的生产工具的名称。后世的铲就是由钱变来的。这种工具显然是由于主要用于刬(铲)土而得名的。“钱”、“刬”、“残”没有问题是同源词，它们都跟残损的意思有关。在正式货币出现之前，钱这种工具大概在交易中起过等价物的作用，所以早期的金属铸币往往模仿它的形状。这是金属铸币称“钱”的原因。“金之小者曰钱”的说法也完全不可信。只有“浅”和“贱”的字义，才可以像宋人那样来解释。土层被铲削之后就比原来浅了，东西残损之后就比原来小了，浅小之义跟残损之义可能是有联系的。也就是说，上面所说的从“戋”之字所代表的那两个系统的词，仍有可能是同源的。不过即使情况的确如此，“金之小者曰钱，歹而小者曰残”的说法，也还是错误的。

事实上，同从一声的形声字具有显然没有同源关系的不同系统字义的例子，是很常见的。近人沈兼士在《右文说在训诂学上之沿革及其推阐》一文中指出：“夫右文之字，变衍多途，有同声之字而所衍之义颇歧别者，如非声字多有分背义，而‘菲’、‘翡’、‘痱’等字又有赤义；吾声字多有明义，而‘齬’、‘语’(论难)、‘敔’、‘圄’、‘牾’等字又有逆止义。”(《沈兼士学术论文集》120页，中华书局，1986年)沈氏指出的从“非”和从“吾”之字各自的两种字义之间，至少是“非”字的两种字义之间，就显然没有同源关系。有些讲右文的人，喜欢说“凡从某声，皆有某义”一类话。这是不符合实际的。

一方面，同从一声的形声字在意义上不见得都有联系；另一方面，为在意义上有明显联系的同源词而造的形声字，也不见得都从同一个声旁。它们完全可以使用同音或音近的不同声旁。沈兼士在上引那篇文章里，就举出了从“與”声、“余”声和“予”声的一些字都跟“宽缓义”有关，从“禁”声和“今”声的一些字都跟“含蕴义”有关等例子(同上121页等)。这种虽然使用不同声旁但是音义都很相近的字，它们所代表的词，一般也应该是有同源关系的。所以我们在把声旁用作研究同源词的线索的时候，不能把眼光局限在同从一声的形声字的范围里。

九　假借

我们在前面屡次谈到过假借。有些已经阐明的观点，如假借就是借用同音或音近的字来表示一个词，引申跟假借应该区分开来，狭义的通借应该包括在假借里等等，在这里就不再申述了。下面分几个专题对假借现象做进一步的讨论。

（一）本字与假借

文字学上使用“本字”这个名称的情况，并不是很单纯的。有时候，本字指一个字的比较原始的书写形式，如说“羼”是“舜”的本字。有时候，本字指分化字所从出的母字，如说“取”是“娶”的本字。我们在这里要讨论的，则是跟假借字相对的本字。

一般认为用来表示自己的本义的字就是本字。如果从词的角度来看，把某个词作为本义来表示的字，就是这个词的本字。这种定义对把引申包括在假借里的文字学者来说，是完全合适的。但是我们主张把引申跟假借分开来，所以就不能完全同意这种定义了。按照我们的观点，即使是把一个词作为引申义来表示的字，对这个词的假借字来说，也同样是本字。例如：“间”字本作“閒”，本义指在空间上有间隙。由于词义引申，又用来指在时间上有空闲（《孟子·公孙丑上》：“贤者在位，能者在职，国家閒暇。”），读音也发生了变化。后来假借防闲之“闲”来表示这个引申义（关于“閒”和“闲”的本义，参看〔七（一）5B〕）。对于“閒”字的这个引申义，也就是闲暇之{闲}这个词来说，“闲”是假借字；相对而言，“閒”就是本字。不过，当假借A字来表示B字的本义的时候，我们可以简单地说“A”假借为“B”（即本字）。当假借A字来表示B字的一个引申义的时候，为了避免误解，最好说“A”假借来表示“B”的这个引申义，或“A”假借为表示这个引申义的“B”。如以“闲”字为例，最好说“闲”假借来表示“閒”的引申义閒暇的{閒}，或“闲”假借为閒暇之“閒”，不要简单地说“闲”

假借为“閒”。

为某个字的引申义造的分化字，能否看作这个意义的本字，也是一个需要讨论的问题。我们在〔八(一)3B〕里举过为“取”的引申义造分化字“娶”的例子。按照把引申包括在假借里的观点来看，表示{娶}这个意义的“取”字是假借字，“娶”是它的后造的本字。按照我们的观点来看，如果{娶}这个意义另有一个假借字的话，“娶”对这个假借字而言是应该称为本字的，但是“娶”对它所从分化的“取”字而言却不能称为本字。{娶}是由“取”字的本义引申出来的意义。以“取”表{娶}不是假借，而是语义引申的结果。如果承认“娶”字是表{娶}的“取”字的本字，以“取”表{娶}就成了假借，引申跟假借就混而不分了。

我们在〔六(一)〕里曾经提到，朱骏声主张把引申(他称为转注)跟假借区分开来。但是他在《定声》里仍然使用“取”假借为“娶”这种说法，这是跟他自己的主张矛盾的。朱氏所以这样做，是由于他跟其他清代文字学者一样，过分推崇《说文》，不加分析地把《说文》奉为用字的圭臬的缘故。他们通常认为，如果一个意义(实际上就是我们所说的词)在《说文》里有把它当作本义的所谓“正字”的话，古书上其他用来表示这个意义的字，都应该看作这个正字的假借字。《说文》有“娶”字，所以表{娶}的“取”只能看作假借字。假使《说文》不收“娶”字，朱氏无疑就会把以“取”表{娶}看作他所说的转注，即语义引申的现象了。朱氏偶尔也有不用《说文》正字的时候。例如：《说文》训“荒”为“芜”，训“穅”为“虚无食”。《定声》“荒”字条却以饥荒一义为转注义，只是附带说了一句“据许书则借为穅”。这大概是因为使用“穅”字的人实在太少的缘故。其实，“取”和“娶”的关系跟“荒”和“穅”的关系并无不同。

根据以上所述，本字的定义可以这样来下：用来表示自己的本义或引申义的字，对假借来表示这一意义的字而言就是本字。从词的角度来看，把一个词作为本义或引申义来表示的字，对这个词的假借字而言就是这个词的本字。

也许有人要问，按照我们的说法，表示本义的字，如果没有跟它相对的假借字，是否就根本没有资格称为本字了呢？那倒也不是。如果要说明这种字不是假借字，当然可以称它们为本字。我们所讨论的“本字”是跟“假借字”相对的一个名称，脱离假借字这个概念来谈本字，是没有意义的。但是这并不意味着一个字如果实际上没有跟它相对的假借字，就根本没有资格称本字。

前面说过，“本字”这个名称的用法不止一种。我们应该注意不要把不同意义的“本字”混淆起来。有的人以自己所理解的本字的定义为标准，来批评别人关于本字的说法。例如由于自己认为本字是跟分化字、后起字相对而言的，就批评别人把表示母字假借义的分化字（如〔八（一）3A〕里举过的“狮”字）称为本字不合理。这是不妥当的。我们不把分化字所从出的字称为本字，而把它们称为母字，就是为了跟与假借字相对的本字相区别。

假借可以按照所表示的词是否有本字，区分为无本字、本字后造和本有本字三类，以下分别举例加以说明（第二章里已经说过，有不少假借字实际上已经变为记号字或半记号字。举例字时，对这种情况不再说明）。

1. 无本字的假借　有的词始终只用假借字表示，这是无本字的假借。例如前面提到过的古汉语虚词{其}、{之}以及双音节词{犹豫}，就是始终用假借字的。又如句末语气词{耳}假借耳朵的“耳”字，语气词{夫}和指示代词{夫}都假借丈夫的“夫”字，疑问代词{何}假借负荷之“荷”的本字“何”，疑问代词{奚}假借本来当一种奴隶讲的“奚”字（“奚”本作 ，大概象一个被人抓住发辫或捆绑他的绳索的奴隶。《说文》释“奚”为“大腹”，似非），副词{亦}假借本为“腋”或“液”字初文的“亦”字，双音节词{陆离}假借陆地的“陆”字和本义跟鸟有关的“离”字（繁体作“離”）等等，也都是无本字的假借。

音译外来词有很多是始终用假借字记录的。如第二章里提到过的达鲁花赤、沙发、尼龙、苏维埃、布尔什维克。又如中古时代随着佛教传入的罗汉、比丘、头陀、夜叉等词，现代从西方传入的巧克力、麦克风、法西斯、阿司匹林（或译作阿斯匹灵）等词，以及古今很多外来的地名、人名等等。

2. 本字后造的假借　有的词本来用假借字表示，但是后来又为它造了本字，例如前面提到过的“狮”、“蜈蚣”、“鸲鹆”、“徜徉”。下面再举几个例子。

栗——溧、慄　溧冽（义与“凛冽”相近）的{溧}和战栗的{栗}，本来都借栗树的“栗”字表示（《诗·豳风·七月》“二之日栗烈”，《论语·八佾》“使民战栗”），后来才分别加“仌”（冰）旁和“心”旁，造出本字“溧”和“慄”（《说文》有“溧”无“慄”）。现在“慄”又作为异体并入了“栗”字。

戚——慼　忧戚的{戚}本来借当斧类兵器讲的“戚”字表示（《诗·小雅·小明》“自诒伊戚”，《论语·述而》“小人长戚戚”），后来才加“心”旁造出本字“慼”，《说文》作“慽”。现在“慼”和“慽”又作为异体并入了“戚”字。

胃——谓　云谓的{谓}本来借“胃”字表示（东周时代的吉日壬午剑铭有“胃之少虡”之文，长沙楚帛书也有借“胃”表{谓}之例），后来才加“言”旁造出本字

"谓"("谓"字已见秦简和《说文》,但是西汉前期抄写的竹书、帛书仍多借"胃"为"谓")。

毒冒——瑇(玳)瑁　　{玳瑁}本来借"毒冒"二字表示(《汉书·司马相如传上》:"毒冒鳖鼋"),后来才加"玉"旁造出本字"瑇瑁"。"玳"是"瑇"的异体,现在用"玳"不用"瑇"(《说文》无"瑇",所收"瑁"字当天子用来冒诸侯所执之圭的一种玉器讲,跟玳瑁之"瑁"是同形字)。

一般称后造的本字为后起本字。有些后起本字造出来之后,使用的人不多,很早就成了死字或僻字。例如:

须——𥏼　　"须"的本义是胡须,表示须待之{须}是假借用法。《说文》:"𥏼,待也。从立,须声。"这是须待之"须"的后起本字,只见于《汉书》(《翟方进传》)等个别古书。

無(无)——𣞤　　"無"跟"舞"本为一字,表示有无之{无}是假借用法。《说文》:"𣞤,亡也。从亡,無声。"这是有無之"無"的后起本字,古书中极罕见,但数见于汉碑。

衰——𤻮　　"衰"字篆文作,象衣上有草,是"蓑"的初文,表示衰弱、衰减之{衰}是假借用法。《说文》:"𤻮,减也。从疒,衰声。"这是衰弱、衰减之"衰"的后起本字,古书中极罕见。

然——嘫　　"然"是"燃"的初文,表示然否之{然}是假借用法。《说文》:"嘫,语声也。从口,然声。"这是然否之"然"的后起本字,古书中极罕见。

《说文》里还有不少不常用的后起本字,这里不列举了。

3. 本有本字的假借　有很多本有本字的词也使用假借字。这种假借字,有一些到后来完全或基本上取代了本字。说假借字取代本字,是指假借字在它所表示的意义的范围里取代作为它的本字的那个字。对这个字来说,假借字所取代的也许是它的全部职务,如〔七(二)〕里提到过的"纠"取代"丩"的例子;也许只是它的部分职务,如前面提到过的"荷"取代"何"、"闲"取代"閒"等例子("荷"只取代表示本义的"何",不取代表示疑问代词的"何"。"闲"不取代后来一般写作"间"的"閒")。下面再举几个假借字取代本有的本字的例子:

艸——草　　"艸"是草木之"草"的本字(参看〔七(一)2〕)。《周礼·秋官·庶氏》"嘉草攻之",《释文》所据本"草"作"艸"。《汉书》有时用"艸"的异体"屮"。"草"字从"艸""早"声,本义是"草(zào)斗",即栎树的果实(《说文》:"草,草斗,栎实。”草斗的“草”后来写作“皁”，又变作“皂”）。传世古书大都已借“草”为“艸”，现在“艸”已经作为异体并入“草”字。

耑——端 《说文》：“（耑），物初生之题也（题的本义是额头）。上象生形，下象其根也。”这是开端之“端”的本字（《汉书·艺文志》“言感物造耑，材知深美”颜注：“耑，古端字也”）。“端”字从“立”“耑”声，本义是端正。传世古书大都已借“端”为“耑”（过去或借“耑”字表示专一之{专}，现在“耑”已经作为异体并入“专”字）。

猒——厭（厌） 《说文》：“猒，饱也。从甘，从肰。”这是“饜”（餍）的初文（金文“猒”作，可能是一个主体和器官的会意字，字形以犬食肉表示餍饱的意思）。由餍饱这一本义又引申出了厌足、厌嫌等义（东汉娄寿碑“好学不猒”，《淮南子·主术》“是以君臣弥久而不相猒”）。“厭”（厌）字从“厂”“猒”声，本义是压迫（《说文》“厭，笮也”《段注》：“竹部曰笮者迫也。此义今人字作‘壓’，乃古今字之殊。”“壓”字从“土”“厭”声，《说文》训为“坏”，简化字作“压”）。传世古书大都已借“厌”为“猒”。后来又在“厌”上加“食”旁，分化出“餍”字来表示“猒”的本义，但厌足、厌嫌等义仍借“厌”字表示。

陜——狭 《说文》：“陜，隘也。从阜，夾声。”这是狭隘之“狭”的本字（《尔雅·释宫》“陜而脩曲曰楼”，银雀山竹简本《孙子·计》“广狭”之“狭”作“陜”。古书中“陜”有异体“陿”。“陜”跟陕西之“陕”不是一个字，“陕”本从音 shǎn 的“夾”）。传世古书大都已借“狎”的异体“狭”为“陜”（《玉篇》“狎”字下有重文“狭”，注曰：“今为阔狭”）。

刅——创 《说文》：“刅，造法刅业也。从井，刅声。”这是创造之“创”的本字。“刅”是它的讹体。“创”字从“刀”“仓”声，本义是创伤（《说文》以“创”为“刅”的后起字）。传世古书大都已借“创”为“刅”（“刅”已见西周金文，用来表示荆楚之{荆}。它的本义究竟是不是创造，其实还是个问题）。

毬——球 皮球的“球”，本字作“毬”（皮球古称{鞠}，音转为{毬}。“毬”字不见《说文》本文，但大徐本新附字中已收入）。“球”字从“玉”“求”声，本当一种美玉讲（《书·禹贡》“厥贡惟球、琳、琅玕”）。借“球”为“毬”是很晚的事情，《康熙字典》“球”字下尚未注出这种用法。现在“毬”已经作为异体并入“球”字。

有些本有本字的假借字，在跟本字并用了一段或长或短的时间之后，就完全或基本上停止使用了。下面是几个大家比较熟悉的例子：

册——策 据《说文》,“策”的本义是马箠,就是一种赶马的杖(《礼记·曲礼上》“君车将驾,则仆执策立于马前”)。古代常常借“策”为“册”(《仪礼·聘礼·记》“百名以上书于策”,古书中册命、简册之{册}常写作“策”)。现在一般的“册”字已不能用“策”代替,只有使用“简册”、“遣册”等古代词语时,仍可借“策”为“册”。

飛(飞)——蜚 据《说文》,“蜚”的本义是一种虫(《左传·隐公元年》“有蜚不为灾”)。古代常常借“蜚”为“飞”(《韩非子·外储说左上》:“墨子为木鸢,三年而成,蜚一日而败。”汉代文字资料里,借“蜚”为“飞”的现象极为普遍)。现在一般的“飞”字已不能用“蜚”代替,只有在使用“流言蜚语”、“蜚声海内”等熟语的时候,仍然借“蜚”为“飞”(参看〔一二(二)1〕)。

眉——麋 古代常常借“麋”为“眉”(《荀子·非相》:“伊尹之状,面无须麋。”秦简也借“麋”为“眉”),现在已经不能这样用了。

还有些本有本字的假借字,不但早已不再使用,而且在古书里也是偶然出现的。如《周礼·春官·鬯人》有“庙用脩”之文,意谓庙祭盛鬯之器用脩,郑玄注说“脩读曰卣”。“脩”字的这种假借用法就极为少见(卣是古代盛酒的一种器皿。〔七(一)2〕“栗”字条已经指出,“卣”跟“逌”本是一字异体。所以当酒器讲的“卣”其实也是假借字。古文字里有从“皿”的“�”字,这才是当酒器讲的{卣}的真正本字)。

已有本字的词为什么还要用假借字呢?原因很复杂。

古书里有些本有本字的假借字,性质跟现在的同音别字并无区别。那些跟上面所举的“脩”(卣)字同类的只是偶尔出现的假借字,大概多数属于这种性质。郑玄曾说,经典传本里的有些字,“其始书之也,仓卒无其字,或以音类比方,假借为之,趣于近之而已”(见《经典释文·叙录》),指的就是这种字。即使是广泛使用的,甚至最后取代了本字的那些假借字,本来大概也有一部分是同音别字,后来使用的人多了,身份就变了。

有些本有本字的假借字,有分散文字职务的作用。例如:前面提到过“何”是负荷之“荷”的本字。所以要假借“荷”字来表示“何”字的本义,大概是为了使“何”字可以主要用来表示常用的假借义——疑问代词{何}。在〔一一(一)2〕里讨论分散文字职务的方法的时候,将会比较充分地讲到这种现象。

用假借字来分散文字的职务,往往明显地具有使文字能更好地反映语音的目的。例如借“闲”字表示“閒”字的变音引申义闲暇的{闲},借“荼”字表示“塗”字的变音引申义{搽}。这两个例子前面都已经讲过了(后一例见〔八(七)1〕)。后面第四节讨论跟假借有关的字音问题的时候，还会讲到这类现象。

有些假借字是由本字的分化字充当的。如〔七(二)〕里提到过的借为“丩”的“纠”字，就是“丩”的一个分化字。人们所以使用这种假借字，可能主要是为了把他们认为没有必要加以区分的字合并起来。在〔一一(二)〕里讨论文字的合并的时候，将会比较充分地讲到这种现象。

有时候，使用本有本字的假借字，是为了简化字形，如简化字借“斗”为“鬥”。在历史上，这种情况主要见于所谓俗字。例如以“只”代“隻”、以“参”代“蔘”、以“姜”代“薑”、以“灵”代“靈”(《广韵》平声青韵郎丁切：“灵，字类云小热皃。”此字与“靈”同音。《正字通》“灵”下注“俗靈字”。简化字取“灵”的写法)、以“杰”代“傑”(“杰”字古多用为人名，与“傑”同音，见《玉篇》、《广韵》。《康熙字典》“杰”下注：“俗借作豪傑傑字”)、以“勾”代“够”(见明人戏曲等)、以“吊”代“掉”(见《老残游记》等)等等。这类俗字有的一直沿用下来，并在20世纪50年代的异体字整理和汉字简化中被采用为正体，如上举前五字；有的在使用了一段时间之后就不通行了，如上举后二字。借“球”为“毬”，很可能也是以简化为目的的，因为“玉”旁比“毛”旁好写(孙常叙《汉语词汇》389页，吉林人民出版社，1956年)。借作“毬”的“球”，过去也是被看作俗字的。

另一方面，为了使字形不易相混，有意假借笔画较多的字来代替本字的现象，也是存在的。如〔七(一)1〕里提到的以“四”代“亖”、以“员”代“○”等例。我们现在所用的历史相当悠久的数字大写，都是假借字(其中有些字的本义跟借它们来代替的数字在意义上有联系，详下节。“柒”的情况比较特殊。“七”的大写汉代借“桼”字充当，后来借“漆”字充当。“柒”本是“漆”的异体，不过现在这两个字已经分化，“柒”专用作“七”的大写)。在古代，有些单位字也有大写。秦人曾以“尊”代“寸”(见商鞅量铭文及睡虎地秦简中的《日书》)。唐代前后多以“觔”(本是“筋”的异体)代“斤”、以“硕”代“石”、以“勝”(胜)代“升”(“斗”的大写多用加注音符的“斞”)。以“觔”代“斤”的办法一直沿用到晚近。近代开始使用的货币单位{元}，本因圆形银币而得名。对这个单位词来说，“圆”是本字，“元”是起简化作用的假借字。现在以“圆”为“元”的大写，大写反而是本字，这是一个特例(或谓“元”的名称来自“元宝”，依此说“圆”是假借字)。

用“草”、“策”、“蜚”、“麋”等字代替“艸”、“册”、“飛”(飞)、“眉”等字，可能跟人们喜欢用形声字代替表意字(尤其是非会意字的表意字)的心理有关。“草”的“艸”旁就是假借它来表示的草木之{草}的本字，“策”的“竹”旁跟假借它来表示的

{册}有明显的意义上的联系，“蜚”字的“虫”旁也勉强可以跟{飞}的意思联系起来（因为有不少虫是会飞的）。这大概也是人们喜欢用这几个假借字的一个原因。在〔一〇（二）〕里还要从同形字的角度来讨论这种现象。

此外，使用本有本字的假借字，还有一些特殊的原因。有时因避讳而用假借字。例如：民国之前，因避孔子讳以“邱”代“丘”，因避康熙帝玄烨讳以“元”代“玄”等等。有时因其他忌讳而用假借字。例如：旧衣服本称故衣，但是旧时代卖旧衣服的故衣铺都把“故衣”写作“估（仍读为故）衣”。这大概是由于人死也称“故”，“故衣”容易使人联想起死人的衣服的缘故。明代承元代之后，怕人们把“元来”、“元由”的“元”误解为元代的“元”，用“原”来代替它（参看下节）。这也可以看作因忌讳而用假借字的例子。有时人们还为了求典雅而用假借字。例如：《诗·小雅·常棣》是讲兄弟之间应该友爱的诗篇，因此“常棣”成了跟“兄弟”有关的典故。“弟”、“棣”二字，中古音只有上声、去声之别，浊上变去后完全同音。古人诗文中有时以“棣”指弟（“棣”一般仍读本音）。后来人们在信札中称对方为弟时，往往直接借“棣”为“弟”，如把“贤弟”写作“贤棣”。这本来是为求典雅，实际上却成了一种俗套。

总之，使用本有本字的假借字的原因是多种多样的。

有少数本有本字的假借字，后来又为它们造了后起本字。例如：上举的借为“猒”的“厌”，后来又为它造了后起本字“餍”。〔八（一）〕里提到过的假借字——矢服的“服”，原来有本字（箙），后来又为它造了后起本字“箙”。〔八（七）1〕里讲到过的假借字——茶粉的“茶”，原来有把茶粉的{茶}作为引申义表示的本字“塗”（涂），后来又为它造了后起本字“搽”。

如果本字跟假借字不像前面举过的“艸”跟“草”、“谓”跟“胃”等例那样，在字形上有相包孕的关系，同时关于它们的使用情况又缺乏足够的历史资料，就很难确定二者开始使用的时间的先后。例如在古书里，“疲”字跟它的假借字“罢”都很常见，“疲”字的出现究竟在假借“罢”字表示{疲}之前还是之后，就不易断定（看来“疲”字后起的可能性比较大，但是缺乏有力证据）。又如：在古书里，早晚的{早}往往借“蚤”（今作“蚤”）字表示。过去一般认为“早”是本有的本字。但是，已发现的秦代和西汉的简册和帛书，在表示“早”这个词的时候，大都借用“蚤”字，偶尔也借用“枣”字，却从来不用“早”字（马王堆三号墓所出的《合阴阳》第127简“早”字，实为“旦”字）。因此过去对“早”字的看法也就需要重新考虑了（西周时代的敔簋铭里有

♀字，一般释为“早”，但在铭文里是用为地名的。“早”究竟是不是早晚之{早}的本字，其实还是个问题。也许对{早}这个词来说，“早”也是个假借字，而且开始使用的时间比“蚤”还晚。平山战国中山王墓所出大鼎的铭文，把{早}写作“⿱棗日”。这倒是一个货真价实的本字，不过它多半是在假借字“棗”上加注“日”旁而成的后起本字）。由于本字出现的先后往往很难确定，有时只好不去区分本有本字和本字后起这两种情况，使用比较笼统的“有本字的假借”的说法。

在〔六（二）〕里已经说过，狭义的通假指假借一个同音或音近的字来表示一个本有其字的词。所以本有本字的假借是典型的通假现象。本字后造的假借，在后起本字出现之前，是无本字的假借。后起本字出现之后，假借字如果还继续使用，就可以看作通假字了。但是由于后起本字出现的确切时间不易断定，上面所说的这两种情况有时也难以分清。所以也有人不管使用时间的先后，笼统地把有后起本字的假借字全都看作通假字。

对那些后起本字由于极少使用而不为一般人所知的假借字，称它们为通假字实际上是不合理的。如果要明确表示这种字的特点，可以称它们为后起本字不通行的假借字。

（二）被借字的意义跟假借义有联系的现象

我们在前面已经讲到了一些这一类的假借现象，如借“纠”字表示{丩}，借“函”表示{含}，借“卿”（㐭）或“鄉”（乡）表示方向的{向}（见〔七（二）〕）。下面再举几个例子。

借“衷”表{中}　《说文》：“衷，里亵衣。从衣，中声。”“衷”的本义是贴身内衣，这应该是中间之“中”的一个引申义。古书里讲到心理、道德等方面的{中}的时候，往往用“衷”字来表示它，如《国语·周语上》“国之将兴，其君齐明衷正”（韦注：“衷，中也。”），《左传·昭公六年》“楚辟我衷”（杜注：“辟，邪也。衷，正也”）。直到现在，这种“衷”字仍然保存在“折衷”（也作“折中”）、“衷心”、“言不由衷”等词语的书面形式里（校按：“折衷”和“折中”，现已规定后者为规范形式）。这种“衷”字所表示的，显然不是“衷”字本义的引申义，而是“中”字的本义或引申义，它们是假借来表示{中}的。这跟借“纠”为“丩”是很相似的。

借“畔”表{叛}　《说文》：“畔，田界也。从田，半声。”田界是判分田地的，{畔}应该是{判}的同源词，也可能就是由{判}派生的一个词。古书多以“畔”表

{叛}(《论语·阳货》"公山不扰以费畔",《孟子·公孙丑下》"亲戚畔之"),"叛"当是用改换形旁的办法由"畔"分化出来的(《左传·庄公十八年》"初,楚武王克权,使鬬缗尹之,以叛",《释文》所据本"叛"作"畔",注曰:"本或作叛,俗字。"《说文》把"叛"分析为"从半,反声",似不如分析为"从反,半声"妥当)。{叛}的原意跟现在所谓闹分裂差不多。它大概就是由{判}派生的一个词(《左传·襄公二十六年·正义》"叛者,判也。欲分君之地以从他国,故以叛为名焉")。所以{畔}跟{叛}也应该是同源的,表{叛}的"畔"应该是原来的字义跟假借义有联系的假借字(也有人认为{叛}跟{反}是同源词,跟{判}不是同源词。"畔"、"叛"关系还可以进一步研究)。

借"说"表{悦}表{脱} 《论语》第一句"子曰:'学而时习之,不亦说乎!'"的"说",应该读为"悦"。这是读古文的人都知道的。在古书里,以"说"表{悦}是常见的现象。"悦"字是用改换形旁的办法由"说"分化出来的。{说}本指以言辞解释(《墨子·经上》"说,所以明也"),{悦}本指心中解开郁结,跟由{释}派生的{怿}义近(参看王念孙《广雅疏证·释诂三》"怤愉、兑、解,说也"条)。{说}跟{悦}显然是同源词。古书中还时常用"说"字表示解脱的{脱}(《易·蒙》"用说桎梏"干宝注:"说,解也。"《诗·大雅·瞻卬》"女覆说之",《后汉书·王符传》引作"汝反脱之"。《说文》:"捝,解捝也。"这是解脱之"脱"的本字。据《说文》,"脱"的本义是消瘦)。{说}跟{脱}也无疑是同源词。{说}、{悦}、{脱}都应该源自意义跟{解}、{释}相近的一个母词。这三个词也许起先都是用"兑"字表示的,但是彼此间似乎并无本义跟引申义的关系。从字形上看,从"言"的"说"应该是为解说之{说}而造的一个字。借"说"表{悦}表{脱},跟借"畔"表{叛}是很相似的。

借"原"表{元} "原"跟"元"字音相同,意义也有相近之处。"元"的本义是人头(参看〔七(一)2〕)。{首}、{头}等词引申出了开头、首要等意义,{元}也引申出了元始、元本等意义。"原"是"源"的初文(参看〔七(一)5B)〕),由水源之义引申出了原本之义,跟"元"的引申义非常接近。董仲舒《春秋繁露·重政》:"是以《春秋》变'一'谓之'元',元犹原也。"把"原"用作"元"的声训字。原来、原由的{原},古代本用"元"字表示,是"元"的引申义;明初因嫌与元朝之"元"相混,才改用"原"字表示(参看顾炎武《日知录》卷三二"元"条。郝懿行《晋宋书故》"元由"条:"元,始初也。由,萌蘖也。论事所起,或言元起,或言元来,或言元旧,皆是也。今人为书,元俱作原字……盖起于前明初造,事涉元朝,文字簿书率皆易元为原")。这种用来代"元"的"原"字,也可以看作原来的字义跟假借义有联系的假借字。不过由于“原”字本来就有跟所代替的“元”字极其相近的意义，即使不把它看作假借字，有关词语的意义也不至于误解。{元}跟{原}是否有同源关系，目前还不能肯定。

前一节提到过的数字的大写，也有不少是原来的字义跟假借义有联系的假借字，如“壹”(《说文》:“壹，专壹也。”专壹之“壹”现在一般写作“一”)、“贰”(《说文》:“贰，副益也。从贝，弍声。弍，古文‘二’。”《段注》:“当云‘副也，益也’……形声包会意”)、“参”(本作曑，后变为參，又简化为参。本义是星宿名。参宿有三颗很亮的星，当因此而得名。《诗·唐风·绸缪》“三星在天”毛传:“三星，参也”)、“伍”(《周礼·地官·小司徒》“五人为伍”)、“佰”(《说文》“佰，相什佰也。从人、百”)、“仟”(《广韵》平声先韵苍先切“仟，千人长也”)。

被借字跟借它来表示的词在意义上也有联系的现象，应该有很多是无意中造成的。这一点在第二章里已经说过了。

有意挑选意义相关的字作为假借字的情况，也是存在的。例如:古人借“说”字，而不借读音跟它们的语音更接近的字来表示{悦}和{脱}，很可能是因为{说}跟{悦}、{脱}是同源词。明代人借“原”代“元”，大概也跟这两个字意义相近有关。此外，像借“纠”为“丩”那样，以表示引申义的分化字来取代母字的全部职务的用字方法，其目的可能主要在于合并文字。这在上一节里已经提到过了。

对于感觉不到上面所讨论的那种假借字的原来字义跟假借义之间的联系的人来说，这种假借字跟一般的假借字并无区别。例如:{畔}跟{叛}在意义上的联系，一般人大概是不会注意到的。所以他们大概不会感到借“畔”表{叛}跟一般的同音假借有什么不同之处。

但是有一些原来的字义跟假借义有明显联系的假借字，特别是其中已经把本字排挤掉的那些字，往往会被一般人看作本字，如原来的“原”、纠缠的“纠”(“纠”字的形旁“糸”跟假借义也可以联系起来)。

此外还可以看到，由于误认同音或音近的字为本字，用它来代替真正的本字的现象。这种现象大都发生在双音节复合词的一个语素身上。例如:当剧烈、凶猛讲的“利害”，现在一般都把它写成“厉害”。“利害”本指好处与坏处，引申而有严重的意思(有利害关系的事往往比较严重)，又引申而有剧烈、凶猛等意思。一般人觉得“利”字的意义跟剧烈、凶猛等义联系不起来，所以喜欢以“厉”字来代替它。他们显然是把“厉”看成本字的(有很多人已经根本不知道“厉害”还可以写作“利害”了)。此外如把“年轻”写作“年青”，“交代”写作“交待”，“流连”写作“留连”，“照相”写作

“照像”等，都是这一类的例子（“相”、“像”在分清、浊音的方言里不同音。这些方言地区的人一般不会把“照相”写作“照像”）。上举这些写法，在过去曾被认为是使用同音别字，现在却大都已经为词典所承认了。我们可以把“厉害”的“厉”、“年青”的“青”这一类字称为“俗本字”。有的单音节词也有俗本字。例如望东、望西的“望”，现在一般都写作“往”。而且还有不少人把这种本应读去声的“往”，按照“往”的本音读作上声。这充分说明他们是把它看作本字的（1985 年 12 月修订公布的《普通话异读词审音表》规定“往”字都读上声，已经承认了这种俗读）。又如坑害人的{坑}，本来是用“倾”字表示的，应该是“倾”的一个变音引申义。明以后有很多人把这个词写作“坑”（李荣《汉字演变的几个趋势》，《中国语文》1980 年 1 期 18—19 页）。现在一般人早已不知道这个词还有“倾”的写法了。以“坑”代“倾”，可能也跟误认“坑”为这个词的本字有关。

（三）一词借用多字和一字借表多词的现象

一个词使用两个（对双音节、多音节词来说是两组）以上不同假借字的现象，是常见的。有时候，表示同一个词的不同假借字之间，有比较明显的前后相承的关系。例如：

女——汝 第二人称代词{汝}先借“女”字表示（先秦古文字资料全都如此，古书中也有很多例子。《汉书·外戚传下》“女自知之”颜注：“女读曰汝”），后来改借汝水之“汝”表示（传世先秦古籍中借“汝”之例，似皆后人所改。汉熹平石经、魏三体石经中，第二人称代词{汝}都写作“女”。《书·尧典》“汝陟帝位”，《史记·五帝本纪》作“女登帝位”；同篇“汝作秩宗”，《周礼·春官·序官》郑司农注引此文，“汝”作“女”。同类之例尚多）。

皮——彼 指示代词{彼}先借“皮”字表示（石鼓文“丞皮淖渊”），后来改借《说文》训为“往有所加”的“彼”字表示（马王堆帛书《老子》乙本《道经》：“故去彼而取此。”马王堆帛书又屡次借“罢”表{彼}。《老子》甲本中，{彼}写作“罢”、“皮”或“被”。《老子》乙本中，{彼}写作“罢”或“彼”）。

可——何 疑问代词{何}先借《说文》训为“肯”的“可”字表示（石鼓文“其鱼隹可”读为“其鱼惟何”。秦简也借“可”表{何}），后来改借负荷之{荷}的本字“何”表示（马王堆帛书《老子》甲本《德经》：“夫何故也”）。

顯——願(愿) 欲愿的{愿}原来多借《说文》训为“颠顶”的“顯”字表示。

汉代人往往把这个字简写为“顛”（见银雀山汉简等）、“䫀”、“頋”（以上见汉碑）等形，南北朝和唐代人进一步简化为“頋”。《说文》训为“大头”的“願”，在汉代也已假借来表示欲愿的{愿}（见定县40号汉墓简文，《文物》1981年8期9页图一一94号简），但是用的人似乎不多。六朝以后，“願”字的使用逐渐普遍。到宋代，一般人大概就不用“頋”字只用“願”字了。简化字改用“愿”字。

有时候，不同的假借字之间没有明显的前后相承的关系。例如：

衹（秖）——只　　限制性副词{只}，古代或借“禔”的异体“衹”字表示（《诗·小雅·我行其野》“亦衹以异”之“衹”唐石经作“衹”。参看张参《五经文字》），或借《说文》训“语已词”的“只”字表示（《世说新语·任诞》“襄阳罗友有大韵”条注引《晋阳秋》“我只见汝送人作郡”）。“衹”也写作“秖”（见《干禄字书》等）。在传世古书里，这个字或讹作“衹”、“秖”等形，又讹作“衹”字、“衹”字（钱大昕则认为作“衹”不误，“衹”为六朝俗体，见《十驾斋养新录》卷一“衹”字条。《玉篇》有训“谷始熟”的“秖”字，也有人认为表示{只}的“秖”就是假借这个字的）。过去，“只”与“衹”的讹别之体长期并用，汉字简化后只用“只”字（据《广韵》，训“专辞”的“只”跟训“適”的“衹”，同属平声支韵章移切支小韵；训“语辞”的“只”属上声纸韵。《五音集韵》说“只”字俗读“质”。杨慎《丹铅杂录》卷三“衹有两音”条也说训“適”的“衹”“俗读曰质”。现在普通话里训专辞的“只”读上声，不知是否由入声的“质”音变来，其与古代训专辞的“只”的确切关系待进一步研究）。

纔——裁——财——才　　当“仅仅”讲的{才}，古代或借《说文》训为“帛雀头色”的“纔”字表示（《汉书·晁错传》“远县纔至则胡又已去”颜注：“李奇曰：纔音裁。师古曰：纔，浅也，犹言仅至”），或借《说文》训为“制衣”的“裁”字表示（《汉书·高惠高后文功臣表》“裁什二三”注：“裁与纔同。”同书《王贡两龚鲍传·序》“裁日阅数人”注：“裁与才同”），或借《说文》训为“人所宝”的“财”字表示（《汉书·杜周附孙钦传》“高广财二寸”注：“财与纔同，古通用字。”同书《李广利传》“士财有数千”注：“财与才同”），或借本义不明的“才”字表示（《三国志·吴书·吴主传》孙皓天纪四年裴注引干宝《晋纪》：“众才七千。”《说文》：“才，艸木之初也。”依此说，当仅仅讲的{才}可以看作“才”字的引申义。但是甲骨文“才”或作 ⅌，显然不象草木初生之形，此说不可信）。睡虎地秦简以及马王堆帛书中的《五十二病方》等借“毚”表{才}，为一般传世古书所未见，但《玉烛宝典》有同样用例（卷二：“易传曰：太阳毚——原注：古纔字也——出地上，少阳得并而雷声徵。”）。近代一般用“纔”或“才”，汉字简化后只用“才”字。

猗傩——猗那——阿那　　形容姿态柔美的双音词{婀娜}(ēnuó,旧又读ě'nuǒ,古音叠韵),古代或借《说文》训为“犗犬”(阉割之犬)的“猗”字和《说文》训为“行有节”的“傩”字表示(《诗·桧风·隰有苌楚》“猗傩其枝”),或借“猗”字和《说文》训为“西夷国”的“那”字表示(《淮南子·修务》“今鼓舞者……扶於猗那”),或借《说文》训为“大陵”的“阿”字和“那”字表示(《文选》卷四张衡《南都赋》“阿那蓊茸”,卷三〇陆机《拟古诗十二首·拟青青河边草》“皎皎彼姝女,阿那当轩织”)。上一字作“猗”或“阿”,下一字作“傩”或“那”。《诗·小雅·隰桑》“隰桑有阿,其叶有难(nuó)”,可能是分用{婀娜}的一个例子,下一字又作“难”(也有人认为先有分用的{阿}和{难},然后才有合用的{猗傩})。“婀娜”是这个词的后起本字。现在{婀娜}这个词基本上只存在于书面语中,写法已统一于“婀娜”。

犹豫——犹预——犹与(本作“與”,下同)——由豫——由与　　《说文》训“犹”为“玃属”,训“豫”为“象之大者”。这两个字都是假借来记录双音词{犹豫}的(《楚辞·离骚》“欲从灵氛之吉占兮,心犹豫而狐疑”)。这个词在古书里还有“犹预”(《史记·鲁仲连传》“平原君犹预未有所决”)、“犹与”(《礼记·曲礼上》“卜筮者……所以使民决嫌疑定犹与也”,《释文》“与音预,本亦作豫”)、“由豫”(《吕氏春秋·论威》“心无有虑”高诱注:“无有由豫之虑”)、由与(《吕氏春秋·下贤》“就就乎”高注:“就就读如由与之由”,毕沅校注:“由与即犹豫”)等写法,上一字借“犹”或“由”,下一字借“豫”、“预”或“与”。现在只用“犹豫”一种写法。

外来专名的音译,有不少使用过不同的假借字。例如:汉代前后在我国北方有一个游牧民族叫“丁零”(《汉书·匈奴传上》)。这个族名在古书里还有“丁靈”(《史记·匈奴传》、《汉书·李陵传》)、“丁令”(《汉书·匈奴传上》)、“钉靈”(《山海经·海内经》)等写法。隋、唐、宋、元时称台湾为“流求”,这个地名在古书里还有“流虬”、“留仇”、“留求”、“琉求”、“瑠求”等写法。近现代的译名的写法,也有很多是逐渐固定下来的,如“马克思”就有过“马克斯”、“马克司”等不同写法(不同音的译法,如“马格斯”、“马尔格时”、“麦喀士”等为数更多)。

在一个没有本字的词所用的不同假借字里,一般总有一个字(对双音节词、多音节词来说是一组字)是比较为人所熟悉的。人们往往把其他假借字看作这种假借字的通假字,就跟把有本字的假借字看作本字的通假字一样。我们可以把这种假借字称为准本字。

一方面，同一个词可以使用不同的假借字。另一方面，同一个字也可以假借来表示不同的词，下面举两个例子。

匪　“匪”是筐篚之“篚”的初文（《周礼·春官·肆师》：“共设匪瓮之礼。”《说文》有训为“车笭”的“篚”，跟筐篚之“篚”似是同形字）。古书里“匪”有以下一些假借用法：

1. 表示否定词{匪}，用法同{非}。《诗·卫风·氓》“匪来贸丝，来即我谋”郑笺：“匪，非也。”

2. 表示指示代词{匪}，用法同{彼}。《诗·小雅·小旻》：“如匪行迈谋，是用不得于道。”《左传·襄公八年》引用此文，杜预注：“匪，彼也。”

3. 假借为当“有文采”讲的“斐”。《诗·卫风·淇奥》：“有匪君子。”《礼记·大学》引此文，“匪”作“斐”。

4. 假借为“分”或“匪”。《周礼·地官·廪人》“掌九谷之数，以待国之匪颁、赒赐、稍食”郑玄注：“匪，读为分。”“匪”、“分”古音阴阳对转。也有人认为这种“匪”字是假借为“匪”的。《说文》：“匪，赋事也……读若颁，一曰读若非。”“赋”有分配之义。据《玉篇》、《集韵》等“匪”有“颁”、“匪”二音。

5. 表示叠音词{匪匪}（fēifēi），与“騑騑”通。《礼记·少仪》“车马之美，匪匪翼翼”郑注：“匪读如四牡騑騑。”“四牡騑騑”见《诗·小雅·四牡》，毛传：“騑騑，行不止之貌。”

“匪”字的这些假借用法，现在大都已经不再存在。只有否定词{匪}还保留在书面语的少数熟语中，如“匪夷所思”、“获益匪浅”等。此外，盗匪、匪徒的{匪}，可以看作由否定词{匪}派生的一个词（“盗匪”之{匪}，当是由本来当“非其人”讲的“匪人”一词演化出来的）。

干　据《说文》，“干”字的本义是干犯（《说文》：“干，犯也。从反入，从一。”干求、干涉等义大概都是干犯的引申义）。在古书和汉碑里，“干”字有以下一些假借用法：

1. 表示与“盾”同义的{干}。《诗·大雅·公刘》“干戈戚扬”郑笺：“干，盾也。”《方言》九：“盾，自关而东……或谓之干。”我们在〔四（四）〕里讲“戎”字的时候，曾提到本象盾牌形的“毌”字。这个字可能本与“干”同音，就是当盾讲的“干”的本字。《说文》有训为“盾”的“𢧀”字，当是后起本字（“干”在古代又可以用来表示{扞}。

扞(捍)卫之义当是干盾之义的引申义。“扞”是表示“干”字的假借义干盾之{干}的引申义的一个分化字)。

2. 表示与“岸”同义的{干}。《诗·魏风·伐檀》“寘(现已并入“置”字)之河之干兮”毛传:“干,厓(涯)也。”

3. 表示与“涧”同义的{干}。《诗·小雅·斯干》“秩秩斯干”毛传:“干,涧也。”

4. 假借为“豻”(音 àn)。《仪礼·大射》“大侯九十,参七十,干五十”郑注:“侯谓所射布也……干读为豻。豻侯者,豻鹄豻饰也。”豻鹄就是豻皮做的箭靶子。

5. 假借为乾湿的“乾”(现已并入“干”字)。《庄子·田子方》“老聃新沐,方将被发而乾”,《释文》所据本“乾”作“干”(有人认为对乾湿的{乾}来说,“乾”也是假借字)。

6. 表示旗杆的{杆}。《诗·鄘风·干旄》“孑孑干旄”毛传:“注旄于干首,大夫之旃也。”旗杆的{杆}古代多写作“竿”,《左传·定公九年》引《干旄》,“干”就作“竿”。所以也有人说当旗杆讲的“干”是假借为“竿”的。不过,对旗杆之{杆}来说,用“竿”字显然晚于用“干”字(“干”也有可能就是旗杆之{杆}的本字,详下文)。

7. 表示干支的{干}。“干支”本来是得名于“幹(现已并入“干”字)枝”的(天干是本,如树木之幹。地支配天干,如树木之枝。“幹”本作“榦”)。《广雅·释天》:“甲乙为榦。榦者,日之神也。寅卯为枝。枝者(者字据《广雅疏证》补),月之灵也。”所以,干支的“干”是假借来表示“幹”的引申义的(干支的“干”跟一般的“干”字一样读平声,“幹”则是去声字。引申义跟本义不完全同音,是常见的现象。但是也有可能干支的“干”本读去声,后来才变成平声字)。

8. 假借为当办事小吏讲的“幹”(现已并入“干”字)。东汉以下,官府中设有称为“幹”的办事小吏。汉晋碑刻多借“干”为幹吏之“幹”,如郑季宣碑阴有“直事干”,司马整碑阴有“诸曹干十三人”。幹吏因幹主事务而得名。树木以幹为主,幹主、幹办当是树幹的引申义。所以这种“干”字也是假借来表示“幹”的引申义的。汉简又经常借干为箭幹之“幹”,可能“幹”字各义古代多可借“干”表示。

9. 表示“丹干”的{干}。《荀子·王制》以“丹干”与“曾青”并提,同书《正论》篇作“丹矸”。“丹干”可能是朱砂的别名(看《荀子》杨倞注)。

10. 表示“若干”之{干}。《汉书·食货志下》“或用轻钱,百加若干”颜注:“若干,且设数之言也。干犹箇(现已并入“个”字)也,谓当如此箇数耳。”

11. 表示当“纵横交错”等义讲的双音词{阑干}的下一个音节。

此外，“干”字还有其他假借义，不一一列举了。

我们在上面讲“干”字本义的时候，是以《说文》为据的。但是《说文》对“干”字字形的分析十分牵强，以“犯”为“干”字本义大概是错误的。甲骨文里象旗帜形的“㫃”字写作，（干）字所象的可能就是旗杆（徐灏《说文段注笺》已“疑干即古竿字，亦即古杆字”）。如果确实如此，上面所举的第6条假借义，就应该是“干”字的本义，干犯则是“干”字的假借义。不过“干”字早已变成了记号字，究竟哪一种意义是它的本义，已经不是一个重要问题了。

简化字借“干”字代“乾”（不包括乾坤的“乾”）和“幹”（已包括“榦”）。所以虽然“干”字在古代的假借用法有不少已经不再存在，在我们现在所用的汉字里它仍然是假借义比较多的一个字。

（四）跟假借有关的字音问题

被借字的读音（也可以说是假借字原来的读音），跟借它来表示的那个词的音，可以仅仅是相近的，而不是完全相同的。所以一个字的本义跟假借义的读音往往有差异。有时候一个字还会有两个以上既跟本义不同音，彼此也不同音的假借义。总之，假借时常造成一字异音的现象。下面举几个例子，为了方便起见，姑且用普通话的语音来加以说明。“夫”字本读 fū，借表语气词或指示代词时则读 fú（这两个音的差别，本来在声母的清浊上，后来才变为阴平与阳平的不同）。“女”字本读 nǚ，借表第二人称代词{汝}时则读 rǔ。“干”字本读 gān，借为“幹”时读 gàn，借为“豻”时读 án。

就跟声旁和形声字的读音的关系一样，一个字的本义和假借义的读音，在开始的时候即使并不全同，至少也是很相近的，二者之间比较明显的差异一般是后来的语音演变所造成的。例如按照现代语音来看，“女”、“汝”二字声母的差异很明显。但是“女”是泥母字，“汝”是日母字，在上古时代日母的读音跟泥母极其接近（也有人认为完全相同），所以在当时“女”可以假借来表示{汝}。本义跟假借义的读音从完全相同变得有差异的现象，偶尔也可以看到。例如：古代往往借“麋”为“眉”（看本章第一节），有时还借“麋”为“湄”（《诗·小雅·巧言》“居河之麋”）。据中古韵书，这三个字都读武悲切。但是在普通话里，“麋”读为 mí，“眉”和“湄”读为 méi，

“麋”字本义跟假借义的读音就有了差异。1979 年版《辞海》把借为“眉”和“湄”的“麋”也读为 mí,是错误的。

有时候,假借也能起减少一字异音现象,使文字更好地反映语音的作用。例如在一个字有了变音的引申义之后,如果不造分化字的话,有时就假借一个跟这个引申义同音的字来表示它。在本章第一节里讲本有本字的假借字的时候,已经举出了借“闲”字表示“閒”字的变音引申义和借“茶”字表示“塗”字的变音引申义的例子。第二节讲俗本字的时候举出的以“坑”代“倾害”之“倾”的例子,也起了这种作用。前面说过,“女”跟“汝”的声母本来很接近,但是后来由于语音的演变有了明显的差异。改借“汝”字来表示本由“女”字表示的第二人称代词{汝},也是通过假借文字更好地反映语音的一个例子。在〔一一(一)2〕里讲分散文字职务的方法的时候,还会遇到这方面的例子。

有的词由于用为某个复合词的一个成分或其他特殊原因而发生音变(有时实际上是保持了较古的语音)。在遇到这种情况的时候,有时也会假借一个能够反映实际语音的字来代替原来所用的字,例如现代人把“张家(·ge)庄”、“庞家庄”的“家”改为“各”,把“叫化(huā)子”的“化”改作“花”,把“木樨(也作犀,音 xū)肉”、“木樨汤”里的“樨”改为“须”等等(关于“木须”,看李荣《语音演变规律的例外》,《中国语文》1965 年 2 期 117 页)。

在假借字读音方面,还有一个有争论的问题,就是通假字是否一定要读如本字。例如:有一个本读 A 音的字,现在假借为读 B 音的一个字。这个字是必须改读为 B 音呢,还是仍然可以读为 A 音呢? 按理说,这是不应该成为问题的。字音就是字所代表的词的音。通假字是被借来表示它的本字所代表的词的。它跟本字的读音应该完全相同。原来的读音,即未被假借时的读音跟本字的读音有出入的通假字,应该读如本字。但是实际上却有不少人持通假字不必一定读如本字的观点。上文曾提到《辞海》把借为“眉”和“湄”的“麋”读为 mí,就是一个实例。通借字是通用字的一部分。在〔一二(二)〕里有一小节专门讲通用字的读音问题。为了避免重复,这里对通假字是否一定要读如本字的问题就不做深入的讨论了。

(五) 语文研究中跟假借有关的几种错误倾向

语文研究中存在的错误倾向,有一些跟人们对假借现象缺乏正确认识有关。下面分词义研究和古籍解读两个方面,简单谈谈几种主要的错误倾向。

1 词义研究方面的错误倾向

词义研究方面需要指出的错误倾向主要有两种。

A. 牵强附会地把假借义说成引申义

假借字是由本身有意义的现成文字充当的，所以人们容易把假借所引起的一字多义现象，误认为语义引申的结果。

文字学的鼻祖，把引申称为假借的许慎，就屡次把我们称为假借的现象曲解为语义引申。例如用本来当麦子讲的“來”字表示来去之{来}，明明是跟语义引申无关的假借现象，但是许慎却说：“来，周所受瑞麦来麰……天所来也，故为行来之来。”又如“韦”是“违”的初文（参看〔七（一）5B〕），本义是违离，引申而有违背的意思（《说文》以“离”为“违”字本义，“相背”为“韦”字本义，不妥），用它来表示皮韦之{韦}，也显然是假借的现象，但是许慎却说“韦，相背也……兽皮之韦可以束枉戾相韦背，故借以为皮韦”，竟认为皮韦是因为可以用来捆束“枉戾相韦背”的东西而得名的。

许慎把假借曲解为引申的做法，对后人有很大影响。《段注》就时常犯类似的错误。例如：“莫”字注认为本义为“日且冥”的“莫”（“暮”字之初文），“引申之义为有无之无”，竟把否定词{莫}看作{暮}的引申义。“格”字注说：“木长皃（貌）者，格之本义，引申之，长必有所至，故《释诂》曰：‘格，至也’。”其实当“至”讲的“格”是假借为“各”的（参看〔七（一）5B〕），跟“木长皃”一点也没有关系。

直到目前，还有人写文章，说“胡须”的“须”所以能用为“必须”的“须”，是由于“在古人心目中，‘髭须’对男子是‘必须’的”；跳蚤的“蚤”所以能用为“蚤（早）晚”的“蚤”，是由于古代卫生条件差，蚤虱横行，天明起床就要捉杀蚤虱，“久而久之，捉杀蚤虱之时，便称为蚤时”的缘故。比之古人，真是有过之而无不及了。

在词义研究中，对那些难以确定究竟是语义引申还是文字假借的现象，最好持存疑态度。宁可放过一些语义引申的现象，也不要去犯把假借曲解为引申的错误。我们应该尽可能客观地去研究语言现象，不应该去“创造”语言现象。

附带提一下，在词义研究中也存在跟上面所说的那种倾向相反的另一种错误倾向，就是由于求之过深而把某个字的本义或引申义硬说成假借义。例如纸张的{张}显然是张开的{张}所派生的一个词。不但纸以“张”为单位词，其他可以张开的东西也往往以“张”为单位词。但是有的人却硬说“纸张的张，本字是箬，为抄纸用的竹帘”（“张”、“箬”古韵不同部，就是从语音条件上看，这两个字相通的可能性也很小）。这种庸人自扰的做法也是应该注意防止的。

B. 把同源词之间的关系跟本字和假借字的关系混为一谈

假借字有的根本没有本字，有的虽有本字，但早已被人遗忘。因此有不少假借字是无法或很难为它们找到本字的。清代的有些文字学者，在不能为假借字找到真正的本字的时候，就找一个音义皆近的字来充当本字。例如《段注》认为处所的“所”是假借为“处”的（“所”字从“斤”“户”声，据《说文》，本义是“伐木声”），《定声》认为当否定词讲的“莫”是假借为“橆”（无）的（《定声》对“所”的看法与《段注》同）。这样来找本字，显然是不合理的。

也许有人要问，前面曾经讲到过假借“闲”字来表示“閒”字的变音引申义这一类现象，“所”跟“处”以及“莫”跟“无”的关系，有没有可能是与“闲”跟“閒”的关系相类的呢？也就是说，处所之“所”有没有可能是假借来表示“处”字的一个变音引申义的呢？当否定词讲的“莫”有没有可能是假借来表示有无之“无”的一个变音引申义的呢？这种可能性当然不能排除。但是即使事实的确如此，为了避免误解，也应该说明“所”是假借来表示“处”的一个引申义的，“莫”是假借来表示有无之“无”的一个引申义的，而不应该简单地说“所”假借为“处”，“莫”假借为“橆”（无）。何况这还是未经证实的猜测呢？如果认为处所之{所}跟{处}、否定词{莫}跟{无}可能是同源词，那倒还不失为一种可以考虑的假设。说“所”假借为“处”，“莫”假借为“橆”（无），则是武断的，不合理的。

《定声》有时还给一个假借义找两个以上的本字，例如“庸”字条就说“庸”字当凡庸讲，是“假借为‘中’为‘众’”。这就更不合理了。凡庸的{庸}跟{中}和{众}，大概连同源词的关系都未必会有。

上面指出的清代人讲假借的那种错误倾向，对后人有相当大的影响。在现代的语言文字学方面的著作里，“尔”假借为“你”、“豆”假借为“菽”一类说法，仍然不时可以看到。第二人称代词{尔}跟{你}无疑是有极近的亲属关系的同源词。{菽}跟豆麦之{豆}也有类似的关系（“菽”、“豆”二字古音比较相近）。但是它们既然早已由于书面语跟口语的分歧或其他原因分化了开来，我们就不能简单地说“尔”假借为“你”、“豆”假借为“菽”了。如果想说明豆麦之{豆}跟{菽}之间、尔汝之{尔}跟{你}之间的关系，应该用语言学的术语，不应该用文字学上假借的说法。

此外，还可以看到比上面所举的那两个例子还要不合理得多的一些说法。有人把“身”说成当“我”讲的“朕”的本字。其实“身”、“朕”二字古音并不相近（上古音“身”属真部，“朕”属侵部，声母也不同）。不但“身”不可能是“朕”的本字，{身}和{朕}这两个词也不见得会有同源关系。有人说“踧卼”是“暴横”的借字。在古汉语里,{暴}跟{横}虽有连用之例,但并未形成一个复合词,{跋扈}则是一个不能分用的双音词,情况很不一样。从古音看,“扈”跟“横”还可以说有阴阳对转的关系,“跋”跟“暴”的韵部并不相近(上古音“跋”属月部,“暴”属宵部)。“暴横”跟“跋扈”从文字上看不可能有正借关系,从语言上看也不可能有同源关系。

有的人批判《定声》以“匃”(丐)为乞求之“乞”的本字的说法,认为“乞”的本字是“祈”。其实从讲假借的角度来看,说“乞”借为“祈”,跟说“乞”借为“丐”同样不合理。从研究语源的角度来看,这两说的优劣也很难定。这样的批判只会使初学者越来越糊涂。

从清代以来,有很多人给方言、俗语里的词找本字。那些找得根本不对头的且不去说他,就是那些找得比较好的,所找到的也往往并不是真正的本字,而只是代表同源词的字。

古人没有接触过近代的语言学,不能把研究语源跟讲假借明确区分开来,这是情有可原的。今人就不应该再步他们的后尘了(古人的情况也是不一致的,王念孙在这方面要比段、朱等人高明,参看〔一二(二)3〕关于“农”、“努”关系的说明)。

近年来,不少研究方言的人在为方言词找本字的时候,要求找出来的本字的音跟方言词的音有严格的对应关系,在很大程度上纠正了上述那种错误倾向。这是很值得称道的。可惜有些人还在走前人的老路。

2 古籍解读方面的错误倾向

古籍解读方面需要指出的错误倾向主要也有两种。

A. 把通假字当作一般的字理解

古书里有很多通假字(这里所说的通假字包括本章第三节里讲的对准本字而言的通假字)。如果误把它们当作一般的字对待,就会读不通古书或误解古书文义。不常见的同音别字性质的通假字,在字书里往往没有记载。有些在古代通行过的通假字,由于停止使用的时间很早,也往往不为后人所知。这些通假字给读古书的人造成的困难尤其大。

清代学者解读古籍的水平大大超越前人。其主要表现之一,就是他们给古书里前人不能正确理解的很多通假字找出了本字。这方面的例子在王念孙、王引之父子的《读书杂志》、《经义述闻》等著作里很容易找到,这里就不准备征引了。下面通过我们在参加银雀山汉墓竹书整理工作时遇到的一个问题,具体说明一下正确理解通假字的重要性。

在银雀山汉墓出土的《齐孙子》(孙膑兵法)的《威王问》等篇里有“篡卒”一词,从上下文看,可以知道是指能“绝阵取将”的精锐士卒而言的。起初我们认为“篡”字用的是本义,给“篡卒”做了如下注解:

篡,强取。篡卒指能搴旗斩将的剽悍士卒。

后来由于同墓所出竹简中有关资料的启发,才想到这个“篡”字应该是选择之“选”的通假字(《晏子春秋·内篇问上·第二十章》“选贤进能”之“选”,银雀山竹简本作“篡”)。“选”跟“算”音近,古书中有相通之例(《论语·子路》“何足算也”,《盐铁论·杂事》引作“何足选哉”)。从“食”“算”声的“簒”,或体作“饌”。武威汉墓所出简本《仪礼·特牲》43号简“选”字三见,今本皆作“簒”。“篡”从“算”声,所以也可以跟“选”相通。选卒就是精选的士卒。古书中“选卒”之称屡见,如《战国策·齐策一》“其良士选卒亦殪”,《吕氏春秋·爱类》“非必坚甲利兵,选卒练士也”。回过头来看自己原来望文生义的注解,觉得非常可笑。

初学古汉语的人,当然没有条件去辨识字书里没有注明的通假字,但是对字书已经注明的,尤其是其中比较常用的那些通假字,一定要努力去掌握,不然是学不好古汉语的。《光明日报》副刊《文物与考古》94期曾发表过一篇新发现的鲁迅用文言写的文章——《会稽禹庙窆石考》。其中有两句话,本来是应该这样标点的:

岂以无有圭角,似出天然,故以为瑞石与?晋宋时不测所从来,乃以为石船,宋元又谓之窆石,至于今不改矣。

但是发表时却把前一句之末的“与”字当作了下一句的第一个字,以致文义难通。这个“与”字应该读为“欤”。“与”通“欤”是古汉语常识,可是这篇文章的标点者却不知道,所以在“瑞石”之后就断了句。这个例子可以说明掌握常用通假字的重要性。

B. 乱讲通假

清儒讲通假,本来是一件好事。可是风气一开,跟着就出现了流弊。有些人既不充分注意古书使用通假字的实际情况,也不用心研究古书内容,以轻率的态度大讲通假。他们往往把古书里本来不是通假字的字说成是通假字。就是碰到真正的通假字,他们找出来的本字也几乎总是错的。由于汉字里音近的字太多,以及其他一些原因,为通假字找本字有时的确很难。即使是态度比较认真,学识比较渊博的学者,也往往免不了犯错误。

一般说,只有读音跟某个字相同或很相近的字,才有可能用作这个字的通假字。但是很多人却大讲所谓“双声通假”、“叠韵通假”,认为两个字只要它们的声母和韵母这两种语音成分里的一种相同或相近,就可以相通假,另一种语音成分即使很不一样也没有关系。这样,有可能相通假的字的范围就变得漫无边际了。古人用通假字是以当时的语音为根据的。王念孙等人讲通假所以能超越前人,一个很重要的原因就是他们懂先秦古音。可是有些人却根据自己的语音去讲古书里的通假,把读音在古代有明显区别的字看作可以相通假的同音或音近字。这些在通假语音条件方面存在的问题,更增加了通假的说法出现错误的可能性。

上面指出的乱讲通假的风气,不但一直延续到现在,而且还有愈演愈烈的趋势。如果我们略为注意一下近二三十年来出版的跟古汉语有关的书刊,就可以清楚地看到问题的严重性。下面从一篇文章和一本书里各举一个通假谬说以示例。

有一篇讲通假字的文章,说睡虎地秦墓所出《秦律·田律》里“唯不幸死而伐棺椁者”一句的“伐”字,是借为“乏”的。其实“伐棺椁”就是伐取作棺椁的木材的意思。《诗·豳风·伐柯》所说的“伐柯”,是伐取做斧柄的木材的意思(《伐柯》毛传“柯,斧柄也”)。《魏风·伐檀》所说的“伐辐”、“伐轮”,是伐取做车辐、车轮的木材的意思。其文例都跟“伐棺椁”相同。“伐”字不劳改读。而且古音“伐”属月部,“乏”属叶部,韵尾不同。从语音上看,说“伐”借为“乏”也是有问题的。

《韩非子·外储说左下》:

> 管仲父……庭有陈鼎,家有三归。孔子曰:“良大夫也,其侈偪上。”孙叔敖相楚,栈车牝马,粝饼(“饭”之误字)菜羹……面有饥色,则良大夫也,其俭偪下。

同书《扬权》:

> 毋贵人而逼焉。

陈奇猷《韩非子集释》140页注〔八四〕说:

> 逼偪同,偪当为匹之同音假字。谓管仲之侈匹拟于君,孙叔敖之俭匹拟于下贱之人。若释偪为迫,俭何迫于下?不通。毋贵人而逼焉,犹言毋贵臣匹拟

于君。《说疑篇》云"无尊嬖臣而匹上卿,无尊大臣以拟其主",即此义。作匹作拟,亦可证偪为匹之借字也。

洪诚《训诂杂议》批评说:

案,陈氏由于不明语例,主观强解,这一条注释出现三个错误。1.偪字古音属职部,之部的入声,帮纽;匹字古音属质部,脂部的入声,滂纽。两字既不同音,亦非叠韵。2.用偪,用匹,义各有当,两不相干,如何代古人改作文?匹、拟例对平敌以上而言,未见对下。改偪下为匹下,不合原意。偪下者,使下面的人受压力,感到难处,不能比孙叔敖更俭。何以不通?……　(《中国语文》1979年5期364页)

这个批评很中肯。遗憾的是目前出版物里通借谬说多如牛毛,类似的批评却极为少见。

董同龢在给他所译的高本汉《诗经注释》写的序里,指出高氏处理假借字问题极其严格慎重。他说:

高氏不轻言假借。前人说某字是某字的假借字时,他必定用现代的古音知识来看那两个字古代确否同音(包括声母和韵母的每一个部分)。如是,再来看古书里面有没有同样确实可靠的例证。然而,即使音也全同,例证也有,只要照字讲还有法子讲通,他仍然不去相信那是假借字。他曾不止一次的批评马瑞辰的轻言假借。他说,中国语的同音字很多,如果漫无节制的谈假借,我们简直可以把一句诗随便照自己的意思去讲,那是不足为训的。

高氏的做法也许有矫枉过正的地方,但是他的谨严态度是非常值得我们学习的。

不明通假和乱讲通假都不好。比较起来,乱讲通假更容易把初学者引入歧途,危害性更大。

一〇　异体字、同形字、同义换读

（一）异体字

异体字就是彼此音义相同而外形不同的字。严格地说，只有用法完全相同的字，也就是一字的异体，才能称为异体字。但是一般所说的异体字往往包括只有部分用法相同的字。严格意义的异体字可以称为狭义异体字，部分用法相同的字可以称为部分异体字，二者合在一起就是广义的异体字。

1955年公布的《第一批异体字整理表》（以下简称《整理表》），包含着大量部分异体字。例如：表中"雕"字一组有精简掉的"鵰"、"彫"、"琱"、"凋"四个异体（"凋"字实际上仍在使用，1965年初发布的《印刷通用汉字字形表》收入"凋"字）。"雕"字主要有三种意义：（1）一种凶猛的鸟（本义）；（2）雕刻、雕饰（假借义）；（3）雕零（假借义）。"鵰"只在第一种意义上跟"雕"是异体。"彫"只在第二、第三两种意义上跟"雕"是异体。"琱"只在第二种意义上跟"雕"是异体。"凋"只在第三种意义上跟"雕"是异体（参看吕叔湘《语文常谈》26—27页，三联书店，1980年）。

部分异体字用法的同异情况，大体上可以分为两类：一类是包含式，也可称包孕式，就是一个字的用法为另一个字所包含（参看高更生《精简字数的一条途径——试谈包孕字》，《光明日报》1975年9月26日）。例如"採"的用法为"采"所包含，"鵰"的用法为"雕"所包含；另一类是非包含式，就是彼此既有共同的用法，又各有不同的用法。例如"女"和"汝"在当古汉语里的第二人称代词讲的时候可以通用，但男女的"女"不能用"汝"代替，汝水的"汝"不能用"女"代替。又如"记"和"纪"在表示{记录}、{记念}、{记要}、{大事记}等词里的{记}的时候可以通用，但是单独成词的{记}以及{记忆}、{记号}、{记者}等词里的{记}不能写作"纪"（在古代，单独成词的{记}有时也写作"纪"），当纪律讲的{纪}以及{纪年}、{世纪}、{本纪}等词里的

{纪}不能写作“记”。

非包含式部分异体字用法的同异情况往往很复杂,而且有时找不出规律性,不能类推。这可以用上面所举的“记”和“纪”来说明。{记录}的{记}跟{记者}的{记},意义并无明显区别,但是前者也可以写作“纪”,后者却只能写作“记”。{记忆}的{记}跟{记念}的{记},意义也并无明显区别,但是前者不能写作“纪”,后者不但能写作“纪”,而且大多数人都这样写。

狭义异体字跟部分异体字的界线并不是一成不变的。狭义异体字在使用过程中有可能转化为部分异体字。例如上举的“雕”和“鵰”最初显然是用法全同的一字异体,后来由于“鵰”不能用来表示“雕”的假借义,就成为部分异体字了。部分异体字在一般人心目中也有可能变成狭义异体字。例如《整理表》里所举的“帆”字异体“颿”,本来是{帆}的假借字,它的本义是“马疾步”(见《说文》。《吴越春秋·勾践入臣外传》有“颿颿独兮西往”之语)。由于这个本义早已停止使用,一般人大概是把“颿”跟“帆”看作狭义异体字的。

【2021年校按:自古至今,很多汉字的用法不断在起变化,情况很复杂,有些狭义异体字与部分异体字会相互转化,部分异体字之间的用法同异变化更多。上面为部分异体字之间的用法同异情况所举的实例,是根据我们常用的几种字典、词典归纳出来的,它们虽然也反映了一些古书中比较常见的通用用法,如“女”和“汝”在用为第二人称代词时可以通用等,但对那些比较生僻的用法以及出土文字资料中不见或少见于传世古书的一些通用用法则往往不能反映。例如:这些字典、词典没有提到“女”与“汝水”之“汝”相通的用法,但据帮助我写“按语”的刘娇告知,安徽阜阳双古堆西汉初汝阴侯夏侯灶墓所出封泥及器物铭文中“汝阴”皆作“女阴”。其实据《汉书·地理志》,“汝阴”之名在西汉以前本作“女阴”。《地理志》“汝南郡”下有“女阳”、“女阴”二县名,在“女阴”下说:“故胡国。都尉治。莽曰汝坟。”“女阴”和“女阳”因分处于汝水的南北而得名。这是古代“女”与“汝水”之“汝”可以通用的明证。《汉书》其他地方提到“汝阴”时“阴”上一字已皆作“汝”,如《晁错传》提到女阴侯夏侯灶时即作“汝阴侯臣灶”、《陈胜传》有“汝阴人邓宗”等等。又承石继承见告:秦及东西汉封泥中“女阴”、“女阳”二县名屡见,皆不作“汝”而作“女”,汉代此县名写法当袭秦之旧。汝南郡为汉初所置,西汉东汉文字资料中即皆作“汝南”。东汉永元四年(公元92年)所立袁安碑记袁安籍贯为“汝南女阳”,有一枚汉代多字私印记印主籍贯为“汝南女阴”(郭清华《勉县发现汉代多字私印》,载《文物》1987年3期,88页:郭氏认为“将‘汝’写成‘女’字只限于西汉至东汉早期《汉书》成书以前”。按:班

固死年即是袁安碑立年，可见“女阴”的写法在《汉书》成书之后仍在使用），都符合上述用字情况。“女阳”、“女阴”在西晋司马彪所作《续汉书·郡国志》“汝南郡”下皆已作“汝阳”、“汝阴”。我们在正文中说“‘汝水’的‘汝’不能用‘女’代替”，对秦汉文字来说，是不合适的。】

在部分异体字里，由用法全同的一字异体变成的字只占很小的比例。绝大多数部分异体字是彼此可以通用的不同的字，也就是〔一二（二）〕里将要讨论的通用字。所以在这里就不对部分异体字多加说明了。

下面根据狭义异体字之间在结构上或形体上的差别的性质，把它们分成八类，分别举些例字（字下加横线的是现在的正体或通行体）。

1. 加不加偏旁的不同

兒——貌（从“豹”省声。也有人认为“貌”所从的“豸”本是“猫”的初文，“貌”本从“豸”声）

匧——篋（箧）

嚣——囓（现在用另一异体“嚙”的简化字“啮”）

凳（也作凳）——櫈（也作櫈）

在〔八（一）、（二）〕里已经举过一些这一类的例子，可以参阅。

2. 表意、形声等结构性质上的不同

看（从“手”在“目”上会意）——𥄫（从目倝声。倝音 gàn）

羶（从羊亶声）——羴（从羊臭会意。现在用“膻”）

豔（从豐盍声）——艷（艳。从豐、色会意）

淚（从水戾声）——泪（从目从水会意）

在〔八（一）〕里已经举过一些这一类的例子，可以参阅。上面举的都是一为表意字一为形声字的例子。此外如〔八（一）〕里举过的“恥”和“耻”、“曼”和“𦣞”等比较特殊的例子，也可以附入此类。

3. 同为表意字而偏旁不同

尟——尠（现在用假借字“鲜”xiǎn）

羴——羶（现在用膻）

麤——尘（塵本作𪋻，见〔八（三）2〕）

躰——体（本作體，是从骨豊声的形声字）

4. 同为形声字而偏旁不同

響——响

栝——杯——盃（又作桮。籀文作匿）

速——迹——蹟——跡

韤——韈——𡢁——襪——妺——帓——絑——袜

在〔八（五）2〕里曾举过一些形声字形旁不同的异体，在〔八（六）3〕里曾举过一些形声字声旁不同的异体，可以参阅。

5. 偏旁相同但配置方式不同

拿——舒

翄——翅

蝌——蟹

棊——棋

鑑——鑒（鉴。此字繁体“监”旁所从的“皿”变为“罒”，并移至右侧）

鵞——鵝（鹅）——鵞（《康熙字典》还收有古文䳘）

有少数异体字可以附入此类，它们的情况跟上举各组字相类，但是有一个偏旁只是相近而不是完全相同，如：

緜——綿（绵）

蟁——蚊

以上所举各例中，“拿”和“绵”是表意字，其余都是形声字。

6. 省略字形一部分跟不省略的不同

灋——法

淀（从旋省声）——漩

雖（从虫唯声）——虽

聲——声

7. 某些比较特殊的简体跟繁体的不同

辦——办

對——对

歲——岁

頭——头

8. 写法略有出入或因讹变而造成不同

矦——侯

匄——匃——丐（当由匃讹变）

弔——吊

皋——皐

虚——虗

竝——並

悤——怱（现在并入“匆”。“匆”本是“囱”的变体）

姊——姉

珍——珎

祕——秘

霸——覇

呪——咒

避讳缺笔字，如唐人所用的“巳”（避太宗世民讳）、清人所用的“玄”（避康熙玄烨讳），可以看作属于本类的异体字。印刷体和手写体的分歧也大都可以归入本类。

上列这八类，并没有一个完全统一的分类标准，所以有些例子的归类其实是两可的。如第一类的“皃”和“貌”，也未尝不可以归入第二类。

【2021年校按：我们在此节中讲“异体字”是以《第一批异体字整理表》所收“异体字”的范围为根据的。在建国后进行的异体字整理之前，一般文字学者似多以“异体字”称正文所说的狭义异体字（不包括其中由部分异体字变来的狭义异体字），“异体字”与“通用字”有明确区分。《说文》字条在篆文正体之外往往还收有篆文“或体”，他们认为“异体”就是《说文》所说的“或体”（参看《中国大百科全书·语言文字卷》“异体字”条，中国大百科全书出版社，1988年，448页）。按照这种意见，“异体字”可以说就是为同一个词而造的形体不同的字（但为一个多义字而造的表示其本义的分化字——见〔一一（一）1〕——似应排除在这种“异体字”之外）。需要注意的是：有些异体字在使用过程中增加了彼此不同的用法，就成了正文所说的那种“部分异体字”了。有时由于异体字分工，两个异体字甚至变成了两个用法完全不同的字，如“猶（犹）”和“猷”（见〔一一（一）1A〕）。“异体字”的“字”，其用法有一些特殊，它用的只是“字”的“形体”层面的意义，“异体字”也可以说就是同一个字（指为某个词而造的字）的不同形体。前人很注意正体与或体（异体）的区别，其实正体与或体（异体）的地位并不是一成不变的，例如“豬”、“猪”二形，过去以“豬”为正体，现在则以“猪”为正体。我们认为，在没有必要区分正体、或体（异体）的时候，“异体字”可以包含正体，正体、或体（异体）本都是为同一个字而造的形体。1949年后进行异体字整理时，实际上是把异体字的范围从表示同一个字的不同形体扩大成了表示同一个词的不同形体（既包括传统的异体字，也包括通用字）。】

（二）同形字

同形字这个名称是仿照同音词起的。不同的词如果语音相同,就是同音词。不同的字如果字形相同,就是同形字。同形字的性质跟异体字正好相反。异体字的外形虽然不同,实际上却只能起一个字的作用。同形字的外形虽然相同,实际上却是不同的字。

对同形字的范围,可以有广狭不同的理解。

范围最狭的同形字,只包括那些分头为不同的词造的、字形偶然相同的字。例如:古代有一个“铊”字(音 shé 或 shī,也作“鉇”、“鍦”),当矛讲(丈八蛇矛的“蛇”可能就是它的通假字)。近代有一个“铊”字(tuó),是秤砣之“砣”的异体。现代化学家又造了一个“铊”(tā)字,用作一种金属元素的名称。这三个“铊”字就是最狭义的同形字。

范围最广的同形字,包括所有表示不同的词的相同字形。按照这种理解,被借字和假借字,如表示本义的“花”和表示假借义“花费”的“花”,也应该算同形字。甚至用来表示本义的和用来表示派生词性质的引申义的同一个字,如当道路讲的读 xíng 的“行”和当行列讲的读 háng 的“行”,也可以看作同形字。

但是,由于语义引申而造成的一个字可以表示两个以上同源词的现象,是大家都熟悉的,似乎没有必要另用同形字的概念来说明它。假借是一种很重要的文字现象,讲汉字的人一般都要专门加以讨论,也没有必要从同形字的角度另外再加以说明。所以我们不准备讲范围最广的那种同形字。(有人把使用同一个书写形式的不同语素称为“同形字”,例如把行走的{行}跟行列的{行}称为同形字。这跟我们所说的同形字是两回事。我们建议把这种同形字名副其实地改称为“同形语素”。)

不过,我们觉得如果只把分头为不同的词造的、字形偶然相同的字看作同形字,范围又嫌太窄了一些。在〔七(一)5A〕里讲“隻”字的时候,曾经说到过“形借”。形借是不管一个字原来的音义,只借用它的字形的一种现象(注意:一个字原来的音义就是它原来所代表的词的音义,跟它所使用的字符的表音和表意作用是两回事)。我们认为由于形借而产生的、用同样的字形表示不同的词的现象,也应该包括在同形字现象里。例如表示{获}的“隻”跟表示{只}的“隻”,就应该看作同形字。因为一个字原来所代表的词跟借它的形的那个词之间,既没有本义跟假借义的关系,也没有本义跟引申义的关系。对这个字的字形来说,它们都可以看作本义。也就是说，如果不管历史情况，这个字也可以看作是为借它的形的那个词而造的（《说文》就把“隻”看作为{只}而造的一个字）。有时候由于缺乏资料，根本无法断定两个表示不同的词的相同字形，究竟是分头造的，还是有像表{获}的“隻”跟表{只}的“隻”那样的关系。所以，由于形借而产生的同形现象，以纳入同形字的范围为好。此外，有些本来不同形的字，由于字体演变、简化或讹变等原因，后来变得完全同形了。这种字当然也应该看作同形字。

古人没有明确提出同形字的问题，但是有些人已经注意到了这种字的存在。

《汉书·武帝纪》“怵于邪说”句颜师古注说：“如淳曰：怵音怵惕，见诱怵于邪说也。师古曰：……如说云见诱怵，其义是也，而音怵惕又非也。怵，或体訹字耳。訹者，诱也，音如戌亥之戌。”颜氏指出当“诱”讲的“怵”（xù）是“訹”的异体，跟怵惕之“怵”无关。这实际上就是把这两个“怵”看作同形字（1979年版《辞海》把当“诱”讲的“怵”也读作 chù 是错误的）。

郑樵《六书略》按六书说给文字分类，在假借字之末别列“双音并义不为假借”一类，所收之字大部分就是我们所说的同形字。例如：

杷　　补讶切（bà），枋（柄）也。

杷　　白加切（pá），收麦器。

现在，当收麦器讲的“杷”定作“耙”，当柄讲的“杷”已并入“把”字。不论是为当柄讲的{把}这个词，还是为耙子的{耙}这个词造字，都可以造出一个从“木”“巴”声的字来。所以郑氏认为这两个“杷”“双音并义”，都是本字。用我们的话来说，这两个“杷”就是同形字。

段玉裁也注意到了同形字现象。例如《说文》“泰，滑也”下《段注》说：“滑则宽裕自如，故引申为纵泰……又引申为泰侈，如《左传》之‘汏侈’，……汏即‘泰’之隶省隶变，而与淅米之‘汏’（指《说文》训“淅𤄊”的“汏”字）同形，作‘汰’者误字。”段氏认为泰侈是“泰”字滑义的引申义，“汏侈”之“汏”是“泰”的省变之体，并不一定可靠。但是上引这段话可以说明他是认识到汉字里有同形字存在的。

朱骏声在《定声》里，把本义之外的字义分成转注（相当于一般所谓引申）、假借和别义三类。列入别义类的字义大都可以用同形字来解释。例如：古书里的“篿”字有两种意义。《说文》：“篿（tuán），圜（圆）竹器也。从竹，專声。”《楚辞·离骚》：“索藑茅以筳篿”，王逸注：“楚人名结草折竹以卜曰篿（zhuān）。”不论是为当圆竹器讲的{篿},还是为当"结草折竹卜"讲的{篿}造字,都可以造出一个从"竹""專"声的字来。所以分别见于《说文》和《离骚》的这两个"篿"应该看作同形字。在《定声·乾部》"篿"字条下,《离骚》"篿"字之义就是列为别义的(《段注》"篿"字条也说"结草折竹卜"是"别一义",只是《段注》没有像《定声》那样经常地有系统地使用"别义"这个术语)。不过在《定声》里,有不少同形字仍然被当作本义跟假借义处理,可见朱氏对同形字的认识也还不是很明确的。

现代学者明确提出了同形字的问题。王力先生在《字的形音义》一书中讨论一字两读现象的时候,指出一字两读虽然多数反映词性的不同,"但也有两个意义偶然同形的,例如疑问代词的'哪'和语气词的'哪','咳嗽'的'咳'和'咳哟'的'咳',它们在意义上是没有关系的"(27 页,中国青年出版社,1953 年。又见《王力文集》3 卷 522 页)。

王先生在那本书里还指出,群众创造的分别字"有些字偶然和字典里的一些僻字同形(例如……'份',同彬),但是只有文字学家看见过这些僻字,一般群众是不理会它们的"(9 页)。这就是说群众为"分"字的引申义创造的分化字"份",跟古代作为"彬"字异体的"份"是同形字。李荣先生在《汉字演变的几个趋势》一文里,也举过一个同类的例子。周代金文里有"铝"字,指铸铜器的原料。汉代的《方言》里也有"铝"字,当磨错讲。现在也有"铝"字,指一种金属元素。李先生说:"造'铝'字的化学家,不一定知道《方言》有这个字,更不见得知道周朝铜器上有这个字,应该说是个创造。时不分古今,周朝人、汉朝人、现代人分别造从金从吕的形声字,用法不同,造字的心理是相同的。"(《中国语文》1980 年 1 期 6 页)

过去的学者在看到上面所说的那种造字现象的时候,往往指责群众用错或造错了字。例如:《说文》有训"富"的"赈"字,我们在〔八(一)〕里举过的"振"的分化字,"赈"恰好跟它同形。颜师古在《汉书》注里说振救之"振""今流俗作字从贝者,非也,自别有训"(见《文帝纪》注,参看同人所著《匡谬正俗》卷七"振"字条)。其实,两个"赈"字的关系跟颜氏在《武帝纪》注里指出的两个"怺"字的关系并无不同。但是赈救之"赈"在颜氏心目中是俗字,所以对它的态度就不一样了。

有的学者把上面所说的那种造字现象解释为"《说文》本字俗借为它用"(钱大昕《十驾斋养新录》卷四),或"故有之字今强借以名他物"(章炳麟《訄书·订文》)。这也是不妥当的(顺便说一下,赈救之义在《定声》"赈"字条里就是当作假借义处理的)。龙宇纯在《中国文字学》里说:"……有过去以为某一字的假借用法,实际本是二字,一形声,一转注(引者按:指在已有的文字上加注意符而成的分化字),不过偶然形体相同而已。如《说文》以'红'为红绿字,从糸工声。古书中女工字亦作'红',

《史记·郦食其传》‘工女下机’,《汉书》工字作‘红’,即其例。学者并谓此借红绿字为工字。不知此字既与红绿字读音有异,其始但书作‘工’,则书作‘红’者即是工字加糸的转注字。又《汉书·文帝纪》‘服大红十五日,小红十五日’。大红、小红即大功、小功,则‘红’又别为‘功’的转注字。并与红绿字异字。”(147页,台湾学生书局,1984年)他的意见是很有道理的。

下面按照同形字在结构或形体上的特点把它们分成四类,分别举一些例子。

1. 文字结构性质不同的同形字　　偶尔可以看到一个表意字和一个形声字,字形恰好完全相同的现象。例如:

体(bèn)——体(tǐ)　　较古的“体”字,音义与粗笨之“笨”同,是一个从“人”“本”声的形声字(《广韵》上声混韵蒲本切:“体,麤皃,又劣也。”《资治通鉴》卷252唐懿宗咸通十二年“春正月辛酉葬文懿公主……赐酒百斛,饼餤四十橐驼,以饲体夫”胡注:“体,蒲本翻。体夫,舁柩之夫也”)。“體”字的简体“体”比较晚出,从“人”、“本”会意。

姥(mǔ)——姥(lǎo)　　较古的“姥”字当老妇讲,音义与“姆”同(《广韵》上声姥韵莫补切“姥,老母,或作姆,女师也,亦天姥山也,又姓,出何承天《纂文》”,《晋书·王羲之传》“又尝在蕺山,见一老姥,持六角竹扇卖之”)。到了近代,北方人造了个从“女”“老”声的形声字,作为称呼外祖母的“老老”的专用字(这个“姥”是“老”的分化字,声旁“老”有义)。

战国楚铜器铭文中有“忑”字,朱德熙先生认为应该分析为从“心”“下”声,跟后世造的会意字忐忑的“忑”“形同字异”(《寿县出土楚器铭文研究》,《历史研究》1954年1期113页)。

2. 同为表意字的同形字　　例如:

甭(bà)——甭(qì)——甭(béng)　　《颜氏家训·杂艺》说北朝时俗字有以“不用为罢”者。宋代辽僧行均所编字典《龙龛手鉴》以“甭”为“弃”字异体。我们现在所用的“甭”,则是表示“不用”的合音词的。如果着眼于现代的“甭”不但是会意字,同时又是合音字,也可以把它跟古代的“甭”看作结构性质不同的同形字。

〔七(一)5A〕里讲过的表{获}的“隻”跟表{只}的“隻”,〔七(一)6〕里讲过的表{片}的跟表{析}的,也都是同为表意字的同形字。

第一章里说明早期表意字的原始性的时候,曾经讲到一形多用的现象,如既是“月”字又是“夕”字,既是“夫”字又是“大”字。〔七(一)6〕里又提到了的例

子。表{月}的跟表{夕}的、表{夫}的跟表{大}的、表{𠂢}的跟表{永}的也都可以看作同为表意字的同形字。不过我们应该认识到，早期和晚期汉字里的表意字同形现象，是有相当大的区别的。在早期汉字里，一形多用曾经是相当普遍的一种现象，而且这种现象通常是存在于同时同地的文字里的。在晚期汉字里，表意字同形的现象是罕见的，而且这种同形字极少在同时同地的文字里一起使用。此外，上面所举的晚期汉字里的表意同形字"甭"都是由义符构成的会意字，这跟早期汉字里一形多用通常只跟形符有关的情况也是不一样的。

3. 同为形声字的同形字　　这是同形字里最常见的一种。前面讲到过的"铊"、"怵"、"杷"、"篿"等同形字，都属于这一种。下面再举几个例子。

椅（yī）——椅（yǐ）　　《说文》："椅，梓也。从木，奇声。"这个"椅"当一种树讲，念平声（《诗·鄘风·定之方中》"椅桐梓漆"）。桌椅之椅由于有可倚之背而得名，本来就写作"倚"，后来才把"倚"字的"人"旁改成"木"旁分化出"椅"字来（宋黄朝英《靖康缃素杂记》"今人用倚卓字，多从木旁"，明方以智《通雅·杂器》"倚卓之名，见于唐宋。……杨亿《谈苑》云：'咸平、景德中，主家造檀香倚卓。'俗以为椅子、棹子"）。这个"椅"跟"倚"同音，念上声。用来形容树木柔弱之貌的"旖旎"（yǐnǐ），古代或作"椅柅"，这个"椅"也可以看作上举那两个"椅"字的同形字。

棹（zhào）——棹（zhuō，木名）——棹（zhuō，同"桌"）　　"櫂"（zhào）的异体作"棹"，指划船的一种工具（现在用"棹"不用"櫂"）。古代一种树的名称也作"棹"（见《南方草木状》卷中）。卓倚的"卓"后来也加"木"为"棹"（参看上条。现在用"桌"字）。桌子本因卓立于地而得名，棹椅的"棹"字声旁有义。

钫（方壶形器）——钫（镬类器）——钫（元素名）　　《说文》："钫，方锺（钟）也。从金，方声。"这个"钫"字的声旁"方"有义（参看〔八（七）1〕）。《广韵》平声阳韵府良切有"钫"字，训为"镬属"。现代的化学家又为一种放射性元素造了一个"钫"字，声旁"方"表示原名的第一个音节。

枋（bìng）——枋（fāng，树木名）——枋（fāng，用于防堰之木）——枋（fāng，木排）——枋（fāng，方木材）　　《周礼·春官·内史》"内史掌王之八枋之法"，"八枋"，《释文》作"八柄"，注曰"本又作枋"。这个"枋"跟"柄"是一字异体。《说文》："枋，木可作车。从木，方声。"这个"枋"当一种树讲。《广韵》平声阳韵府良切："枋……又蜀以木偃（堰）鱼为枋。"《水经注·九·淇水》引晋卢湛《征艰赋》："后背洪枋巨堰，深渠高堤。"这个"枋"当用于防堰之木讲，可能是表示"防"字引申义的一个分化字。《后汉书·岑彭传》"乘枋箄（排）下江关"李贤注："枋箄，以竹木为之，浮于水上。《尔雅》曰：‘舫，泭也’，郭景纯曰：‘水中簰(排)筏也。’”这个“枋”当木排讲，也作“舫”(跟当船讲的读 fǎng 的“舫”是同形字)。后世所用的“枋”字，当方柱形木材讲，声旁“方”有义。此外，见于《南方草木状》卷中的“苏枋”树的“枋”，也可以看作上引诸字的同形字。

怕(bó)——怕(pà)　《说文》：“怕，无为也。从心，白声。”这是澹泊之“泊”的本字(《文选》卷七司马长卿《子虚赋》：“怕乎无为，憺乎自持。”《史记》和《汉书》的《司马相如传》录此赋，“怕”、“憺”皆作“泊”、“澹”)。惧怕之“怕”是憺怕之“怕”的同形字(《论衡·四讳》：“孝者怕入刑辟。”这可能是现存古书中使用惧怕之“怕”的最早一例。但是也有人认为这个“怕”应读为“迫”)。

同为形声字的同形字，有一个不同于其他性质同形字的特点。其他性质的同形字，彼此的读音大都显然有别。同为形声字的同形字具有同样的声旁，它们的读音大都是相近或相同的。因此在形声字的同形现象跟假借现象之间很难划出一条截然分明的界线。如果借用一个形声字来表示一个词，这个字不但跟所要表示的词同音或音近，而且它的形旁跟所要表示的词在意义上也联系得起来，就会形成一种既可以看作假借，又可以看作形借的现象。也就是说，这个字既可以看作假借字，也可以看作被借字的同形字。在〔九(一)〕里已经提到了几个这样的例子，其中以借为“册”的“策”字为比较典型。册是由竹木简编成的，“策”所从的“竹”旁对{册}也适用(《说文》所收“册”字古文，就是从“竹”从“册”的)。因此以“策”表{册}既可以看作假借，也可以看作形借；表{册}的“策”既可以看作假借字，也可以看作当马箠讲的“策”的同形字。前面屡次提到的借为“丩”的“纠”字，也未尝不可以看作当“绳三合”讲的“纠”字的同形字，因为“糸”旁跟{丩}的纠缭之义也是联系得起来的。此外还可以找到不少同类的例子。例如：笔砚之{砚}是由研磨之{研}派生出来的一个词(《释名·释书契》“砚，研也，研墨使和濡也”)，本来就用“研”字表示(《汉书·薛宣传》“下至财用笔研，皆为设方略”)，后来才借用本来当“石滑”讲的“砚”字表示(《说文》“砚，石滑也。从石，见声”)。砚台大都是石质的，“砚”字的“石”旁在意义上跟笔砚之{砚}也联系得起来。因此，以“砚”表示笔砚之{砚}既可以看作假借，也可以看作形借。又如：願意的“願”的简化字“愿”，一般认为是假借谨愿的“愿”的。“愿”的“心”旁在意义上跟愿意的{愿}也联系得起来。人们所以用它来代替“願”，这显然是一个重要原因。近年，化学家借“炉”字已经停止使用的异体“鑪”，简化为“铲”，来表示 104 号元素的名称。这也显然是因为它的“金”旁在意义上跟 104 号元素联系得起来。所以，谨愿的“愿”跟愿意的“愿”，作为“炉”字异体的“铲”跟表示元素名的“铲”，也都未尝不可以看作同形字。

上面所说的这种现象，似可称为假借兼形借，“筴”（册）、“砚”（研）一类字可以称为形音兼借字。我们在前面批评过的“《说文》本字假借为它用”、“故有之字今强借以名他物”等说法，如果仅仅用来指这种现象，那还是可以的。由于我们对很多字的历史知道得不够清楚，独立造出来的同形形声字跟形音兼借字往往不易分清。我们在前面所举的同为形声字的同形字的例子，大部分可以肯定是分头造出来的。但是也很难担保其中没有形音兼借字。

4. 由于字形变化而造成的同形字　有些本来不同形的字，由于字体演变、简化或讹变等原因而成为同形字。例如：

漯（lěi）——漯（tà）　《说文》：“灅，水出雁门阴馆累头山，东入海……从水畾声。”这个字音 lěi，隶、楷多省作“漯”。《说文》：“濕，水出东郡东武阳，入海。从水，㬎声。”（潮湿之“湿”的繁体跟水名之“濕”可以看作同形形声字。潮湿之“湿”《说文》作“溼”。）这个字音 tà，在隶书里先省作“㴒”，又讹变为“漯”，跟读 lěi 的“漯”成为同形字（河南省有漯河市，“漯”音 luò，跟读 lěi 的“漯”大概是同形形声字）。

适（kuò）——适（shì）　《说文》：“适，疾也。从辵，𠯑（kuò）声。”这个字音 kuò，隶、楷变作“适”，古人多用作人名。“適”的简化字跟它同形。现在为了区别这两个字，规定以“适”为读 kuò 的“适”的正体。

萑（zhuī）——萑（huán）　《说文》：“萑，艸多皃。从艸，隹声。”这个字音 zhuī（益母草的古名“萑”也音 zhuī，可以看作这个字的同形形声字）。又：“萑，薍也。从艸，萑（huán）声。”这个字音 huán，在传世古书里已省作“萑”（如“萑苇”、“萑苻”）。此外，“萑”字也有人写作“萑”（见《康熙字典》。萑是一种鸱属的鸟）。

這（yàn）——這（shì，zhè）　《玉篇》、《广韵》都有训“迎”的“這”。这个字从“辵”“言”声，音 yàn（《龙龛手鉴》收“喭”字俗体“這”，跟这个字是同形形声字）。“適”（适）字在古代也有写作“這”的（《大正新修大藏经》卷一四《文殊师利问菩萨署经》：“這有是念，便见佛在虚空中住言‘善哉，善哉！’”校注谓“這”字宋、元、明本及宫内省图书寮本作“適”）。唐代玄应《一切经音义》屡言“適”字“三苍古文作‘這’，其实“這”应该是古俗字。指示词{這}就是假借这个字表示的（现在已经简化为“这”。“適”字古有“之石切”一音，指示代词{這}较古的音也应该是“之石切”。此条据陈治文《近指指示词“這”的来源》，载《中国语文》1964 年 6 期）。

此外如“歹”（dǎi）和“歺”（è）都变为“歹”（参看〔六（三）〕），“匹”的讹体“疋”（pǐ）跟“疋”（shū）同形，“亙”（gèn）变得跟“亘”（音 xuān 或 huán）同形，“廣”简化为“广”跟它的形旁“广”(yǎn)同形,“厰”简化为“厂”跟“厈”的初文“厂”(hǎn)和“庵”的旧简体“厂”(ān)同形,都是这一类的例子。

在汉字简化中,有的形声字由于改用笔画较少的声旁而跟别的形声字同形,如“僕”的简化字跟前仆后继的“仆”(pū)同形,“證”的简化字跟谏证之“证”同形,“櫃”的简化字跟柜柳之柜(jǔ)同形,“籲”(yù,从页籥声)的简化字跟吁叹之“吁”(xū)同形等等。由于“幾”旁跟独立成字的“幾”一样简化为“几”,饑荒的“饑”也变得跟饥饿的“饥”同形了(不过这两个字在古书里已有混用的例子)。有时候,两个不同形声字的简化字是同形的形声字,如“鐘”和“鍾”都简化为“钟”,“纖”和“縴”都简化为“纤”,“髒”和“臟”都简化为“脏”。由于这些原因造成的同形字,如证明的“证”跟谏证的“证”,钟鼓的“钟”跟壶钟的“钟”,既可以归入由于字形变化而造成的同形字,也可以归入同为形声字的同形字。(上面所举的简化为“钟”的“锺”,既是壶锺的“锺”字,又是酒盅之“盅”的异体字。古代那种跟壶同类的钟,跟酒盅是大不相同的两种东西。壶锺的“锺”跟“盅”的异体“鍾”也可以看作同形字。所以“钟”这个字形可以认为实际上代表了三个同形字。冲虚之“冲”的本字是“盅”。《说文》:“盅,器虚也。从皿,中声。”酒盅的“盅”跟这个“盅”又是同形字。)

前面谈到过假借兼形借的现象。这里再举一个这类现象里比较特殊的例子——借“罪”为“辠”。

犯罪的{罪}本来是用“辠”字表示的。到了秦代,统治者嫌“辠”的字形近于皇帝的“皇”(篆文或从“自”作“皇”),借本来当“捕鱼竹网”讲的“罪”字来代替它(《说文》:“辠,犯法也。从辛,从自……秦以辠似皇字,改为罪。”又:“罪,捕鱼竹网。从网、非。秦以罪为辠字。”李荣《汉字演变的几个趋势》指出,睡虎地秦墓竹简用“辠”字,《马王堆汉墓帛书〔壹〕》所收的帛书则用“罪”字,可见的确有过改字的事,见《中国语文》1980年1期7页。1989年发现的时代较睡虎地11号秦墓为晚的龙岗6号秦代墓所出竹简,已不用“辠”字而用“罪”字,进一步证实了这件事,参看刘信芳、梁柱《云梦龙岗秦简综述》,《江汉考古》1990年3期83页。传世始皇三十七年会稽刻石的摹刻本有“辠”字,似是秦代改字说的一个反证。但是我们在〔四(四)〕里已经指出今传会稽刻石摹刻本有伪作的嫌疑,恐不足为据。即使这个摹刻本中的“辠”字确有根据,也不能因此就否定秦代改字说,因为也有可能改字之事是发生在刻石之事之后的)。今本《说文》说“罪”字“从网非”,段玉裁、王筠等人因为“网非”之意跟“捕鱼竹网”这一本义不合,认为“罪”字应是形声字,《说文》“非”字下本应有“声”字,为后人删去。这应该是可信的。“非”跟“辠”上古音同韵部,但声母并不相近。

“罪”字本义的读音大概不会跟“辠”字完全相同。秦代统治者所以要借用“罪”字，而不借用别的跟“辠”音近的字，应该是由于“罪”字还可以当作“从网非”的会意字来看的缘故（《说文》“辠”字《段注》：“罪本训捕鱼竹网，从网非声，始皇始易形声为会意”）。“网非”之意跟“辠”字之义并不切合，但是把为“非”的犯罪者一“网”打尽，正是统治者的心愿。后人删去《说文》“非”下“声”字，大概也是由于看到了这一点。把本是形声字的“罪”的字形当作会意字的字形来用，这是一种比较特殊的形借的现象。但是如果“罪”跟“辠”不是同韵部的音近字，恐怕也不会借“罪”来代替“辠”。所以借为“辠”的“罪”可以看作一个比较特殊的形音兼借字。

本章第一节里提到的借表{帆}的“颿”字，情况跟借为“辠”的“罪”字略有些相似。充当“颿”字声旁的“风”字，在意义上跟{帆}联系得起来。人们所以假借“颿”字来表示{帆}，这大概也是一个原因，说不定还会有人把表示{帆}的“颿”字当作从“风”、“马”会意的字来理解呢。

同形字多数不是同时并行的。例如：姥姥的“姥”字出现的时候，一般人已经不用从“老”、“女”会意的“姥”字了。当一种放射性元素讲的“钫”字造出来的时候，一般人早已不用当方钟讲的“钫”字了。“廣”所以能简化为“广”，是因为读 yǎn 的“广”字除了用为表意偏旁之外，早已不再使用的缘故。反之，由于“麼”的简化字跟它所从的“么”（yāo）这个比较常用的字同形，简化方案就只得规定把读 yāo 的“么”写作“幺”（这本是“么”字原来的写法），以避免混淆了。比较起来，同为形声字的同形字同时并行的情况要多一些。

最后，附带谈谈双音节复合词的同形现象。有时候，两个分头构造的意义不同的双音节复合词，具有相同的书写形式。例如指人的“女工”跟指物的“女工”（也作女功、女红），指用来拍打的工具的“拍子”跟指音乐节拍的“拍子”，指人的容仪的“仪表”跟指仪器的“仪表”，与“妻”同义的“妻子”（qī · zi）跟当妻与子讲的“妻子”（qī zǐ。也有人认为这不能算作复合词），从“拨乱世反（返）诸正”一语（见《公羊传 · 哀公十四年》）演化出来的“反正”（fǎnzhèng。现在当“敌方的军队或人员投到己方”讲）跟当副词用的“反正”（fǎn · zheng）等等。如果把双音节复合词看作一个整体，上面所举的这些例子，也都可以看作同形字。

（三）同义换读

有时候，人们不管某个字原来的读音，把这个字用来表示意义跟它原来所代表的词相同或相近的另一个词（一般是已有文字表示的词）。这两个词的音可以截然不同。现代学者中注意到这种现象的，有沈兼士、吕叔湘、李荣等人。沈氏称这种现象为“异音同用”或“义同换读”（《汉魏注音中义同换读例发凡》，收入《沈兼士学术论文集》），李先生称这种现象为“同义字互相替代”（《语音演变规律的例外》，《中国语文》1965 年 2 期 126 页）或“同义替代”（《汉字演变的几个趋势》，《中国语文》1980 年 1 期 10 页）。我们采用沈氏“义同换读”的说法，只是为了通俗起见，把“义同”改成了“同义”。

吕先生指出同义换读现象的性质接近于日本人所说的“训读”。训读就是“借用汉字代表日语的字眼，不取汉字的音而用原有字眼的音来读，例如写‘人’可是读 hito，写‘山’可是读 yama”（《语文常谈》31 页）。同义换读可以说就是我们自己使用汉字时的训读（训读的现象在纯粹的拼音文字里有时也能看到。例如讲英语的人往往把拉丁文 id est 的缩写 i.e.读为 that is，et cetera 的缩写 etc.读为 and so on，这就是训读）。

下面举几个同义换读的例子。

俛、頫换读为俯　《说文》训“頫”为“低头”，以“俛”为“頫”的异体。很多字书和古书注释认为当低头讲的“俛”和“頫”是“俯”的异体（《文选・卷八・上林赋》李善注引《声类》：“頫，古文俯字。”《汉书》颜师古注屡言“頫古俯字”。唐颜元孙《干禄字书》谓“俯”、“俛”“并俯仰字，俗以俛音免，非也”）。《整理表》已经把“俛”和“頫”都并入了“俯”字。其实“俛”跟“俯”原来是读音截然不同的两个字。“俛”字从“人”“免”声，本应该读为“免”，《段注》“頫”字条论之甚详。银雀山竹书本《尉缭子・兵谈》有“俻者不得迎”之文，应该为“俛者不得仰”。“𦬇”、“免”音近，“俻”应即“俛”的异体。这也是俛仰之“俛”原来读“免”不读“俯”的一个证据。只是由于“俛”跟“俯”同义，后来就被换读为“俯”了。至于“頫”字，《段注》据《玉篇》反切认为本应与“俛”同音；黄生《字诂》“頫”字条则认为“頫”、“俛”、“俯”三字原来都同义不同音。“頫”当音“眺”（古书中当聘问、察视等义讲的“頫”都读“眺”），“后人以其义同”，遂误读为“俯”。总之，“頫”字读“俯”也应该是同义换读的现象。

圩换读为围　大约从五代宋初或更早一些的时候开始，江淮一带洼地往往在一大块田地四周筑堤防水，以利垦殖耕种。堤称圩或围，堤内之田称圩田或围田。“圩”本读“于”，由于跟“围”同义，后来常被换读为“围”。在《新华字典》和《现代汉语词典》里，“圩”字的这一意义只注 wéi 一音，本音 yú，似已淘汰（“圩”又读 xū，实为墟市之“墟”的简写，跟读 wéi 的“圩”是同形字）。

石换读为担 “石”可以当重量或容量的一种单位讲，一百二十斤为一石(《说文》作“柘”)，十斗也是一石。有很多地方把一石的重量或容量叫作一担(《后汉书·宣秉传》“自无担石之储”李贤注：“今江淮人谓一石为一担。”唐以后，谓一石为一担的，早已不限于江淮人了)。因此很多人把“石”用作当量词讲的“担”(本作“擔”)的简体。“石”读为“担”的用法不见于《康熙字典》等较老的字书，现代的字典则都已收入(参看《语文常谈》30—31页)。

腊换读为臘 古代把干肉叫作“腊”，音同“昔”。后代称一种腌肉为“臘肉”，有的人就把“腊”当作“臘”的简体用，简化字采用了这个简体(由此类推，“獵”和“蠟”也被简化为“猎”和“蜡”，分别跟“猲”的异体“猎”和蜡祭的“蜡”成为同形字)。

福建、台湾和广东的有些人，把“田”换读为“塍”，“黑”换读为“乌”，“香”换读为“芳”(李荣《汉字演变的几个趋势》，《中国语文》1980年1期10—11页)。过去有很多人把“骰子”(tóu·zi)换读为“色子”(shǎi·zi)。明清人把“驲”(rì)用作“驿”(yì)的简体。这些都是同义换读的例子。

同义换读跟假借和形借一样，也是一种文字借用现象。一个词由于为另一个词造的文字的字形对它也适合而借用这个字形，是形借；由于另一个词的音跟它相同或相近而借用这个词的文字，是假借；由于另一个词的意义跟它相同或相近而借用这个词的文字，是同义换读。假借和同义换读也未尝不可以称为音借和义借。我们在〔九(一)〕里说过，有些本有本字的假借字，其实就是同音或音近的别字。有些同义换读字，其实也就是同义或义近的别字。

同义换读跟假借和形借各有不同的特点，但是有时也有不容易区分的情况。

上一节已经指出，有些文字借用现象，主要是某些形声字的借用现象，既可以看作假借，也可以看作形借。此外，还有少数文字借用现象，似乎既可以看作同义换读，也可以看作被借字的字义跟假借义有联系的假借现象。“仇”读为“雠”就是一个例子。

“仇”和“雠”都可以当对头、仇敌讲，古书常见。据中古韵书，“仇”读巨鸠切(qiú)，“雠”读市流切(chóu)，韵同而声异。《战国策·秦策一》：“且夫商君固大王仇雠也。”《释名·释用器》：“仇矛。仇，雠也。所伐则平，如讨仇雠也。”《周礼·春官·典瑞》郑玄注：“难，仇雠”；《地官·调人》注：“难，相与为仇雠。”上引各例皆“仇”、“雠”连文，“仇”显然不能跟“雠”读一个音。但是，早在唐代就有很多人把“仇敌”之“仇”读为“雠”，后来这竟成了大家所接受的正规读法。现在当仇敌讲的“雠”已经被当作异体并入“仇”字(校雠之“雠”未并)。颜师古《匡谬正俗》卷八“仇”字条说:“怨偶曰仇,义与雠同。尝试之字,义与曾同。邀迎之字,义与要同。而音读各异,不相假借。今之流俗,径读仇为雠,读尝为曾,读邀为要,殊为爽失。”按照颜氏的说法,“读仇为雠”跟“读尝为曾”一样,是同义换读的现象。这当然是讲得通的(关于“读邀为要”,需要做些说明。《广韵》训“遮”的“邀”有“於霄切”、“古尧切”二读。颜氏之意盖谓邀迎之“邀”当读古尧切,读为於霄切,就是改读为“要”)。但是“仇”、“雠”二字的读音毕竟比较相近,似乎也未尝不可以把读“仇”为“雠”解释为假借一个音义都跟“雠”有密切关系的笔画较少的字来代替“雠”字。也许把这个例子看作兼有同义换读和假借两种性质或介于这二者之间的现象,是比较妥当的办法。在〔一二(二)1〕里还将讲到相类的例子。

还有些文字借用现象,主要是某些表意字的借用现象,既可以看作同义换读,也可以看作形借。下面以“凸”字为例来加以说明。

由于不同地区的人往往都用“凸”字来表示当地最常用的当凸起、高出讲的那个词,这个字的读音颇为分歧。1949 年出版的《国音字典》,在“凸”字下注了 tū、dié、gǔ 这三个音。《钟祥方言记》记“凸”字白话音为[puŋꜛ]。西南有些地区读“凸”为 gǒng。此外大概还会有别的读法。各地的“凸”字所表示的词,意义都是相同或极为相近的。所以“凸”字的多音现象可以用同义换读来解释。但是,由于这些用“凸”字表示的词都可以看作“凸”的本义,也未尝不可以把这个现象解释为形借,把不同音的“凸”看作同为表意字的同形字。

有个别文字借用现象,甚至可以认为跟假借、形借和同义换读全都有关。例如:“闸”本是从“门”“甲”声的一个形声字(音同“押”。又马王堆帛书《老子》甲本“母闸其所居”,借“母闸”为“毋狎”),《说文》训为“开闭门”。明清以来借“闸”为“牐”,指可以随时开闭的水门(“牐”音 zhá,本来并不是专用来指水门的,《广韵》入声洽韵士洽切:“牐,下牐,闭城门也。”现在“牐”已经作为异体并入“闸”字)。“闸”字的本义跟“牐”相近。而且如果不管它原来的结构,单从字的外形上看,还真有点像门中有一块牐板的样子。它的原来读音,声母跟“牐”显然不同,但是韵母跟“牐”很接近(“闸”属狎韵,“牐”属洽韵,都是咸摄二等入声字)。古人所以借“闸”为“牐”,大概在形、音、义三方面都是有所考虑的(单从音的方面看,借“闸”为“牐”的条件是不充分的)。所以这有可能是一个兼有假借、形借和同义换读等性质的文字借用的特例。

一一　文字的分化和合并

（一）文字的分化和分散文字职务的其他方法

在汉字里，由于语义引申、文字假借等原因，一字多职的现象，也就是一个字表示两种以上意义或音义的现象，是极其常见的（参看〔一二（一）〕）。为了称说的方便，我们把具有两种以上意义或音义的字，都叫作多义字。从历史上看，一字多职的现象不断在产生。另一方面，为了保证文字表达语言的明确性，分散多义字职务的工作也不断在进行。在本节里，将讨论分散多义字职务的各种主要方法。代表两个以上同形字的多义字形的职务分散方法，跟一般多义字大体相同。在本节里，也要附带提到一些分散这种多义字形的职务的例子。

1　文字的分化

分散多义字职务的主要方法，是把一个字分化成两个或几个字，使原来由一个字承担的职务，由两个或几个字来分担。我们把用来分担职务的新造字称为分化字，把分化字所从出的字称为母字。文字分化并不一定都是成功的。有些分化字始终没有通行，有些分化字后来又并入了母字。

具体地说，文字分化的方法大体上可以分为四类：A.异体字分工。B.造跟母字仅有笔画上的细微差别的分化字。C.通过加注或改换偏旁造分化字。D.造跟母字在字形上没有联系的分化字。下面分别举例加以说明。

A. 异体字分工

有些多义字的分化，是通过狭义异体字的分工而实现的。例如：

猶（犹）——猷　　“犹”字在本义玃属兽之外，还可以用来表示谋猷的{猷}、犹如的{犹}和犹可的{犹}等假借义。“猷”跟“猶”（犹）本是偏旁位置不同的异体，用法并无区别（《说文》只收“猶”的写法）。在较早的时代，谋猷的｛猷｝也可以写作“犹”（《诗·小雅·小旻》“谋犹回遹”），犹如的｛犹｝、犹可的｛犹｝等词也可以写作“猷”（《尔雅·释言》：“猷，若也”，“猷、肯，可也”。银雀山竹书中“猷”和“犹”的用法毫无区别）。后来谋猷的意义专用“猷”字表示，犹如等意义则用“犹”字表示，异体变成了用法不同的字。

邪——耶　“邪”字从“邑”“牙”声，本是地名字（音 yá，旧音 yé。琅琊古作琅邪）。“邪”可以假借来表示邪正的｛邪｝（xié。本字作“衺”，见《周礼》、《说文》等书，但后世少用），还可以假借来表示句末疑问语气词｛耶｝（yé。《史记·项羽本纪》：“羽岂其苗裔邪？”），此外还有其他假借义，姑从略。汉隶时常把“牙”旁写得跟“耳”旁难以分辨，所以“邪”字有一个作“耶”的异体（唐颜元孙《干禄字书》分文字为“正、通、俗”三体，书中以“邪”为“正”体，“耶”为“通”体）。它们的用法本来并无区别。后来邪正的｛邪｝不再写作“耶”，疑问语气词｛耶｝不再写作“邪”，异体变成了用法不同的字。

亯——享　“亯”和“享”本是一字异体，用法并无区别（这个字金文作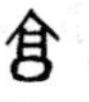、等形，《说文》作、二体。王莽嘉量“享传亿年”之“享”作）。在较早的时代，祭享、享受的｛享｝也可以写作“亨”（《易·大有》九三爻辞“公用亨于天子”，东汉刘熊碑“子孙亨之”），亨通的｛亨｝和烹饪的｛烹｝也可以写作“享”（《周易》“元亨利贞”的“亨”，马王堆帛书本《周易·乾卦》和东汉时代的张公神碑都作“享”。云梦睡虎地秦简《日书》“享而食之”，以“享”表｛烹｝。｛烹｝在传世的较早古书里一般用“亨”表示，如《诗·豳风·七月》“七月亨葵及菽”）。后来，它们通过分工变成了两个用法不同的字（《干禄字书》说“亨”是“亨通、亨宰”字，“享”是“祭享字”。大概“享”不作“亨”晚于“亨”不作“享”。《太平广记》卷252“俳优人”条“经年与人旋磑亨利”，仍以“亨”表｛享｝）。此外，又用加意符的办法从“亨”字分化出了“烹”字，原来的一个字分化成为三个字。

箸——著——着　“著”本来是当筷子讲的“箸”的异体（汉隶“竹”头“艸”头往往不分，所以“箸”便作“著”。《说文》无“著”）。后来，“箸”专用来表示本义（亦作“筯”），“著”则用来表示假借义及其引申义，异体变成了用法不同的字（“著”表示的假借义及其引申义，在古书里仍有用“箸”表示的例子。《荀子·王霸》“箸仁义”，《列子·仲尼》“形物其箸”，以“箸”表示显著的｛著｝。鲍彪本《战国策·赵策一》“兵箸晋阳三年矣”，以“箸”表示附著的｛著｝。《世说新语·方正》“今见鬼者云箸生时衣服”,以“箸”表示著衣的{著})。“著”字表示的意义很多,除不常用的意义外,其读音可分两系:一系读去声,如显著的“著”、著作的“著”(zhù);一系本读入声,如著衣、附著和著落的“著”(zhuó)以及助词“著”(·zhe)。后一系的“著”现在一般写作“着”(读 zhāo 和 zháo 的“着”所表示的各种意义,都是本读入声的“著”的引申义)。“着”本是“著”的异体(在汉魏六朝文字里,“日”旁有时讹变为“目”旁,如“莫”也作“莫”。《干禄字书》以“著”为“著”的俗体,如果把它的艸头写得低一点,斜撇写得不出头,就成为“着”了)。隋颜愍楚《俗书证误》在“着”字下注:“原‘著’,今‘着实’。”似乎在隋唐时代的通俗文字里已经出现了“著”、“着”分用的倾向(颜书原文“着”字可能跟《干禄字书》一样写作“著”。关于颜书时代请参看《续修四库全书提要》“俗书证误”条)。不过在旧时代文人眼里,“着”字是鄙俗不可用的。一直到民国时代编的《辞源》,都还没有收“着”字,只是在“著”字下附带说了句“凡读入声者,俗多作着”。在现在的《新华字典》、《现代汉语词典》里,“著”字入声系统各义都已经以“着”为字头。在一般人眼里,“着”和“著”早已是两个用法不同的字了。土著的“著”本取附著之义,应读为 zhuó。由于这个字没有像一般本读入声的“著”字那样改写为“着”,大家就把它念成了 zhù(参看〔一二(二)1〕)。

异体字分工是常见的现象。在上举各例外,如“鸦”和“雅”、“谕”和“喻”、“雠”和“售”、“吏”和“事”、“乌”和“於”(《说文》以“於”为“乌”字古文的省体)、“句”和“勾”、“弁”和“卞”(本是“弁”的省变之体)、“沈”和“沉”(本是“沈”的讹体)等等,都是由狭义异体字分化成用法不同的文字的(这里所说的“用法不同”,是以现代一般人使用文字的情况为标准的)。

同形字字形的分化往往采用跟异体字分工类似的办法。例如:和本来都既可以用来表示{月},也可以用来表示{夕}。后来让专门表示{月},专门表示{夕},把它们分化成了两个不同形的字。“大”和“夫”、“𠂢”和“永”的情况也都如此。这些例子前面都已经讲过了(参看〔一〕、〔七(一)6〕)。又如:现在都被简化为“钟”的“鐘”和“鍾”,在古文字里本来就都是既可以用来表示钟鼓的{钟},也可以用来表示壶钟的{钟}的。表示钟鼓的“鐘”字跟表示壶钟的“鐘”字,表示钟鼓的“鍾”字跟表示壶钟的“鍾”字,都应该看作同形字。后来让“鐘”专门表示钟鼓的{钟},“鍾”专门表示壶钟的{钟},把它们分化了开来。这也是跟异体字分工非常相似的一个例子。不过现在“鐘”跟“鍾”又混而为“钟”了。

B. 造跟母字仅有笔画上的细微差别的分化字

有些多义字通过笔画上的细微改变,分化出一个新字来分担部分职务。例如:

母——毋　古文字本来假借“母”字表示否定词{毋}。到战国时代，有人把“母”字的两点改成一画，分化出（毋）字来专门表示这个词（战国时代秦国的诅楚文和江陵望山一号楚墓简文都有“毋”字。这些大概是目前所能看到的最古“毋”字。但战国时代一般似仍以“母”表{毋}。秦在战国晚期铸造的新郪虎符也仍以“母”表{毋}）。到秦汉时代就普遍使用“毋”字了（但秦汉文字资料里仍有少量以“母”表{毋}之例）。

巳——已　已然之{已}本来假借辰巳之“巳”表示（春秋晚期的蔡侯盘铭以“母巳”表{毋已}。汉代人除有时借“以”表{已}外，都以“巳”表{已}，汉简、汉碑中屡见其例，如孔龢碑“事巳即去”）。后来用在“巳”字左上角留缺口的办法，分化出了专用的“已”字（《说文》无“已”）。

刀——刁　“刀”字在古代有“刁”音（齐桓公近臣竖刁，《墨子·所染》、《公羊传·僖公十八年》皆作“竖刀”。刁斗，《汉书·李广传》作“刀斗”。汉印“刁”姓之字皆作“刀”）。后来，变“刀”字的撇为一挑，分化出“刁”字来取代读“刁”音的“刀”字（《说文》无“刁”）。

荼——茶　茶叶的{茶}本用“荼”字表示（《尔雅·释木》：“檟，苦荼。”檟就是茶树。荼本是苦菜之名，茶叶也味苦，{茶}大概就是由{荼}派生的一个词。钱大昕《十驾斋养新录》卷十九“于頔茶山诗述”条引瞿镜涛云：“袁高、于頔两题名，茶字凡五见，皆作荼。唐人精于六书，不肯轻作俗字如此”）。“茶”是“荼”字减去一笔而成的分化字，大概在唐代才出现（“荼”字还曾分化出“搽”字来表示{茶}这个词，但是这个分化字后来被“茶”排挤掉了）。

此外如“气”分化出“乞”（乞求之{乞}本借“气”字表示）、“角”分化出“甪”（lù，“角”字本有此音）、“余”分化出“佘”、“洗”分化出“冼”（“佘”、“冼”都是姓氏用字）等等，都是这一类的例子。

在上述这种文字分化现象里，分化字的读音跟母字的本音几乎都是不同的。可见减少文字的异读是这种文字分化极为重要的一个目的。

如果缺乏充分的资料，上述这种文字分化现象，跟利用写法略有出入的异体字（如“著”和“着”、“亨”和“享”、“句”和“勾”等）分工的现象，往往不易区别。可能上面所举的有些例子本应归入异体字分工，我们由于掌握资料不充分，把它们的性质搞错了。

有少数造分化字的情况，介于对母字做笔画上的细微改动跟下面就要讲到的改换母字偏旁这两种情况之间。例如：

陳(陈)——陣(阵)　　陈列之{陈}引申而为战阵之{阵}。这一意义本来就用“陈”字表示(《论语·卫灵公》“卫灵公问陈于孔子”),后来把它的“东”旁改为“车”旁,分化出了专用的“阵”字(《汉书·刑法志》“善师者不陈”颜注:“战陈之义,本因陈列为名而音变耳。字则作‘陈’,更无别体。而末代学者辄改其字旁从‘车’,非经史之本文也。”《说文》无“阵”。《颜氏家训·书证》谓“阵”字始见王羲之《小学章》,顾蔼吉《隶辨》指出东汉司农刘夫人碑已见此字)。古代战争中车很重要,“车”跟“阵”在意义上多少有些联系。但是当初所以把“陈”字的“东”旁改作“车”旁,显然跟“东”、“车”字形相近这一点有很大关系。“东”字的撇跟捺如果并成一横画,就成为“车”字了。所以,改“陈”为“阵”可以看作介于对母字做笔画上的细微改变和改换母字偏旁这两种情况之间的例子。

辨——辦(办)　　《说文》:“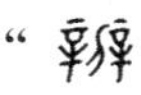,判也。从刀,辡声。”“辨”字“刀”旁作“刂”,是隶、楷偏旁变形的现象。辨别的{辨}引申而为办理的{办},这一意义本来就用“辨”字表示(《荀子·议兵》“城郭不辨”),后来把它的“刀”旁改为“力”旁,分化出了专门的“辦”字(《说文》无“辦”)。“力”跟“办”在意义上多少有些联系,但是当初所以改“刀”为“力”显然跟“刀”、“力”形近这一点有关,情况跟改“陈”为“阵”类似。

(卿)分化出(乡),也可以算这一类的例子(参看〔七(二)〕)。

C. 通过加注或改换偏旁造分化字

这是最常用的一种分化文字的方法。下面分加注意符(即表意偏旁)、改换意符和加注或改换音符(即表音偏旁)三类情况,分别举例加以说明。加注音符和改换音符的情况都比较少见,所以合成一类。最后还要专门讲一下用这种方法给双音节词造分化字的情况。

a. 加注意符

有些有比较常用的假借义或引申义的字,通过加注意符分化出一个字来表示它们的本义。我们在〔七(一)〕、〔八(一)〕里曾经提到过不少这一类的例子。例如:“它”字大概是由于假借它来表示的指示代词{它}一度很常用,所以加注“虫”旁分化出“蛇”字来表示本义的(《说文》以“蛇”为“它”字或体);“孚”字大概是由于假借它来表示的当“信”讲的{孚}一度很常用,所以加注“人”旁分化出“俘”字来表示本义的(《说文》不以“孚”为“俘”之初文);“韦”字大概是由于假借它来表示的皮韦的{韦}一度很常用,所以加注“辵”旁分化出“违”字来表示本义的(《说文》不以“韦”

为“违”之初文);“莫”字大概是由于假借它来表示的否定词{莫}一度很常用,所以加注“日”旁分化出“暮”字来表示本义的(《说文》无“暮”);“暴”大概是由于假借它来表示的疾暴的{暴}很常用,所以加注“日”旁分化出“曝”字来表示本义的(《说文》无“曝”);“然”字大概是由于假借它来表示的然否的{然}及其引申义很常用,所以加注“火”旁分化出“燃”字来表示本义的(《说文》无“燃”。然否的{然}曾有过为它造的分化字“嘫”,但不通行);“止”字大概是由于引申义停止的{止}很常用,所以加注“足”旁分化出“趾”字来表示本义的(《说文》无“趾”);“州”字大概是由于引申义州县的{州}很常用,所以加注“水”旁分化出“洲”字来表示本义的(《说文》无“洲”);“北”字大概是由于引申义方位词{北}很常用,所以加注“肉”旁分化出“背”字来表示本义的(《说文》不以“北”为“背”之初文);“益”字大概是由于引申义增益和利益的{益}很常用,所以加注“水”旁分化出“溢”字来表示本义的(《说文》不以“益”为“溢”之初文);“臭”字大概是由于引申义腐臭的{臭}很常用,所以加注“鼻”旁分化出“齅”字来表示本义的(后来“齅”改为“嗅”。又腐臭的{臭}曾有过为它造的分化字“殠”,但不通行);“原”字大概是由于引申义本原的{原}和假借义原野的{原}很常用,所以加注“水”旁分化出“源”字来表示本义的(《说文》无“源”。据《说文》,原野之{原}的本字作“邍”。此字金文作“邍”,《说文》字形有误)。此外,“埶”字大概是由于常常用来表示形势的{势}(《考工记·弓人》“射远者用埶”郑注:“埶谓形埶”),所以加注“艸”旁分化出“蓺”(艺)字来表示本义的(后来又为{势}造了分化字“勢”,“埶”就废弃了。“势”是“勢”的简化字。《说文》无“蓺”、“勢”);“县”字大概是由于常常用来表示州县的{县},所以加注“心”旁分化出“悬”字来表示本义的(《说文》无“悬”);“正”字大概是由于常常用来表示纠正和偏正的{正},所以加注“彳”旁分化出“征”字来表示本义的(《说文》不以“正”为“征”之初文)。{势}、{县}、{正}等词究竟应该看作“埶”、“县”、“正”等字的引申义还是假借义,有不同意见,这里就不讨论了。下面再举两个加注意符表示本义的例子。

氣(气)——餼(饩)　“氣”的本义是送给人粮食、饲料一类东西(《说文》:“氣,馈客刍米也。从米,气声。春秋传曰:齐人来氣诸侯。”此义读 xì),由于假借为云气的“气”(“气”是云气之{气}的本字。汉代以来一直借“氣”为“气”,简化字才重新用“气”字),加注“食”旁分化出“餼”字来表示它的本义(《说文》以“餼”为“氣”字或体)。

禽——擒　“禽”的本义是擒获(《左传·哀公二十三年》:“齐师败绩,知伯亲禽颜庚。”甲骨文以 表{擒},本象田猎用的一种网。后来此字加注“今”声, 又繁化为，成为篆文的。隶书破坏了声旁“今”），引申而为禽兽的{禽}（《北堂书钞》卷89、《太平御览》卷526引《白虎通·田猎》“禽者何？鸟兽之总名，明为人所禽制也”），因此加注“手”旁分化出“擒”字来表示它的本义（《说文》无“擒”，但已经误把“走兽总名”当作“禽”的本义）。

有些字通过加注意符分化出新字来表示引申义。在形声字章里曾经举过“取”分化出“娶”、“解”分化出“懈”、“秉”分化出“棅”（柄）等例子（参看〔八（七）1〕），下面再补充几个例子。

景——影　《说文》：“景，光也。从日，京声。”光景之{景}引申而为阴影之{影}。这一意义本来就用“景”字表示（《周礼·地官·大司徒》“正日景以求地中”），后来加注“彡”旁分化出了专用的“影”字（“彡”旁通常是表示文饰、花纹一类意思的。《说文》无“影”）。

奉——俸　“奉”的本义是两手捧物，引申而有供给之义，供给之义又引申而有俸禄之义。这一意义本来就用“奉”字表示（《汉书·王莽传上》“其令公奉、舍人赏赐皆倍故”），后来加注“人”旁分化出了专用的“俸”字（《说文》无“俸”）。

慈——磁（磁）　慈爱的{慈}引申而为磁石的{磁}（古人以磁石引铁与慈母爱子相比）。这一意义本来就用“慈”字表示（《吕氏春秋·精通》“慈石召铁”），后来加注“石”旁分化出了专用的“磁”字，“磁”是由它简化的（《说文》无“磁”字。《广韵》平声之韵疾之切：“磁，磁石可引针也。”《洪武正韵》谓“磁本作磁，省从兹”。明清以来“瓷”也可写作“磁”，据说跟磁州盛产瓷器有关）。

两——緉、辆　{两}引申而为成对的鞋的单位词{緉}以及车的单位词{辆}（关于“辆”，参看〔八（七）1〕）。这两个引申义本来都用“两”字表示（《诗·齐风·南山》“葛屦五两”《诗·召南·鹊巢》“之子于归，百两御之”），后来分别加注“糸”旁和“车”旁分化出了专用的“緉”字和“辆”字（《说文》：“緉，履两枚也。”“辆”字为《说文》所无）。

此外如“竟”分化出“境”、“反”分化出“返”、“坐”分化出“座”等等，都是为了表示引申义加注意符造分化字的例子。

有些字通过加注意符分化出新字来表示假借义。假借章里已经说过，表示母字假借义的分化字就是后起本字。在那一章里曾经举过一些加注意符造后起本字的例子，在形声字章里也曾举过个别这样的例子（〔八（一）〕的“狮”、〔八（六）2〕的“嗜”）。这里再补充一个从一个母字分化出几个后起本字的例子：

牟——麰、眸、侔、恈　“牟”的本义是牛鸣(《说文》“,牛鸣也。从牛,象其声气从口出”),古代假借它来表示当大麦讲的{麰}(《诗·周颂·思文》“贻我来牟”)、眸子的{眸}(《说文》“盲,目无牟子”)以及当相齐相等讲的{侔}(《汉书·司马相如传下》“德牟往初”),又假借来记录叠字双音词{牟牟}(《广雅·释训》“牟牟,进也”)。后来分别加注“麦”、“目”、“人”、“心”等意符,分化出了“麰”、“眸”、“侔”、“恈”(《荀子·荣辱》“恈恈然惟利之见”)等后起本字(但“恈”字不常用。《说文》无“眸”、“恈”二字)。

b. 改换意符

改换意符而成的分化字,大部分是表示母字的引申义的,如前面提到过的由“振”分化出来的“赈”,由“養”、“轻”、“淡”、“绿”分化出来的“氧”、“氢”、“氮”、“氯”(见〔八(三)1〕)以及由“倚”分化出来的“椅”(见〔一〇(二)3〕)等字;小部分是表示母字的假借义的,如前面提到过的由“畔”分化出来的“叛”、由“说”分化出来的“悦”等字(见〔九(二)〕)。下面再补充几个例子。

先举表示母字引申义的例子:

赴——讣　“赴”的本义是趋,引申而有奔赴告丧之义。这一意义本来就用“赴”字表示(《礼记·文王世子》“死必赴”,《史记·周本纪》“昭王……其卒不赴告,讳之也”),后来把“赴”的“走”旁改为“言”旁,分化出了专用的“讣”字(《说文》无“讣”。现在“讣”已经只有报丧的意思,而没有奔赴的意思了)。

张——胀、帐　张开的{张}引申而为肿胀的{胀}和帐幕的{帐}(《说文》“帐,张也”)。这两个意义本来都用“张”字表示(《左传·成公十年》“将食,张,如厕”杜注:“张,腹满也。”《史记·袁盎传》“乃以刀决张”,《集解》读“张”为“帐”),后来把“张”的“弓”旁分别改为“肉”旁和“巾”旁,分化出了专用的“胀”字和“帐”字(《说文》无“胀”。账簿的{账}本用“帐”字表示,“账”是改换“帐”字意符而成的分化字,出现时间较晚)。

障——嶂、瘴、幛　障隔之{障}引申而为山嶂之{嶂}、瘴疠之“瘴”(瘴气当因郁结如障而得名)以及幛轴之{幛}。这些引申义本来都用“障”字表示(《文选》卷二七丘希范《旦发鱼浦潭》“櫂歌发中流,鸣鞞响沓障”李善注:“《尔雅》曰:山正曰障。”这是以“障”表{嶂}之例。《周礼·地官·土训》郑注:“地慝,若障蛊然”,《正义》:“障即障气”。这是以“障”表{瘴}之例。杜甫《题李尊师松树障子歌》:“手提新画青松障。”这是以“障”表{幛}之例),后来把“障”字的“阜”旁分别改为“山”旁,“疒”旁和“巾”旁，分化出了专用的“嶂”、“瘴”、“幛”三字（《说文》无此三字）。

绵——棉　我国本来只有丝绵，没有木棉、草棉。中古时代种植木棉、草棉之后，起初就用“绵”字表示它们，后来把“绵”字的“糸”旁改为“木”旁，分化出了专用的“棉”字（俞正燮《癸巳类稿》卷七“吉贝木棉字义”条：“又木棉字，本止作木绵，谓木中之绵。袁文《瓮牖闲评》云：‘木绵止合作此绵字，今字书又出一棉字为木棉。’是棉字亦始于宋。此字可云新增，不可云俗。于六书法，从木，从绵省，即声即义也。”俞氏把“棉”字分析为“从木从绵省”可从。但“棉”字已见于《玉篇》、《广韵》，其出现当在宋代之前）。

改换意符造分化字的办法，一般用于形声字。“绵”则是一个会意字，由“绵”分化出“棉”是一个比较特殊的例子。

下面再举一个表示母字假借义的例子：

澹——赡　“澹”的本义是“水摇貌”（《说文》：“澹，水摇也。”《文选》卷三张平子《东京赋》“渌水澹澹”李善注引《说文》作“水摇貌也”）。古代假借它来表示赡足的{赡}（《汉书·食货志上》“犹未足吕——同“以”——澹其欲也”颜注：“澹古赡字也。赡，给也”）。后来把它的“水”旁改为“贝”旁，分化出了后起本字“赡”（郑珍《说文新附考》“至晋右将军郑烈碑始见从贝之赡，殆制于魏晋间”）。

c. 加注或改换音符

加注音符的例子如：

午——啎　“午”字金文作 ，（舂）字从之，当是“杵”字的初文。古代假借“午”字来表示牾逆的{牾}（《礼记·哀公问》“午其众以伐有道”，“午”当读为“啎”。《说文》认为“午”字本有“牾”义，恐不确），后来加注音符“吾”，分化出“啎”字来表示这一意义（《说文》：“啎，逆也。从午，吾声。”“牾”就是“啎”的讹体。“啎”还有抵触等义。后来又造“忤”字，专门表示“牾”的牾逆一义。现在“牾”字一般只用来表示抵触等义）。

食——饲　饮食的“食”引申而有喂食的意思（《战国策·齐策四》“左右以君贱之也，食以草具”），后来加注音符“司”，分化出“饲”字来表示这一意义（“饲”字本来通用于人、畜。《旧唐书·陆贽传》“张颐待饲”，“饲”字即用于人。“饲”字在古书里也作“飤”。《说文》有“飤”无“饲”，但“飤”字训“糧”，似与作为“饲”字异体的“飤”无关）。

改换音符的例子如：

潦——涝　“潦”本来当雨水大或地面积水讲（音 lǎo），引申而有水淹成灾的意思（音 lào，旧亦音 lǎo。《庄子·秋水》“禹之时十年九潦”）。后来把“潦”字的声旁“尞”（liáo，旧读 liào）改为“劳”，分化出“涝”字来表示这一意义（《说文》有“涝”字，当河流名讲，音 láo。水涝之“涝”可以看作它的同形字）。

滥——漤　“滥”字可以当用水渍果子讲（音 lǎn，旧亦音 làn。《礼记·内则》“浆、水、醷、滥”郑注“滥，以诸和水也”，《释文》“干桃干梅皆曰诸”）。后来为了跟其他用法的“滥”字，如泛滥的“滥”相区别，把“滥”字的声旁“监”改为“览”，分化出“漤”字来表示这一意义（《集韵》上声敢韵鲁敢切：“漤，渍果也，一曰染也，或作滥。”现在有些地方有“漤柿子”的说法，指把柿子泡在热水或石灰水里以去掉涩味。“漤”跟“浨”同义，现在这两个字都读为 lǎn，一般把“漤”当作“浨”的异体。但是《集韵》把“浨”收入感韵，并不把它跟“漤”看成一字异体。《广韵》无“漤”字，“浨”字也在感韵）。当用水渍果子讲的“滥”跟泛滥的“滥”也许是同形字。如果确实如此，“滥”分化出“漤”就是同形字字形分化的一个例子了。

華（华）——花　花草的｛花｝本用“华”字表示（《礼记·月令》季秋之月“鞠有黄华”当读为“菊有黄花”）。《说文》：“𠌶，草木华也。”“蘳（華），荣也。从艸，从𠌶。”隶、楷“華”字所从的“𠌶”是“𠌶”的变形，原来是音符兼意符（对一般人来说已经成为记号）。“花”字可以看作把“華”字所从的“𠌶”改为纯音符“化”而成的分化字（《说文》以“荂”为“𠌶”字或体。或谓“花”是“荂”的分化字）。

造分化字的时候，偶尔还有把母字的音符改换成意符的情况，如：

稱（称）——秤　据《说文》，“爯”为称举之｛称｝的本字，“偁”为称扬之｛称｝的本字，“稱”为称量之｛称｝的本字（从语言角度看，称量、称扬都应该是称举的引申义。“偁”和“稱”都应该是表示“爯”字引申义的分化字）。后来“爯”和“偁”都废而不用，称举、称扬之｛称｝也都用“稱”字表示，所以又把“稱”的“爯”旁改为“平”旁，分化出“秤”字来专门表示称量之义。作为衡器名称的｛秤｝是称量之｛称｝的变音引申义，本来就用“称”字表示（《颜氏家训·书证》“开皇二年五月，长安民掘得秦时铁称权”）。现在“秤”字专用来表示这个意义，一般的称量之义仍用“称”字表示。“稱”的“爯”旁是音符兼意符（对一般人说其实已经成为记号），“秤”的“平”旁则是纯意符。

此外，囹圄之“圄”本作“圉”，是从“囗”从“幸”的会意字（“幸”本象古代的一种手铐形，参看〔七（一）5A〕“执”字条）。“圄”字从“囗”“吾”声，似可看作把母字的意符改作音符的分化字。不过当养马的地方讲的“圉”，古代也有作“圄”之例，所以

“囿”字最初有可能只是“圉”的一个狭义异体字，后来彼此才有了分工（《说文》已分“圉”“囿”为二字，“圉”在十下“㚔”部，“囿”在六下“囗”部）。

d. 通过加注或改换偏旁为双音节词造分化字

这一类分化字我们在第二章和第九章里曾经提到过一些，如由“吴公”加“虫”旁而成的“蜈蚣”、由“仓庚”加“鸟”旁而成的“鸧鹒”、由“尚羊”加“彳”而成的“徜徉”，由“毒冒”加“玉”旁而成的“瑇（玳）瑁”、由“阿那”加“女”旁而成的“婀娜”。下面再举两个例子。

绿耳——騄耳——騄駬 古代传说中的一种名马叫“绿耳”（《穆天子传》卷一“天子之骏……绿耳”郭璞注：“魏时鲜卑献千里马，白色而两耳黄，名曰黄耳，即此类也”）。后来把“绿”字的“糸”旁改为“马”旁，字作“騄耳”（见《史记·秦本纪》）；又在“耳”字上加“马”旁，写作“騄駬”（见《广雅·释兽》）。

蒲陶——蒲萄——葡萄 {葡萄}是汉代自西域传入的一个音译外来词。这个词《史记·大宛传》、《汉书·西域传》等写作“蒲陶”，两个字都是借来表音的。《后汉书·西域传》、《玉篇》等写作“蒲萄”，“陶”字的“阜”旁改为“艸”头，“蒲”字由于本有“艸”头没有改动。后来为了使上下二字在外形上有更紧密的联系，又把“蒲”字的声旁“浦”改成“匍”，两个字都变成了专用字（《说文》有“萄”字，注曰“草也”。葡萄的“萄”可以看作它的同形字，不过它们也有可能是形音兼借字和被借字的关系）。

此外如“夫容”、“目宿”加“艸”旁而成“芙蓉”、“苜蓿”，“科斗”、“即且”加“虫”旁而成“蝌蚪”、“蝍蛆”，“空同”、“昆侖（仑）”加“山”旁而成“崆峒”、“崑崙”（现在又把“崑崙”并入“昆仑”），“分付”、“丁宁”加“口”旁而成“吩咐”、“叮咛”，“鹿卢”加“车”旁而成“辘轳”，“方皇”加“彳”旁而成“彷徨”（亦作“仿偟”），地名“琅邪”上字加“邑”旁下字加“玉”旁而成“瑯琊”（现在作“琅玡”），“消摇”变作“逍遥”，“流黄”变作“硫黄”、“硫磺”，“马脑（脑）”变作“马瑙”、“玛瑙”等等，都是这一类的例子。有些记录双音节词的文字，只有其中的一个字加过或改过偏旁，如“伐阅”上字加“门”旁而成“阀阅”，“展转”上字加“车”旁而成“辗转”，“烂漫”也有人写作“烂熳”。

从上举诸例可以看到，使用汉字的人往往喜欢把记录双音节词的文字改成具有同样的偏旁。这也就是说，他们希望记录一个双音节词的两个字之间具有明显的形式上的联系。在上举诸例中，“葡萄”不但都以“艸”为形旁，而且声旁都是从“勹”的；“瑯琊”不但右旁都从“邑”，而且左旁都从“玉”。这是十分典型的例子。有时候，为了达到上面所说的那种目的，甚至可以完全不管文字学的原则。例如：“鳳

（凤）凰”本作“鳳皇”，“鳳”字从“鸟”“凡”声，“凰”字的“几”旁既无音也无义，完全是为了跟“鳳”字取得形式上的联系而加上去的。

D. 造跟母字在字形上没有联系的分化字

有些分化字不是以母字的字形为基础，而是另起炉灶地造出来的。例如：

鲜——尟（尠） 据《说文》，“鲜”的本义是一种鱼，通常假借它来表示新鲜的{鲜}（据《说文》，本字是“鱻”）以及鲜少的{鲜}（xiǎn。《诗·郑风·扬之水》“终鲜兄弟”）。后来另造“尟”字来表示后一假借义，异体作“尠”（“尟”字已见《说文》。但这个后起本字出现后，假借字“鲜”仍然使用得相当普遍）。现在“尟”（尠）已经作为异体并入“鲜”字。

苏——甦 “苏”（繁体作“蘇”）的本义是一种草名，表示死而复苏的{苏}，是假借用法（这个词古代也假借本义为“把取禾若”的“穌”字表示。禾若即禾叶）。南北朝时另造“甦”字来表示“苏”的这一假借义（见《颜氏家训·杂艺》）。现在“甦”已经作为异体并入“苏”字。

有些字看起来像是抛开母字字形另造的分化字，实际上却有比较曲折的产生过程。例如：阴阳的{阳}引申而为佯装的{佯}。这一意义本来就用“阳”字表示（《汉书·田儋传》“儋阳为缚其奴”颜注：“阳即伪耳。”阴是内，阳是外。所以由{阳}可以引申出表面、佯装等义）。“佯”字很像是抛开母字字形另造的分化字，其实并非如此。古代多假借“详”字来表示佯装的{佯}（如上引《田儋传》语，《史记》就作“田儋详为缚其奴”。《孙子·军争》“佯北勿从”之“佯”，银雀山竹书本也作“详”），“佯”应该是改换假借字“详”的形旁而成的分化字。〔八（七）1〕里提到过的“搽”字，从表面上看像是抛开母字“塗”的字形另造的分化字，实际上却是在假借字“荼”上加注“手”旁而成的，情况与此类似。

2 分散多义字职务的其他方法

在分化文字之外，还有两种比较重要的分散多义字职务的方法，下面分别加以说明。

A. 用假借字来分担多义字的部分职务

有时候，为了分散某个多义字的职务，假借一个字来表示它的假借义或引申义。

我们在〔九（三）〕里曾经讲到过一个词先后使用不同的假借字的现象，如第二人称代词{汝}先借“女”后借“汝”，指示代词{彼}先借“皮”后借“彼”，疑问代词{何}先借“可”后借“何”。对“女”、“皮”、“可”等字来说，这就是假借别的字来表示它们的一个假借义。“女”、“皮”、“可”各字在{汝}、{彼}、{何}各假借义外,都还有很常用的意义,而且读音都跟这些假借义不同。男女之{女}跟尔汝之{汝},可以之{可}跟何以之{何},用同一个字表示还很容易产生歧义。所以有必要借别的字来表示这些假借义(但是有些改换假借字的现象不能这样解释。例如:先后假借来表示愿意之{愿}的“顯”和“願”,除这个假借义外都没有很常用的意义,改借“願”字也许是因为它的声旁有较好的表音作用)。下面再举一个借别的字来表示某个字的假借义的例子。

臧——藏 《说文》:“臧,善也。从臣,戕声。”(也有人认为“臧”字本来当一种奴隶讲。“臧”的本义究竟是善还是奴隶,跟我们现在要讲的问题关系不大)。古代假借“臧”字来表示储藏的{藏}(《汉书·礼乐志》“今叔孙通所撰礼仪与律令同录,臧于理官”颜注:“古书怀藏之字本皆作臧,《汉书》例为臧耳。”秦汉简和马王堆帛书等都以“臧”表{藏})。由于“臧”当“善”讲在古代也是常见用法,大约从东汉开始,又借本当草名讲的“藏”字来表示这一假借义(司马相如《子虚赋》有草名“藏莨”,《汉书·司马相如传上》颜注引郭璞曰:“藏莨,草中牛马刍。”意即可供牛马食用的一种草)。东汉碑刻“臧”、“藏”并用(衡方碑“用行舍臧”,孙叔敖碑“聚藏于山”),后世专用“藏”字表示储藏的{藏}({藏}的引申义{赃}和五脏的{脏},本来就用“臧”或“藏”字表示。“赃”的繁体“贜”是在“臧”字上加“贝”旁而成的分化字。“脏”的繁体“臟”是在“藏”字上加“肉”旁而成的分化字)。

在前面曾经举过几个假借别的字来表示某个字的引申义的例子,如假借“闲”字表示“閒”字的引申义闲暇的{闲}(见〔九(一)〕),假借“荼”字表示“塗”字的引申义{搽}(见〔八(七)1〕),假借“详”字表示“阳”字的引申义{佯}(见本节〔1D〕)。所以要这样做,显然是为了避免引申义跟所从引申之义混淆。下面再举几个同类的例子。

见——现 看见的{见}引申而为呈现的{现}。这一引申义本来就用“见”字表示(《论语·泰伯》“天下有道则见,无道则隐”)。后来为了跟本义相区别,假借从“见”声的“现”字来表示这一意义(据《集韵》,“现”字本来当“石之次玉者”或“玉光”讲)。

视——示 视察的{视}引申而为显示、指示的{示}(使人视就是示)。这一引申义本来就用“视”字表示(《诗·小雅·鹿鸣》“视民不恌”郑笺:“视,古示字也。”秦简、马王堆帛书都以“视”表{示})。后来为了跟本义相区别,假借充当“视”字声旁的,本来当神主讲的“示”字来表示这一意义(《说文》“示,天垂象见——读为

"现"——吉凶,所以示人也",误以假借义为本义。银雀山竹书《齐孙子·擒庞涓》等篇已用"示"字表示显示之{示}。《仪礼·士昏礼》"视诸衿鞶"郑注:"示之以衿鞶者,皆托戒使识之也……视乃正字,今文作示,俗误行之。"郑玄以用"示"字为俗误,未免拘泥)。

指——旨 指示的{指}引申为意旨的{旨}。这一引申义本来就用"指"字表示(《汉书·河间献王德传》"文约指明"颜注:"指谓义之所趋,若人以手指物也")。后来为了跟指示等义相区别,假借充当"指"字声旁的、本当味美讲的"旨"字来表示这一意义("指"的这个引申义,或者说"旨"的这个假借义,有为它造的分化字"恉",但使用得不普遍)。

伯——霸 伯仲的{伯}引申而为诸侯之长的称呼(《周礼·春官·大宗伯》"九命作伯"郑众注"长诸侯为方伯"),当诸侯之长讲的{伯}又引申为霸主的{霸}。这一引申义本来就用"伯"字表示(《荀子·仲尼》"五尺之竖子,言羞称乎五伯"杨注:"伯读为霸")。后来为了跟方伯等义相区别,假借《说文》训为"月始生魄然也"的"霸"字(本音 pò)来表示这一意义。

有时候,在某个字有了常用的假借义或引申义之后,假借一个字来表示它的本义。我们在前面曾经讲过,"何"是负荷之"荷"的本字(见〔八(一)2〕),"各"是来格之"格"的本字(见〔七(一)5B〕)。所以要假借"荷"和"格"来表示"何"和"各"的本义,大概就是由于"何"字的假借义疑问代词{何}和"各"字的假借义副词{各}都很常用的缘故。《说文》训"各"为"异辞",已经把它的假借义误当作本义了。疑问代词{何}本来借"可"字表示,后来为了减少"可"字的职务,改借"何"字来表示。"何"字用来表示这一意义之后,为了减少职务又假借"荷"字来表示它的本义。这种连锁反应式的文字职务转移的现象,在汉字里是屡见的。

下面再举一个由于某个字有了常用的假借义或引申义,假借一个字来表示它的本义的例子。

前——翦 "前"字本作"歬刂",是"剪"的初文(《说文》:"歬刂,齐断也。从刀,歬声。""歬"是前进之"前"的本字。《说文》"歬,不行而进谓之歬,从止在舟上")。由于"前"假借来表示前进的{前},另借"翦"字表示它的本义("翦"本作"歬羽"。《说文》:"歬羽,羽初生也。一曰矢羽。从羽,歬声")。较早的古书几乎都借"翦"字表示{剪}(《诗·召南·甘棠》:"勿翦勿伐")。后来专门造了从"刀"的"剪"字,假借"翦"的办法就逐渐不通行了(《干禄字书》以"剪"为"翦"的俗体)。

多义字转移给假借字表示的意义,跟仍然由它表示的意义,大多数是不同音的。

上举各例中只有{指}跟{旨}、{阳}跟{佯}彼此同音。{视}跟{示}在中古时代声母有别（“视”属禅母，“示”属船母），后来才变得完全同音。

从上举各例看，起减少多义字职务的作用的假借字，通常是由本身的意义跟所要表示的假借义极少有可能混淆的字充当的，而且有很多字的本义是不常用的，如“彼”（本义为往有所加）、“现”、“藏”、“翦”、“霸”等。如果不是这样，一方面减少了旧有的字义混淆的可能性，一方面又会增加新的字义混淆的可能性。

有时候，为了减少同形字现象，也采取用假借字的办法，例如：

讼——颂　《说文》：“讼，争也。从言，公声。一曰諙（歌）讼。”歌讼之“讼”跟讼争之“讼”是同形字。“颂”字从“页”“公”声，是容貌之“容”的本字。一般假借“颂”字为歌讼的“讼”，大概是为了避免跟讼争之“讼”相混淆。

B. 通过文字职务的集中来分散多义字的职务

文字职务的集中，指两个以上不同的字的某个共同职务，集中由其中的一个字来承担的现象。对于交出被集中的职务之后仍有自己的职务的那些字来说，职务的集中起了分散它们的职务的作用（如果交出职务的字没有其他职务，职务的集中就是文字的合并。这种现象将在后面“文字的合并”节中讨论）。

在假借章里曾经提到过一些文字职务集中的例子。例如：“纔”、“裁”、“财”、“才”等字一度都可以用来表示训“仅”的{才}，后来逐渐变成只用“才”字来表示这个词（见〔九（三）〕）。{眉}这个词一度也可以用“麋”字表示，后来恢复到只用“眉”字表示（见〔九（一）〕）。这类现象是常见的，这里不准备再讲了。下面讲一下一种比较特殊的文字职务集中的现象，即两个字的职务的交互集中。

如果A、B两字都可以用来表示某两词的话，在使用过程中有时会逐渐形成让A只表示其中的某一个词，B只表示其中的另一个词的情况。这就是我们所说的文字职务的交互集中（A、B两字有可能还被用来表示这两个词之外的词。这里是只就跟这两个词有关的用法来说的）。下面举几个例子。

又——有　在古代有一段时间里（下限大约是西汉），“又”、“有”二字都可以用来表示有无的{有}（古文字本来是以“又”表{有}的。在传世古书里仍可看到一些这样的例子，如《诗·周颂·臣工》“亦又何求”、《荀子·议兵》“人之情，虽桀、跖，岂又肯为其所恶贼其所好者哉”。在马王堆帛书里还可以看到在同一句中既用“有”字又用“又”字来表示{有}的例子。如《老子》乙本“又周车无所乘之，有甲兵无所陈之”，“又周车”即“有舟车”。《经法·六分》“王天下者之道有天焉，有人焉，又地焉”，“又地”即“有地”）。另一方面，这两个字也都可以用来表示副词{又}（秦简和马王堆帛书等经常以“有”表{又}。在传世古书里仍可看到一些这样的例子,如《诗·邶风·终风》“终风且曀,不日有曀”,《礼记·玉藻》“既搢必盥,虽有执于朝,弗有盥矣”。《玉藻》这一句,前一个“有”是有无之“有”,后一个“有”读为“又”)。后来,除了用于整数和零数之间的{又},既可以写作“又”也可以写作“有”(读 yòu)之外,“又”、“有”二字有了明确的分工。“又”不再用来表示有无之{有},“有”也不再用来表示副词{又}。

氏——是 在古代有一段时间里(大约主要在两汉时代),“氏”、“是”二字有混用现象。“氏”也可以用来表示指示代词{是}(中山王墓铜器铭文已有以“氏”表{是}之例,如鼎铭“氏以寡人许之”。汉代文献里这种用法常见。《白虎通·宗族》引《仪礼·士昏礼》“惟是三族之不虞”,“是”作“氏”。《汉书·地理志下》“至玄孙,氏为庄公”颜注:“氏与是同,古通用字。”马王堆帛书等也有以“氏”表{是}之例,如《战国纵横家书》第十五章“愿君之以氏虑事也”),“是”也可以用来表示姓氏之{氏}(春秋末年的侯马盟书已有以“是”表{氏}的用法。汉代文献里这种用法常见。如见于《韩非子·难三》的“庞糊氏”,《论衡·非韩》作“庞捆是”。张迁碑“张是辅汉”,“张是”即“张氏”。秦汉印、马王堆帛书和银雀山汉简等也都常常以“是”表{氏}。马王堆帛书《战国纵横家书》第八章内“赵氏”、“赵是”并见,第十二章“梁氏”、“梁是”并见,第十六章“安陵氏”、“安陵是”并见,充分反映了当时人混用这两个字的情况)。后来,“氏”、“是”二字的用法回复到混用之前的情况(如西周、春秋金文的情况),“氏”不再用来表示指示代词{是},“是”也不再用来表示姓氏之{氏}。

常——尝 据《说文》,“常”本是“裳”的异体。一般都假借它来表示经常的{常}。“尝”的本义是尝味,又用来表示当曾经讲的{尝}(这可能是“尝”字尝试一义的引申义)。在古代有一段时间里,“常”、“尝”二字有混用现象。“常”也可以用来表示当曾经讲的{尝},“尝”也可以用来表示经常的{常}。在唐宋人的著作里时常可以看到这种现象,下面从《太平广记》里引几个例子:

> 唐柳州刺史河东柳宗元,常自省郎出为永州司马。(卷 467“柳宗元”条,出《宣室志》)
>
> 中宗常召宰相苏瓌、李峤子进见。二子皆僮(童)年,上迎抚于前,赐与甚厚。(卷 493“苏瓌李峤子”条,出《松窗录》)
>
> 昔者霍王小女将欲上鬟,令我作此,酧(酬)我万钱,我尝不忘。(卷 487 录蒋防《霍小玉传》)

蜀市人赵高好斗,尝入狱。满背镂毗沙门天王,吏欲杖背,见之辄止。(卷264“赵高”条,出《酉阳杂俎》)

据文义,前两条的“常”字当读为“尝”,后两条的“尝”字当读为“常”。末一条出自《酉阳杂俎》前集卷八“黥”条,“尝”在今本《杂俎》中正作“常”(《广记》中“常”、“尝”用法跟现在相同的例子从略)。在《史记》、《汉书》里也可以找到“常”、“尝”混用的例子。《史记·高祖本纪》、《汉书·高帝纪上》都有“高祖常繇(徭)咸阳”之文,宋代的刘攽已指出“常”当作“尝”。《史记·始皇本纪赞》、《汉书·陈胜项籍传赞》所引贾谊《过秦论》中“常以十倍之地”一句的“常”,也应读为“尝”。此字在《贾谊新书》中正作“尝”。下面再从《史记》和《汉书》中各引一个“尝”当读为“常”的例子。《史记·李将军列传》:

广所居郡,闻有虎,尝自射之。

此文“尝”字据文义当读为“常”,《汉书·李广传》正作“常”。《汉书·循吏·龚遂传》:

臣闻胶西王有谀臣侯得……王说(悦)其谄谀,尝与寑(寝)处,唯得所言,吕(以)至于是。

此文“尝”字据文义也当读为“常”。明清以来,除了某些特殊情况(如某些喜欢仿古的文人有时以“常”为“尝”,明末避光宗常洛讳往往以“尝”为“常”),“常”、“尝”二字已不再混用。

此外,如“無”(无)和“毋”、“以”和“已”、“由”和“犹”等,也都经历过职务交互集中的过程。

上面所举各例涉及的那两个词,如果用同一个字来表示,都有产生歧义的可能性。例如:王引之《经义述闻》曾指出经籍“借有为又,而解者误以为有无之有”的现象(卷一“迟有悔”条、卷三十二“经义假借”条)。上引《汉书·地理志》“氏为庄公”句的“氏”字,颜师古认为当读为“是”,清代有些学者却认为仍然应该当作一般的“氏”字来理解(参看《汉书补注》。这种意见大概不可信)。“常”、“尝”混用更是容易使人误解文义。所以这些字的职务的交互集中是很有必要的。

有时候，两个字经历了彼此混用和职务交互集中的过程之后，各自所表示的意义是另一个字原来所表示的意义，这样就造成了职务互易的现象。例如：

扁——匾　“扁”从“户”、“册”，是匾额之｛匾｝的本字。表示扁薄之｛扁｝，是它的假借用法。《玉篇》、《广韵》都训“匾㔜”为“薄”，“匾”应该是为“扁”字的这个假借义而造的分化字。唐以下古书多用“匾”字表示扁薄之｛扁｝（《酉阳杂俎》续集卷四：“今言枭镜者，往往谓壁间蛛为镜，见其形规而匾，伏子，必为子所食也。”“扁担”古亦多作“匾担”，见《续传灯录》、《水浒》等）。但是使用“匾”字之后，“扁”字表示扁薄之义的用法并未废弃，而扁额之义后来反倒常常假借“匾”字来表示，形成了两个字用法互混的局面。经过职务的交互集中，匾额之｛匾｝专用“匾”字表示，扁薄之｛扁｝专用“扁”字表示，两个字各自的本来意义都交给了对方（但是指浅而圆的竹器的｛匾｝，一般仍写作“匾”，而不写作“扁”，如“针线匾”）。

童——僮　《说文》：“童，男有辠（罪）曰奴，奴曰童，女曰妾。从䇂，重省声”，“僮，未冠也。从人，童声”，以僮仆为“童”之本义，童子为“僮”之本义。在古书中，僮仆和童子二义本来都用“童”字表示（古代奴隶和孩子都不蓄发，所以都称童，山无草木也称童），“僮”是“童”的分化字（《左传·哀公十一年》：“公为与其嬖僮汪锜乘。”据《释文》及《礼记·檀弓下》郑玄注，此“僮”字本作“童”）。但是“僮”字出现后，一方面“童”字表示童子之义的用法并未废弃，一方面“僮”字也时常用来表示僮仆之义，两个字的用法互混。经过职务的交互集中，童子的｛童｝专用“童”字表示，僮仆的｛僮｝专用“僮”字表示，两个字各自的本义都交给了对方（《干禄字书》“童、僮”条：“上童幼，下僮仆，古则反是，今所不行。”但上文“常、尝”条所引《太平广记》“苏瓌李峤子”条“童年”作“僮年”，可见唐代仍有人用“僮”字表示童子之义）。

酬酢之｛酢｝，《说文》用“醋”字表示。酱醋之｛醋｝，《说文》用“酢”字表示（《急就篇》“酸醎酢淡辨浊清”，也以“酢”表｛醋｝。“乍”、“昔”古音相近）。用字情况正好跟后世相反，这两个字很可能也经历过混用和职务交互集中的过程。不过，表示酱醋之｛醋｝的“酢”跟表示酬酢之｛酢｝的“酢”，表示酱醋之｛醋｝的“醋”跟表示酬酢之｛酢｝的“醋”，也可以都当作同形字来看。那么，固定地以“醋”表｛醋｝，以“酢”表｛酢｝，就跟“文字的分化”节里讲过的“鍾”、“鐘”分工的情况一样，是分化同形字字形的一个例子了（现在，“酢浆草”的“酢”仍用来表示｛醋｝，是“酢”字用法的一个特例）。

3 用不同的字表示同一个词的不同用法的现象

在一般情况下,分散文字职务就是使原来由一个字所表示的不同的词,分别由不同的字来表示。但是,有时候也可以看到用不同的字分别表示同一个词的不同用法的情况。常常被提到的一个例子,就是表示第三人称代词的"他"、"她"、"它"。

人称代词{他}是由古汉语里的指示代词{他}派生出来的。指示代词{他}原来假借"蛇"的初文"它"或当负荷讲的"佗"字表示(《诗·小雅·鹤鸣》"它山之石,可以为错",《左传·隐公元年》"制,岩邑也,虢叔死焉。佗邑唯命")。"他"本是"佗"的异体(从"它"之字往往变作从"也",参看〔五(二)〕)。后来,"它"的本义另造"蛇"字表示,"佗"跟"他"也分了工。"它"和"他"实际上都成了代词{他}的专用字。这两个字本来通用无别,但是{他}发展出第三人称代词的用法之后,一般只用"他"字来表示这一意义(这可能是由于人们感到从"人"的"他"比较适合于表示人称代词的缘故,参看〔一〇(二)3〕关于形借的说明)。到了20世纪10年代后期,受了西洋人称代词性别的影响,有的人从"他"字分化出"她"字来指称女性(参看〔八(三)〕),又分化出"牠"字,或用"它"字来指称人以外的事物(《圣经》的翻译者甚至还给指上帝的第三人称代词造过从"示"的专用字"祂")。开始提倡使用"她"、"牠"(它)的人,"本来希望在口语中造成一种分别("她"念"伊","它"念"拖")"。但是这种愿望没有实现,大家仍然按照"他"的音来念它们(看王力《汉语史稿》,《王力文集》9卷358页,山东教育出版社,1988年)。"她"字早已得到了普遍的承认,"牠"字则在解放后整理异体字时并入了"它"字。现在,"它"字基本上只用来指称人以外的事物("其他"还有人写作"其它",但是已经不很常见了)。表示人称代词的"他",在一般情况下也已经不再用来指称女性和人以外的事物,基本上跟"她"、"它"已经不相通用。指称女性的"她"、指称人以外事物的"它"跟指称男性的"他",读起来完全同音,所以一般认为它们仍然代表着同一个词,只不过从字面上对这个词的一些不同用法做了区别而已。

但是,要分别什么是同音的同源词,什么是同一个词的不同用法,很难找到一个明确的标准。如果说"他"、"她"、"它"应该看作表示同一个词的不同用法的文字的话,像"炭"跟"碳"、"溶化"跟"熔化"以及前面讲过的"棉"跟"绵"那样的字,是不是也都可以这样看呢?又如沟岔的"岔"、港汊的"汊"、树杈的"杈"和衣衩的"衩",全都读作chà,它们是不是也可以看作表示同一个词的不同用法的文字呢?再进一步说,如由"取"分化出来的"娶"字,虽然在古代有去声的读法(《广韵》、《经典释文》都把“娶”读作去声,《集韵》“娶”字有上、去二音),现在跟“取”字是读一个音的,它跟“取”又是什么关系呢?如果丢开方块汉字的字形,“qǔ 钱”的{qǔ}跟“qǔ 媳妇”的{qǔ},究竟是看作两个同源词合理呢,还是看作同一个词的两种不同用法合理呢?

上面提出的这些问题,在这里是无法详细讨论的。我们所以提出这些问题,只是想提醒一下,汉字的确从字面上区别了很多在语言里没有从语音上加以区别的意义。其中不但有彼此没有亲属关系的一般同音词,也有关系极其密切的同音同源词,很可能还有不少属于同一个词的不同用法。

有些表示同一个词的字,性质介于异体字跟“他”、“她”、“它”这类字之间。例如{疙瘩}在当小球形或块状的东西讲的时候,既可以写作“疙瘩”(“瘩”或作“疸”),也可以写作“圪垯”(“垯”或作“塔”)、“屹嶝”、“纥纮”或“咯哒”(“哒”或作“嗒”)。但是,“圪垯”、“屹嶝”多用于土疙瘩,“纥纮”多用于纱、线、织物的疙瘩,“咯哒”多用于可吃的疙瘩,如面咯哒、芥菜咯哒,用法虽不如“她”、“它”之绝不相通,但各自显然有所偏重。{疙瘩}当皮肤上突起的或肌肉上结成的硬块讲,或当不易解决的问题讲的时候,一般写作“疙瘩”,有时也写作“圪垯”、“屹嶝”,但不能写作“纥纮”、“咯哒”。这些意义的{疙瘩}跟也可以写作“纥纮”、“咯哒”的{疙瘩},是不是应该看作一个词,也是个问题。

(二) 文字的合并

文字的合并指一个字把全部职务交给另一个字承担的现象。如果 A 字把全部职务交给 B 字承担,本身不再使用,就可以说 A 字并入了 B 字,或 B 字合并了 A 字。有时候,合并 A 的 B 原来就有跟 A 相同的职务(例如后面将要提到的合并分化字的母字)。在这种情况下文字的合并也可以解释为文字职务的集中(参看本章〔(一)2B〕)。

在汉字发展的过程里,人们一方面在不断分化文字,一方面为了控制字数、简化字形(借笔画少的字代替笔画多的字),或是由于使用文字的某些习惯,又在不断合并文字。

文字的合并往往以文字的分化为前提。有些母字后来并入了自己的分化字。有些分化字在使用了一段或长或短的时间之后,回头并入了自己的母字。

我们先举母字并入分化字的例子:

屰——逆 《说文》:“屰,不顺也”,“逆,迎也。从辵,屰声”。“屰”是顺逆之

{逆}的本字(参看〔七(一)4〕)。迎人者跟被迎者,彼此的方向是相逆的。迎逆是顺逆之{逆}的引申义。"逆"应是表示"屰"字的这个引申义的分化字。后来"屰"字废弃不用,顺逆之{逆}也用"逆"字表示。

叚——假 《说文》:"叚,借也","假,非真也。从人,叚声"。"叚"是假借之{假}的本字。真假之{假}是假借之{假}的引申义(睡虎地秦简用"叚"字表示真假之{假},如"今叚父盗叚子,可论",当读为"今假父盗假子,何论?")。"假"是表示"叚"字的这个引申义的分化字。后来"叚"字废弃不用,假借之{假}也用"假"字表示。

侌——陰(阴) 《说文》:"霒,雲(云)覆日也。从雲,今声。侌,古文或省","陰,闇(暗)也,水之南、山之北也。从阜,侌声"。"侌"是阴晴之{阴}的本字。阴阳之{阴}是阴晴之{阴}的引申义(古代称山北为阴,山南为阳。山北少见日光故称阴)。"阴"应是表示"侌"字的这个引申义的分化字。后来"侌"字废弃不用,阴晴之{阴}也用"阴"字表示。

褱——懷(怀) 《说文》:"褱,俠(可能应读为"挟")也","懷,念思也。从心,褱声。""褱"是怀抱之{怀}的本字(《说文》:"褎,褱也。""褱褎"即"怀抱"。《老子》第七十章"是以圣人被褐而怀玉",马王堆帛书甲、乙本"怀"皆作"褱")。怀念是怀抱的引申义。"怀"是表示"褱"字的这个引申义的分化字。后来"褱"字废弃不用,怀抱之{怀}也用"怀"字表示。

前面提到过的"丩"并入"纠"(见〔七(二)〕)、"爯"并入"称"(见本章〔(一)1C〕)等例,跟上举诸例是同性质的。母字跟合并它的分化字同时又是本字跟假借字的关系。

下面再举分化字并入母字的例子。在20世纪50年代后的异体字整理和汉字简化中,有不少分化字并入了母字,例如:

嚐——嘗(尝) 《说文》:"嘗,口味之也。从旨,尚声。""嚐"是表示"嘗"字本义的分化字,开始通行的时间比较晚(《康熙字典》未收此字),异体字整理中把它并入了"嘗"字,简化字作"尝"。

荳——豆 "豆"字本当一种盛食物的器皿讲(参看〔七(一)2〕),表示豆麦之{豆},是假借用法。"荳"是为这一假借义造的分化字(《说文》无"荳")。不过,"荳"字出现后,"豆"字仍被普遍用来表示豆麦之{豆}。异体字整理中把"荳"并入了"豆"字。

捨——舍 屋舍之{舍}引申而为舍止之{舍},舍止之{舍}又引申而为舍弃之{舍}。“捨”字是为“舍”字的这一引申义造的分化字。汉字简化中把它并入了“舍”字。

此外,如“雲”并入“云”(《说文》以“云”为“雲”字古文),“採”并入“采”(《说文》无“採”),“鬚”并入“须”(《说文》无“鬚”),“迴”并入“回”(《说文》无“迴”),“樑”并入“梁”(《说文》无“樑”),“尅”并入“克”(“尅”《说文》作“勊”),“併”并入“并”,“阨”并入“厄”,“誇”并入“夸”,“譭”并入“毁”(《说文》无“譭”),“颳”并入“刮”(《说文》无“颳”),“揹”并入“背”(“揹”字晚出,《康熙字典》未收。下“睏”、“錶”二字同),“睏”并入“困”,“錶”并入“表”,“佔”并入“占”(“佔”字晚出,《康熙字典》所收“佔”字意义不同,是同形字),“鬍”并入“胡”(《康熙字典》未收“鬍”字,但《毛部》“毦”字下引《海篇》:“俗鬍字,见《字学元元》”),“慼”及其异体“慽”并入“戚”,“凓”、“慄”并入“栗”(《说文》无“慄”,参看〔九(一)〕),“尟”及其异体“尠”并入“鲜”,“嚮”并入“向”(“嚮”也可以看作“鄉”的分化字。《说文》无“嚮”),“陞”、“昇”并入“升”(《说文》无“陞”、“昇”),“甦”并入“苏”(《说文》无“甦”),“崑崙”并入“昆仑”(《说文》无“崑崙”,《说文》新附字已收入)等等,都是分化字并入母字的例子。

有些分化字虽然作为现在仍在使用的文字记录在字典、词典里,实际上一般人却只使用它们的母字,例如由“扁”分化出来的萹豆的“萹”、由“甜”分化出来的菾菜的“菾”、由“酸”分化出来的痠痛的“痠”(这几个字都不见于《说文》)。这种分化字大可并入母字。

在汉字简化中,有时让母字跟分化字同用一个简化字形。例如:经历之“历”繁体作“歷”,历法之“历”繁体作“曆”,“曆”本是表示“歷”字引申义的分化字(历法以观测推算日月的历程为基础,所以称为“历”。《说文》无“曆”)。获得之“获”繁体作“獲”,收获之“获”繁体作“穫”,“穫”本是表示“獲”字引申义的分化字。竭尽之“尽”繁体作“盡”,尽快之“尽”繁体作“儘”(jǐn),“儘”本是表示“盡”字引申义的分化字(《说文》无“儘”)。返复、恢复之“复”繁体作“復”,重复之“复”繁体作“複”,“複”本是表示“復”字引申义的分化字(单衣複衣之“複”汉简多作“復”。《说文》“复”训“行故道”,“復”训“往来”。据此,“復”原来应该是“复”的分化字,但是也有可能“复”跟“復”本来就是一字的繁简二体)。上述这种现象也可以解释为把分化字并入母字。

分化字并入母字的现象,在历史上也是常见的。〔九(一)〕里提到的一般人早已不用的后起本字,如“㚤”、“憮”、“瘬”、“嘫”等字,就可以看作已经并入母字的分化字。下面再举几个一般人早已不用的表示母字引申义的分化字。

𠡷　《说文》:"𠡷,迫也。从力,强声。"强弱之{强}引申而为强迫之{强},"𠡷"字是表示"强"字这一引申义的分化字("强"字从"虫",本当虫名讲。据《说文》,强弱之"强"是"彊"的假借字。精确地说,"𠡷"是表示"强"字假借义的引申义的分化字)。

慯　《说文》:"慯,忧也。从心,殇省声("殇省声"之说不确,参看〔八(三)〕)。"创伤之{伤}引申而为忧伤之{伤},"慯"是表示"伤"字这一引申义的分化字。

殚　《说文》:"殚,大夫死曰殚。从歹,卒声。"终卒之{卒}引申而为亡卒之{卒},"殚"是表示"卒"字这一引申义的分化字(如从"卒"的本义是兵卒的说法,就应说"殚"所表示的也是"卒"字假借义的引申义。但此说不一定正确)。

殠　《说文》:"殠,腐气也。从歹,臭声。""臭"是"嗅"的初文。{嗅}引申而为当气味讲的{臭}(xiù),又由此引申而为当腐气讲的{臭}(chòu),"殠"是表示"臭"字这一引申义的分化字。

上举的这些分化字实际上也早就并入母字了。

过去,主张以《说文》"正字"为用字规范的文字学者,写文章的时候喜欢使用见于《说文》的那些早已并入分化字的母字以及早已并入母字的分化字。这种违反一般用字习惯的做法是很不足取的。

除了发生在母字跟分化字之间的文字合并之外,还可以看到一些别的文字合并现象。其中比较常见的是本字并入一般假借字的现象。

上面讲过的母字并入分化字和后起本字性质的分化字并入母字这两种现象,同时也是本字并入假借字的现象。本章〔(一)1Cc〕里曾经提到称扬之"称"的本字是"偁","偁"并入"称"也是本字并入假借字。"偁"跟"称"都是由"爯"字分化出来的,是两个表示有密切关系的同源词的字,情况也是比较特殊的。我们这里所说的一般假借字,是由跟本字既没有母字跟分化字的关系,也没有"偁"跟"称"那样的关系的字充当的。

在异体字整理和汉字简化中,有不少本字并入了一般假借字。例如:"彊"并入"强"(参看上文"𠡷"字条),"艸"并入"草","毬"并入"球","蓡"并入"参","隻"并入"只","薑"并入"姜","靈"并入"灵","傑"并入"杰"(以上参看〔九(一)〕),"穀"并入"谷","葉"并入"叶"("叶"是"协"的异体),"幾"并入"几","醜"并入"丑","鬥"并入"斗",萝蔔的"蔔"并入"卜","臺"、"檯"、"颱"并入"台"等等。上举这些假借字大都是过去就已经使用的，而且有的假借字过去基本上已经取代了本字，如“强”、“草”、“参”、“球”等。但是也有少数假借字，使用的历史大概极短，如代“鬥”的“斗”、代“萄”的“卜”等。

有些用来合并本字的假借字，如“草”、“球”、“灵”、“杰”等，它们未被假借时的原来用法一般人早就不知道了。所以这些字看起来很像被合并的本字的狭义异体字。

在有些文字合并现象里，被合并的字跟合并它的字究竟是什么关系，不大好判断。例如：汉字简化中把“裹”并入了“里”。“裹”字早在西周金文中就已经出现。它跟合并它的“里”字之间的关系，似乎可以看作本字跟一般假借字的关系。但是“裹”字是从“里”声的，而且在西周金文里偶尔也有借“里”表{裹}的例子（如[illegible]侯鼎）。《素问·刺腰痛论》：“肉里之脉，令人腰痛……”也借“里”为“裹”。所以也有可能{裹}这个词本来就是假借“里”字来表示它的，后来才为它造了“裹”字。那么，“裹”跟“里”的关系就是后起本字跟母字的关系了（我们在前面举过的并入“台”字的“颱”，也不能说一定没有是“台”的分化字的可能性）。

在〔一〇（二）〕里讲同形字的时候曾经指出，有些不同形的字后来由于字形演变等原因而变得同形了。如果只从文字的外形着眼，这也可以看作一种文字合并的现象。

有的多义字或者代表两个以上同形字的多义字形，只把自己的一部分职务并入了另一个字，但是由于它的其他职务早已不起作用，实际上等于完全并入了另一个字。至少对一般使用汉字的人来说，是这个情况。在异体字整理和汉字简化中有不少这样的例子。例如在〔一〇（一）〕里讲过的“颿”字，虽然只是把假借用法并入了“帆”字，但是由于当“马行疾”讲的本义早已停止使用，实际上等于完全并入了“帆”字。下面再举两个例子：

彙——汇　汉字简化中把“匯”和“彙”都简化为“汇”。这可以解释为把彙集的“彙”并入“匯”字。因为从字形上看，“汇”是由“匯”简化而成的。据《说文》，“彙”本是“猬”字的古体。表示彙集之{彙}，是它的假借用法。由于“彙”跟“猬”早已分化成两个字，把表示假借义的“彙”并入“汇”字，实际上等于把“彙”字完全并入“汇”字（彙集的“彙”本来跟“猬”一样读为“胃”，后来才变得跟“汇”同音。彙集的意思是按类集中，跟汇合的意思有别。《周易·泰卦·释文》：“彙，音胃，类也。”表示彙集之{彙}的“汇”应该看作假借字）。

摺——折　“摺”字主要有两读，当摧折讲读 lā，当摺叠讲读 zhé（这两个“摺”

似可看作同形字)。汉字简化中把读 zhé 的“摺”并入“折”字。由于读 lā 的“摺”早已不再使用,实际上等于把“摺”完全并入了“折”(古书中读 lā 的“摺”不简作“折”。读 zhé 的“摺”跟“折”,古代不同音。“摺”属叶韵,“折”属薛韵。摺叠的意思跟折断的意思本来并无关系。表示摺叠之{摺}的“折”可以看作形音兼借字)。

有时候,文字的合并或者某个字部分职务的并入它字,反映了语言里两个意义相同或相近的词的混同。例如:

鬱——郁 “鬱”和“郁”都有当芳香讲的用法。但是这两个字古代不同音(“鬱”属物韵,“郁”属屋韵),当芳香讲的时候并不代表同一个词。《文选》卷五十五刘孝标《广绝交论》“言鬱郁于兰茝”,二字连用,李善注:“鬱郁,香也。《上林赋》曰:‘芬芳沤鬱,酷烈淑郁。’”这两个字变得同音之后,当芳香讲的{鬱}跟{郁}在语言里实际上已经无法区分。汉字简化中又把“鬱”字并入“郁”字,这两个词就完全混而不分了(当忧郁讲的“鬱伊”跟“郁伊”,原来可能也是不同音的,恐怕也不能简单地看作同一个词的不同书写形式。简化之后,彼此也无从区别了。据《说文》,“鬱”的本义是草木茂盛。现在用来表示这一意义的“郁”,跟“鬱”是一般假借字跟本字的关系)。

於——于 “於”和“于”都可以用作介词,用法十分相似。但是它们在古代并不同音(“於”是影母鱼韵字,“于”是喻母三等虞韵字),不能简单地看作同一个词的不同书写形式(介词{於}和{于}可能是由于方言或时代的不同而由一词分化的。有的语言学者认为在较早的时代,介词{于}和{於}的用法有一定区别)。按照语音演变规律,用作介词的“於”的读音应该演变为 yū。但是现在却读为 yú,跟“于”完全同音。有不少人把它们当作通用字。异体字整理中干脆把读 yú 的“於”并入“于”,二者就完全混而不分了(读 wū 的“於”和读 yū 的姓氏字“於”,现在仍写作“於”。本书所引晚于《诗》、《书》的例句里的“于”字,原来几乎都写作“於”)。

寘——置 “寘”跟放置之“置”同义,但是在古代并不同音(“寘”是照母三等寘韵字,“置”是知母志韵字),不能看作同一个词的不同书写形式。后来这两个字变成了同音字,有的人就把它们当作通用字了。异体字整理中干脆把“寘”并入了“置”(《现代汉语词典》“寘”、“置”二字分列,是正确的)。

【2021 年校按:《现代汉语词典》2012 年第 6 版已按《异体字整理表》将“寘”列为“置”的异体。】

赀——资 当财产讲的“赀”本是訾量之“訾”的分化字。它跟资货之“资”在古代不同音(“赀”是支韵字,“资”是脂韵字),并不是同一个词的不同书写形式。秦汉政府为了收税等方面的需要,经常訾量各家各户的财产,因此“訾”引申而有“所訾量的家产”以至一般的家产的意思。居延汉简中记户赀之简，有“凡訾直（值）十五万”、“訾直万五千”等语，熹平四年陶瓶有“訾财千亿”等语，都用“訾”字表示这类意义。后来才改“言”旁为“贝”旁，分化出了专用的“赀”字（“赀”字出现后，訾量的{訾}也往往写作“赀”。《说文》：“赀，小罚以财自赎也。”这一意义的“赀”屡见于睡虎地秦墓所出的秦律。赀财、赀量的“赀”可以看作它的同形字）。《史记》、《汉书》中，家赀之“赀”本来也作“訾”，但是有的被后人改成了“赀”。例如：《史记·张释之传》有“以訾为骑郎”语，今本《汉书·张释之传》已改“訾”为“赀”。《汉书·司马相如传》有“以訾为郎”语，今本《史记·司马相如传》已改“訾”为“赀”。由于“赀”、“资”义近，这两个字变成同音字之后，人们往往把它们当作通用字。异体字整理中干脆把赀财的“赀”并入“资”字，二者就完全混而不分了（赀量之“赀”和当“小罚以财自赎”讲的“赀”，现在仍作“赀”）。

徵——征　徵求的“徵”跟征税的“征”，意义相近，但在古代不同音（“徵”是知母蒸韵字，“征”是照母三等清韵字）。后来这两个字变成了同音字，有些人认为它们可以通用，但是征税的“征”一般仍不写作“徵”，徵求的“徵”一般仍不写作“征”。汉字简化中把“徵”并入了“征”，征税的“征”跟徵求的“徵”就混而不分了（宫商角徵羽的“徵”现在仍写作“徵”）。

此外，异体字整理中把“斲”和“斮”都并入了“斫”。这三个字现在虽然都读为zhuó，古音却都不相同（“斫”是照母三等药韵字，“斲”是知母觉韵字，“斮”是照母二等药韵或觉韵字）。它们的意义很相近，但是用法仍有相当明显的区别，过去基本上没有相互混用的现象。所以，把“斲”和“斮”作为异体并入“斫”字是很不妥当的。《现代汉语词典》把这三个字分列，不作为异体处理，是正确的。

【2021年校按：《现代汉语词典》2012年第6版已按《异体字整理表》将“斲”和“斮”列为“斫”的异体。】

这里附带讲一下“麤”（亦作麁）、“觕”（牗的俗体）、“粗”的关系问题。异体字整理中把“麤”、“觕”并入“粗”字。过去，这三个字的确可以通用，把它们合并起来是有道理的（据《说文》，“麤”字的本义是“行超远”。古书中未见这种意义的“麤”字）。但是古书中有时又以“麤”与“粗”或“觕”连用，如：

《春秋繁露·俞序》“是亦始于麤粗（此从卢文弨校本，武英殿聚珍版作‘粝’，非是），终于精微”。

《论衡·正说》“略正题目麤粗之说”。

《庄子·则阳·释文》引司马彪注“卤莽犹麤粗也”。

《汉书·艺文志》（数术略）“庶得麤觕”。

《公羊·隐公元年》何休注“用心尚麤觕”。

这应该如何解释呢？原来“粗”和“觕”在古代都有仓胡切（cū）和徂古切（zù）两读，意义没有明显区别。跟“麤”连用的“粗”和“觕”应读为徂古切（上引《艺文志》颜师古注谓“觕，粗略也，並才户反”，“才户”与“徂古”的反切同音。参看王念孙《读书杂志·管子第七》“麤麤”条）。这种“粗”和“觕”跟与“麤”通用的“粗”和“觕”不能混为一谈。也有人认为“粗”和“觕”本来只应有徂古切一读，读为仓胡切，就是与“麤”相混。那么，“粗”和“觕”跟“麤”的关系，跟〔一〇（三）〕里讲过的“仇”跟“雠”的关系就是同性质的了（上面讲过，“於”本应读 yū 而实际读 yú。这可能也是由于与“于”相混）。

我们在前面说过，文字的合并往往以文字的分化为前提。另一方面，文字合并之后又重新分化的现象也是存在的。例如：

𠂹、垂—垂—垂、陲　据《说文》，下垂之“垂”的本字是“𠂹”（《说文》：“𠂹，艸木华叶𠂹，象形。”汉碑有时也用“𠂹”字，如孔宙碑“殁𠂹令名”），“垂”是边陲之“陲”的初文（《说文》“埀，远边也。从土，𠂹声”）。传世古书则大都以“垂”表示下垂之{垂}，以“陲”表示边陲之{陲}，跟现在的用字习惯相同。推测其演变过程，应该是“𠂹”先并入“垂”字，然后又从“垂”字分化出“陲”字（《说文》有训为“危”的“陲”字，可以看作边陲之“陲”的同形字。即使认为古人借训“危”的“陲”表示“垂”的本义，由于“陲”字的“危”义早已不用，实际上也已经跟“垂”的分化字没有什么区别了）。

凥、居—居—居、踞　据《说文》，居处之“居”的本字是“凥”（《说文》“凥，处也。从尸得几而止”），“居”是蹲踞之“踞”的初文（《说文》：“居，蹲也。……踞，俗居从足。”小徐本“踞”作“屘”）。传世古书大都以“居”表示居处之{居}，以“踞”表示蹲踞之{踞}，跟现在的用字习惯相同。推测其演变过程，应该是“凥”字先并入“居”字，然后又从“居”字分化出“踞”字蹲踞义（或以为“凥”字本象人踞几之形——“踞”本指跟现代的“垂足而坐”相似的一种姿势，见《冯汉骥考古学论文集》156 页及 160 页注㉒。有可能“凥”就是蹲踞之“踞”的初文，居处则是“踞”的引申义。《说文》以“处”为“凥”之本义，“蹲”为“居”之本义，不一定可靠）。

按照文字分化的一般情况来看，“垂”字非常可能是由“𠂹”字分化出来的，“居”字也很可能是从“凥”字分化出来的。所以上举这两组字大概经历了两回分合。

一二　字形跟音义的错综关系

汉字字形跟音义之间的关系非常错综复杂。不但同音的词多数用不同的字形来表示，就是同一个词也常常有两种以上不同的书写形式。另一方面，同一个字形又常常可以用来表示两个以上不同的词，有很多字形还具有两种以上不同的读音。我们把上述前一种现象称为一词多形，后一种现象称为一形多音义。下面先讲一形多音义现象，然后再讲一词多形现象。

（一）一形多音义

造成一形多音义现象的原因，主要有下列四种：

1. 语义引申　语义引申是汉语里极其常见的现象。一个字的本义往往可以产生出几个引申义。引申义本身以及假借义也都可以引申出新的意义。例如："行"的引申义"行列"又引申出"行业"等意义（看〔七（二）〕），"强"的假借义强弱的{强}又引申而为勉强的{强}（看〔一一（二）〕"㢡"字条）。引申义跟所从引申的意义，有时是同一个词的不同意义，有时是不同的词，即派生词跟母词。派生词有很大一部分跟母词不完全同音。所以引申是造成一形多音义现象的重要原因。

2. 假借　假借是汉字里极其常见的现象。有假借义的字为数很多，而且一个字可以有好多种假借义（看〔九（三）〕）。一个字的本义跟假借义，同一个字的不同假借义，通常都是不同的词，彼此的读音往往也并不完全相同（看〔九（四）〕）。所以假借也是造成一形多音义现象的重要原因。我们在前面讲过的俗本字（见〔九（二）〕），可以附在假借字里。

3. 同义换读　同义换读就是借用一个字来表示跟它原来所表示的词同义或义近但彼此不同音的一个词（看〔一〇（三）〕），所以必然造成一形多音义的现象（我们把一个字表示两个同义词的现象,也包括在多义现象里)。

4. 异字同形　同形的异字就是〔一〇(二)〕所讲的同形字。同形字都分别代表着不同的词。除了一部分同为形声字的同形字之外,它们的读音彼此都不相同。所以异字同形也是造成一形多音义现象的原因。形音兼借字(见〔一〇(二)〕)既可附在假借字里,也可附在同形字里。

除了上述这四种原因之外,还有一些造成一形多音的原因,如文白异读、读音讹变等,这里就不讨论了(关于一字异读,参看吕叔湘《语文常谈》28—32页)。

在上述的造成一形多音义现象的各种原因里,起主要作用的是引申和假借。异字同形不如引申和假借常见,同义换读比较起来最为少见。

引申、假借和同义换读所造成的一形多音义现象,也可以称为一字多音义现象。但是,同形字造成的一形多音义现象,严格地说,就不能称为一字多音义现象了。因为同形字虽然在外形上毫无区别,实际上却是不同的字。

汉字里的一形多音义现象是很严重的。翻一下《康熙字典》等大型的字典、词典,常常可以看到有三四种读音和十多种义项的单字。还有一些字有更多的读音和义项,例如第2版《辞源》的"齐"字条就列了六种读音、十九个义项。如果再加上这些字典、词典没有收入的音义,情况就更复杂了。当然,这种复杂情况是由于把各个字在历史上曾经有过的各种用法全都考虑在内而形成的。如果着眼于各个字在某一较短时期内的实际用法,情况就会大有不同。多义字形所表示的某个意义的停止使用、文字分化以及其他分散文字职务的措施(参看〔一一(一)1、2〕),都会使这些字形所表示的意义减少,有时还会使它们的读音减少。此外,同形字往往不是同时通行的,这在〔一〇(二)〕里讲同形字的时候已经做过说明了。

但是,即使不管现代一般人已经没有必要知道的那些音义,一形多音义的现象也仍然是相当严重的。只要翻一下为现代汉语编的字典、词典,就可以明白这一点。据有的文章统计,1971年版《新华字典》中有734个多音字,约占总字数的百分之十(周有光《现代汉字中的多音字问题》,《中国语文》1979年6期)。有些字的读音有三四种,而且每种读音所包含的义项往往不止一个。例如据《现代汉语词典》,"着"字就有四种读音、十九个义项。

我们在〔三(二)〕里已经说过,由于汉字构造的特点,一般使用的文字的数量不能太多,不然用起来就会不方便。这就是说,在汉字里不可避免地会存在比较严重的一形多音义现象。这种现象当然也带来了一些不方便。一形多音往往使人读错字音。一个字形的常用义太多,或者所表示的不同意义容易混淆,也会造成问题,重则使人误解文义,轻则减慢阅读速度。所以在历史上,人们一方面不断给已有的文字增加职务,一方面又不断在减少多义字的职务,以防止一形多音义现象发展到过分严重的地步。

20世纪50至60年代,普通话审音委员会对"异读词"进行了审定标准读音的工作。80年代前期,重建的普通话审音委员会又对审定结果做了一些修订(见1963年公布的《普通话异读词三次审音总表初稿》和1985年12月公布的《普通话异读词审音表》)。由于审音的对象是词而不是字,而且有很多取消的异读本来就没有被一般字典承认过,这项工作对减少文字异读并没有起多大作用。有很多词的异读取消后,表示它们的字仍有其他读这种音的用法。因此对这些字来说,异读仍然存在。当然,审定异读词读音确实起了减少文字异读的作用的例子,也还是有的。例如:从俗把旧读平声的"胜"(如胜任的"胜")改读为去声,把旧读 shè 的地名字"叶"(葉)改读为 yè 等等。另一方面,由于在异体字整理和汉字简化中,把有些读音跟母字所保留的意义的读音不同的分化字并入了母字(如把"捨"并入"舍",把"儘"并入"尽"),还把有些不同音的字变成了同形字(如把"纖"和"縴"都简化为"纤"),并且采用了音近通假的办法(如借"斗"为"鬥",借"卜"为"蔔"),又使有些字恢复了旧的异读或增加了新的异读。

在异体字整理和汉字简化中,还合并了少量彼此的意义相混淆的可能性比较大的同音字。例如:相並的"並"并入合并的"并",彙集的"彙"并入汇合的"汇",摺叠的"摺"并入折断的"折",重叠的"叠"并入交迭的"迭"(这几对字古代都不同音。"並"是並母迥韵字,"并"是帮母劲韵字,关于中间两对字,参看〔一一(二)〕。"叠"是帖韵字,"迭"是屑韵字)。《简化字总表》规定:"在折和摺意义可能混淆时,摺仍用摺","在迭和叠意义可能混淆时,叠仍用叠"。《新华字典》和《现代汉语词典》都把"叠"和"迭"分列,没有把"迭"看作"叠"的简化字。1986年10月国家语言文字工作委员会重新发表《简化字总表》时,正式规定"叠"不再当作"迭"的繁体字处理。如果较多地合并这类意义混淆的可能性比较大的同音或音近字,就会严重影响文字表达语言的明确性。

(二) 一词多形

关于一词多形,有好些问题要讨论,所以我们把这一节分成三个小节。

1　一词多形现象概况

为什么会造成一词多形的现象呢？简单地说，有两个原因。

首先，由于汉字有异体。一个字有了异体，就意味着它所代表的词有了不同的书写形式（关于一字异体，参看〔一〇（一）〕）。

其次，由于用来表示某一个词的字是可以更换的。同一个词先后或同时有两个以上不同的字（如果是双音词或多音词，便是两组以上不同的字）可以用来表示它的现象，是常见的。下面我们把这种现象称为一词用多字。

具体地说，一词用多字主要有下列四种情况：

A. 已有本字的词又使用假借字（参看〔九（一）、（二）〕）。

B. 同一个词使用两个以上不同的假借字（参看〔九（三）〕）。

C. 一个词本来已经有文字表示它，后来又为它或它的某种用法造了专用的分化字（参看〔一一（一）1.3〕）。

D. 已有文字表示的词又使用同义换读字（如重量、容量单位{担}既用“担”又用“石”，参看〔一〇（三）〕）。

上举前三种情况都是很常见的。

对一个本来是某个字的假借义的词来说，为它造的分化字就是后起本字。如果把上举第一种情况说成“一个词既有本字又有假借字”，而不去管本字出现的先后，就可以把由于造后起本字而形成的一词用多字的现象，从第三种情况里分出来归并到第一种情况里去。

不同的字在用来表示同一个词的时候，它们的使用范围并不一定完全相同。例如〔九（一）〕里讲过的由于常棣的典故而借为“弟”的“棣”，在一般的文章里是不用的，并不是所有当兄弟讲的“弟”字都可以用“棣”来代替。又如〔一〇（一）〕里讲过的“记”和“纪”，在用来表示当记录讲的{记}这个词的时候，在某些复合词里可以通用，在另一些复合词里则不能通用，单独成词的{记}也不能写作“纪”。至于在〔一一（一）3〕里讲过的那种分别表示同一个词的不同用法的字，使用范围就完全不同了。不过，后一种情况是特殊的；表示同一个词的不同文字，用法一开始就有很大出入的情况，也是不常见的。它们的用法大多数是相同或基本相同的，或者开始时是相同或基本相同的，后来才变得出入很大，如〔九（一）〕里提到过的表示{飞}的“飞”和“蜚”、表示{册}的“册”和“策”。

在同一个词的彼此可以通用的不同书写形式里，被认为是合乎规范的那种书写形式,可以称为正体。不同时代的人对正体的看法是不一样的。旧时代最保守的文字学者,把合乎《说文》的书写形式看作正体。我们现在把简化字看作正体。

过去,讲文字学的人在讨论跟一词用多字现象有关的问题的时候,喜欢用“正字”这个术语。我们在〔九(一)〕里已经说过,过去的文字学者大都是根据《说文》来讲正字的。他们认为如果《说文》把某个意义(即我们所说的词)当作某个字的本义,这个字就是这个意义的正字。在一个意义在《说文》里没有把它当作本义的字的情况下,也有人就在《说文》里找一个可以把这个意义看作它的引申义的字,作为这个意义的正字。但是,不见于《说文》的字,尤其是那些出现得比较晚的字,即使确实是为某个意义而造的,他们也不承认它是这个意义的正字。我们认为,像他们那样讲正字,实际上没有多大意义;在讨论跟一词用多字有关的问题的时候,“习用字”的概念比“正字”的概念有用得多。

在可以用来表示同一个词的不同文字里,通常总有一个字是比较经常地用来表示这个词的。这就是我们所说的习用字。习用字跟正字可以是重合的,也可以是两个字。在不同的时代里,作为习用字的字可能不相同。

在有两个以上的字可以用来表示它的那种词里,有不少词实际上是没有正字的(如只使用假借字的词),或是很难为它们找到正确的正字的(过去的文字学者就时常找错正字)。但是没有习用字的词则是极为少见的;确定一个词的习用字,通常也不会有什么困难。有些词的正字,一般人根本不知道,如我们在〔九(一)〕里举过的那种早就废弃不用的后起本字以及在〔一一(二)〕里举过的那种早就废弃不用的表示母字引申义的分化字和早就并入分化字的母字。习用字当然也没有这种问题。我们如果要消灭一词用多字的现象,应该尽可能保留习用字,而不必考虑它是不是正字。对注释古书字义来说,习用字也比正字有用得多。后面讲通用字的时候,将会谈到这个问题。

在汉字里,一词多形现象跟一字多音义现象一样,也是很严重的。一个字有多种异体和一个词使用好几个不同的字的例子,我们在前面都曾经举出过,如“袜”字至少有八种异体(见〔一〇(一)〕),训“仅”的{才}除“才”字外,还使用过“毚”、“纔”、“裁”、“财”等假借字(见〔九(三)〕)。

双音节词书写异形的情况,比单音节词更复杂。〔九(三)〕里曾举过{婀娜}、{犹豫}二词使用几组不同假借字的例子。{婀娜}一词,除我们已经举出的“猗傩”、“猗那”、“阿那”和“婀娜”(也许还应该加上“阿难”)等异形外,还有“妸娜”、“旖旎”、“哀袲”、“榱榱”(以上皆见《广韵》、《集韵》)、“哀榱”(玄应《一切经音义》十九引《字书》)等异形("旖旎"、"裒袲"、"橠椂"似乎主要分别用于形容旌旗、衣服和草木的柔美之貌,使用范围较窄)。此外,如形容宛曲之貌的{逶迤}一词,竟有"委它"、"委佗"、"委陀"、"委蛇"、"委虵"、"委蛇"、"蝼蛇"、"蝼蛇"、"踒虵"、"逶蛇"、"逶虵"、"逶陀"、"逶迱"、"逶迤"、"逶地"、"边地"、"蚴迤"、"逶移"、"委移"、"萎移"、"崣峛"等二十多种异形(参看《辞通》、《联绵字典》有关各条。"蚴迤"见慧琳《一切经音义》四十九、《集韵》平声支韵邕危切"逶"字。"萎移"和"崣峛"分别用于形容草木和山或山径的宛曲之貌,使用范围较窄。{逶迤}有 wēi yí、wēi tuó 二读。慧琳《一切经音义》十五"逶迤"下注云:"上畏为反,下以伊反……迤又音徒何反。"希麟《续音义》五"逶迤"下注云:"上於为反……下弋支反……案:逶迤,迂曲邪行皃。下又音达罗反,训同上。"《集韵》把当"委曲自得皃"讲的"委蛇"、"委迤"的"蛇"和"迤"收入支韵余支切移小韵,把当"行皃"讲的"逶迱"、"逶迤"的"迱"和"迤"收入戈韵唐何切驼小韵,分二音为二义,恐无据。《后汉书·任光邳彤传赞》"委佗还旅,二守焉依"李贤注"委音於危反,佗音移,行貌也",并不读"佗"为"唐何切"。又《集韵》戈韵"迱"字下说"逶迱"之"迱""通作佗、他",可知{逶迤}还有"逶佗"、"逶他"等写法)。

上一节说过,同一个字形的不同音义并不都是同时通行的,同一个词的不同书写形式也并不都是同时通行的。表示同一个词的母字和分化字,或是本字和假借字,它们的通行时间往往基本上是前后相承的。有些表示同一个词的不同假借字,也有这种关系(参看〔九(三)〕)。异体字的通行时间基本上前后相承的情况,也是常见的。有时候甚至可以看到一个词的两种书写形式根本没有同时使用过的情况。这就是说,在其中的一种形式开始使用的时候,另一种形式早就不用了。此外,还有不少字形似乎从来没有通行过,现在只有在字书上才能看到它们。当然,一个词的两种或几种书写形式长期并用的现象,也还是常见的。《第一批异体字整理表》里所列的异体,就有不少是长期并用的。不过在并用的各种书写形式中,由不同的字充当的异体,通常总有一种是比较常用的,即我们所说的习用字;同一个字的异体通常也总有一种是比较常用的。各种形式势均力敌的情况是很少见的。

有时候,还可以看到一个词的某种书写形式不通行之后,在某个或某些特定场合仍然被使用的现象。比较常见的,是这样一种情况:一个词的某种书写形式,在一般场合已经不再使用。但是由于旧习惯的影响,当这个词作为某个或某些成语或复合词的组成部分而出现的时候,仍然可以使用,有时甚至必须使用这种书写形式。例如前面已经提到过,{飞}这个词在古代曾经既可以写作"飞",也可以写作"蜚"。

现在,一般的{飞}已经不能写作“蜚”了。但是“飞短流长”、“流言飞语”的{飞}仍然可以写作“蜚”,“飞声”的{飞}按照一般习惯甚至只能写作“蜚”(如“蜚声海内”)。又如:“裤”、“袴”、“绔”是一字异体。《第一批异体字整理表》废除“袴”字,保留“裤”字。“绔”字很早就已不通行,所以《整理表》没有管它。但是由于{纨裤}这个词在“裤”这个字形出现之前早就已经形成,并且已经成了书面语,所以直到今天,一般人还是按照这个词在古书里的写法,把它写作“纨绔”或“纨袴”(1988 年发布的《现代汉语通用字表》有“绔”、“裤”而无“袴”)。

上述这种现象有时会使人弄不清某个字所表示的是哪个词。例如:回返的{返}本来是写作“反”的({返}是反覆之{反}的引申义)。“返”字通行之后,一般就不用“反”字来表示{返}了。但是,当返于正讲的“反正”,由于表示的是自古相传的书面语,“反”字却一直没有改写为“返”。一般人大概都已经不知道这种“反”字是表示{返}的了(关于“反正”,参看〔一〇(二)〕)。这种现象甚至还会导致读音的改变。在〔一一(一)1A〕里曾经指出,本应读为 zhuó 的“土著”的“著”,由于没有改写为“着”,被大家读成了 zhù。又如:曝晒的{曝}本来是写作“暴”的。“曝”字通行之后,一般就不用“暴”字来表示{曝}了(“一曝十寒”的“曝”还有少数人写作“暴”)。但是,“暴露”的“暴”虽然本来是表示{曝}的(“暴露”本读 pùlù),却一直没有改为“曝”。因此有很多人就按照残暴之“暴”的音来念它。现在这种读音已经被正式承认,念“曝”的音反倒作为异读而废除了。照相术语里既有“暴光”,又有“曝光”。“暴光”的说法就是在“暴露”的影响下产生的(1985 年的《普通话异读词审音表》规定“曝光”的“曝”也读 bào,使“曝”字有了异读)。

下面再举几个由于书写形式不同,同一个词被读成两种音的例子。“迟”、“夷”二字古音相近,可以通用。古书中的“陵迟”跟“陵夷”,“倭迟”、“逶迟”跟“倭夷”,“威迟”跟“威夷”,本来都分别是一词的异写(参看颜师古《匡谬正俗》卷八“陵迟”条),但是后人却按照字面把它们都读成了两种音。“於戏”跟“呜呼”、“於乎”也是一词的异写,应该读为“呜呼”。但是在唐代却曾经习惯于把它们分用,“若哀诔祭文,即为呜呼。其封拜册命,即为於戏。於读如字,戏读为羲”(《匡谬正俗》卷二“呜呼”条)。我们在前面说过,{逶迤}本有 wēiyí、wēituó 二音(这两种音有可能是从上古时代的同一种读音演化出来的),但是后来“逶迤”、“委蛇”、“委移”等大多数书写形式一般只读为 wēiyí,“委陀”、“逶陀”等一般只读为 wēituó。这也可以看作同一个词由于书写形式不同而读成两种音的例子。

另一方面,又存在着把音义皆近或音近义同的字读成一个音,把它们看作同一个词的不同书写形式的现象。〔一〇(三)〕里讲同义换读时所举的读“仇”为“雠”的例子,就可以看作这一类的现象。下面再举两个例子。

《后汉书》里屡见“冘豫”之文,义同“犹豫”(《来歙传》“故久冘豫不决”,又见《马援传》、《窦武传》等),李贤注音“冘”为“淫”。“冘豫”跟“犹豫”音近义同,它们所代表的应该是关系密切的同源词。《广韵》把“冘豫”的“冘”收在尤韵以周切猷小韵里。按照这种读音,“冘豫”跟“犹豫”就成为同一个词的不同书写形式了。后世字书多从之,恐怕是不妥当的(“冘豫”之“冘”在《集韵》里有“淫”、“犹”二音,分见侵韵、尤韵。黄生《义府》卷下“犹豫”条谓冘豫之“冘”即“尤”字,恐不足信)。

《庄子·应帝王》里有神巫季咸给壶子看相的故事,《列子·黄帝》袭用之,文字略有出入。《应帝王》“吾与之虚而委蛇”一句,《黄帝》作“吾与之虚而猗移”。“猗(yī)移”跟“委蛇”音义皆极近,二者的关系当与“冘豫”跟“犹豫”的关系相似(《应帝王》的“委蛇”当委曲随顺讲,可以看作形容宛曲之貌的“委蛇”的引申用法。这种“委蛇”通常不写作“逶迤”)。但是,殷敬顺《列子释文》音“猗”为“於危切”,把“猗移”跟“委蛇”看成了同一个词的不同书写形式,后人往往从之。从上古音系统来看,除“猗移”外,“倚移”(见《说文·禾部》“移”字)、“旖施”(见《说文·㫃部》。也作“檹施”,见《说文·木部》)、“檹匜”(见《集韵》上声纸韵隐倚切倚小韵)、“婀娜”(也作“猗傩”、“旖旎”,见前)、“婑媠”、“倮㛂”(㛂或讹作妮)等等,在语言上跟“逶迤”(委蛇)都应该是同源的。但是它们跟“逶迤”大概很早就分化成不同的词了。从字音上看,“猗移”跟“倚移”、“旖施”的关系,应该比跟“委蛇”的关系更为密切,可见把“猗移”直接读为“委蛇”是不妥当的。

前面说过,训“仅”的{才}除“才”字外还使用过“毚”、“纔”、“裁”、“财”等假借字。但是“毚”、“纔”二字本来读音的韵母,跟“才”、“裁”、“财”等字有比较明显的差别(前者属咸韵或衔韵,上古音属谈部。后者属咍韵,上古音属之部)。也有可能当仅仅讲的“毚”、“纔”,本是假借来表示跟方才之{才}不同音的一个词的,由于这两个词音近义同,后来“纔”就读成了“才”,就跟“仇”读成了“雠”一样。

还有些音义皆近或音近义同的字,由于语音演变,成了同音字,因此被后人看作同一个词的不同书写形式。〔一一(二)〕里已经举过了当芳香讲的“鬱”和“郁”、当放置讲的“寘”和“置”、当财产讲的“赀”和“资”、当征求讲的“徵”和“征”等例子,这里再补充一个例子。前面提到过的“威夷”和“逶夷”都跟“逶迤”同义,但是这三者原来都不同音。“威”跟“逶”,“夷”跟“迤”,在上古音和中古韵书里都不同韵。后来它们变得完全同音了。因此很多人把“威夷”、“逶夷”、“倭夷”跟“逶迤”、“委蛇”等等都看成了同一个词的不同书写形式(参看本节〔2A〕)。

由于汉语里语音演变和词语分化的情况以及汉字里一词多形的情况都很复杂,有时简直无法判断究竟应不应该把某些不同的书写形式读成一个音,看成一词的异形。例如:在汉碑和古书里有用法跟“委蛇”相同的“逶随”(“随”或作“遀”)、“委随”等文(参看《辞通》、《联绵字典》有关各条)。《庄子·天运》的“委蛇”,《释文》引或本作“委施”。从古音系统看,它们都有跟“委蛇”相通的可能,但是在字书和古注里找不到明确根据。古人究竟是用它们来表示“委蛇”的同源词的呢?还是用来表示{委蛇}的呢?我们究竟应该按照它们的本音来念,还是应该把它们读成“委蛇”呢?实在有些难以决定。

一词多形的现象,在汉魏六朝时代曾发展到很严重的地步。就一般情况来说,唐宋以后,词语书写的异形不断在减少。20世纪50年代以来,由于进行了异体字整理和汉字简化,并由于《新华字典》等新编的字典、词典的影响,在通行字的范围里,一词多形的现象大部分已经消灭(参看第十三章)。由于很多异形早已自然淘汰,那些写法尚未统一的词,它们的异形一般也很少。有三四种以上写法的词相当少见。当然,这里所说的是合乎规范的印刷品的情况,少数用繁体排印的书籍不在其内。在人们手头,由于使用行书、草书,并受旧的用字习惯的影响,异形也比较多。

从理论上说,一字多音义的现象是无法消灭的,一词多形的现象基本上是可以消灭的。目前,在通行字范围内还存在着数量不算太少的一词多形的现象。这主要是由于在过去的异体字整理和汉字简化中,对一部分词(多数是双音节词)的异形(多数是部分异体字),还没有来得及加以处理。例如:酸痛的{酸}有“酸”、“痠”二形,搀合的{搀}有“搀”、“掺”二形,当“稠”、“浓”讲的{糨}有“糨”、“糡”、“浆”三形(一般人大都用假借字“浆”,尤其是浆糊的“浆”极少有人写作“糨”、“糡”),“逶迤”也作“委蛇”,“折中”也作“折衷”,“含义”也作“涵义”,“乌贼”也作“乌鲗”,“甜菜”也作“菾菜”,“扁豆”也作“藊豆”、“稨豆”、“萹豆”,“年轻”也作“年青”,“记录”也作“纪录”等等。

此外,还可以看到少量由于异体字整理和汉字简化中做出的规定没有被遵守而存在异形的情况。例如:《第一批异体字整理表》把“蹚”并入“趟”,实际上“蹚”仍在普遍使用,因此蹚水、蹚地的{蹚}就有了“蹚”、“趟”二形。《汉字简化方案》把“瞭”并入“了”,实际上“瞭”字仍有很多人在使用,因此{瞭}就有了“瞭”、“了”二形(《印刷通用汉字字形表》收入“瞭”字。一般用于瞭望一义。1986年重新发表《简化字总表》时,规定瞭望之“瞭”不再简作“了”)。《汉字简化方案》把“叠”并入“迭”,“像”

并入“象”，“餘”并入“余”，“摺”并入“折”，但《简化字总表》又规定在意义可能混淆时仍可用“疉”、“像”、“餘”、“摺”这些繁体字。这种处理方法也导致一词用两字的现象（1986年重新发表《简化字总表》时，规定“叠”和“像”不再当作“迭”和“象”的繁体字处理，恢复了这两个字的使用）。

2 一些有关的术语

A 通用字

文字学上所说的“通用”，指不同的字在某种或某些用法上可以相替代的现象。可以通用的字就是通用字。文字学者讲通用，往往着眼于汉字从古到今的全部使用情况。所以他们所说的通用字并不限于现在可以相通用的字。过去曾经相通用过的字，以至虽然具有某种或某些共同用法，但并未同时使用过的字，也都可以称为通用字。如果要跟现行的通用字相区别，可以把它们称为历史通用字。

在现在的规范化的汉字里，通用字使用得不多。大部分通用字只是在读古书的时候才会遇到。

前一节已经说过，同一个词的不同书写形式可以分为两类。一类是同一个字的异体，一类是用来表示同一个词的不同的字。后一类基本上相当于通用字，只有少数始终分别用来表示同一个词的不同用法的字，如“她”和“牠”（它），不能包括在通用字里。

有些用来表示同一个词的不同书写形式，既有人看作一字的异体，也有人看作通用字。成问题的主要是表示母字本义的分化字跟母字的关系。我们以“洲”跟“州”为例来加以说明。有些人着眼于“州”和“洲”都是为{洲}这个词而造的字，认为用来表示{洲}的“州”和“洲”是一字的异体。有些人着眼于“州”和“洲”跟其他种类的母字和分化字一样，是主要用途不同的字，认为用来表示{洲}的“州”和“洲”是通用字（《康熙字典》就说“州”“又与洲通”）。这两种看法各有它的道理。我们由于要对各种分化字做统一的处理，采取了后一种看法（不过在着眼于母字的本义的时候，我们仍然把母字和表示它的本义的分化字看作初文和后起字）。

异体字分工也使有关的词的不同书写形式的性质成了问题。例如“犹”跟“猷”本来是一字的异体，它们都既可以用来表示谋猷的{猷}，也可以用来表示“犹”字的各种常用意义，后来彼此才分了工（参看〔一一（一）1A〕）。按理说，较早的古书里用来表示{猷}的“猷”和“犹”，或是用来表示“犹”字各种常用意义的“犹”和“猷”，都应该看作一字的异体。可是人们习惯于“犹”、“猷”二字分工之后的用法，往往把它们都看作通用字。

〔一〇(一)〕里曾经说过，狭义异体字跟部分异体字合起来，就是广义异体字。所谓广义异体字，从词的角度来说就是同一个词的各种不同书写形式。狭义异体字大体上相当于一字的异体，部分异体字大体上相当于通用字。不过，有些字的异体后来变成了部分异体字，如“雕”和“鵰”；有些通用字由于各自独有的用法已经淘汰，在一般人心目中已经成了狭义异体字，如“帆”和“颿”。这些在〔一〇(一)〕里都已经讲过了。

第六章里曾经提到，通假有广义、狭义之分，最广义的“通假”和“通用”所指的文字现象的范围是相同的。为了避免跟狭义的“通假”(有本字的假借)相混，最好不要使用广义的“通假”，而使用“通用”这个术语。

“通用字”也有两种不同意义，因为一般把古今所有的汉字里现在在使用的那部分字也称为通用字。为了避免混淆，我们把那种意义的通用字改称为通行字。

近年来，有些讲文字学的人对广义的“通假字”这个术语有一种新的解释。他们认为“通假字”的“通”是指通用字而言的，“假”是指假借字而言的，通用字跟假借字合起来就是通假字。他们把假借字排斥在通用字之外，这跟前人使用通用字这个术语的情况是不相合的。例如《汉书·杜钦传》“迺(乃)为小冠高广财二寸”句颜师古注“财与纔古通用字”，这两个被颜氏称为通用字的字，就都是假借字。我们觉得改变通用字这个术语的传统用法是没有必要的。

有的把假借字排斥在通用字之外的人，认为通用字就是“同源字”。例如“张”、“帐”、“胀”、“涨”这几个代表着一组同源词的字，就都被认为是通用字。把所谓同源字全都看作通用字，也是不妥当的。说“张”跟“帐”、“胀”、“涨”等字有通用关系是可以的，因为“帐”、“胀”、“涨”都是“张”的分化字，“张”字有过跟它们相同的用法。可是像“帐”跟“胀”、“涨”，虽然有同源关系，却从来没有共同的用法，怎么能说这些字之间也有通用关系呢？

根据前面对一词用多字的具体情况的分析，通用字之间的关系大体上可以分成下列四类：本字跟假借字、假借字跟假借字、母字跟分化字、同义换读字跟本字或其他性质的字。由于字形讹变、文字本义失传以及引申跟假借不易区分等原因，往往很难确定通用字之间的具体关系。过去的文字学者在确定这种关系的时候，大都以《说文》为准。但是，《说文》在文字本义等方面的意见，其实有不少是不可信的。我们在前面讲过这个问题，这里再补充一个实例。《说文》“(異)，分也。从収，从畀。畀，予也”，“(异)，举也。从収，㠯(以)声”。这两个字古有通用之例，20 世纪 50 年代整理异体字，把“異”并入了“异”。按照《说文》的说法来看，在这一对通用字里，“異”是本字，“异”是假借字。但是，“異”在较早的古文字里写作，象人头戴一物，很多古文字学者都认为它是“戴”的初文(“戴”、“異”二字古音极近)，《说文》把它当作分异之{异}的本字是错误的。那么，“異”和“异”就应该是一对假借字了。【2021 年校按：周忠兵 2013 年发表的《说古文字中的“戴”字及相关问题》指出商周古文字中“”与“”二形并存，用法有明确区别，后者为“異”字，前者为“戴”字初文，不能混而为一(《出土文献与古文字研究》第五辑，上海古籍出版社，2013 年，364—374 页)，其意甚是，所以上举之例应该取消。我们现在另举一例：殷墟甲骨卜辞中有无之“无”皆用“亡”字表示，金文等出土古文字资料及传世古书中，也有不少这样的用例。《说文》：“亡，逃也。从入、从乚。”段注：“会意，谓入于曲隐蔽之处也。”《说文·亡部》又有“𣞤”字，释为“亡也。从亡、無声”。段注：“凡所失者，所未有者，皆如逃亡然也。此有无字之正体，而俗作無。……或叚亡为無者，其义同，其音则双声也。”按段注之意，“𣞤”的“无有”义是由其本义“逃亡”引申出来的。如推衍其意，段氏尚未见到的殷墟卜辞中当“无有”讲的“亡”字也未尝不可以看作“亡”的引申用法，古籍中这种用法的“亡”字通读为“无”，可以解释成后起的读法。但是，根据古文字，“亡”应该是锋芒之“芒”的初文[《金文诂林》编者之一林洁明据金文字形认为“亡”“盖为锋芒之本字，从刀，一点以示刀口锋芒之所在，当为指示字”(《金文诂林》，7059 页)，其意可取；但“本字”宜改称“初文”或“古字”，“一点”宜改为“一笔”。裘锡圭《释“无终”》一文根据“亡终”族氏中的“亡”在早期金文中象形程度较高的写法，证成其说(《裘锡圭学术文集·金文及其他古文字卷》，复旦大学出版社，2012 年，61—66 页)，现已为一般学者所接受]，而且殷墟卜辞中尚未见到明确表示逃亡之义的“亡”字的用例。所以，以“亡”表示“无有”之义，应该是假借用法(“无”与“亡”古声母相同，韵部有严格的阴阳对转关系，故可相通)。“無”字，《说文》在《林部》，释为“丰也”，引“《商书》曰：庶草繁無”(引者按：指《洪范》篇，“無”今本作“廡”)。《说文》训“無”为“丰”不可信，据古文字，“無”是“舞”的初文。不过，以“無”表“无有”之义为假借用法，是没有问题的。至于《说文》“𣞤”字，未见于古文字[《楚文字编》所收从“亡”之字中，有一般称为王孙遗者钟的春秋楚器“王孙遗𪒠钟”中通“无”的“𣞤”(华东师范大学出版社，2003 年，711 页)，但细审拓本，即一般的“無”字，并不从“亡”，《新金文编》即将此字收在“無”字下(作家出版社，2011 年，

750页)]。现在一般学者都认为“𣠮”是表示“無”的假借义的一个后起分化字。总之,“亡”和“無”用来表示“无有”之义的时候都应该是假借来表示语言中有无之“无”这个词的。也许有人会推测锋芒之“芒”的初文“亡”先假借为逃亡之“亡”,然后再产生变音引申义有无之“无”。但有无之“无”这个词应该是出现得很早的,似不大可能为逃亡之“亡”所派生;何况我们在前面已经说过,甲骨文中并无假借“亡”来表示逃亡义的用例(逃亡之义殷墟卜辞皆用佚失之“佚”的初文“𡴘”字表示,见赵平安《战国文字的“遊”与甲骨文“𡴘”为一字说》,《新出简帛与古文字古文献研究》,商务印书馆,2009年,42—46页),故这种推测大概也是不能成立的。】还有不少字,我们虽然知道《说文》对它们的解释靠不住,但是并不知道正确的解释是什么。【2021年校按:前面〔九(三)〕讲一词借用多字时,257—258页所举“纔—裁—财—才”一例中的“才”就属于这种情况。】所以我们往往只能满足于指出某两个字是通用字,而无法进一步指出它们的具体关系。此外,在有些场合,例如在给古文做一般性的注释的时候,只要讲文字之间的通用关系就能解决问题,根本没有必要自找麻烦去讲通用字之间的具体关系。所以通用字这个概念是很有用处的。

指出文字之间的通用关系,古代多用“A读为B”、“A读曰B”、“A与B同”、“A与B通”等说法。例如:

《周礼·春官·肆师》“治其礼仪”郑玄注:“故书仪为义。郑司农云:义读为仪。”
《汉书·司马相如传上》“雍容閒雅”颜师古注:“閒读曰闲。”
《汉书·高帝纪上》“毋得卤掠”颜师古注:“应劭曰:卤与虏同。”
《汉书·文帝纪》“遗财足”颜师古注:“财与纔同。纔,少也。”
《荀子·修身》“端悫顺弟”杨倞注:“弟与悌同。”
《文选》卷二张衡《西京赋》“惨则尠于欢”李善注:“尠,少也,与鲜通也。”

此外,还有一些类似的说法,如“A读与B同”、“A与B古字通”等等,不一一征引了。近人一般用“A同B”或“A通B”的说法,这是“A与B同”、“A与B通”等说法的简化。

“同”除了用来指明通用关系之外,也用来指明一字异体的关系,如:

《汉书·司马相如传下》颜师古注:“埜与壄同,古野字也。”
《荀子·劝学》杨倞注:“蹞与跬同。”

"通"用于指明一字异体关系的例子则很少见。近年来有不少人主张让"同"跟"通"分工,"A 同 B"专用于一字异体,"A 通 B"专用于通用字。不过,《新华字典》、《现代汉语词典》这两部有影响的字书,却都用"同"来指明通用关系。这大概是由于"同"对初学者来说要比"通"好懂。

上举的那些指出文字之间的通用关系的说法,主要是用来解释古书字义的,B 起注释 A 的作用,为了使读者容易理解,一般都以习用字充当 B,至于它是不是正字,那是无关紧要的(参看本章〔(二)1〕)。用非习用字的正字充当 B 的情况虽然不是没有,但很少见。在上举的《周礼》郑注至《文选》李注各例里,充当 B 的都是当时的习用字(除"纔"字外,这些字直到现在仍然都是习用字)。其中,"虜"和"悌"同时也是正字。不过"悌"字不见于《说文》,有些保守的文字学者是把它看作俗字的。"闲"、"纔"、"鲜"都是假借字。"鲜"所注释的"尟"(《说文》作"尠"),反倒是正字。礼仪之{仪}的正字究竟是"义"还是"仪"有不同看法。

字典、词典使用"通"的说法的时候,有时为了区别正借,用非习用字的正字来充当 B。例如:按照《说文》,强弱之{强}的本字是"彊"(《说文》:"彊,弓有力也。从弓,畺声。""畺"即"疆"的初文),"强"的本义是一种虫,强弱之"强"是假借为"彊"的。所以《康熙字典》在"强"字下注"与彊通",用正字"彊"来注习用字"强"。有时它们也用习用字来注正字。尤其是现在编纂的字典、词典,往往这样做,很少受区别正借的拘束。例如 1980 年版《辞源》(二)就在"彊"字下注"通强","强"字下虽然指出"古籍多借为彊",但是没有用"通彊"的说法(旧《辞源》与《康熙字典》同)。

有人认为,字典、词典使用"A 通 B"这种说法的时候,如果 A 所表示的词有本字,就必须用这个本字来充当 B。例如:古书里常用"澹"字来表示一个当安静讲的词,有时也用"赡"字来表示这个词。1979 年版《辞海》说这种用法的"赡"字"通澹"。但是按照《说文》,"澹"的本义是"水摇","憺"的本义才是"安"。这就是说,对那个当安静讲的词来说,不但"赡"是假借字,就是"澹"也是假借字,只有"憺"才是本字。因此有的人认为《辞海》说"赡"通"澹"是错的,要说通"憺"才对。我们觉得这种要求并不很合理。前面已经说过,"A 通 B"这种说法是用来指明文字之间的通用关系的,而且主要是用来注释古书字义的,一般都用习用字来充当 B。这种说法跟文字学上指明狭义通假关系的"A(假借字)通假为 B(本字)"的说法是不同性质的。古书里经常用"澹"字,而很少用"憺"字来表示{憺}这个词。所以古人注释古书的时候,有时反而用"澹"字来注"憺"。《文选》卷七司马相如《子虚赋》有"憺"字,李善注就说:"憺与澹同。"像《辞海》这种供一般使用的词典,继承古书注释的传统,说“赡”通“澹”,而不说它通“憺”,并没有什么可指责的地方(《康熙字典》也说这种“赡”“与澹同”)。同样,《辞源》不说“强”通“彊”,而说“彊”通“强”,也是合理的。因为一般人只需要知道“彊”通“强”,而不需要知道“强”通“彊”。当然,如果要编一部严格讲本义讲字源的高级字典,那就另当别论了。不过在那种字典里,应该用精确的方式去说明各种通用字之间的具体关系;“A 通 B”这种比较笼统的说法,根本就不适用。

还有人对“A 通 B”这种说法提出了另一种要求。他们认为 B 必须是在 A 之前就已经使用的一个字。在他们看来,像“坐通座”、“说通悦”这一类用后出的分化字充当 B 的说法,都不能成立。因为在古人用“坐”、“说”等字表示{座}、{悦}等词的时候,“座”、“悦”等字还没有造出来,根本无从“通”起。这种要求也不是很合理的。人们用“A 通 B”这种说法,通常只是想说明某一种用法的 A 字所表示的词,就是一般习惯于用 B 字来表示的那个词,所以没有必要去考虑 A、B 二字出现的先后。

“A 通 B”这种说法的主要好处,就是在选择充当 B 的字的时候,可以只考虑它是不是习用字,而不必考虑其他条件。这样,确定本字等麻烦就可以避免了。而且由于使用了习用字,也比较容易为初学者所理解。如果加上上述那些限制,使它丧失这些好处,这种说法也就没有多大存在的必要了。

在字典、词典和古书注释里,可以看到一些“通”字用得不恰当的例子。下面从常用的字典、词典里举例加以说明。

《康熙字典》“倭”字下说“倭迟”与“逶迤、边迆、委蛇、威迟、委移并通”。我们在讲“一词多形现象概况”的时候已经指出,“逶迤”(也作“委蛇”等形)、“逶夷”(也作“倭迟”等形)、“威夷”(也作“威迟”)三者,不能简单地看作同一个词的不同书写形式。《康熙字典》认为“倭迟”跟“威迟”和“逶迤”的一些不同写法“并通”,是不恰当的。1979 年版《辞源》(一)“委蛇”条说“委蛇”“也作……倭迟、威迟、威夷等”,与《康熙字典》同误。

1979 年版《辞海》“萧”字下有一个义项说:“通肃,见萧墙。”“萧墙”条引何晏《论语集解》所引郑玄注:“萧之言肃也,墙谓屏也。君臣相见之礼,至屏而加肃敬焉,是以谓之萧墙。”“萧墙”的“萧”从来没有人读为“肃”。我们即使相信郑玄的说法,也只能得出“萧墙”的“萧”在语源上跟“肃”有关,或者“萧墙”得名于“肃敬”的结论。简单地说“萧”通“肃”是不妥当的。我们并不排斥这样的可能性:萧墙的{萧}是“肃”的变音引申义,“萧墙”原来写作“肃墙”,后来为了照顾实际读音,才假借“萧”来代替“肃”,就跟“叫花子”原来写作“叫化子”,后来才假借“花”来代替“化”

一样（参看〔九（四）〕）。但是，由于找不到“萧墙”本作“肃墙”的证据，我们至多只能做这样的推测，而没有理由肯定地说“萧”通“肃”。在〔九（五）1B〕里，我们已经谈到过类似的问题了。

下面通过“哈”字的例子，进一步说明一下怎样判断该不该说“通”。1979 年版《辞海》认为当“张口呼气”讲的“哈”通“呵”。这样说本来是可以的。“呵”有张口呼气的意思，据 1949 年出版的《国音字典》，这种“呵”字的口语音是读 hā，正与“哈”同音。我们可以把当张口呼气讲的读 hā 的“呵”跟“哈”看作通用字。可是《辞海》“呵”字下只给跟“张口呼气”相当的义项“吹气使温”注 hē 一个音。因此“哈”通“呵”的说法就没有着落了。如果认为没有必要给“呵”字的这个义项兼注 hā 音的话，可以在说“哈”通“呵”的时候，注明这种“呵”字本有读 hā 的口语音。不然，就不应该说“哈”通“呵”。因为读 hā 的“哈”跟读 hē 的“呵”，尽管意义相同，也不能认为有通用关系。

字典、词典里一方面有不该说“通”而说“通”的地方，另一方面又有该说“通”而不说的地方，下面也举一个例子。

1979 年版《辞海》“诎”字第一义项是“屈曲；折叠”，注明通“屈”；第二义项是“屈服；败退”，不注通“屈”。1983 年版《辞源》（四）的处理方法大体相同。西汉以前，一般都用“诎”字来表示屈曲、屈服的{屈}（屈服应是屈曲的引申义），“屈”则用来表示竭尽的意思（这一意义的“屈”音 jué）。后来借“屈”来表示屈曲、屈服之{屈}的用法普遍了起来，“诎”字就少用了。所以当屈服讲的“诎”跟当屈曲讲的“诎”一样，也是通“屈”的。《辞海》、《辞源》只把当屈曲讲的“诎”看作“屈”的通用字，是不妥当的。《新华字典》“诎”字下根本不提“诎”跟“屈”的通用关系，更不妥当。

B　古今字

“古今字”也是跟一词多形现象有关的一个术语。一个词的不同书写形式，通行时间往往有前后。在前者就是在后者的古字，在后者就是在前者的今字。

指出古今字的关系，通常用“A，古 B 字”或“A、B，古今字”等说法。A 和 B 可以是一字的异体，如：

> 《汉书·司马相如传上》颜注：“绔，古袴（裤）字。”
>
> 《后汉书·光武帝纪上》李注：“珤，古寶（宝）字。”

也可以是各种通用字，如：

《国语·吴语》韦注:“北,古之背字。”(“背”是表示“北”字本义的分化字,参看〔七(一)5A〕)。

《汉书·食货志上》“犹未足㠯(以)澹其欲也”颜注:“澹,古赡字也。”(赡足的{赡}古代假借“澹”字表示,“赡”是后起本字,参看〔一一(一)1Cb〕)。

《汉书·礼乐志》颜注:“屮,古草字。”(“屮”同“艸”,草木之“草”是“艸”的通假字)。

《礼记·曲礼下》“予一人”郑玄注:“余、予,古今字。”(表示第一人称代词的“余”和“予”大概都是假借字)。

说某两个字是古今字,就是说它们是同一个词的通行时间有先后的两种书写形式。至于它们究竟是一字异体还是通用字;如果是通用字,又是哪一种性质的通用字;这些问题是可以不必考虑的。这跟说“A 通 B”的时候,不必考虑 A 和 B 是哪一种性质的通用字的情况,是一致的。

在古代,“A,古 B 字”、“A、B,古今字”等说法,主要也是用来注释古书字义的。用来注释某个词的古字的今字,通常就是这个词在当时的习用的书写形式。所以,这种说法跟“A 通 B”一类说法,在实际内容上往往并无区别。例如:《汉书·食货志下》“饟”字两见,颜师古在前一处注“饟字与饷同”,后一处注“饟古饷字”(《食货志上》也有“饟”字,颜注也说“饟古饷字”)。《郊祀志上》“䙴”字两见,颜氏在前一处注“䙴古迁字”,后一处注“䙴与迁同也”。当然,如果 A 和 B 的通行时间没有比较明显的先后之别的话,就只能用“A 通 B”一类说法,而不能用“A 古 B 字”一类说法了。

古今字的“古今”是相对的。由于新的今字的出现,前一个时代的今字变成古字的情况,是常见的。例如:上引《司马相如传》颜注把“绔”和“袴”看作古今字。“裤”字通行之后,“袴”也成了古字(“裤”字不见于《康熙字典》,大概出现得很晚)。《段注》“谊”字条说:“古今无定时,周为古则汉为今,汉为古则晋、宋为今。随时异用者,谓之古今字。”这是很正确的。

由于讲古今字的目的主要在于注释古书字义,而不在于说明文字历史,所谓“古今”并不一定反映一个词的不同书写形式开始使用的时间的早晚。如果 A 开始使用的时间晚于 B,但是到后来 A 已经不再通行而 B 仍在通行的话,就可以把 A 看作 B 的古字。例如:《汉书·武帝纪》“氐羌徕服”句颜注说:“徕,古往来之来也。”往来之{来}显然是先假借本义为麦的“来”字,然后才造出后起本字“徕”字来表示它的。但是在颜师古的时代,假借字“来”仍在通行,“徕”却已经不通行了。所以他把“徕”

看作往来之“来”的古字（现在{来}的引申义招徕之{徕}写作“徕”，一般的{来}不写作“徕”）。

有时候，还会出现古今字地位互易的情况。前一时代的今字到后一时代变成了古字，前一时代的古字到后一时代反而变成了今字。例如《说文》“线”下收古文“綫”，《汉书·高惠高后文功臣表》“不绝如线”句颜注所引晋灼注则说：“线，今綫缕字也。”（意谓“线”相当于今之“綫”。晋灼是晋代人）。所以《段注》说：“许（指许慎）时古‘綫’今‘线’，晋（指晋灼）时则为古‘线’今‘綫’，盖文字古今转移无定如此。”我们现在废“綫”行“线”，又回复到古“綫”今“线”了（异体字整理中已把“綫”废除，但《新华字典》跟《现代汉语词典》都仍把“綫”列为字头）。

研究古今字，不能完全依赖传世古书。因为在古代著作流传的过程中，作者原来所用的字往往会被传抄刊刻的人改成今字。下面举两个例子。

《礼记·曲礼下》“予一人”郑玄注说“余”和“予”是古今字。这是很对的。在我们现在所能看到的商代甲骨文和西周春秋金文里，第一人称代词{余}都写作“余”。古人开始用“予”表{余}，不会早于春秋时代。但是在传世的《尚书》、《诗经》两书所包含的那些西周时代作品里，第一人称代词“余”却全都已经被后人改作“予”了。如果根据传世的《尚书》、《诗经》来反驳郑玄“余、予古今字”的说法，那就错了。

一般都认为司马迁作《史记》多用今字，班固作《汉书》多用古字。《汉书》的确有用古字的地方。但是，有些人举出来的《史记》用今字《汉书》用古字的例子，如《史记》用“烹”《汉书》用“亨”，《史记》用“早”《汉书》用“蚤”等（《汉书》颜师古注屡言“蚤古早字”），却是有问题的。从我们现有的关于古代用字情况的知识来看，在司马迁和班固的时代，从“火”的“烹”根本还没有出现（参看〔一一（一）1A〕“亨——享”条）；把早晚的{早}写作“蚤”，在班固的时代是很常见的，在司马迁的时代更是普遍现象（参看〔九（一）〕）。《史记》原来一定也跟《汉书》一样，是以“亨”表{烹}，以“蚤”表{早}的，后来才被传抄、刊刻的人改成了“烹”和“早”。就这两个例子来说，《史记》、《汉书》本来都用了当时的通行字，并不存在一今一古的问题，只不过《史记》所用的字被后人改成了他们所用的今字而已。《汉书》里被后人改成今字的字，要比《史记》少得多。人们所以会产生《史记》多用今字《汉书》多用古字的印象，这是一个重要原因。总之，研究古今字，要重视各个时代直接遗留下来的文字资料，不能轻信屡经后人传抄刊刻的古书。

就跟有人把两个代表同源词的字，不恰当地说成本字和假借字一样，也有人把这种字不恰当地说成古今字。例如：《段注》“尗”（菽）字条说：“尗、豆，古今语，亦古今字。”段氏说“尗”和“豆”是古今语，是对的；说它们也是古今字，就不妥当了。古今字应该是同一个词的不同书写形式，{菽}和{豆}是不能直接看作一个词的，我们在批评把“豆”当作“菽”的假借字的说法的时候，已经说明过了（见〔九（五）1B〕）。不过，段氏关于古今字的说法绝大部分是正确的。他说“尗”和“豆”是古今语兼古今字，可见他对它们跟一般古今字的区别也还是觉察到的。

把两个代表同源词的字说成古今字的现象，在现代的语言文字学方面的著作里也能看到。例如我们在〔九（一）〕里提到过的“鞠”和“毬”（球），就有人称它们为古今字。还有人称“毬”为“鞠”的“后起‘或体字’”，那就更不妥当了。如果我们认为{球}原来是{鞠}在口语里的一个变体的话，就应该明确地把这个意思讲出来。用“古今字”来说明它们的关系，就把语言和文字的界线搞乱了。

近代讲文字学的人，有时从说明文字孳乳情况的角度来使用“古今字”这个名称，把它主要用来称呼母字跟分化字。近年来，还有人明确主张把“古今字”这个名称专用来指有“造字相承的关系”的字。他们所说的古今字，跟古人所说的古今字，不但范围有大小的不同，而且基本概念也是不一致的。古人讲古今字是从解释古书字义出发的。这种意义的古今字当然也包括母字和分化字，但是孰古孰今是根据文字使用的实际情况而定的，母字并不一定被看作古字，分化字并不一定被看作今字，上面举过的“来”和“徕”就是一例。这跟着眼于“造字相承的关系”来讲古今字，是有很大区别的。

C　所谓“异体词”

20世纪60年代以来，有不少人把同一个词的各种不同书写形式称为“异体词”或“异形词”。同一个词的各种不同书写形式本来是可以称为异体字的。但是“异体字”还有指一字异体的狭义用法，因此有些人不愿意把包括通用字在内的、同一个词的各种不同书写形式也称为异体字。一般讲异体字的人往往局限于讨论单音节词的不同书写形式，而很少顾到双音节词和多音节词的不同书写形式。这也使得有些人不愿意用异体字这个名称来概括同一个词的不同书写形式。这些就是“异体词”、“异形词”这两个名称出现的背景。这两个名称的含义并无不同，所以下文就只提“异体词”了。

提出异体词这个名称的用意很好，可是这个名称却并不好。我们如果不愿意把同一个词的各种不同书写形式称为异体字，又嫌“同一个词的不同书写形式”这种说法太啰唆的话，可以把它们称为“一词的异形”或“一词异形”。“异体词”这种名称应该取消。

把一词的异形称为异体词，是对语言和文字的区别缺乏明确认识的反映。这从有些人对“异体词”所做的解释，可以看得很清楚。有人说：“意义、读音完全相同，但书写形体不同，如‘ànyǔ’，有‘按语’‘案语’两种不同的形体……这种同一词语的不同形体的词，可以叫作异体词。”显然，他所说的“同一词语的不同形体的词”，就是我们所说的“同一个词的不同书写形式”。词的不同书写形式怎么能称为不同形体的“词”呢？还有人说：“所谓异形词，就是读音相同或相近，意义相同，而词形不同的词。”他所说的异形词，亦即异体词的范围比较广。“读音相同”，“意义相同，而词形不同的词”，跟上面所批评的“同一词语的不同形体的词”是一个意思。“读音相近，意义相同，而词形不同的词”，按字面理解，应该指书写形式不同的、音近义同的同源词；不过说话的人则是指这种同源词的书写形式而言的。同义不同音的同源词的书写形式的不同，反映了语言上实际存在的差别。同一个词的书写形式的不同，只不过是字面上存在的差别。把这两种性质不同的差别混为一谈，用“异体词”来概括它们，也是由于没有分清语言和文字的界线。

在现在的语言文字学方面的著作里，分不清语言和文字的界线的现象，是颇为常见的。有些人虽然没有使用“异体词”这种名称，但是也把同义不同音的同源词的不同书写形式，跟同一个词的不同书写形式混为一谈。例如：把“筋斗”和“斤斗”（jīndǒu）也看作“跟头”（gēn·tou）的不同写法，把“鲁苏”和“噜苏”（lū·su）也看作“啰唆”（luō·suo）的不同写法，把古书上音义跟“黾勉”相近的“文莫”、“密勿”也看作“黾勉”的不同写法等等。

还有人给“通用”和“假借”下定义说：“凡两个读音相同或相近，意义也相通的词，古代可以写这个，也可以写那个，叫作通用”，“凡两个读音相同或相近而意义不同的词，古代有时可以借代，叫作假借”，竟然把字跟字之间的通用关系说成词跟词之间的关系（他所说的“通用”和“假借”都在我们所说的“通用”的范围之内）。这跟称词的异形为异形词如出一辙。

我们在讲假借、通用字和古今字等问题时，曾经批评过一些不正确的说法。这些说法多数也是跟分不清语言和文字的界线有关的。

3　通用字读音问题

前些年，在有些刊物上曾经讨论过这样一个问题：原来的字音跟本字不完全相同的通假字，是否应该读如本字？讨论者所说的通假字是广义的，所举出的本字有的实际上并不是真正的本字。所以这个问题其实应该这样来提：原来不完全同音的字相通用的时候,是否应该读一个音?或者说:原来的字音跟习用字不完全相同的通用字,是否应该读如习用字。

在上面所说的讨论中,主要有三种意见:

(1)"通假字一般不应当读同本字的音读,而仍应读……自身的音读。"(赵天吏《古音通假的条例以及通假字的读音问题》,《开封师院学报》1979年2期)。

(2)"凡古代字书、韵书或前人注疏里注有通假字与本字读音相同的反切或直音的,则通假字的今读同本字",不然就读它原来的字音。

(3)"不管古代字书、韵书或前人注疏里是否注有通假字与本字读音相同的反切或直音,只要它确切是通假字,其今读应当同本字。"(以上两种意见都引自盛九畴《通假字小议》,载《辞书研究》1980年1期。此文作者主张第三种意见)。

我们同意第三种意见。

〔九(四)〕里讨论跟假借有关的字音问题的时候曾经指出,假借字跟本字是代表同一个词的,应该读一个音。说两个字相通用,就是说这两个字被用来表示同一个词。所以,其他性质的字相通用的时候,跟假借字和本字一样,也应该读一个音。原来的字音跟习用字不同的通用字,应该读如习用字。古人往往以"A读为B"、"A读曰B"、"A读与B同"等说法来指出通用关系,也说明了这一点。

为什么会有人认为相通用的字不必读一个音呢?主要由于存在下述两种情况。首先,某些彼此只有音义相近的关系的字,被有些人误认作了相通用的字。其次,在古代的古书注释和字书(包括韵书)里,可以看到一些这样的现象:古人对某个字在用来表示某种意义的时候,是不是另一个跟它音近的字的通用字,有不同看法。与此相应,这种字的读音也有两种,或者改读那个音近的字的音,或者仍读原有的音。但是有些人一方面把这种字看作那个音近的字的通用字,一方面却仍然按照原有的字音来读它。上述这两种情况都会造成相通用的字不必读一个音的假象。

下面先举上述前一种情况的例子。

先秦古书里有训为"誓"的"矢"字(《诗·鄘风·柏舟》"之死矢靡它"毛传:"矢,誓也")。由于"矢"、"誓"二字读音相近,很多人认为训"誓"的"矢"就是"誓"的通假字(1979年版《辞海》就说"矢"通"誓")。但是按照传统读音,"矢"字却并不读作“誓”，而仍与弓矢之“矢”同音。因此这就成了通假字不必读如本字的一个实例。这个例子实际上是有问题的。古书里的“矢”字时常假借来表示意义跟陈列之“陈”很相近的一个词，既可以当陈列讲（《诗·大雅·大明》“矢于牧野”毛传：“矢，陈也”），也可以当陈述讲（《书序》“皋陶矢厥谟”伪孔传：“矢，陈也”，《诗·大雅·卷阿》“矢诗不多”郑笺：“矢，陈也。我陈作此诗不复多也”）。“矢”字的“誓”这一意义，应该是由陈述之义引申出来的（《论语·雍也》“夫子矢之”的“矢”一般都训为“誓”，晋代蔡谟则训为“陈”，见《释文》。郝懿行《尔雅义疏·释言》“矢，誓也”条，已经指出“陈”、“誓”义近，“矢”可训“陈”，所以也可训“誓”。但是他又惑于虞翻“矢古誓字”的谬说，认为“矢”跟“誓”古代也可以通用。这是不妥当的。朱珔《说文假借义证》也误以为训“誓”的“矢”是“誓”的假借字。为了证成这种说法，甚至不惜臆改古书。他说：“若《表记》引《诗》‘信誓旦旦’，《释文》‘信’本作‘矢’，此当为下“誓”字之误，‘信’与‘矢’义未合也。”其实古代经籍不同传本的异文并不一定同义，“矢誓”就是陈述誓言，文义很通顺，“信誓旦旦”一本作“矢誓旦旦”，是完全可能的。这也是“矢”字的“誓”义当由“陈”义引申而来的一个证据）。“矢”、“誓”字音相近，只不过是巧合。而且“誓”是禅母字，韵母在上古属祭部；“矢”是书母字，韵母在上古属脂部。这两个字的古音一般说来可以认为是相近的；但是作为本字和通假字来看，差别就显得大了一点。总之，把训“誓”的“矢”看作“誓”的通假字是缺乏根据的。

有的人以“《尚书·洪范》‘农用八政’，农通假为努，而不读同努音”，作为通假字不必读如本字的一个证据。对“农用八政”的“农”字，古代学者的解释是不一致的。到清代的王念孙，才把它训为“努”。但是即使是王念孙，也并没有把它看作“努”的通假字。王氏在《广雅疏证》卷三上“薄、恕、文、农，勉也”条下说：“农犹努也，语之转耳。《洪范》云‘农用八政’，谓勉用八政也。”王引之《经义述闻》卷四“农殖嘉谷”条引述王念孙的意见，也说“农力犹努力，语之转也”。“语之转”或“一语之转”，是过去的语言文字学者常用的术语，是用来指出词语之间的同源关系，而不是用来指出通假、通用的关系的。清代的有些学者，如朱骏声，确有“农”假借为“努”的说法（见《定声》“农”字下）。我们在〔九（五）1B〕里早已指出，朱氏等人往往把同源词之间的关系跟本字和假借字的关系混为一谈。这又是一个例子。他们的那种假借说，是不能作为讨论通用字读音的根据的。

还有人以“暴虎冯河”的“‘暴’通‘搏’，不读 bó，却读 bào”，来证明通假字不必读如本字。可是“暴通搏”却是无根据的臆说。古人虽然训暴虎之“暴”为“徒搏”，却从来没有说过“暴”跟“搏”是通用字。这个“暴”的本字应该是“虣”，正与“暴”同音（参看〔七（二）〕）。

下面再举上述第二种情况的例子。

先秦时代文献里常见跟“赐”同义的“锡”，它究竟是不是“赐”的通用字呢？长期以来对这个问题一直有两种看法。过去，多数人把这种“锡”字看作“赐”字的音近的同义字，仍然按照铜锡之“锡”的音来念它；少数人把这种“锡”字看作“赐”的通用字，按照“赐”字的音来念它。《周易·师卦》“王三锡命”句《释文》，说徐爰音“锡”为“赐”。《集韵》去声寘韵收入了“锡”字的这个音，《康熙字典》也把这个音收入了。但是，现在有很多人既认为这种“锡”字是“赐”的通用字，又仍然按照铜锡之“锡”的音来念它（1979 年版《辞海》就如此处理）。有的人还用这个例子来证明通假字不必读如本字。这是不合理的。既然把“锡”看作“赐”的通用字，就应该像古代持这种看法的人那样把它念作“赐”（但是即使把先秦文献里当赐讲的“锡”读为“赐”，汉以后文献里当赐讲的“锡”也还是应该读它的本音的。因为当时人一般都是这样读的。如果把汉以后文献里的“九锡”读为“九赐”，就闹笑话了）。

有的人以“《诗·兔罝》‘公侯干城’，干通假为扞而不读同扞音”，来证明通假字不必读如“本字”。其实这个“干”字也是有两种解释和相应的两种读音的。古人有的认为这个“干”就是干戈的“干”，有的认为这个“干”是扞卫之“扞”的通用字。《释文》说：“干城，如字。《尔雅》（《释言》）云：‘干，扞也。’孙炎注云：‘干，楯（盾），所以自蔽扞也。’郑（指《诗经》的郑笺）云：‘干也，城也，皆以御难也。旧户旦反。’”《释文》同意郑玄、孙炎的意见，认为这个“干”应该当盾讲，所以注“干”的音为“如字”，意思就是按这个字的一般读音来念。《释文》又收旧音“户旦反”。这是“扞”的音切，是把这个“干”看作“扞”的通用字的人所读的音（参看董同龢译《高本汉诗经注释》上 24—25 页）。我们怎么能张冠李戴，一方面采用“干”与“扞”通的说法，一方面却按照把“干”解释为盾的人所读的音来念它呢？

通过以上的分析可以看到，通假字不必读如本字，相通用的字不必读一个音的论点，是站不住的。

现存的古代的字书和古书注释，它们所记载的字音是不全面的。我们不可能在里面找到所有的通用字的读音。所以，前面所举的关于通假字读音的第二种意见，即按照古代的字书、韵书或前人注疏里的注音，来判断通假字是否应读如本字，也是不合理的。例如：现存的古代字书、韵书和前人注疏，全都没有给“择”字注过读“释”的音。可是在秦汉时代的文字资料和有些古书里，确实可以看到不少与“释”通的

“择”字，如《墨子·节葬》“为而不已，操而不择”、《论衡·非韩》所引《韩非子·五蠹》“布帛寻常，庸人不择”（今本《韩非子》作“释”）等等（参看黄晖《论衡校释》及《文史》第七辑所载求是《说“河海不择细流”》）。这种“择”字当然应该读为“释”，决不能因为在现存的古代字书、韵书和前人注疏里找不到这个音，就仍然按照“择”字的一般读音来读它。又如：在古文字资料和古书里，“有”通“又”和“又”通“有”的例子都可以见到（参看〔一一（一）2B〕“又—有”条）。但是在过去的字书里，“有”字有读“又”的音，“又”字却没有读“有”的音。因此在1979年版《辞海》里，通“又”的“有”读为“又”（yòu），通“有”的“又”却不读为“有”（yǒu）而仍读为“又”（yòu）。这显然是不合理的。1980年版《辞源》（二）把通“有”的“又”读为“有”，是正确的。

〔九（三）〕里曾提到古书中借“匪”字表示否定词{匪}和指示代词{匪}，借“干”字表示当“岸”讲的{干}和当“涧”讲的{干}。有些人认为这种“匪”字就是通“非”通“彼”的，这种“干”字就是通“岸”通“涧”的。我们因为这种“匪”字、“干”字一般仍读本音，没有采用那种说法。如果同意那种说法，就应该按照“非”、“彼”、“岸”、“涧”等字的音来读它们。

有些通用字读如习用字的音，在古代字书里是有记载的，但是《辞海》、《辞源》却没有采用。例如：古书里有时借“蚤”字来表示爪牙之{爪}（本字作“叉”，见〔七（一）3〕）。在《集韵》里，这种“蚤”字是与“爪”同音的（见上声巧韵侧绞切爪小韵）。在1979年版的《辞海》、1983年版《辞源》（四）里，这种通“爪”的“蚤”字却仍读本音zǎo而不读zhǎo。这是不应该的。

总之，我们在处理通用字读音的时候，原则上应该恪守相通用的字必须读一个音的准则。首先应该注意不要把没有通用关系的字说成有通用关系。一旦确定某个字是某个习用字的通用字，就要按照那个习用字的音来读它。

一三　汉字的整理和简化

汉字由于是一种意符音符文字，具有结构复杂、异体众多和容易发生讹变等特点。因此历代政府多数很重视统一文字形体的工作。

《周礼·春官》说“外史”之官“掌书外令，掌三皇五帝之书，掌达书名于四方”。“书名”指文字，“掌达书名于四方”应该就是统一全国文字的一种措施（参看孙诒让《周礼正义》）。周宣王太史作《史籀篇》可能与此有关。

战国时代各国文字异形，社会上出现了统一文字的强烈要求。一般认为是战国时代作品的《管子·君臣上》，在讲理想的政治的时候，就提到了“书同名”这件事。秦始皇统一全国，成功地进行了“同文字”的工作，废除了六国文字跟秦文不合的异体，实现了人们的愿望（《礼记·中庸》“今天下车同轨书同文”一段，有人认为是秦统一后儒家后学加进去的，所以我们在上面没有跟《管子·君臣上》一起引用）。

但是秦的篆文本身还是有异体，隶书里很多字的写法尚未固定，异体当然更多。早期的楷书，异体也很多。在南北朝时代，由于国家分裂，政局动荡，文字的写法尤其混乱。翻阅一下《碑别字》一类书所搜集的资料，就可以了解到情况的严重。

唐代承南北朝文字混乱之后，政府很注意正字工作，学者中间也有人写这方面的专著（我们在前面屡次引用的《干禄字书》，就是比较重要的一部）。玄宗开元二十三年（735）颁布《开元文字音义》（书已亡佚），据说对楷书字形的统一起了不小的作用。

宋代以后，由于印刷业的发达以及科举考试对文字写法的要求的严格化，字形不断趋向稳定。到了近代，随着印刷业的进一步发展以及新式学校教育的兴起和普及，这种趋势就更为明显了。

汉字里除了一字异体的现象，还存在一词用多字的现象。唐宋以来，用字趋于统一的形势也越来越明显了（参看〔一二（二）1〕）。

历代政府在统一文字上所起的作用不能低估。但是，旧时代统治阶级对文字的态度，一般是比较保守的。他们对来自民间的简体通常取排斥态度，不能把统一文字和简化文字这两方面的工作很好地结合起来。在历史上，汉字的简化主要是民间自发进行的。

20世纪50年代以来，在政府领导下进行了大规模的文字改革工作，一方面为汉字拼音化做准备，另一方面对现行汉字进行了以简化字形、精简异体（指广义异体字）为主的大规模的整理工作。

1952年，中国文字改革委员会（一般简称“文改会”）成立，开始草拟汉字简化方案。1955年1月，文改会发表《汉字简化方案草案》（其中包含拟废除的异体字表草案），公开征求各方面意见。草案经过国务院汉字简化方案审订委员会的审订和1955年10月全国文字改革会议的讨论修正，最后由文改会整理成《第一批异体字整理表》和《汉字简化方案》两个正式文件。前者于1955年12月由文化部和文改会共同发布，后者于1956年1月由国务院公布。

《第一批异体字整理表》包含异体字810组，精简的异体共1055个（此表有1956年2月人民教育出版社单行本）。1956年3月，文改会和文化部又联合发出补充通知，规定“阪”字不再列入“坂”组，“挫”字不再列入“锉”组，因此精简的异体减至1053个（其中有少数字后来仍在使用，如前面提到过的“凋”、“蹚”等字）。

《汉字简化方案》把564个繁体字简化为515个简化字，并规定了54个偏旁的简体。《方案》有时把两三个繁体归并为一个简化字，所以废除的繁体字比简化字多。《异体字整理表》里的有些正体，如“寶”（宝）、“備”（备）等，在《方案》里已被当作繁体废除。《方案》里的简化字和简化偏旁，从1956年到1959年先后分四批推行。1964年3月，文改会、文化部和教育部联合发布通知，进一步规定简化字中“爱”、“罢”等93个字在用作偏旁时也同样简化，“贝”、“宾”等40个简化偏旁在独立成字时也同样简化。同年，文改会根据新规定编印了《简化字总表》，表中除了《方案》规定的简化字外，还收入通行字范围内根据简化偏旁类推出来的简化字，共收字2238个（由于“须”、“签”二字重见于第一和第三表，实际字数是2236个。见陈明远《现代汉字笔画的统计分析》，《中国语言学报》第一期305页）。

在精简异体和简化之外，对汉字还做了一些其他的整理工作。

从1955年到1964年，经国务院批准，将35个县以上地名中的生僻字改成了同音或音近的常用字，如和阗、于阗的“阗”改为“田”，鄱阳县改为波阳县等等（鄱阳湖的“鄱”未改。改字的地名，按新改的字的音念，如波阳的“波”就念bō，不念“鄱”的pó音）。

1965 年 1 月，文化部、文改会联合发布了《印刷通用汉字字形表》。这个表给 6196 个印刷通用汉字规定了印刷通用字体（即宋体）的标准字形（这里所说的“通用”相当于我们所说的“通行”），使印刷体尽可能接近手写楷书。

1977 年 8 月，公布了文改会和国家标准计量局制定的《部分计量单位名称统一用字表》，废除了那些合文式的计量单位用字，如“瓩”、“哩”、“浬”等。

1977 年 12 月，文改会又公布了《第二次汉字简化方案（草案）》。这个草案把 1116 个繁体字简化为 853 个简化字。如果不算类推而得的字，共有简化字 462 个。其中 45 个可以用作简化偏旁，加上另列的不能单独成字的简化偏旁 16 个，共有简化偏旁 61 个。这个草案初步试用后，各方面意见很多，因此在 1980 年 7 月成立了《二简草案》修订委员会，重新加以修订。

1985 年文改会改组为国家语言文字工作委员会（一般简称“国家语委”）。1986 年 6 月，国务院发出批转国家语委《关于废止〈第二次汉字简化方案（草案）〉和纠正社会用字混乱现象的请示》的通知，宣布废止《第二次汉字简化方案（草案）》，并强调：“今后，对汉字的简化应持谨慎态度，使汉字形体在一个时期内保持相对稳定，以利于社会应用。”

1986 年 10 月，国家语委重新发表《简化字总表》，规定“叠”、“覆”、“像”、“囉”不再当作“迭”、“复”、“象”、“罗”的繁体字处理（但“囉”依简化偏旁“罗”类推简化为“啰”），“瞭”字读 liào（瞭望）时不再简化为“了”。

1988 年 3 月，国家语委和新闻出版署联合发布了《现代汉语通用字表》。此表收字 7000 个，对《印刷通用汉字字形表》有所增删。

重新发表的《简化字总表》和《现代汉语通用字表》是目前使用汉字的规范。（校按：从 2001 年开始，教育部和国家语委组织人员研制《规范汉字表》，历时八年，至 2008 年 9 月完成了字表送审稿。此表收字 8300 个，规定了每个字的标准字形和字用范围。表中收入了 6 个繁体字（偏旁已类推简化），即“剋”（kēi）、“噁”（è，科技用字）、“锺”（用于姓氏、人名）、“蘋”（pín）、“濛”（用于姓氏和人、地名）、“硃”，51 个《第一批异体字整理表》中非严格意义的异体字，但《现代汉语通用字表》所收之字则有 35 个没有收入。所收之字根据现代的通行程度分为三级，一级字表收 3500 字，二级字表收 3000 字，三级字表收 1800 字。2009 年 8 月，此表以《通用规范汉字表（草案）》之名向社会公布，征求意见。但是修订工作迟迟没有完成，正式的《通用规范汉字表》至今尚未公布。）【2021 年校按：2013 年 6 月，国务院发布《通用规范汉字表》。此表收字 8105 个，分为三级：一级字 3500 个，二级字 3000 个，三级字 1605 个。】

附 图 目 录

附　　图

A　　B　　C　　D

图 1　台西商代遗址陶文

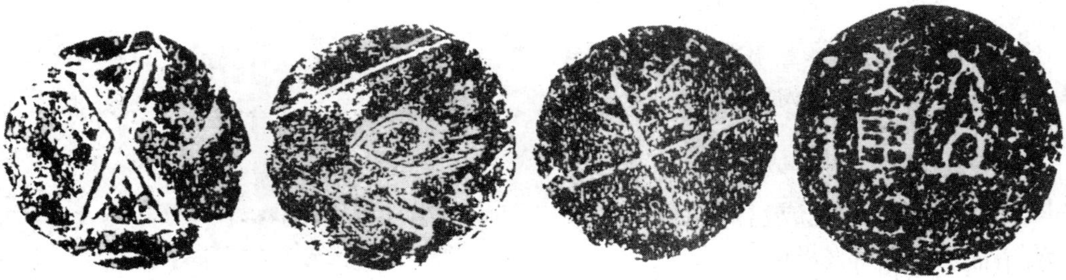

A　　B　　C　　D

E

图 2　吴城商代遗址陶文

A　耳（？）鬲

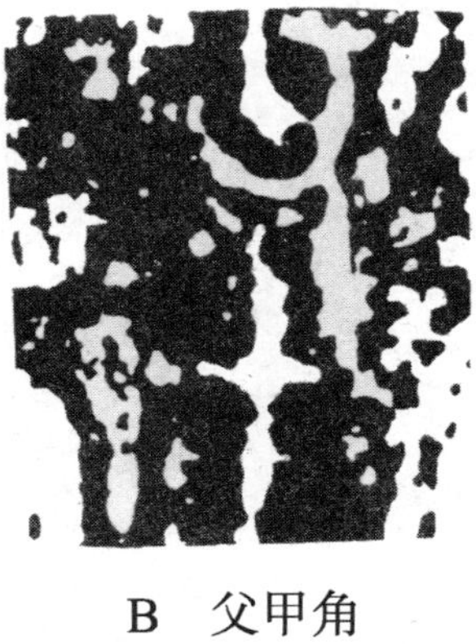

B　父甲角

图 3　商代前期铜器铭文

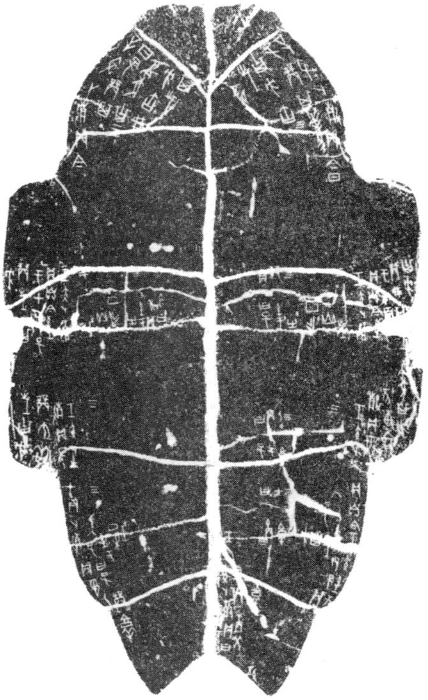

图 4　殷墟甲骨文(一)

图 5　殷墟甲骨文(二)

正

反

图 6　小臣墙骨版

A 鼋尊　　B 卿宁父乙鼎

图 7 商代后期铜器铭文（一）

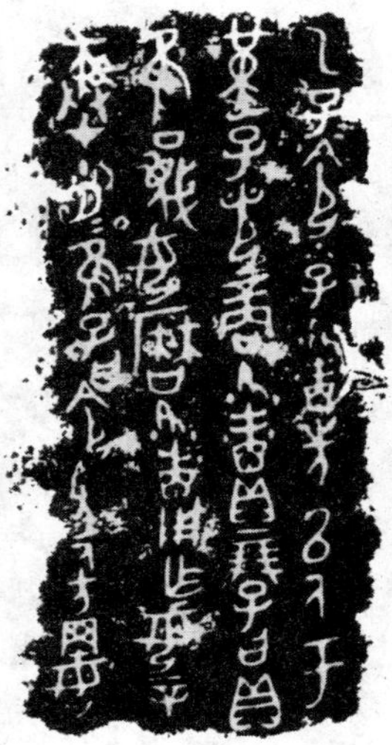

图 8 商代后期铜器铭文（二）

A 石牌上的墨书　　B 陶片上的墨书　　C 卜骨背面的朱书

图 9 商代后期遗物上的毛笔字

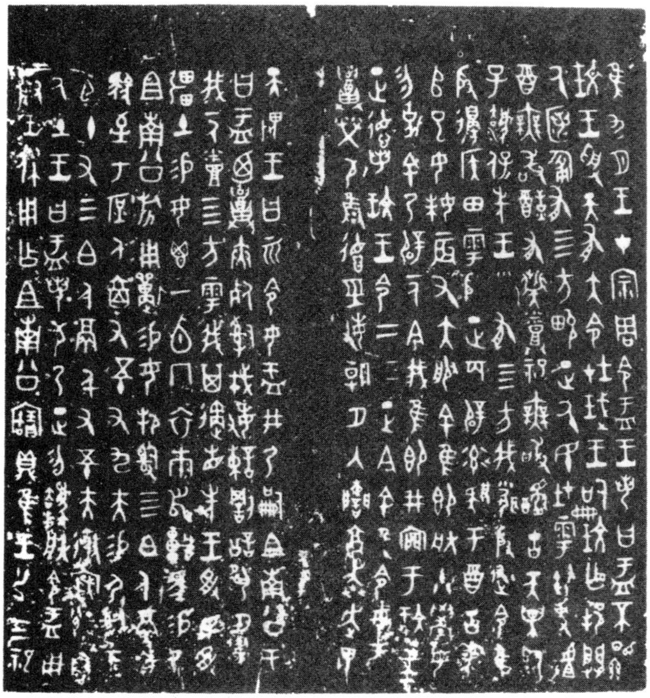

图 10　大盂鼎铭

图 11　毛公鼎铭(部分)

A　　　　B

图 12　周原甲骨文

图 14　栾书缶铭

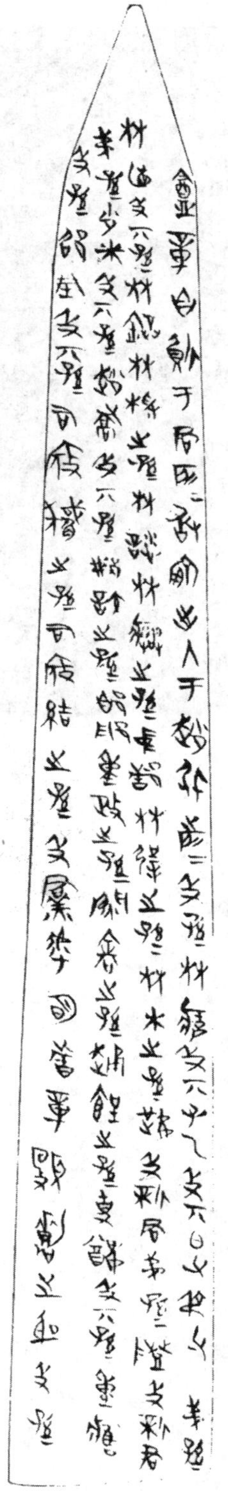

图 13　侯马盟书（摹本）

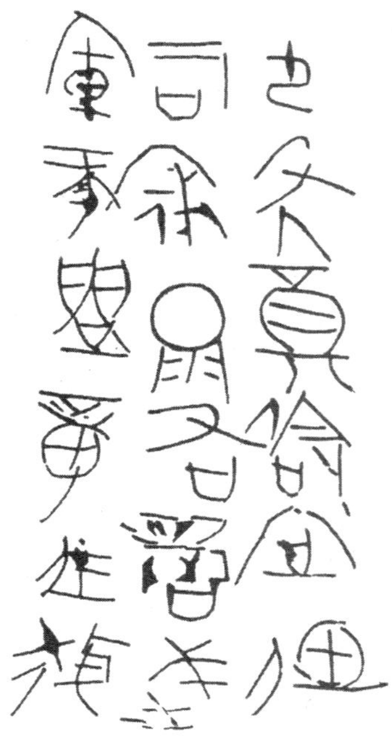

A 韩国铜矛铭文(摹本)

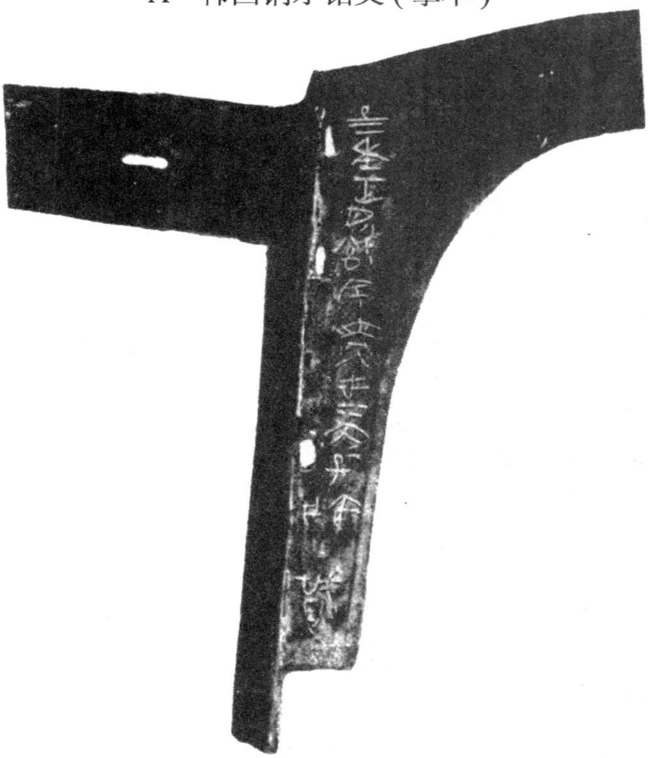

B 燕国铜戈铭文

图 15 六国兵器铭文

图 16 中山王铜方壶铭文（摹本，部分）

A 燕平阴都司徒印

B 楚新邦官玺

C 齐门司马玺

D 赵汪陶右司工印

E 燕乔安印

F 齐司马棱玺

图 17 六国玺印

A 魏安邑布

B 韩平阳布

C 赵晋阳布

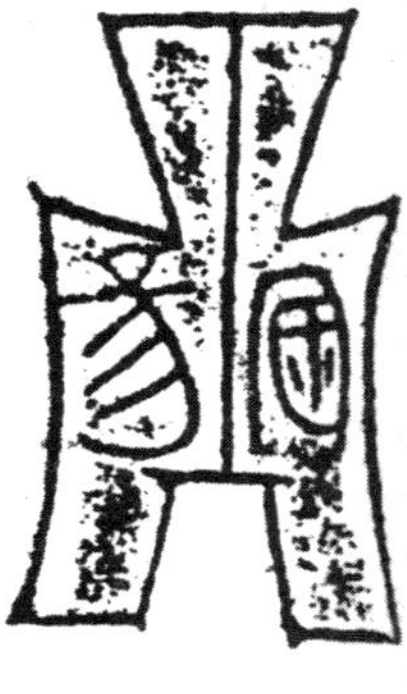
D 燕阳安布

图 18 六国货币 (一)

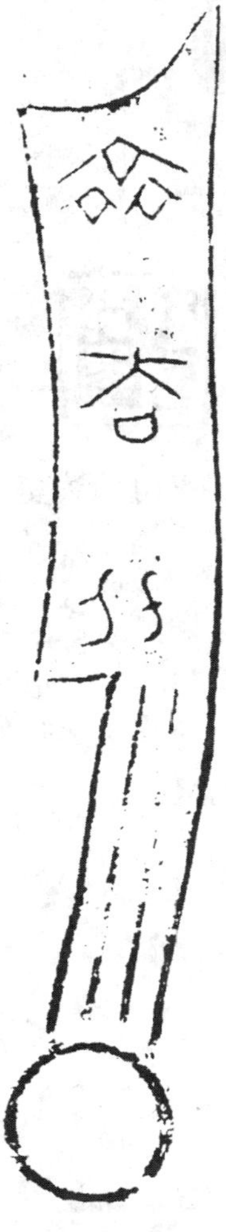

A　齐刀

B　燕明刀

C　赵离石圆钱

D　楚铜贝

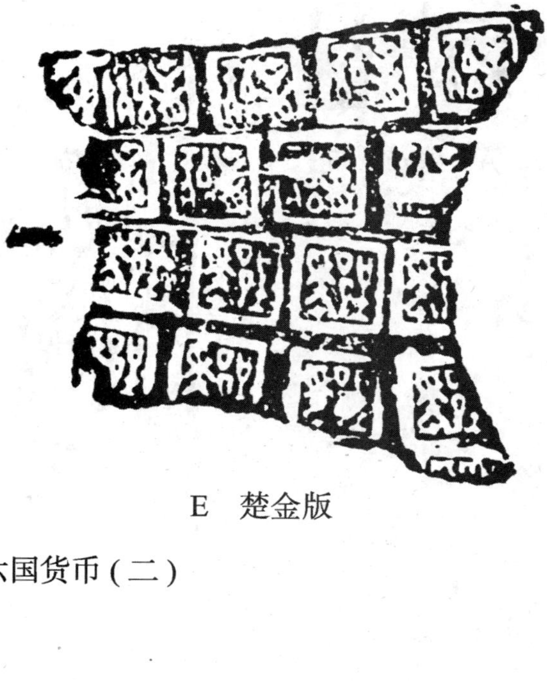

E　楚金版

图19　六国货币(二)

A 齐陶文

B 齐陶文

C 齐陶文

D 燕陶文

E 燕陶文

F 韩陶文

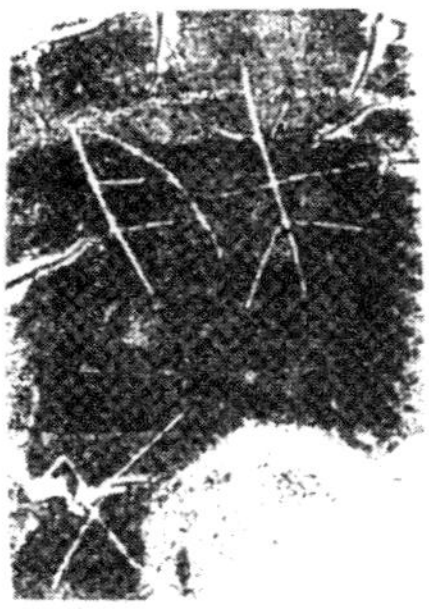
G 韩陶文

H 韩陶文

图 20 六国陶文

A 仰天湖楚墓竹简

B 曾侯乙墓竹简

图 21 六国竹简

图 22 楚帛书(部分)

图 23 中山国刻石

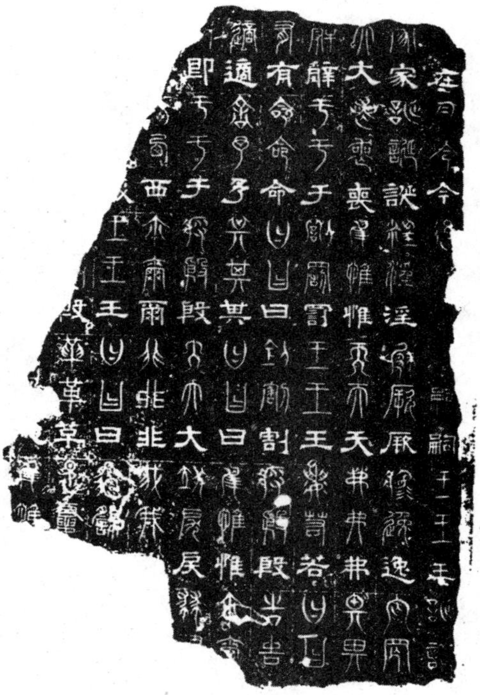

图 24 三体石经(尚书·多士)残石

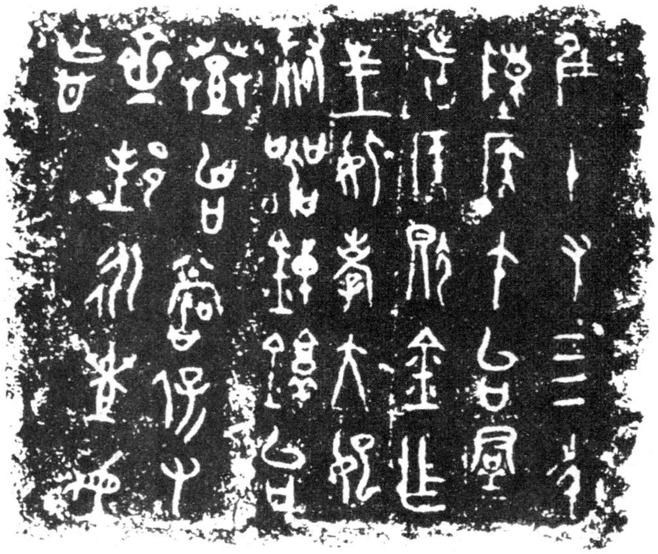

图 25　陈侯午敦铭

图 26　鄂君启节

图 27　楚王酓忎鼎铭

图 28　楚王酓肯盘铭

A

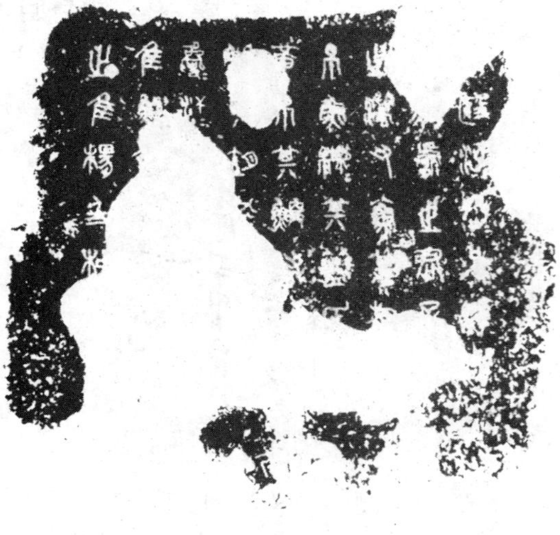

B

图 29　石鼓“汧殹”石

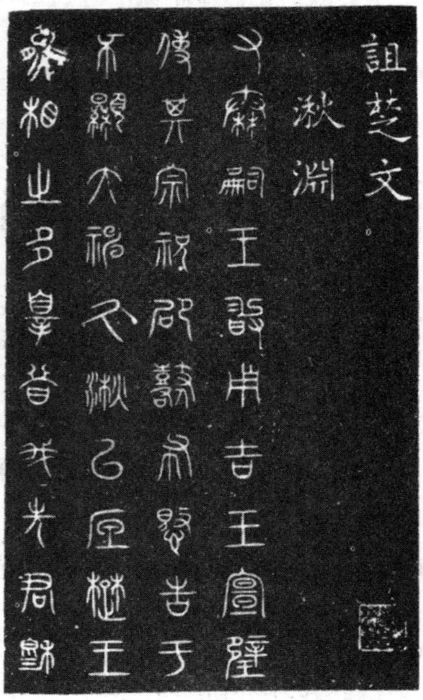

图 30　诅楚文（摹刻本，部分）

图 31　琅邪台刻石残石

图 33 秦公镈铭

图 34 秦公簋铭 (部分)

图 32 峄山刻石 (摹刻本)

A 始皇诏十六斤权铭

B 两诏椭量铭

图 36 秦权量铭文

图 35 商鞅量铭

图 37　秦诏版

A　秦印

B　秦印

C　秦印

D　秦印

E　汉印

F　汉印

G　汉印

H　汉印

图 38　秦汉印章

图 39　汉代封泥

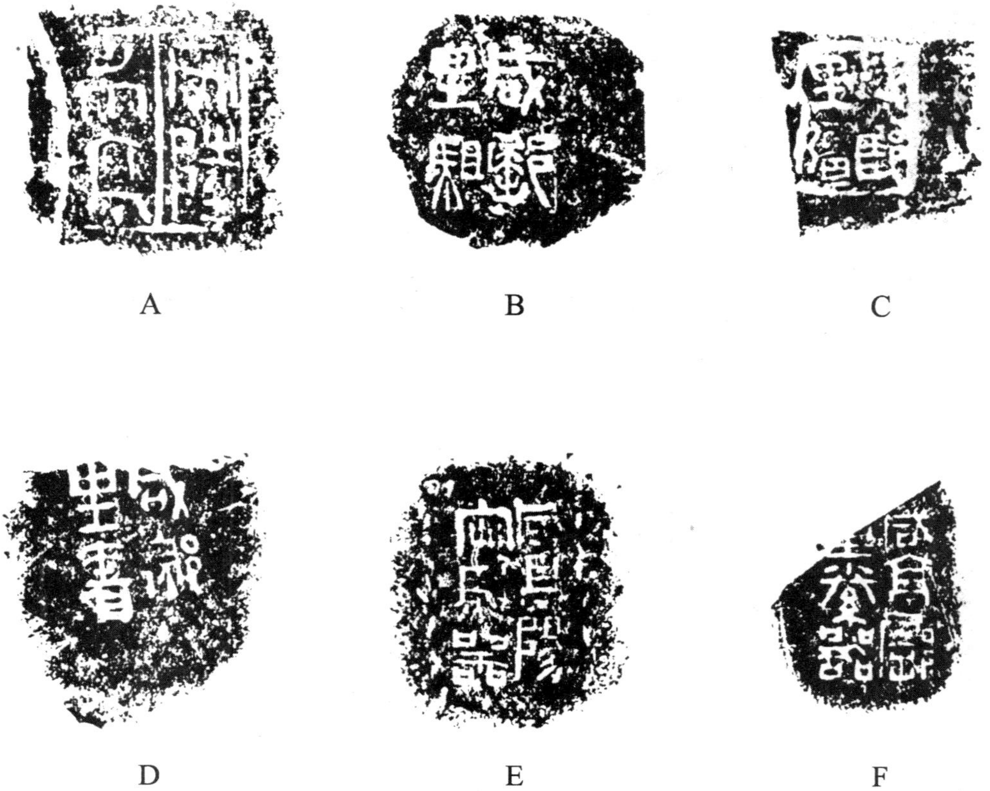

图 40　秦陶文

图 41　睡虎地十一号秦墓竹简

图 42　秦陶量所印始皇诏

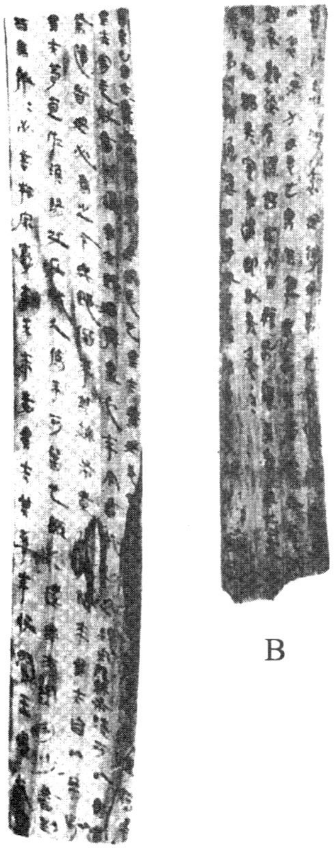

A　B

图 43　睡虎地四号墓木牍

图 44　虢季子白盘铭

A 新郪虎符

图 46 商鞅矛镦铭

B 杜虎符

图 45 统一前铸造的秦虎符

A 群臣上醻刻石

B 鲁北陛石

C 杨量买山记

D 五凤刻石

图 47 西汉石刻文字

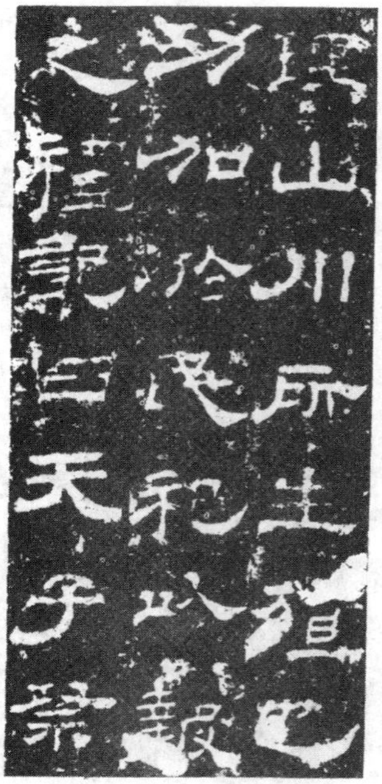

A 华山碑（部分）

C 张迁碑（部分）

B 曹全碑（部分）

D 熹平石经（仪礼）残石

图 48 东汉碑刻

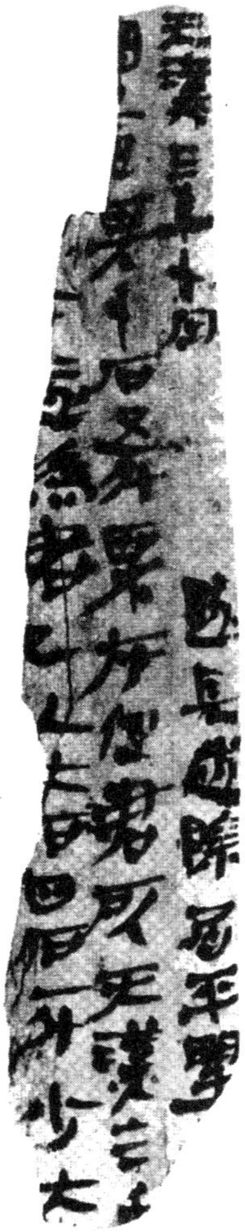

A

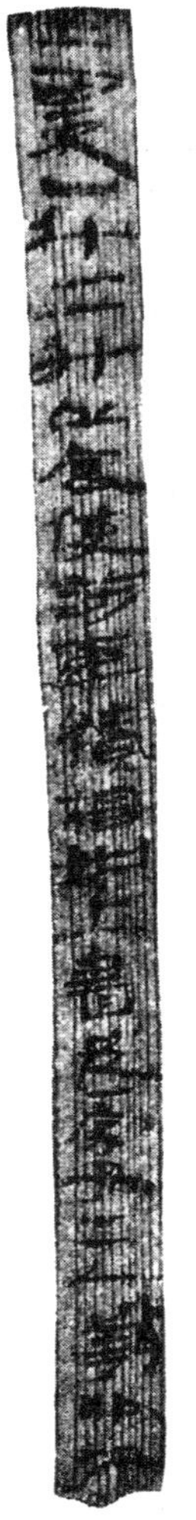

B

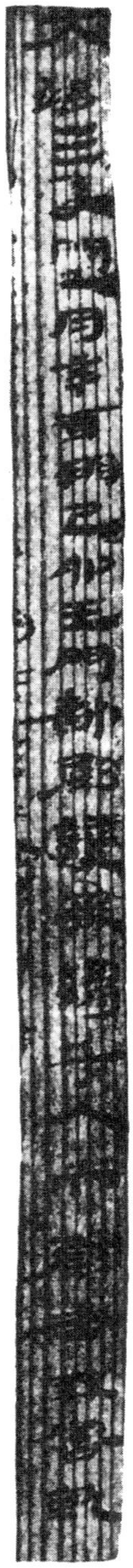

C

D

图 49　敦煌汉简（一）

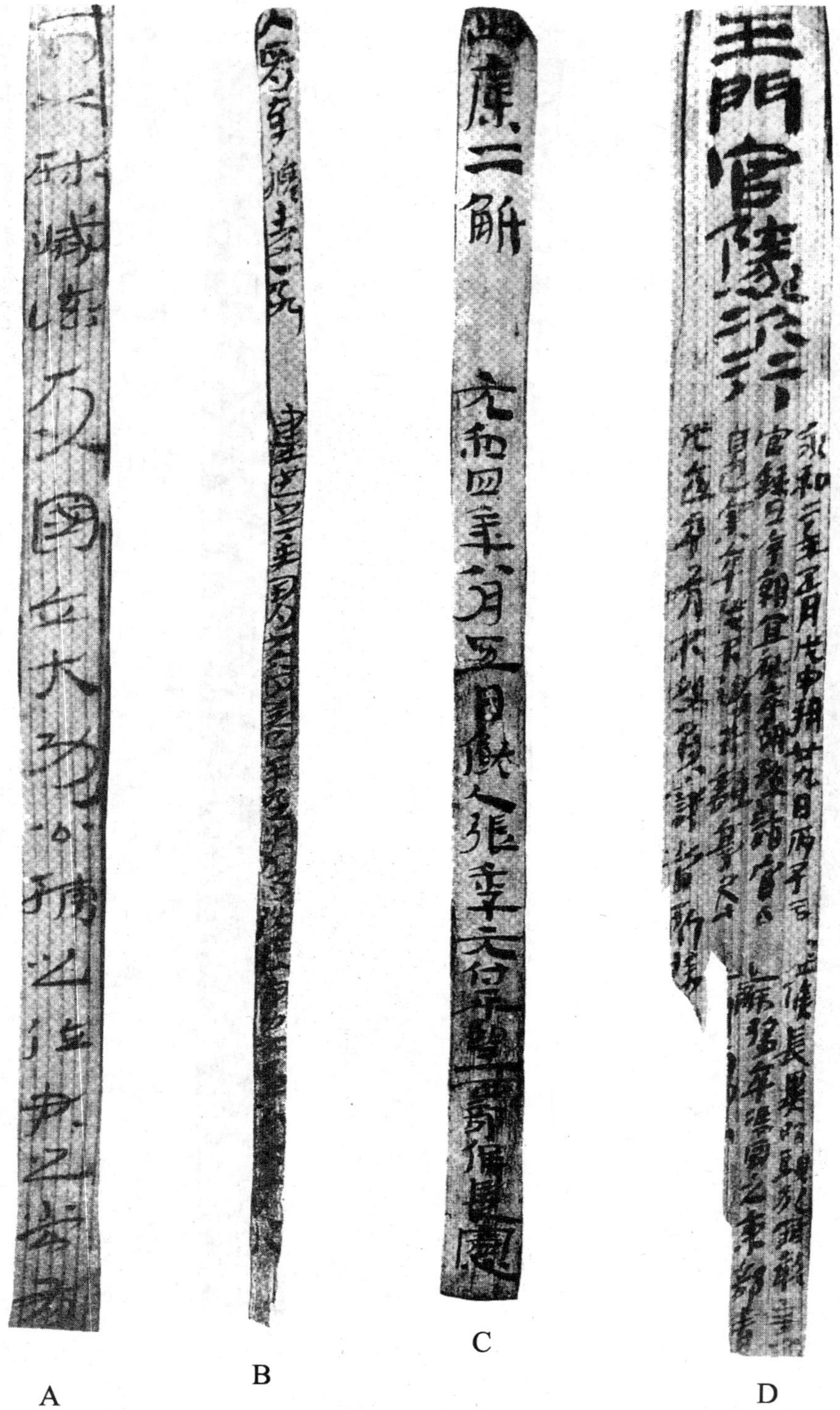

A B C D

图 50 敦煌汉简（二）

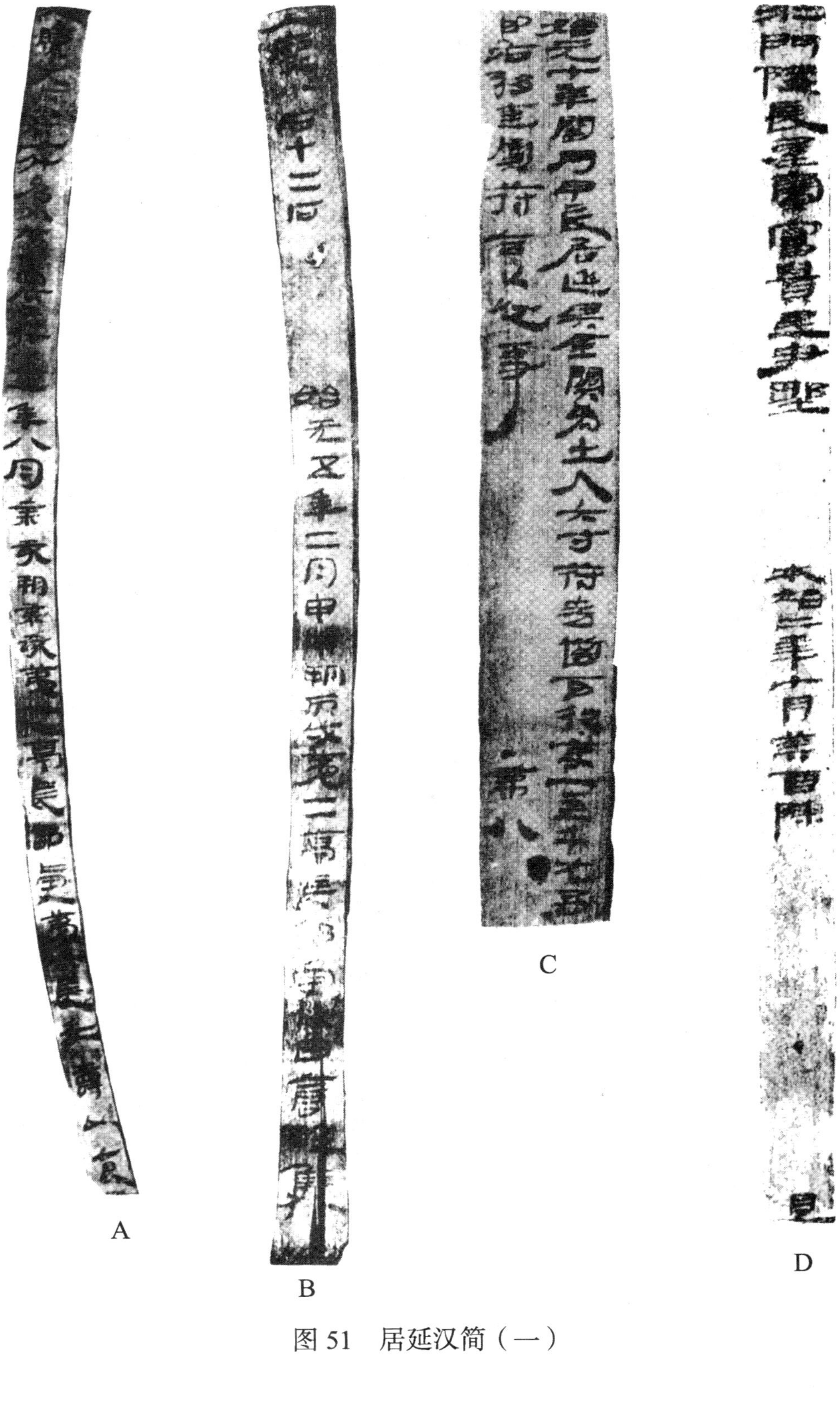

A B C D

图 51 居延汉简（一）

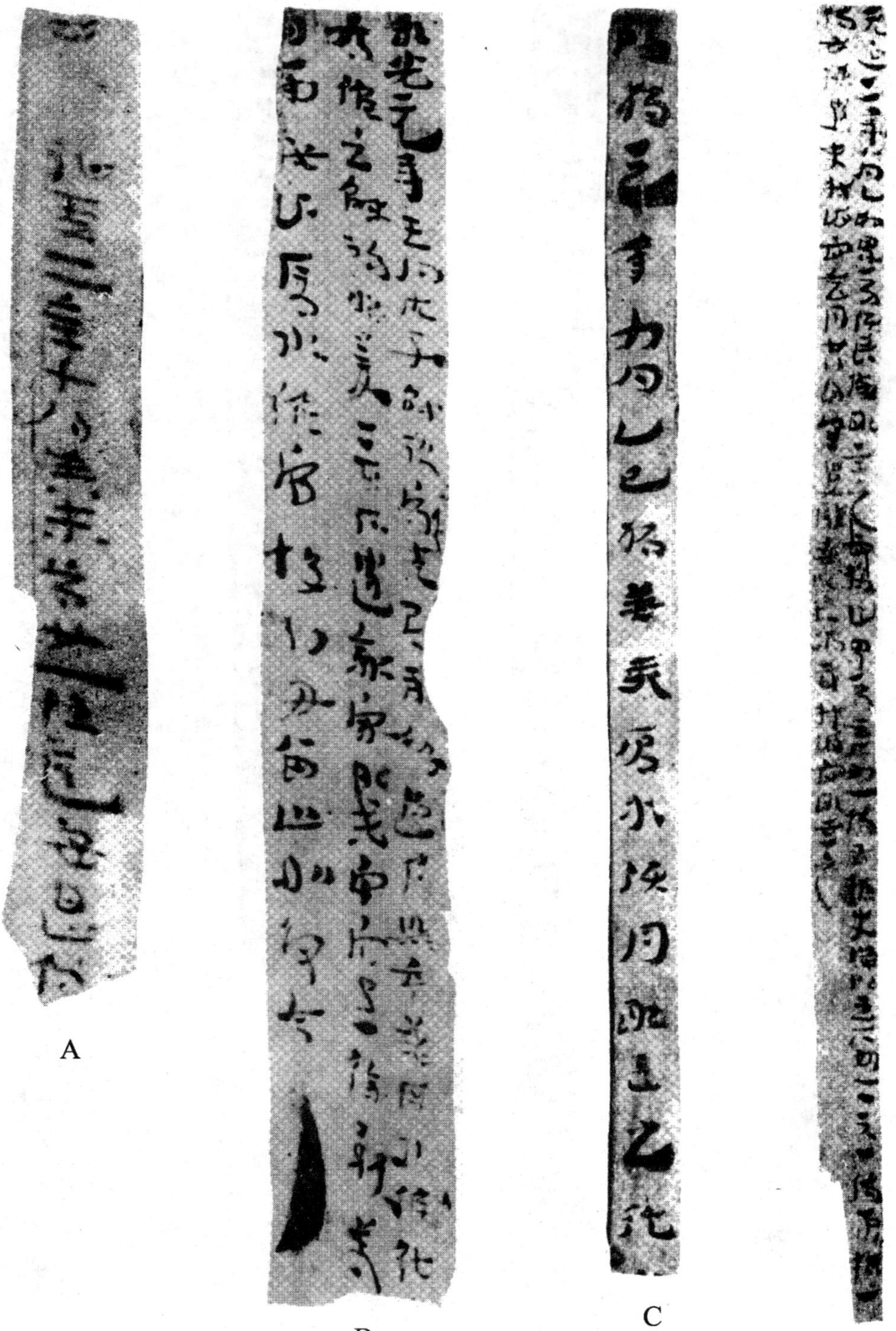

A

B

C

D

图 52　居延汉简（二）

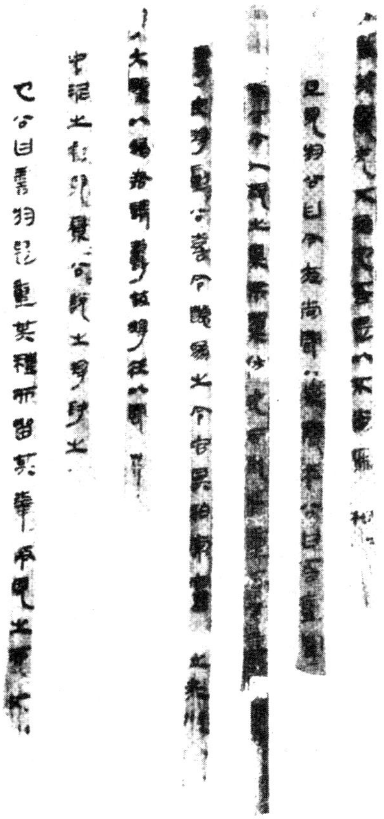

图 53　银雀山一号汉墓竹简
（晏子残简）

图 54　马王堆一号汉墓竹简

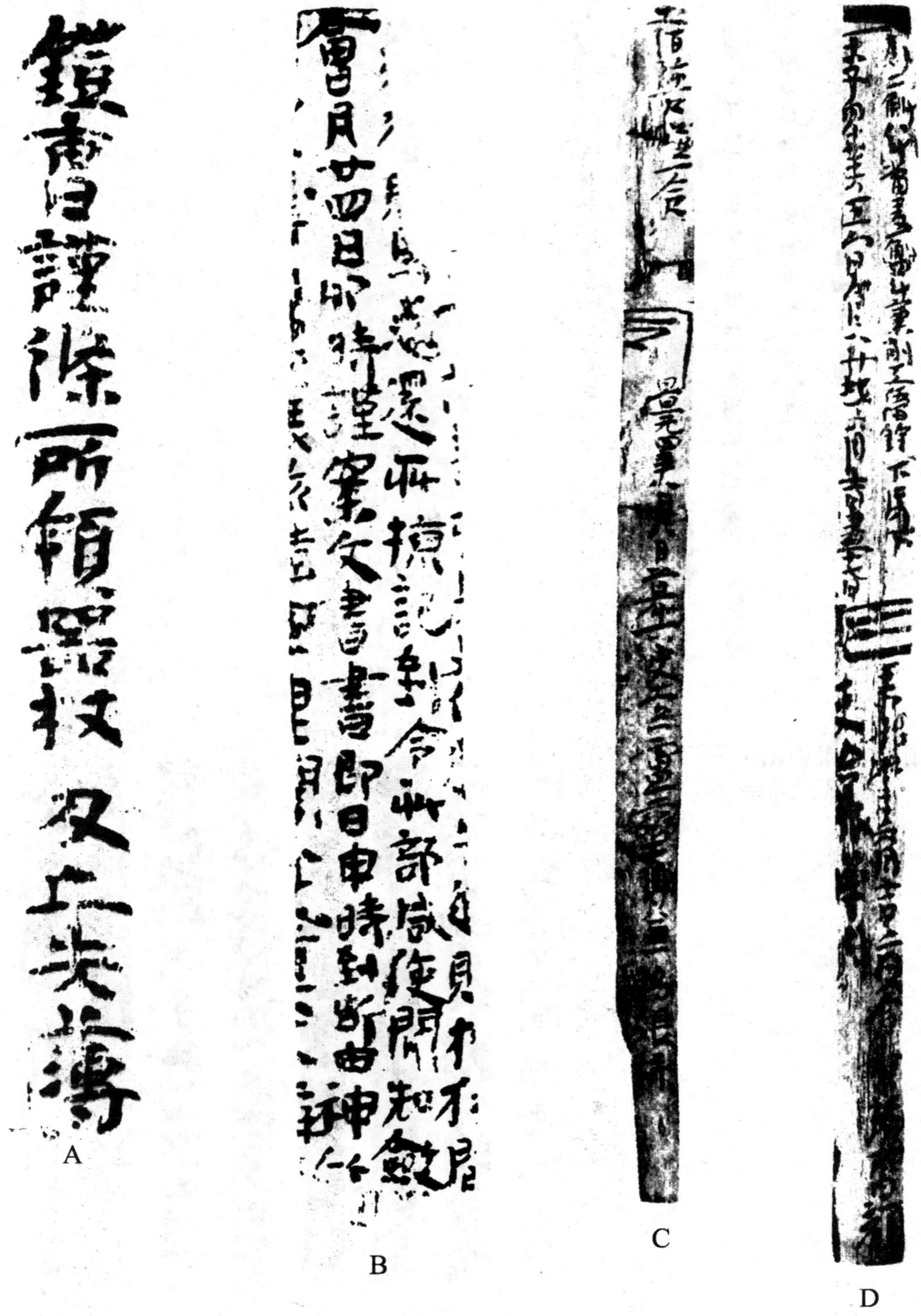

图 55 “楼兰遗址”出土魏晋木简（一）

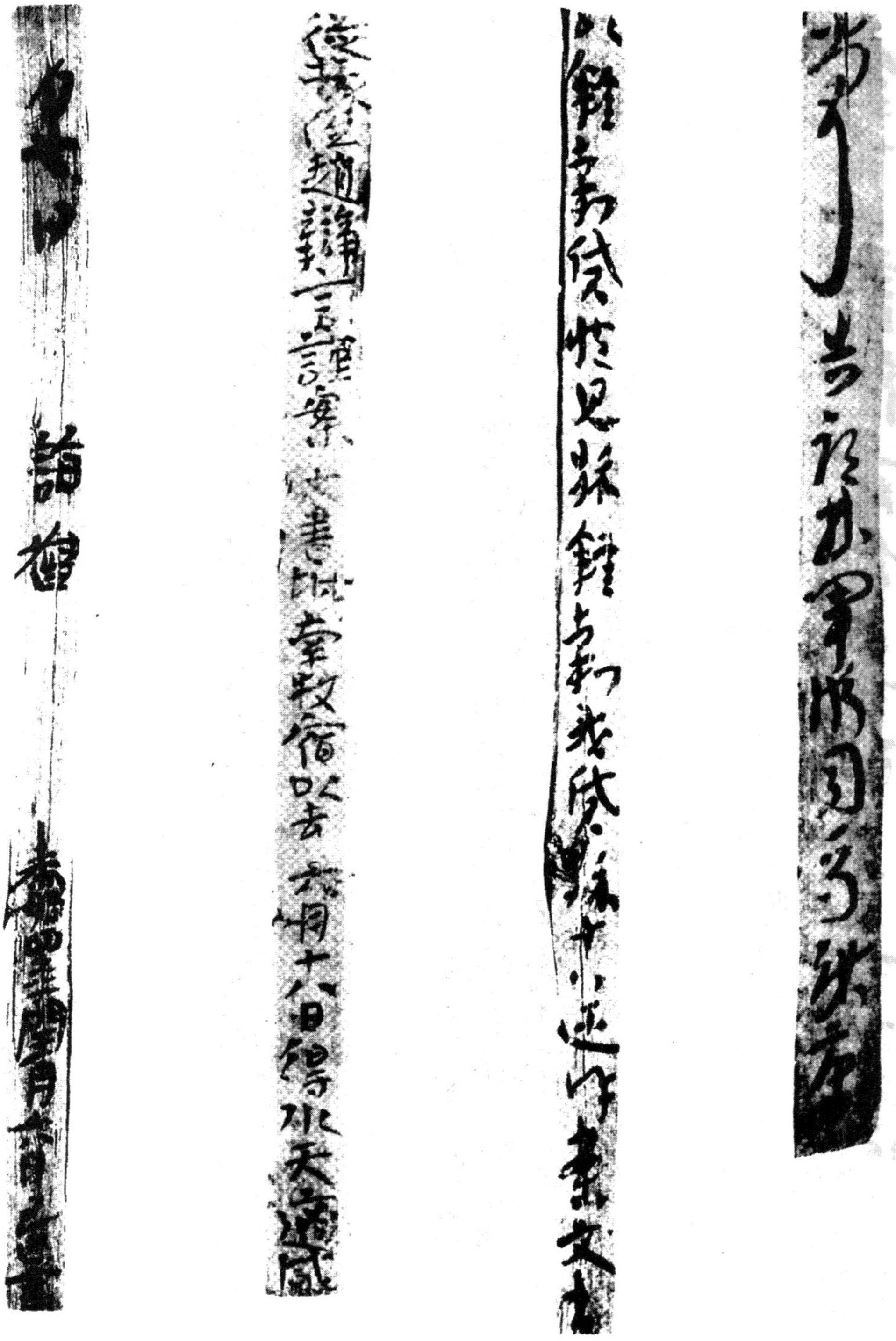

图 56 “楼兰遗址”出土魏晋木简（二）

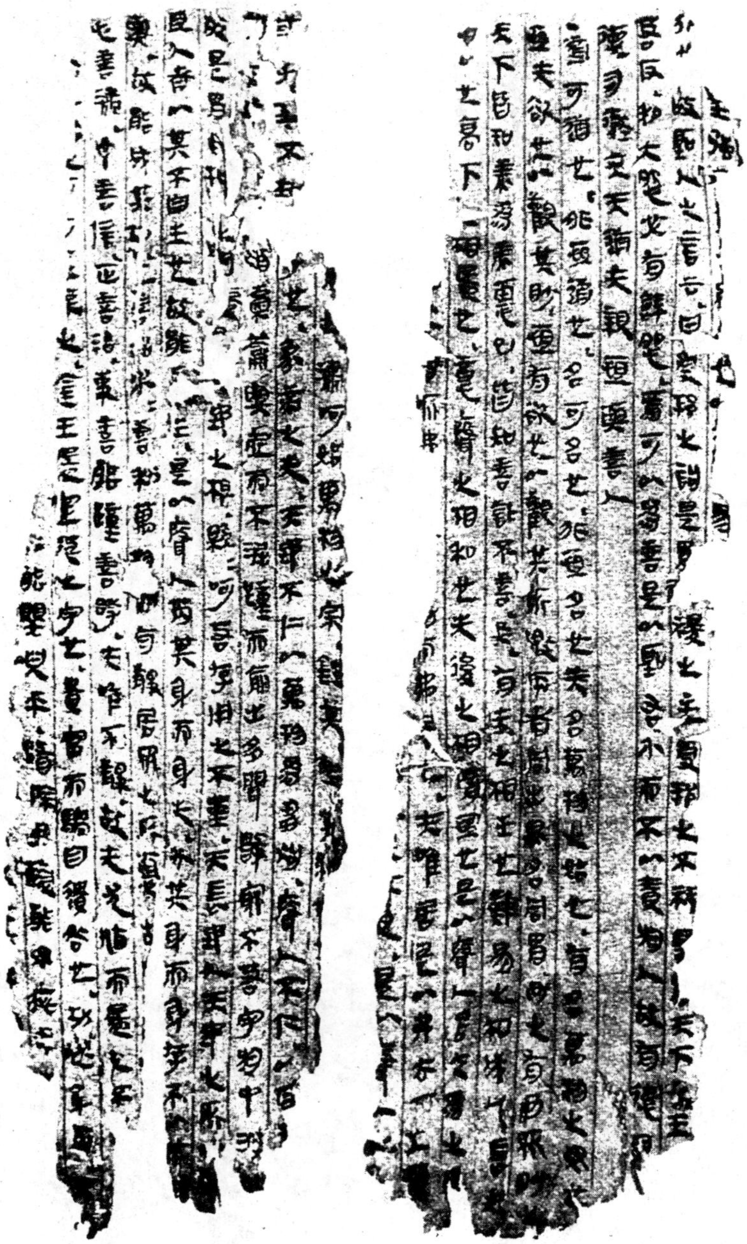

图 57　马王堆帛书《老子》甲本（部分）

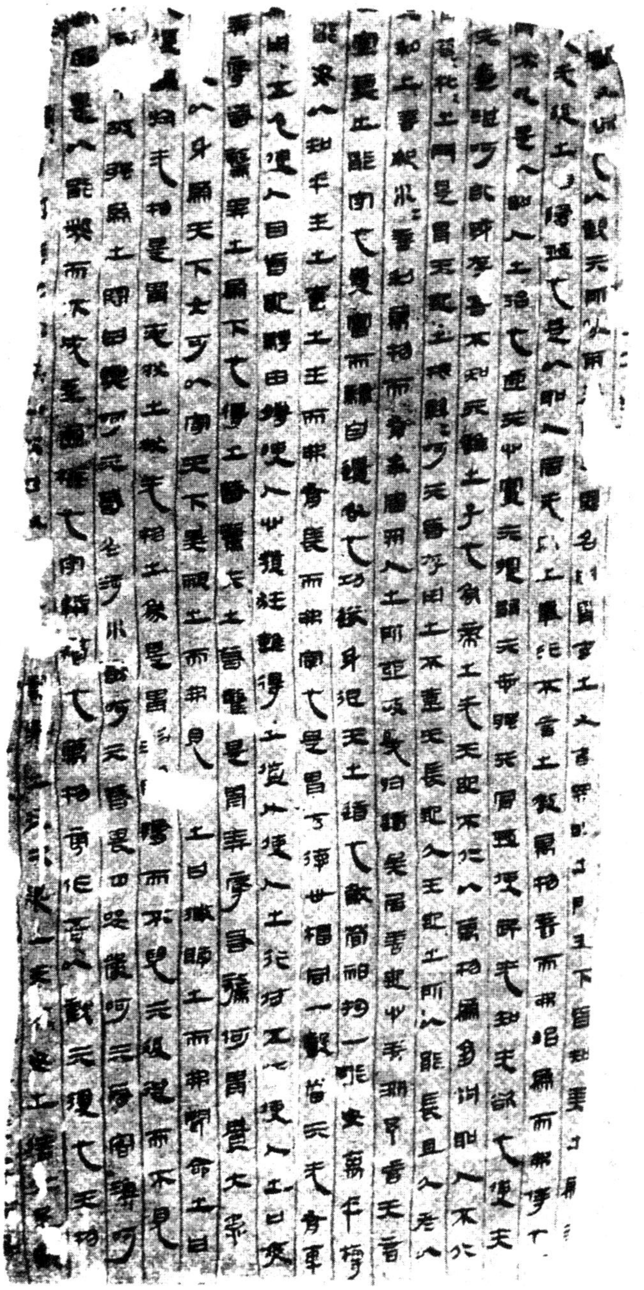

图 58 马王堆帛书《老子》乙本（部分）

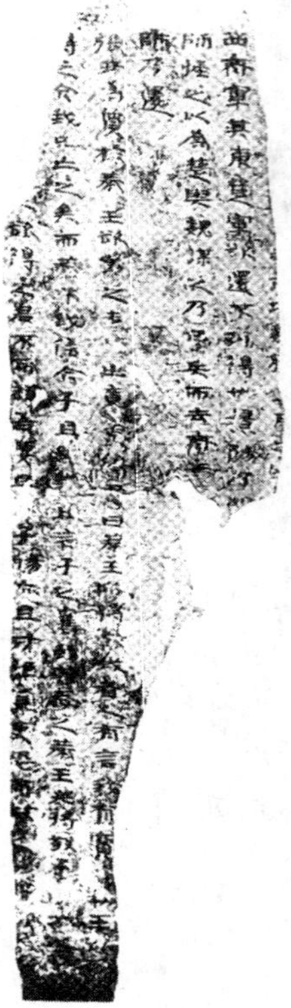

A

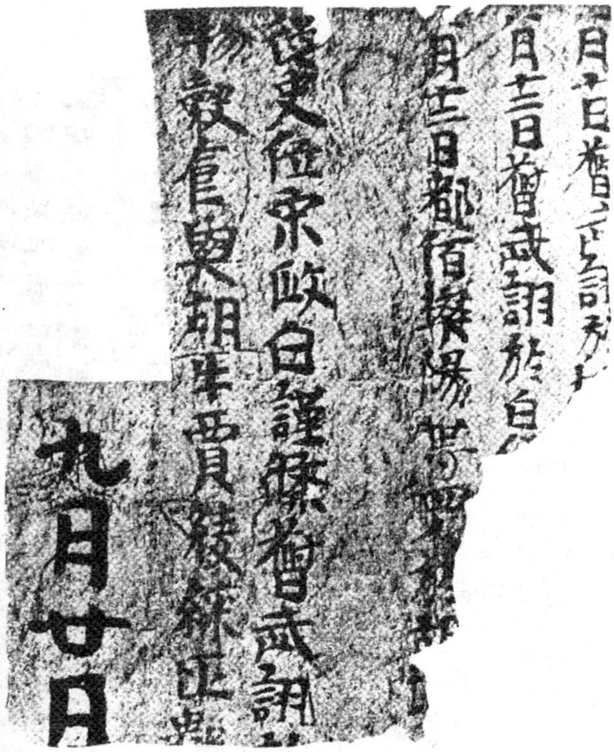

B

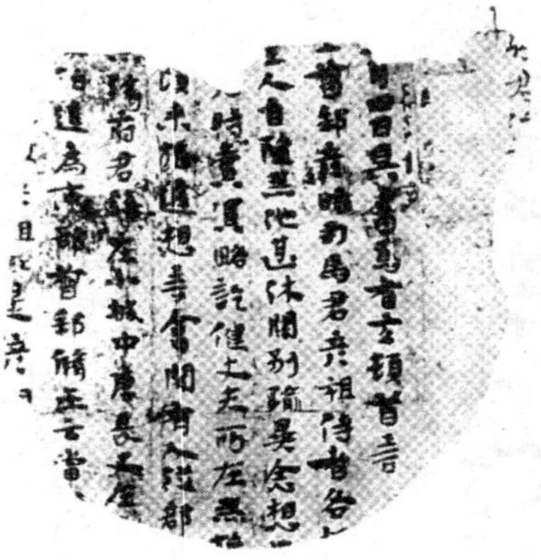

C

图 59 “楼兰遗址”出土晋代字纸（一）

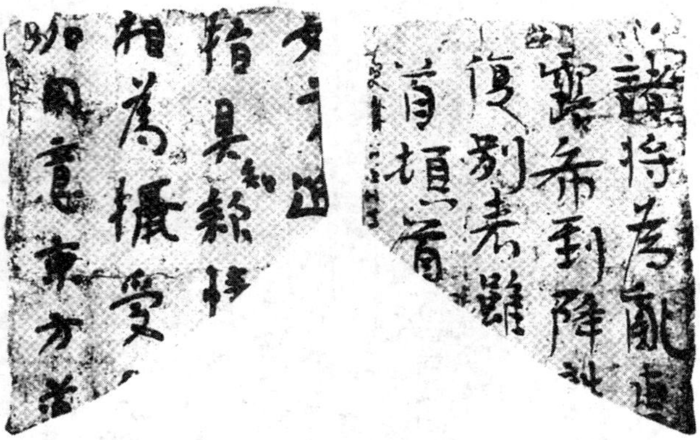

图 60 “楼兰遗址”出土晋代字纸（二）

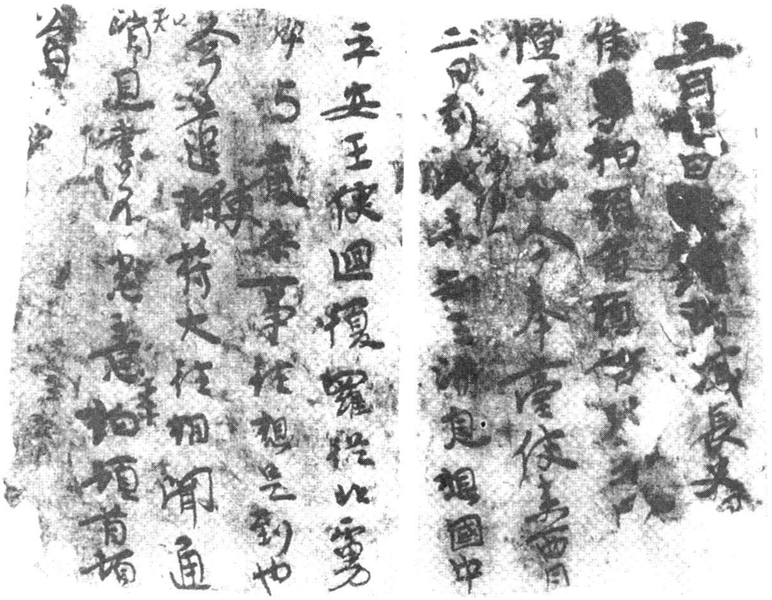

图 61 “楼兰遗址”出土晋代字纸（三）

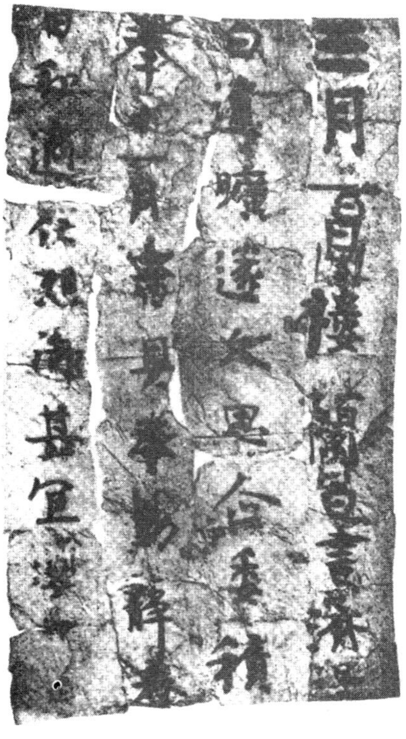

A

B

图 62 “楼兰遗址”出土晋代字纸（四）

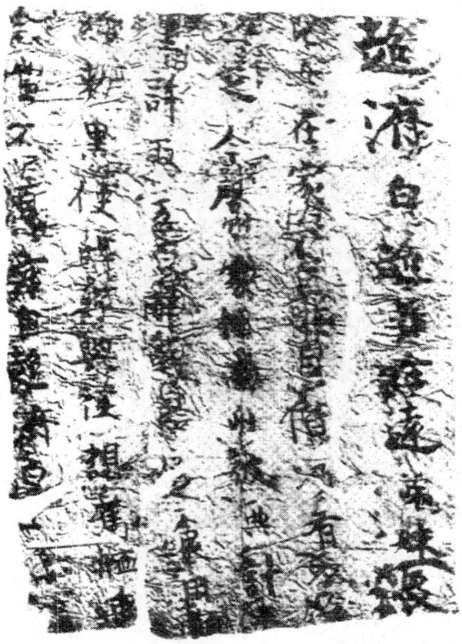

图 63 “楼兰遗址”出土晋代字纸（五）

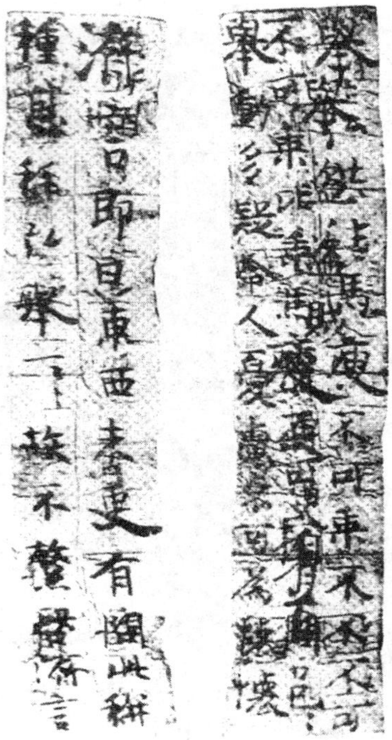

图 64 “楼兰遗址”出土晋代字纸（六）

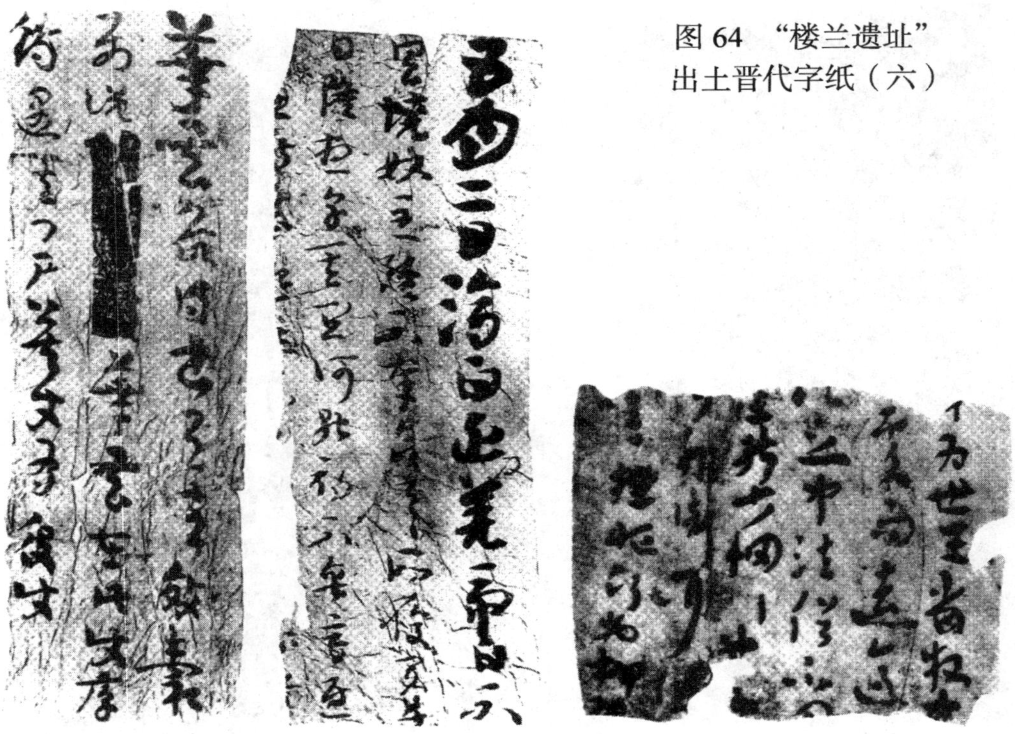

A B C

图 65 “楼兰遗址”出土晋代字纸（七）

图 66 敦煌出土字纸

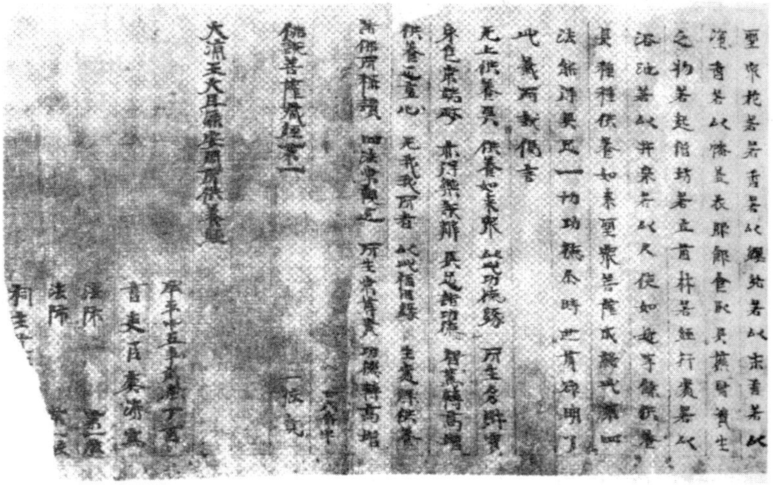

图 69 北凉承平十五年写经（部分）

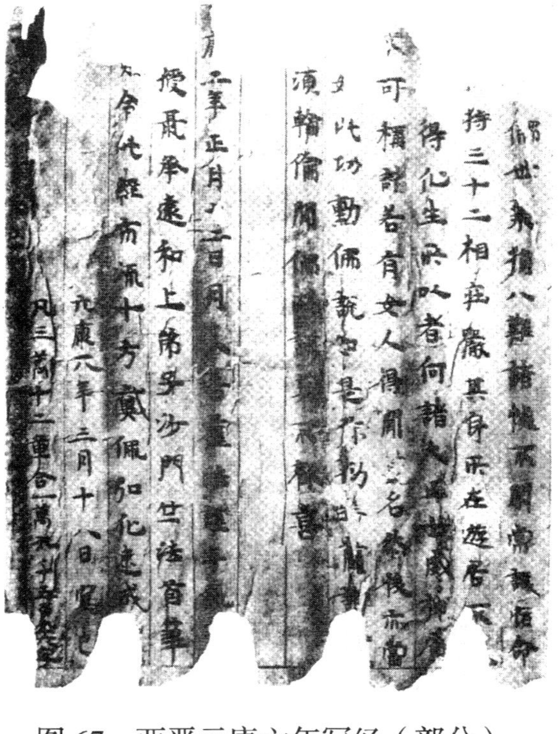

图 67 西晋元康六年写经（部分）

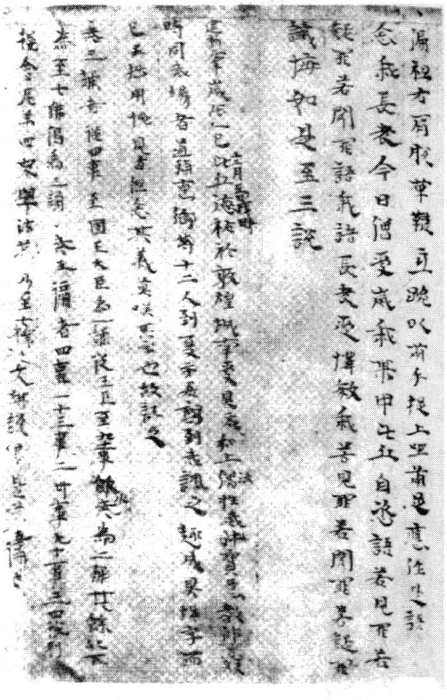

图 68 西凉建初二年写经（部分）

A 右糟锺

B 阳信家铜镂

图 70 西汉铜器上的隶书铭刻（一）

A 雒阳武库锺

B 苦宫烛锭

C 阳泉使者舍熏炉

图 71 西汉铜器上的隶书铭刻（二）

图 72 永寿二年陶瓶

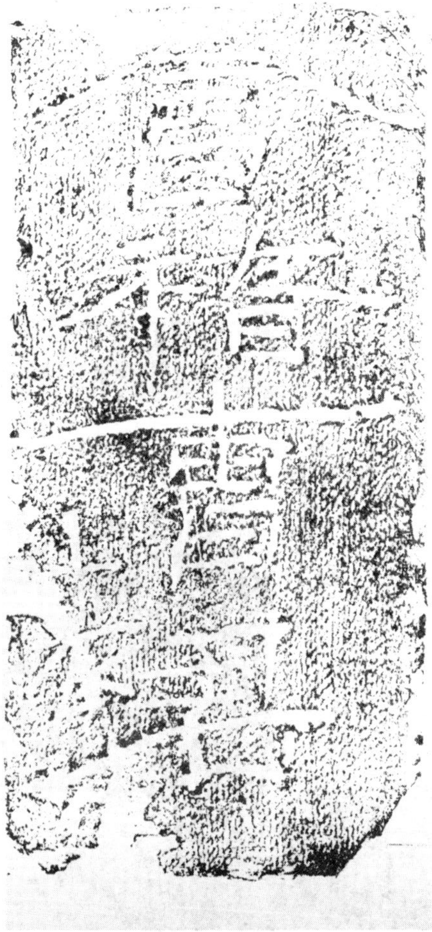

A

B

图 73 亳县元宝坑一号汉墓砖文（一）

A B C

图74 亳县元宝坑一号汉墓砖文（二）

图 75　凤凰山九号汉墓木牍

图 76　书法比较草率的宣帝简

图 77　银雀山一号汉墓出土《太公》残简

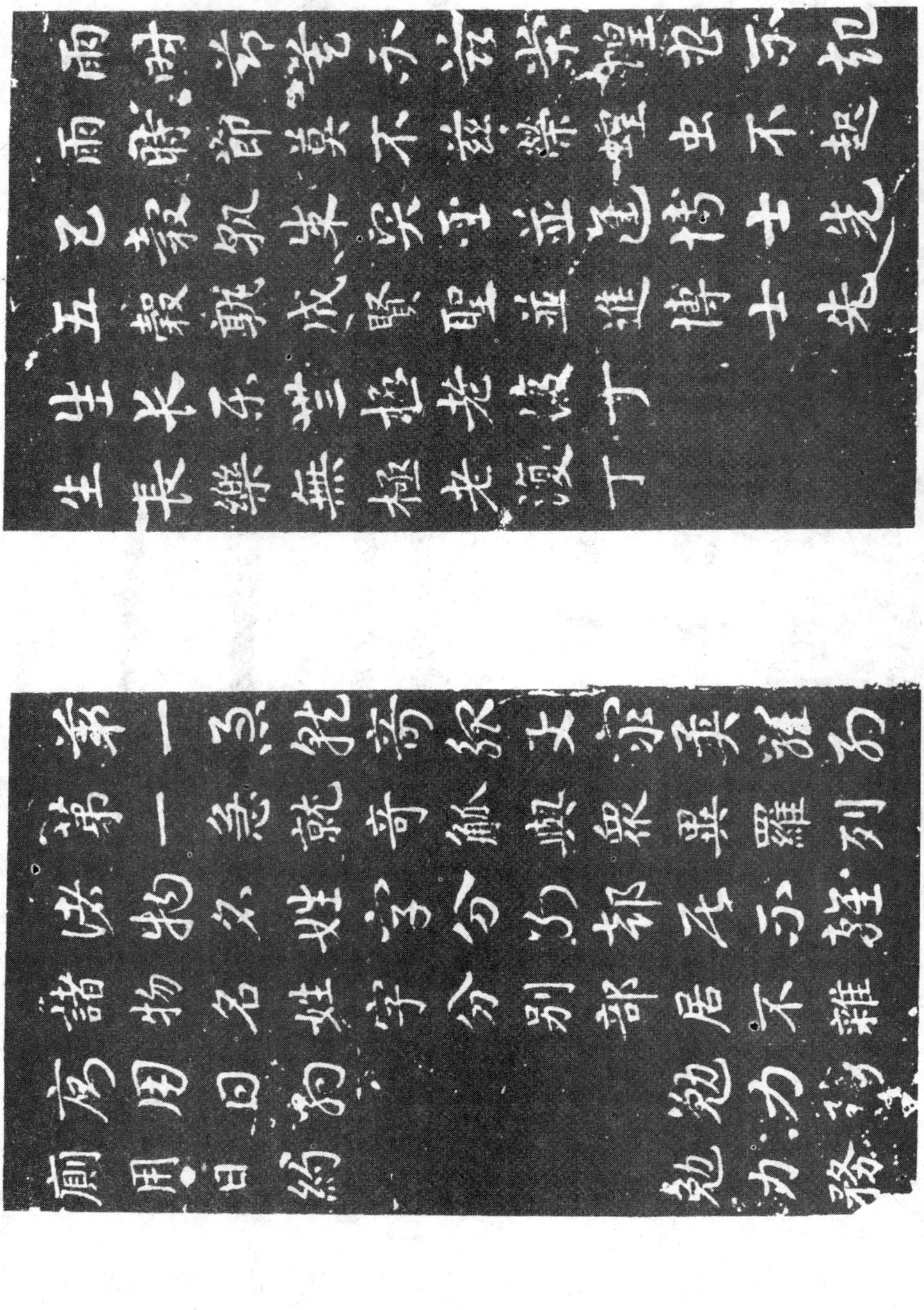

图 78 皇象本急就章（摹刻本，部分）

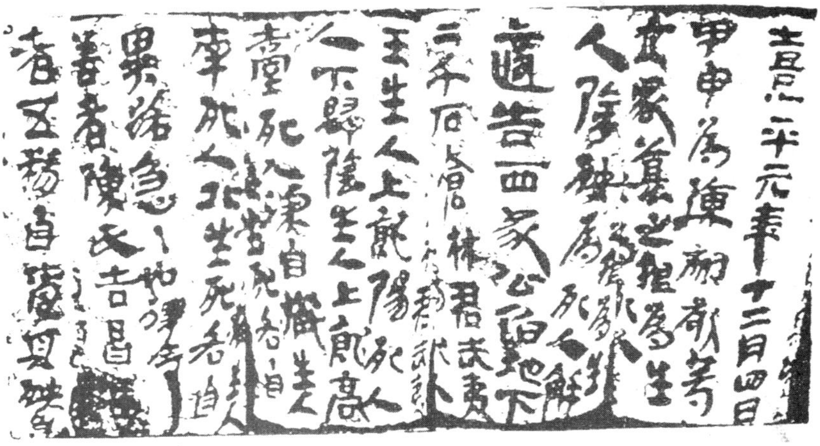

图 79　熹平元年陶瓶镇墓文

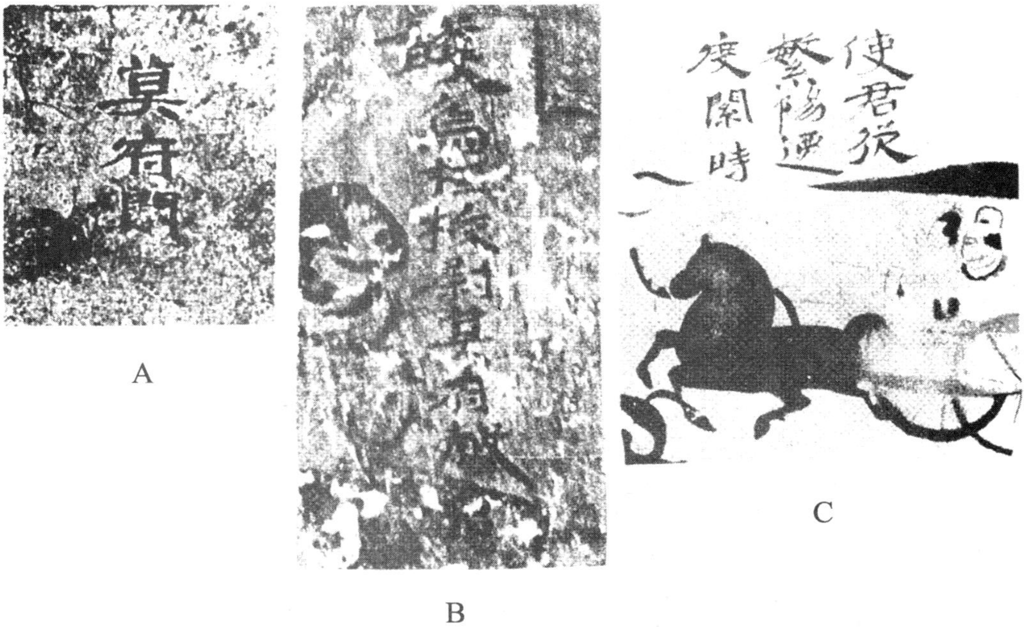

A

B

C

图 80　和林格尔汉墓壁画题字（C 为摹本）

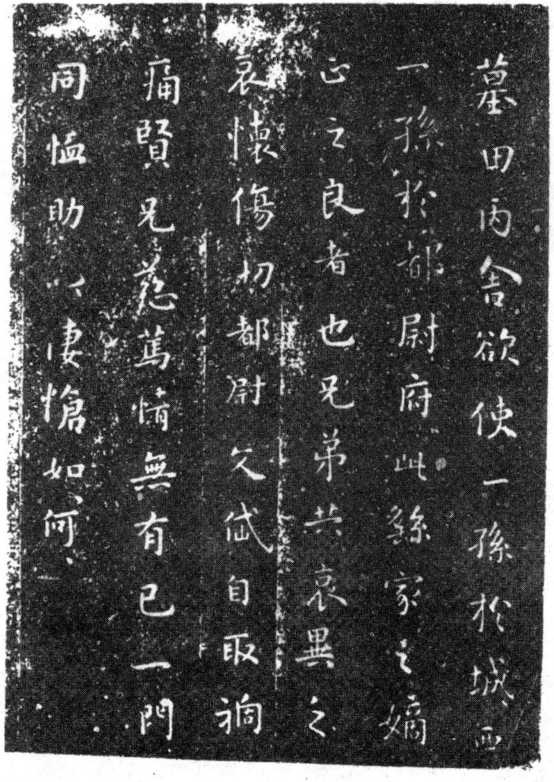

图 81　钟繇墓田丙舍帖（摹刻本）

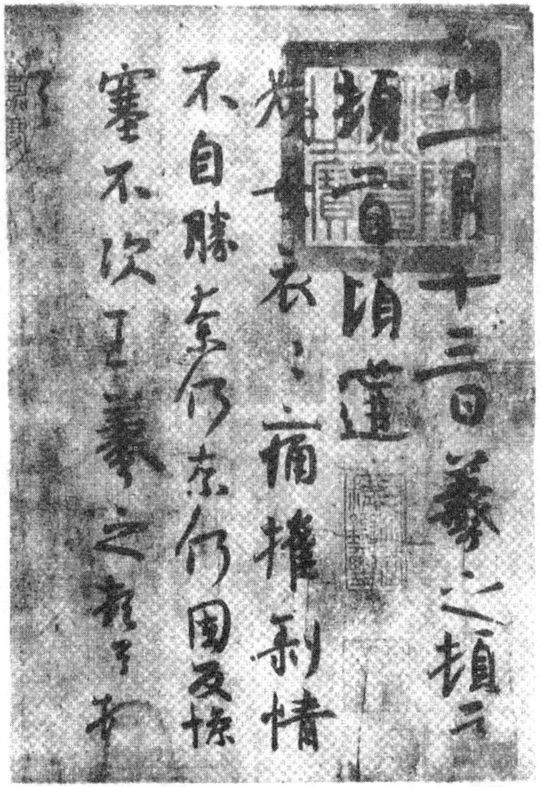

图 82　王羲之姨母帖（摹本）

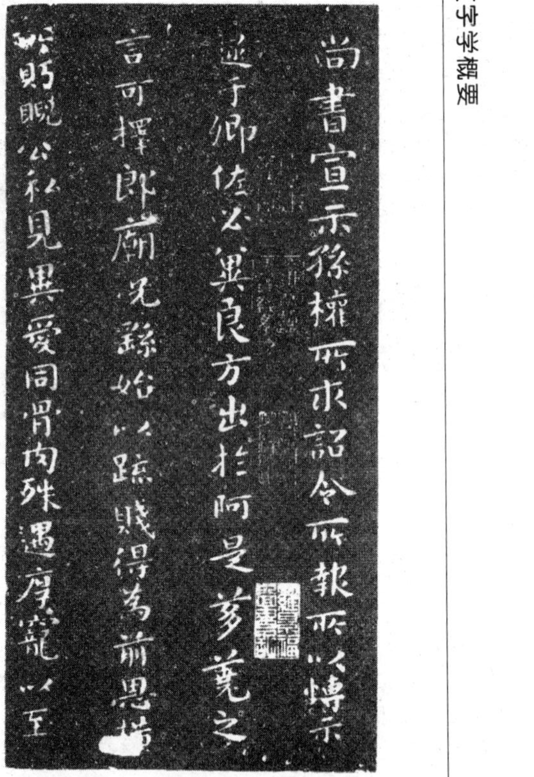

图 83　钟繇宣示表（摹刻本，部分）

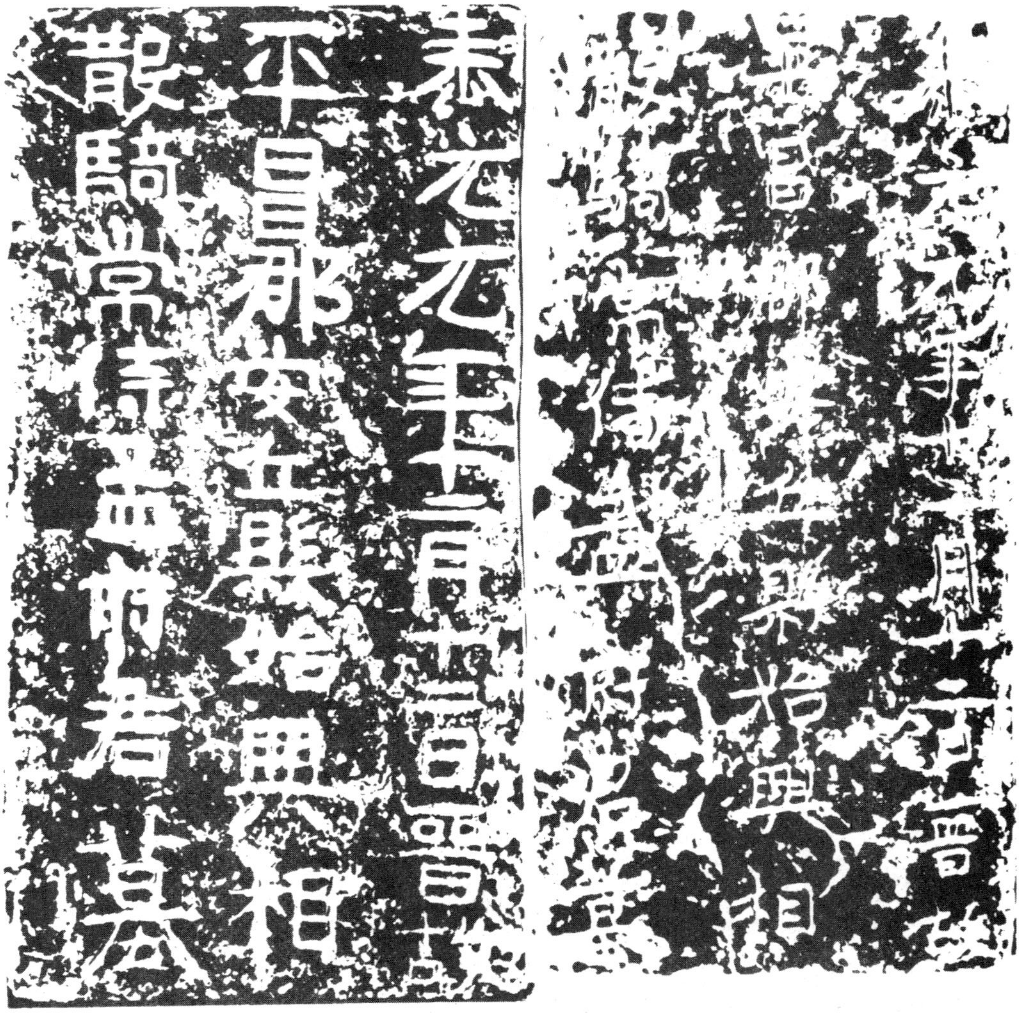

A　　B

图 84　太元元年孟府君墓志

图 85 王羲之霜寒帖
（摹刻本）

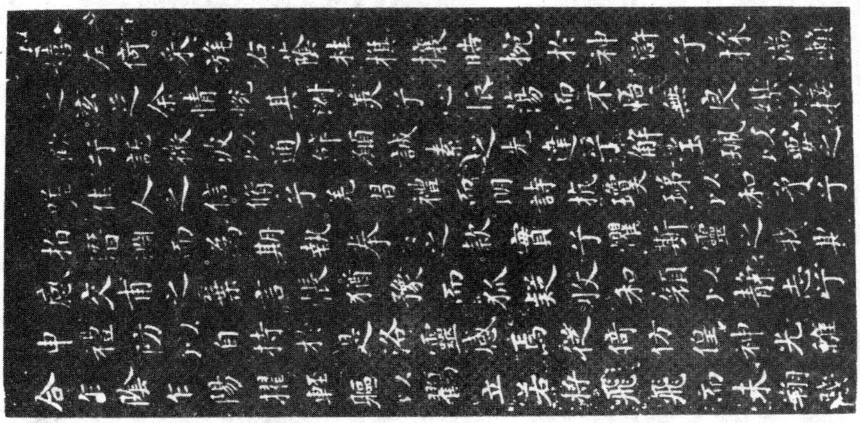

图 86 王献之洛神赋
（摹刻本，部分）

图 87 李苞通阁道题字

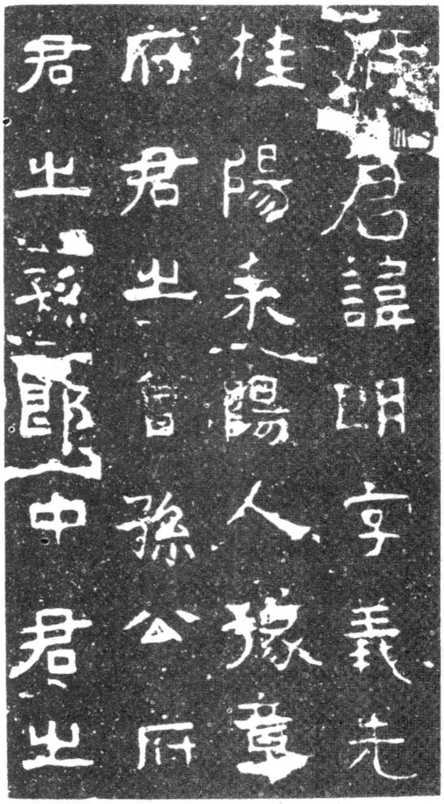

图 88　谷朗碑（部分）

图 89　广武将军碑（部分）

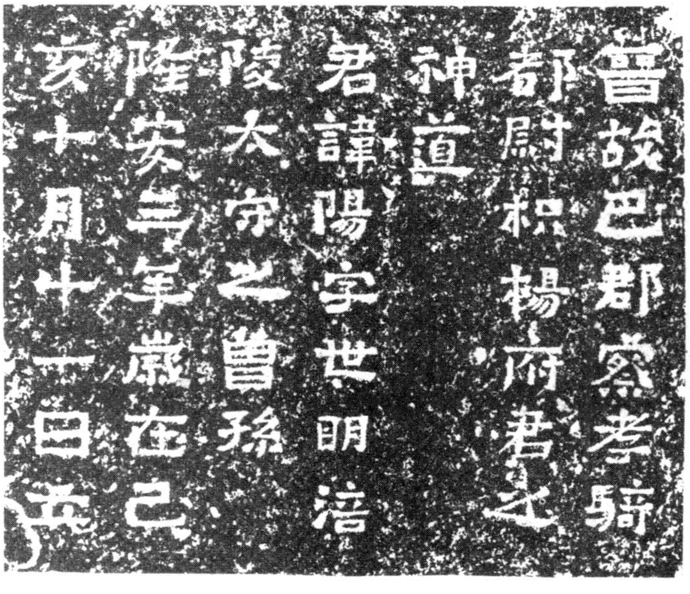

图 90　杨阳神道阙题字

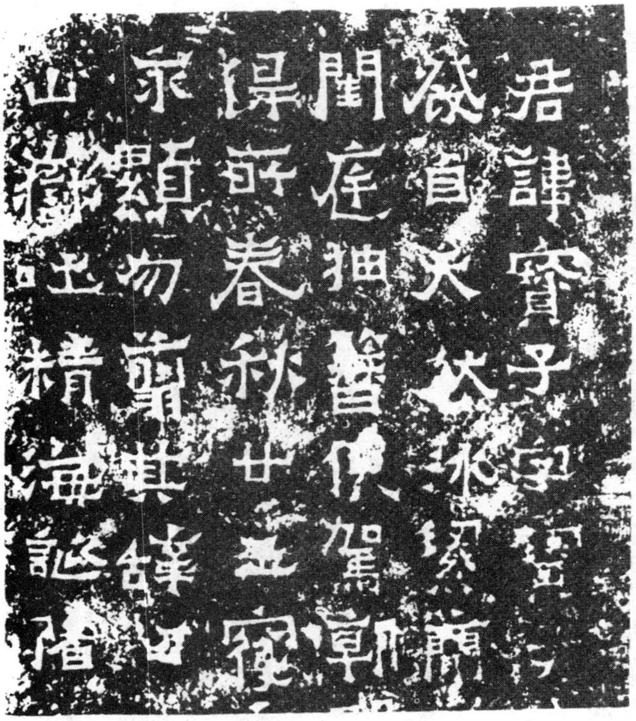

图 91　爨宝子碑（部分）

图 92　颜谦妇刘氏墓志

图 93　王兴之墓志（部分）

图 94　刘剋墓志
（正面）

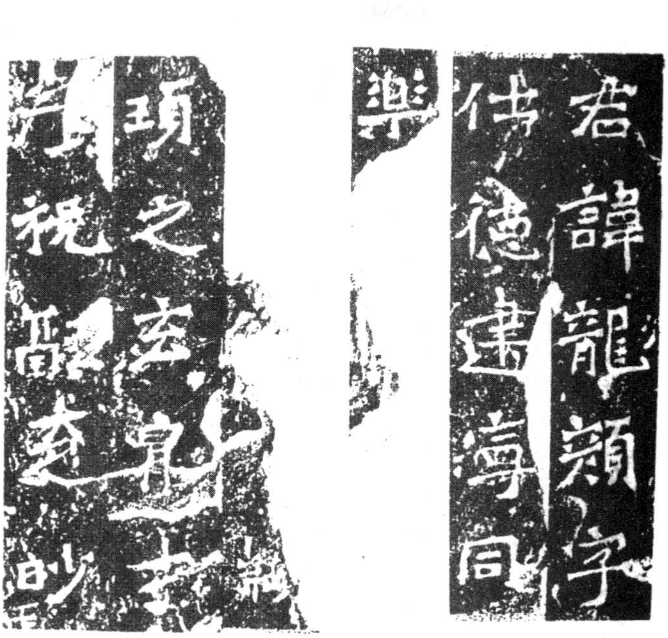

图 95　爨龙颜碑（部分）

图 96　刘怀民墓志（部分）

图 97　龙门古阳洞高树等造像记（部分）

图 98　张猛龙碑（部分）

图 99　梁始兴忠武王萧憺碑（部分）

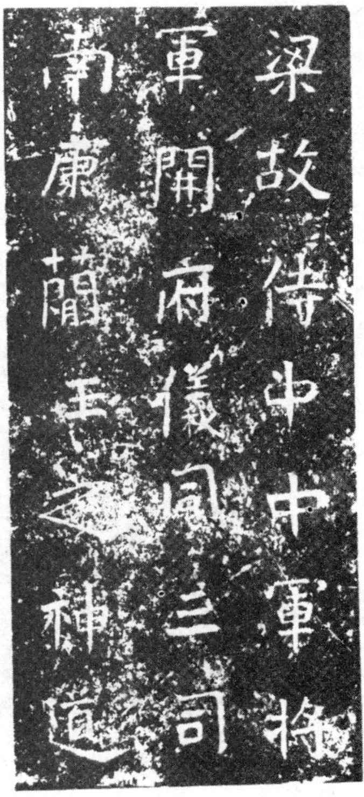

图 100　梁南康简王萧绩神道阙题字

图 101 高归彦造像记（部分）

图 102 司马兴龙墓志

图 103　欧阳询九成宫醴泉铭（部分）

图 104　陆机平复帖

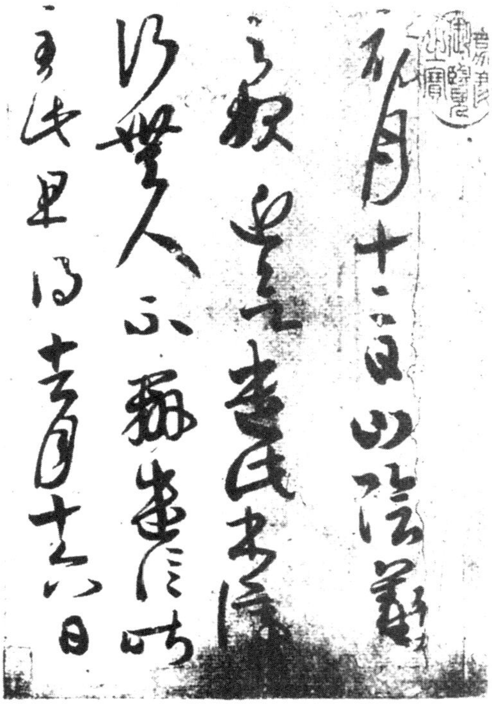

图 105　王羲之初月帖（摹本，部分）

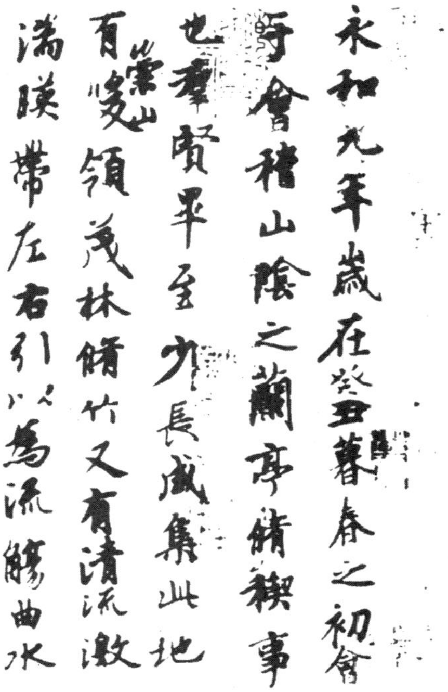

图 106　王羲之兰亭序
（摹本，部分）

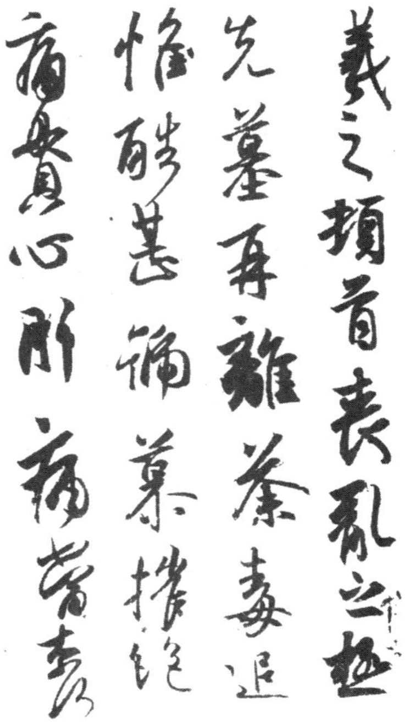

图 107　王羲之丧乱帖
（摹本，部分）

索　　引

为便于读者使用《文字学概要》，我们参考本书英译本（马几道、罗杰瑞译，2000）所附索引，改编成本书修订本例字（包括例词等）索引。索引按音序排列，不出古文字原形和字库中没有的古文字严格隶定形字头。字形繁简一般遵从原文，简繁体同时出现的，一般情况下以简体列于前。多音字如声母不同则分列条目，声母相同则不分。第十三章“汉字的整理和简化”中的例字未收入。

A

B

C

D

E

F

G

H

J

M

N

O

P

S

T

Y

Z

（葛亮 郭永秉 编）